中国民办教育协会 2021 年度
重大课题成果（批准号：CANZD2001）

中国民办教育行业发展报告
（2015—2021 年）

中国民办教育协会　组编

董圣足　主编

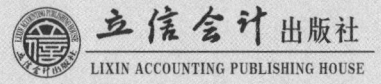

图书在版编目(CIP)数据

中国民办教育行业发展报告：2015—2021 年／董圣足主编. —上海：立信会计出版社，2022.10
ISBN 978-7-5429-7160-9

Ⅰ.①中… Ⅱ.①董… Ⅲ.①社会办学-研究报告-中国-2015-2021 Ⅳ.①G522.74

中国版本图书馆 CIP 数据核字(2022)第 185600 号

策划编辑　　王艳丽
责任编辑　　王艳丽

中国民办教育行业发展报告(2015—2021 年)

ZHONGGUO MINBAN JIAOYU HANGYE FAZHAN BAOGAO 2015—2021 NIAN

出版发行	立信会计出版社			
地　　址	上海市中山西路 2230 号		邮政编码	200235
电　　话	(021)64411389		传　真	(021)64411325
网　　址	www.lixinaph.com		电子邮箱	lixinaph2019@126.com
网上书店	http://lixin.jd.com			http://lxkjcbs.tmall.com
经　　销	各地新华书店			
印　　刷	上海华业装璜印刷有限公司			
开　　本	787 毫米×1092 毫米　　1/16			
印　　张	17.25			
字　　数	410 千字			
版　　次	2022 年 10 月第 1 版			
印　　次	2022 年 10 月第 1 次			
印　　数	1—1 500			
书　　号	ISBN 978-7-5429-7160-9/G			
定　　价	96.00 元			

如有印订差错，请与本社联系调换

本书编写委员会

顾　问：刘　林　胡　卫

主　编：董圣足

副主编：谢锡美　黄　河　朱　丽

成　员（排名不分先后）：

王建庄　王佳丽　王慧英　公彦霏　尹福会
白贵平　朱　丽　刘荣飞　刘耀明　何金辉
陈典港　张继玺　张　歆　张　璐　郎　佳
林晓鸣　郝志杰　骈茂林　黄元维　黄　河
董圣足　谢锡美　訾　鸣　熊明放　潘　奇

前言
PREFACE

"十三五"时期是我国民办教育改革发展的一个重要阶段。随着民办教育系列法律法规相继修订和各类宏观政策文件的密集出台，非营利性和营利性民办学校分类管理制度得以逐步完善。在此基础上，国家对民办教育支持和规范并重的政策基调愈加清晰。民办教育行业在经历剧烈变革的同时，也在积极寻找新的发展空间。作为中国民办教育协会首次推出的年度重大科研项目的重要成果——《中国民办教育行业发展报告（2015—2021年）》，正是在这一宏观背景下诞生的。

在该项目研究过程中，为对"十三五"时期我国民办教育行业改革发展进行全景式、系统性、立体化分析，我们确立了以下指导思想：一是政策分析与学术思考相结合，在全面描绘法规政策发展变迁过程的同时，将必要的理论成果、学理思考融入其中，既直面政策实践问题，也提出理性发展预期；二是趋势研判与问题揭示相结合，在以教育事业及教育经费大数据分析展示行业发展全貌的同时，坚持运用实地调研、案例分析等方法对改革机理进行微观透视，既全面梳理改革实践经验，也冷静反思发展制约因素；三是着眼现实与面向未来相结合，在全面把握法律制度和政策变革趋势的同时，坚持立足行业实际，既试图以第三方立场合理引导行业发展方向，也力争从专业的视角共谋行业未来发展空间。

本书力求客观呈现"十三五"时期我国民办教育发展状况及变化趋势，深入分析各级各类民办教育改革成效与面临的挑战，全面展望民办教育行业在不同改革主题下的发展方向和变革趋势。

囿于官方统计数据发布滞后，本书所涉及的年度数据均以2015—2020年为采集范围，同时充分吸收2021年度行业的改革动态及实践状况，形成了"综合报告+分类报告"的主要结构体例。其中，综合报告统领全局，反映中国民办教育行业总体发展情况，彰显民办教育在国家教育事业中不可替代的重要地位。分类报告则分别聚焦民办教育细分领域、区域发展态势和相关改革主题，在民办教育细分领域形成了学前教育、义务教育、普通高中教育、高等教育、职业教育五个类别报告,在区域发展态势方面形成了内蒙古、辽宁、河南、上海、江西、云南六个地区的区域报告,在热点改革主题方面围绕民办学校党的建设、基金会办学、营利性民办教育的发展、教育资产资本化运作、行业组织建设和校外培训机构治理形成了六个专题报告。

本书由董圣足担任主编,谢锡美、黄河、朱丽担任副主编。写作分工及执笔人情况如下:"绪论"由董圣足执笔;"综合报告"由潘奇、刘荣飞、公彦霏、郎佳执笔;"类别报告"中的"2015—2020年民办学前教育发展报告"由张璐执笔,"2015—2020年民办义务教育发展报告"由张继玺执笔,"2015—2020年民办普通高中教育发展报告"由刘耀明执笔,"2015—2020年民办高等教育发展报告"由王慧英执笔,"2015—2020年民办职业教育发展报告"由黄河执笔;"区域报告"中的"内蒙古自治区民办教育发展报告"由郜志杰、王佳丽、白贵平执笔,"辽宁省民办教育发展报告"由王慧英、黄元维执笔,"河南省民办教育发展报告"由王建庄执笔,"上海市民办教育发展报告"由张歆执笔,"江西省民办教育发展报告"由熊明放、陈典港执笔,"云南省民办教育发展报告"由訾鸣执笔;"专题报告"中的"民办高校党建与思政工作创新——以上海市民办高校为例"由尹福会执笔,"营利性民办教育的发展现状、政策演进及走向"由谢锡美执笔,"基金会办学现状及政策建议"由何金辉执笔,"教育行业资本市场上市的现状、问题与走向"由黄河执笔,"民办教育行业组织建设的探索与思考"由林晓鸣执笔,"'双减'政策下的校外培训治理:成效、风险及对策"由董圣足、公彦霏、张璐、黄河、潘奇执笔。朱丽博士负责本书的统稿与校对工作。

本书在论证、调研、写作及修改过程中,得到了中国民办教育协会刘林会长和胡卫常务副会长的高度重视与悉心指导,得到了协会秘书长贾伟、副秘书长丁秀棠的全力支持,也得到了相关地方行业协会负责人、各方面专家学者和各有关民办院校举办者(办学者)的倾力协助、专业指导和积极配合。在此,作者表示衷心谢忱。

此外,本书能得以顺利出版,作者还要感谢上海市教育委员会原副秘书长兼办公室主任林洵多先生费心对文稿所做的深入审读,感谢上海市教育科学研究院智力开发研究所所长杜晓利研究员和上海市教科规划办副主任方建锋研究员在数据分析和资料分享上所提供的有力支持,感谢立信会计出版社编辑王艳丽女士为出版事宜所做的大量协调及编辑工作。

董圣足

2022年6月30日

目录 CONTENTS

绪 论

导读 ··· 003
    一、我国民办教育研究现状述评 ·· 003
    二、研究内容与研究方法 ··· 004
    三、主要结论与对策建议 ··· 006

综合报告

2015—2020年中国民办教育行业发展综合报告 ·· 011
    一、民办教育行业发展态势 ·· 011
    二、民办教育行业发展的主要成就 ··· 020
    三、民办教育行业发展面临的主要挑战 ·· 028
    四、民办教育行业发展的未来展望 ··· 034

类别报告

2015—2020年民办学前教育发展报告 ·· 043
    一、民办学前教育政策举措 ·· 043
    二、民办学前教育发展概况 ·· 046
    三、民办学前教育发展面临的困难与挑战 ··· 052
    四、未来民办学前教育发展的趋势与建议 ··· 054

2015—2020年民办义务教育发展报告 ·· 057
    一、民办义务教育发展态势 ·· 057
    二、民办义务教育发展的主要特点 ··· 064

三、民办义务教育发展面临的问题与挑战 ·········· 068
　　四、推进民办义务教育改革与发展的建议 ·········· 070
　　五、新政下民办义务教育高质量发展路径 ·········· 071

2015—2020 年民办普通高中教育发展报告 ·········· 073
　　一、民办普通高中教育发展概况 ·········· 073
　　二、民办普通高中教育的发展路径与模式 ·········· 077
　　三、民办普通高中教育面临的问题与挑战 ·········· 080
　　四、民办普通高中教育发展的建议与措施 ·········· 082

2015—2020 年民办高等教育发展报告 ·········· 084
　　一、民办高等教育发展概况 ·········· 084
　　二、民办高等教育内涵式发展取得的新成就 ·········· 088
　　三、民办高等教育改革发展面临的现实挑战 ·········· 091
　　四、民办高等教育改革未来发展的新思考 ·········· 093

2015—2020 年民办职业教育发展报告 ·········· 099
　　一、民办职业教育办学规模与发展特点 ·········· 099
　　二、民办职业教育发展面临的挑战与问题 ·········· 112
　　三、民办职业教育未来发展的机遇与展望 ·········· 114

区域报告

内蒙古自治区民办教育发展报告 ·········· 121
　　一、内蒙古自治区民办教育发展概况 ·········· 121
　　二、内蒙古自治区扶持和规范民办教育发展的举措 ·········· 123
　　三、内蒙古自治区民办教育存在的问题 ·········· 126
　　四、内蒙古自治区民办教育发展展望 ·········· 126

辽宁省民办教育发展报告 ·········· 129
　　一、辽宁省民办教育发展概况 ·········· 129
　　二、辽宁省民办教育取得的成绩 ·········· 136
　　三、辽宁省民办教育存在的问题 ·········· 141
　　四、辽宁省民办教育发展建议 ·········· 142

河南省民办教育发展报告 ·········· 143
　　一、河南省民办教育发展概况 ·········· 143
　　二、河南省民办教育发展优势与存在的问题 ·········· 148

三、河南省民办教育发展建议 …… 150
上海市民办教育发展报告 …… 152
　　一、上海市民办教育基本情况 …… 152
　　二、"十三五"期间上海市民办教育主要政策举措 …… 155
　　三、当前上海市民办教育存在的主要问题 …… 156
　　四、当前上海市民办教育面临的主要挑战 …… 157
　　五、上海市各级各类民办教育发展的主要任务 …… 159
江西省民办教育发展报告 …… 161
　　一、江西省民办教育基本情况 …… 161
　　二、江西省民办教育取得的成绩 …… 162
　　三、江西省民办教育面临的挑战 …… 169
　　四、江西省民办教育改革发展的对策建议 …… 170
云南省民办教育发展报告 …… 172
　　一、云南省民办教育基本情况 …… 172
　　二、云南省民办教育取得的主要成绩 …… 182
　　三、云南省民办教育面临的挑战 …… 186
　　四、云南省民办教育发展建议 …… 188

专题报告

民办高校党建与思政工作创新——以上海市民办高校为例 …… 193
　　一、民办高校党建与思政工作的现状与问题 …… 193
　　二、民办高校党建与思政工作的特色与成果 …… 198
　　三、民办高校党建工作创新机制的路径探索 …… 203
　　四、提升民办高校党建质量的对策与建议 …… 205
营利性民办教育的发展现状、政策演进及走向 …… 209
　　一、营利性民办教育政策的缘起与发展 …… 209
　　二、营利性民办教育的发展现状 …… 213
　　三、营利性民办教育的发展困境 …… 215
　　四、营利性民办教育政策的未来走向 …… 217
基金会办学现状及政策建议 …… 221
　　一、基金会与基金会办学 …… 221
　　二、我国基金会办学的实践探索 …… 223

  三、我国基金会办学面临的主要挑战 ·· 231
  四、完善基金会办学的政策建议 ·· 232

教育行业资本市场上市的现状、问题与走向 ······································ 234
  一、教育行业资本市场上市数量和规模 ······································ 234
  二、教育行业资本市场上市的路径 ·· 239
  三、教育行业境外资本市场上市的 VIE 模式 ································ 241
  四、教育行业资本市场上市的未来走向 ······································ 245

民办教育行业组织建设的探索与思考 ·· 248
  一、各级民办教育协会建设的实践探索 ······································ 248
  二、加强后"脱钩"时期行业协会建设的对策建议 ·························· 255

"双减"政策下的校外培训治理：成效、风险及对策 ···························· 259
  一、大力整治学科类校外培训取得显著成效 ································ 259
  二、校外培训治理中潜藏的衍生风险 ·· 261
  三、进一步深化校外培训治理的对策建议 ···································· 263
  四、结语 ·· 265

绪 论

XU LUN

中国民办教育行业发展报告（2015—2021年）

导 读

自2016年《中华人民共和国民办教育促进法》(以下简称《民办教育促进法》)修订后,按照举办者是否要求取得办学收益,我国进入了营利性和非营利性民办学分类登记、分类管理、分类规范、分类扶持的新阶段。在此背景下,以推进民办学校分类管理改革为主线索,国家及地方层面都出台了一系列配套政策,以支持和规范民办教育健康发展。然而,值得关注的是,针对民办教育领域频繁发生的一些"黑天鹅事件"乃至"灰犀牛事件",从2018年下半年开始,国家层面又陆续出台了诸多旨在强化民办教育规范管理的重要政策文件。其中,中共中央办公厅、国务院办公厅印发的《关于规范民办义务教育发展的意见》和《关于进一步减轻义务教育阶段学生作业负担和校外培训负担的意见》(以下简称"双减"政策)以及教育部办公厅印发的《关于加快推进独立学院转设工作的实施方案》等政策性文件,都对不同学段和不同类型的民办教育产生了极为重要的影响。为了全面反映民办教育行业发展状况及变化趋势,深入分析各级各类民办教育改革的基本成效及存在的问题,更好地概括行业发展特点、总结行业发展经验、展望行业发展趋势,作者团队在中国民办教育协会的指导和支持下编写了本书。

一、我国民办教育研究现状述评

本书所称"民办教育",系指受《民办教育促进法》规范和调整,除国家机构以外的社会组织或者个人利用非国家财政性经费,面向社会举办的学校及其他教育机构,包括依法举办且经教育行政部门批准或备案的各级各类民办培训机构。

近十多年来,围绕民办教育改革发展问题,业界及学界发表(出版)了大量论著。截至2021年3月,根据中国知网的数据,标题中带有"民办教育发展"的论文(文章)就高达两千多篇。这些论文虽然视角有所差异,立场未必一致,但都在不同程度上论及了民办教育宏观制度变迁及区域政策调整问题,内容涵盖民办学校分类管理、办学自主权落实、财政扶持政策、税收优惠措施、教师公平待遇、宏观治理体系完善、学校内涵建设路径等,其中不少观点主张和政策建议都具有较好的借鉴价值。

单就各类与民办教育发展相关的年度报告而论,在过去五年多时间里,比较典型且影响较大的民办教育行业年度报告大概有三大类。一是学术类发展报告。譬如,北京师范大学教育学部所属的高等教育研究院、中国民办教育研究院和中国教育政策研究院联合推出的《中国民办教育发展报告2018》(周海涛和钟秉林等主编,科学出版社出版),以及杨娟主编的《中国民办教育行业发展报告(2020)》(社会科学文献出版社出版)。这类报告强调学术规范,倚重文献梳理,偏重案例分析,具有较高的研究价值。但这类报告因为缺少实证调查和深入分析,在一定程度上存在脱离实际等硬伤,其所提出的一些对策建议往往缺少建设性和可操作性。二是商业类发展报告。譬如,德勤中国发布的《教育新时代:中国教育发展报告2018》(网络发行,可免费下载),中国产业研究院按年度定期滚动推出的《中国民办教育行业市场前瞻与投资战略规划分析报告》(网络发行,需高价订购),以及其他证券机构发布的大量涉及民办教育行业尤其是民办高等教育方面的市场分析报告。这类报告对民办教育行业发展背景的分析比较深透,观察问题的视角比较多元,但无论是否收取费用,这类报告的商业动机十分明显,观点主张也比较市场化、功利化,而且因为对教育行业情况不够了解,其很多内容存在拼凑现象,整体可信度不高。三是协会类发展报告。这类发展报告多由一些地方教育行政部门发起并支持,由所在区域的民办教育行业协会牵头组织编写。譬如,上海市民办教育协会在上海市教育委员会的支持下推出了《上海民办教育发展报告(2013—2016)》(李宣海、高德毅、胡卫主编,科学出版社出版),浙江省民办教育协会在浙江省教育厅的支持下推出了《浙江省民办教育发展报告(2011—2020年)》(葛为民主编,中国社会科学出版社出版)。此外,广东、河南、山东等省民办教育行业协会也都在不同年度会同相关机构联合组编了各自省域的民办教育发展报告。这类报告资料非常丰富,数据也比较详实,较好地概括了本区域民办教育发展的历程与特点,总结了成绩与经验,同时也指出了问题与不足。但是这类报告各自着眼于本区域改革发展状况,其对国家层面的政策梳理和分析以及对行业发展的思考和展望多少带有一点"本位主义"色彩,缺乏整体性和完整性视野。

综上所述,现有研究对民办教育行业改革发展问题进行了多层次、多角度的分析,取得了许多成果,但也存在一些不足。一是研究内容相对滞后,先导性和前瞻性不足,缺乏理论深度和理性思考。二是以行业整体改革发展为主题的综合性研究寥寥无几,且其内容和观点创新性不足。三是既有的少量行业发展报告由于组织者(编写者)的立场、观点和价值偏好等存在这样或那样一些问题,尚不足以反映行业全貌,难以指导和推动现实工作。为此,作者团队基于大样本调查、大数据分析、大规模访谈、大视角透视,将"中国民办教育行业发展"作为一个综合体进行系统、深入、多元的研究,以全面梳理民办教育发展成果,认真总结实践经验,冷静反思存在的问题,客观分析现实环境,并在此基础上编写了本书。

作为中国民办教育协会2021年度重大科研项目成果,本书力图站在全国性行业协会的立场和角度上思考问题、分析问题、解决问题,不仅在政治上保持正确,而且在观点上保持中立。同时,为了更好地叙述历程、展示全貌、反映问题、描述趋势,本书将时间跨度设定为2015—2021年,而主要数据则集中在"十三五"时期(2016—2020年)。

二、研究内容与研究方法

(一) 研究内容

本书主体内容由1篇综合报告、5篇类别报告、6篇区域报告和6篇专题报告组成。

1. 综合报告反映了2015—2020年中国民办教育行业总体发展情况

综合报告在规范研究和实证研究的基础上,分析阐述了2015—2020年我国民办教育的总体发展态势、改革成就和主要挑战,对2020—2021年民办教育宏观政策调整变化情况进行了较为深入的剖析,并对"十四五"时期民办教育改革发展的趋势作出了一定研判。

2. 类别报告展示了2015—2020年中国各级各类民办教育发展情况

五大类别报告基于行业数据、案例材料和文献资料,分别对2015—2020年我国民办学前教育、民办义务教育、民办高中教育、民办高等教育、民办职业教育的发展现状和面临的挑战等进行了较为详尽的分析,同时就各级各类民办教育未来的发展机遇和转型路径进行了相应的探讨和展望。

3. 区域报告概述了2015—2020年中国民办教育行业典型区域发展情况

六大区域报告分别就内蒙古、辽宁、河南、上海、江西、云南地区2015—2020年民办教育的改革发展概况、所取得的成绩及存在的问题进行了较为全面深入的阐述,并就不同区域民办教育改革发展所存在的一些共性及个性问题作了有针对性的分析。

4. 专题报告分析了2015—2020年中国民办教育行业的若干重点及热点问题

六大专题报告采用政策分析和个案研究相结合的方式,分别聚焦民办高校党建与思政工作创新,营利性民办教育的政策演进及走向,基金会办学现状及政策分析,教育行业资本市场上市的现状、问题和走向,民办教育行业组织建设的探索和思考,"双减"政策下的校外培训治理,针对其中的热点、焦点、难点、痛点和堵点问题进行了详尽的研究和探讨,提出了一些富有建设性的对策建议。

(二) 研究方法

根据实际研究工作的需要,作者团队主要采取了文献研究、统计分析、调查研究和案例研究四种研究方法。

1. 文献研究

通过广泛浏览和充分借鉴国内同类研究文献,作者团队从政策、学理和市场等不同维度,对2015—2020年民办教育发展的政策背景、理论基础和实践内容进行了深入探析。

2. 统计分析

基于有关教育事业发展的基础数据,作者团队对历年涉及民办教育的数据加以分离并进行单独统计,从民办教育事业发展、办学条件变化以及区域均衡程度等维度,对各级各类民办教育发展情况进行了总体分析和分类分析。

3. 调查研究

通过抽样问卷调查,辅以实地调查和专题座谈会,作者团队分类分层梳理了各级各类民办教育的发展现状,深入了解了各区域民办教育的实践特点以及相关热点、焦点问题。

4. 案例研究

通过剖析各级各类民办教育改革发展的典型性区域、代表性案例和标志性事件,本书旨在"以小见大""以点带面""以案说法",为探讨民办教育改革发展的本质问题与关键趋势提供案例支撑和实践参照。

三、主要结论与对策建议

(一) 主要结论

1. 我国各级各类民办教育总体发展比较平稳,各学段民办学校数量、占比和在校生规模等指标走势不尽相同

在学前教育阶段,受政策性因素影响,民办幼儿园规模先扬后抑,数量占比逐渐下降,普惠性民办幼儿园数量占比不断提高。在义务教育阶段,由于相关政策效应有一定滞后性,虽然民办小学在校生规模增速趋缓,但民办初中在校生规模上行态势明显,且占比逐年增加。在高中教育阶段,由于限制性政策相对较少,民办普通高中数量稳步攀升,在校生规模稳步增长;民办中职教育与整体中职教育发展走势基本一致,虽然其数量逐年缩减,但在校生规模却稳步增长,说明单体学校办学规模在稳步扩大。在高等教育阶段,民办普通高校数量稳中有增,民办普通高校在校生数量逐年增长。

2. 我国各级各类民办教育改革不断深化,不同学校在党的建设、办学体制探索、内涵特色发展和现代学校制度实践方面取得了一定进展

近年来,随着我国教育综合改革的不断推进与深化,各级各类民办教育也在不断探索改革路径,在多个领域取得了一定的进展。其一,各级各类民办学校党的建设不断取得新进展,民办学校党组织的法律地位更加明确,基层党组织不断健全,党组织在民办学校中的政治保障作用更加凸显。其二,民办学校分类管理改革持续推进,国家层面宏观政策体系不断完善,地方层面出台了一系列细化举措,一大批存量民办学校按照举办者的自愿选择相继完成了非营利性或营利性法人分类登记。其三,民办教育办学体制改革进展顺利,具体表现为公办高校参与举办的独立学院转设工作深入推进,职业教育混合所有制办学取得一定突破,义务教育阶段政府购买服务有效推行。其四,民办学校内涵建设与特色发展成效明显,具体表现为民办幼儿园普惠优质发展基调更加突出,民办中小学特色品牌建设持续深化,民办职业教育产学融合发展稳步推进,民办高等教育多层次高质量发展格局初步形成。其五,民办学校在现代学校制度探索上取得新进展,具体表现为民办学校法人财产权稳步落实,学校章程实施有效加强,"决策—执行—监督"三位一体的学校法人治理结构日益健全。

3. 虽然国家支持和规范民办教育发展的主基调没有变化,但近期民办教育宏观政策的局部性回调对一些学段和类型的民办教育产生了重要影响

民办教育政策的阶段性回调及其所产生的影响主要体现在以下四大方面。其一,全面压减、从严治理校外培训机构。近九成义务教育阶段学科类校外培训机构被压减,校培行业整体面临转型、转行困境。其二,积极引导民办学前教育向普惠型教育发展。民办幼儿园及在园儿童数量占比同步下降,部分民办幼儿园生存困难、发展乏力。其三,大力规范民办义务教育,对民办义务教育在校生占比实施"双限"政策,并全面清理"公参民"学校。一大批民办初中、小学即将面临"关、停、并、转"的困境。其四,推动独立学院全面转设,鼓励其向应用型本科院校转型发展。我国民办高等教育在办学类型上即将发生显著的结构性变化。

4. 我国经济社会发展环境持续变化，特别是宏观教育政策不断调整，在给民办教育发展带来挑战的同时，也给民办教育行业带来了重塑生态的机遇

一方面，外部环境变化和宏观政策调整对民办教育改革发展提出了新的要求，民办教育需要在服务经济建设和社会发展上有新作为、新贡献，在满足人的全面发展和多样化教育需求上有新探索、新起色，在完善内部治理和开拓外部空间上有新思路、新举措。另一方面，外部环境变化和宏观政策调整也对民办教育的价值取向和功能定位提出了新的要求，全体民办教育举办者都要围绕如何落实立德树人这一根本任务，以办好人民满意的教育为核心使命，进一步端正办学态度、规范办学行为，进一步加大教育投入、提高教育质量，进一步理清发展路径、创新发展模式。

(二) 对策建议

1. 积极促进各级政府改善民办教育发展环境

各地应积极落实中共中央、国务院在《中国教育现代化2035》中提出的各项宏伟目标，进一步办好人民满意的教育，加快普及有质量的各级各类教育，更好地促进教育共享发展和公平发展。这既需要加大财政性教育经费投入，也需要全面深化办学体制改革，鼓励和吸引更多社会力量参与办学。为此，民办教育不仅不能缺位和退场，还要发挥新的更大的作用。民办教育行业组织应积极推动监管层面深入贯彻"支持与规范并举"的大政方针，在依法保障民办学校拥有自主权和发展权的前提下，进一步改善宏观政策环境，落实相应的扶持政策，促进各级各类民办学校规范发展、科学发展和永续发展。

2. 稳步推动各级各类民办学校创新发展模式

在新时代、新阶段和新的发展格局下，广大民办学校举办者(办学者)务必要认清形势、顺应大势，廓清和端正办学理念，同时以变应变、主动作为，调整和优化发展战略。实践表明，民办学校延续低水平扩张、重复性建设、粗放型经营的发展模式是没有前景的。未来一个时期，搞好差别定位、推动错位竞争、坚持特色发展是各级各类民办学校赖以更好生存发展的基本方略。为此，广大民办学校应狠抓五个环节的工作：一是实现理念更新——从注重外延扩张转向追求内涵发展；二是加大资金筹措——为特色发展提供可持续的财力基础；三是推进队伍建设——将发展瓶颈转化为强校资本；四是优化发展路径——把重点资源配置到核心领域及关键环节中；五是深化治理创新——从被动适应环境走向主动创造需求。

3. 全面推进民办教育领域现代学校制度建设

各地应积极落实中央相关决策部署，推动各级各类民办学校按照营利性和非营利性两种组织属性开展现代学校制度改革创新。一是全面加强党的领导和党的建设，确保民办学校始终坚持公益属性，始终坚持社会主义办学方向，始终坚持立德树人根本任务。二是深入完善民办学校科学决策制度，建立由多元主体共同参与的学校董(理)事会，保障每位董(理)事权力行使的独立性，以制度形式规范举办者依据学校章程规定的权限和程序参与学校管理，保障董(理)事会章程确定的议事规则得以遵守和执行。三是建立以校长为核心的学校治理委员会，依法保障校长的独立治校权，推进校长队伍职业化、专门化、专

家化。四是健全党组织、监事会、教代会等多主体协同的民办学校监督体系。具体包括：强化党组织对学校重要决策实施的监督；探索引入独立监事制度，更好地发挥监事会对学校决策机构和执行机构的监督作用；建立健全学校教代会民主监督制度。

4. 大力加强各级各类民办教育行业组织建设

在民办学校分类管理改革的大背景下，从社会公益事业的特点出发，引入各种社会力量共同参与治理，促进民办教育事业规范、健康发展，不仅是必要的，也是可行的。各地应尽快建立统一、独立的民办教育行业协会，鼓励和扶持行业组织做强做大，使其在教育质量标准研制、从业人员资格认证、学校信用等级评估、行业自律规范建设等方面发挥建设性作用，以更好地维护正常的市场秩序，重建健康的教育生态。与此同时，各地应不断强化教育行业协会的自我服务、自我管理、自我约束功能，推进行业协会内部监督制度化，借助各级各类教育行业协会的组织网络及信息平台推进民办学校办学信息公开和征信制度建设，引导民办学校依法办学、规范办学、诚信办学，从而不断增强各类民办教育的社会公信力和美誉度。

（本文由上海市教育科学研究院民办教育研究所董圣足执笔）

综合报告

ZONGHE BAOGAO

中国民办教育行业发展报告（2015—2021年）

2015—2020年中国民办教育行业发展综合报告

民办教育是我国社会主义教育事业的重要组成部分,经过多年的发展,中国民办教育行业从无到有,服务规模不断壮大,涉及领域不断拓展,办学类型不断扩充,已经形成了涵盖学前教育、中小学教育、高等教育、职业教育、培训教育等各级各类学历和非学历教育的庞大体系。2015—2020年,随着民办教育分类管理法律规定及政策措施的相继出台和相关改革的持续推进,中国民办教育行业迎来了一个重要发展时期,各级各类民办教育围绕国家政治、经济、社会发展的总体目标和教育事业整体发展战略,在"支持和规范"的主旋律中不断汰旧换新、迭代升级,进一步夯实了新时代背景下中国民办教育行业健康、可持续发展的坚实基础。

一、民办教育行业发展态势①

"十三五"时期是我国全面建成小康社会的决胜阶段,在国家政策和社会资本的双重作用下,民办教育行业勇于面对变革,各级各类民办教育呈现出不同发展态势。就行业规模而言,各级各类民办学校的数量、占比和在校生规模等发展指标趋势各异;就办学属性而言,各级各类民办教育在分类管理法律规定及相关政策指引下,初步形成了营利性与非营利性学校分类登记、分类扶持、分类监管的格局。

(一) 2015—2020年民办学前教育发展态势

1. 总体规模先增后降,数量占比有所下降

受《国务院关于当前发展学前教育的若干意见》(国发〔2010〕41号)等政策的鼓舞和激励,社会资本持续进入学前教育领域。2015—2019年,全国民办幼儿园的数量呈现出稳定增长的趋势。但是随着2018年《中共中央 国务院关于学前教育深化改革规范发展的若干意见》的印发,社会资本对于学前教育发展的预期趋于谨慎,全国民办幼儿园的发展态势出现变化,2020年民办幼儿园数量有所下降。2015年,全国民办幼儿园数量为14.64万所,2019年这一数据增长至17.32万所,增长了18.31%,而2020年全国民办幼

---

① 如无特殊说明,本报告及全书所涉及的数据均来自教育部及各省域历年所发布的教育事业统计公报,这些全国性数据均未包含港澳台地区相关数据。

儿园数量则下降到了 16.80 万所,相对于 2019 年降幅达到 3%(见图 1)。

从全国民办幼儿园数量占比来看,随着教育部等四部门积极推进学前教育行动计划的实施,各地公办幼儿园建设持续发力,2015—2020 年全国民办幼儿园数量占比呈现逐年下降趋势,2020 年更是出现加速下降的趋势。2015 年,全国民办幼儿园数量占比为 65.44%,到 2019 年下降至 61.61%,下降了 3.83 个百分点,而 2020 年全国民办幼儿园数量占比下降至 57.58%,1 年间下降了 4.03 个百分点(见图 1)。

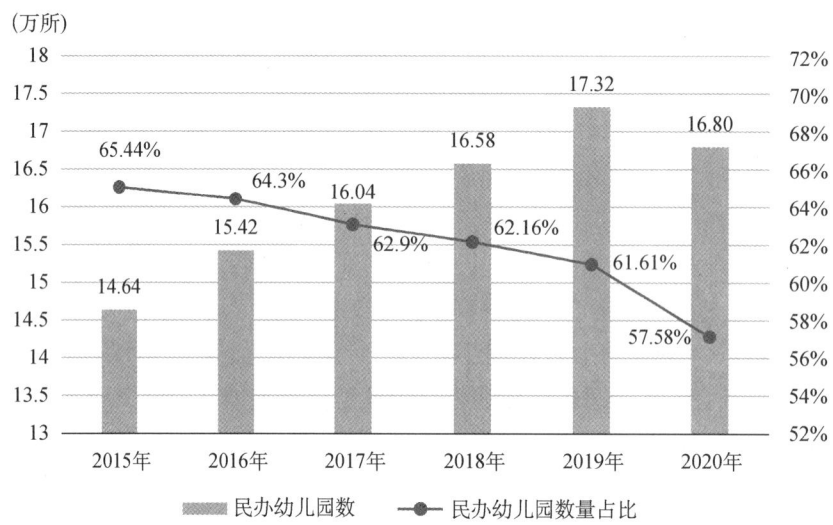

图 1　2015—2020 年全国民办幼儿园数及占比情况

2015—2020 年,全国民办幼儿园在园幼儿规模从 2015 年的 2 265.82 万人逐步增长到 2019 年的 2 619.51 万人,4 年时间增长了 15.61%,但年增长速度逐渐趋缓。2020 年,民办幼儿园在园幼儿规模出现大幅缩减,减少到 2 360.10 万人,1 年间降幅达 9.90%(见图 2)。

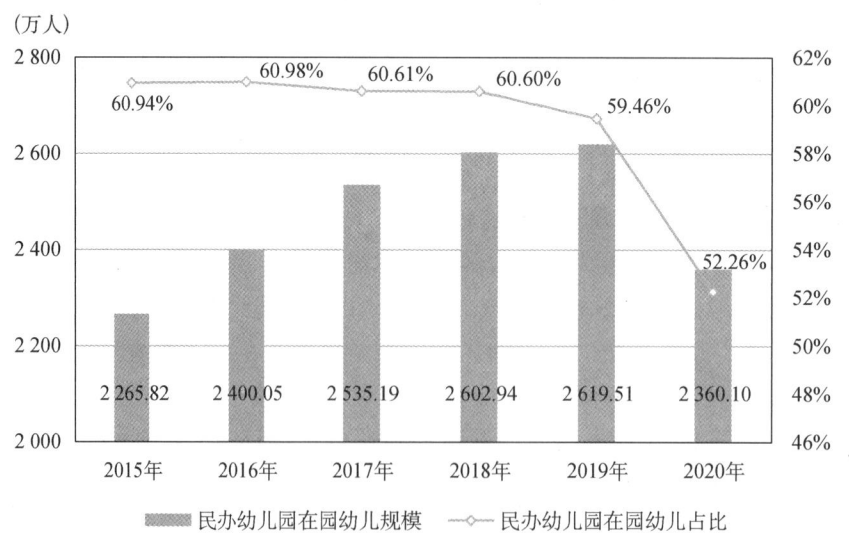

图 2　2015—2020 年全国民办幼儿园在园幼儿规模及占比情况

从全国民办幼儿园在园幼儿占比来看,2015—2018 年这一数字稳定在 60.60%~60.98%,2019 年则出现小幅下降,为 59.46%,2020 年大幅下降到 52.26%,相比 2019 年下降了 7.2 个百分点(见图 2)。这一趋势是各地贯彻《中共中央 国务院关于学前教育深化改革规范发展的若干意见》有关"公办园在园幼儿占比偏低的省份,逐步提高公办园在园幼儿占比,到 2020 年全国原则上达到 50%"要求的结果,反映了"充分发挥公办园保基本、兜底线、引领方向、平抑收费主渠道作用"的政策意图。

2. 普惠性民办幼儿园数量占比不断增长

自 2015 年开始,随着《中共中央 国务院关于学前教育深化改革规范发展的若干意见》等重要文件的发布,全国普惠性民办幼儿园同样呈现出快速发展的态势,到 2020 年其规模已稳步增长至 11.03 万所。同期,普惠性民办幼儿园的占比也在逐年增长,到 2020 年已达 65.68%(见图 3)。从在园幼儿数量来看,2015—2020 年,全国普惠性民办幼儿园在园幼儿规模及其占比都呈现逐年增长的趋势,到 2020 年分别达到 1 643.32 万人和 69.63%(见图 4)。

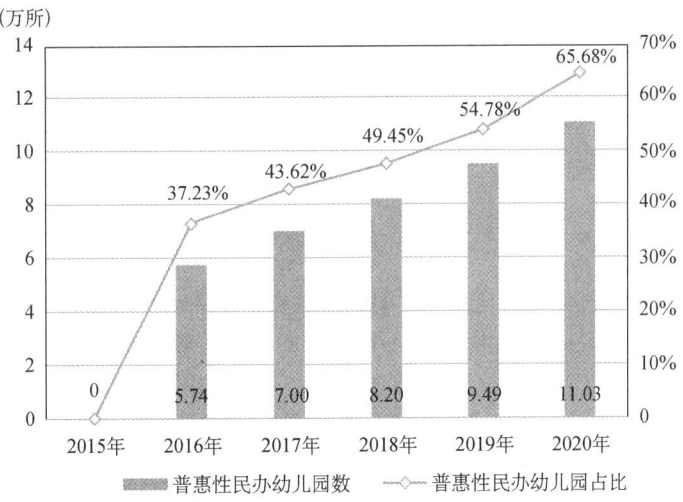

图 3　2015—2020 年全国普惠性民办幼儿园数及占比情况

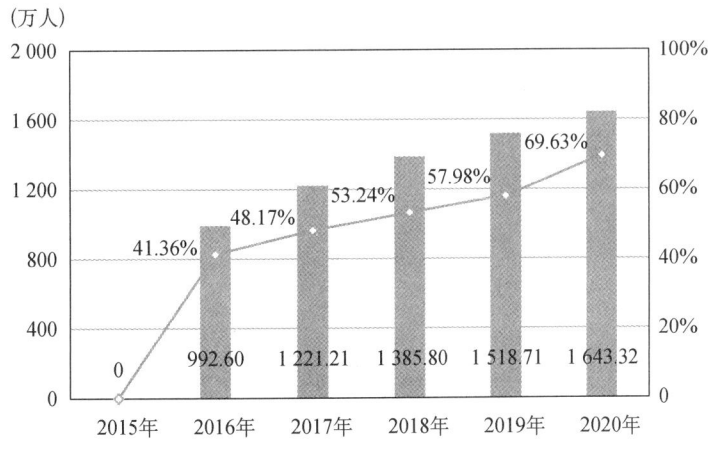

图 4　2015—2020 年全国普惠性民办幼儿园在园幼儿规模及占比情况

(二) 2015—2020 年民办义务教育发展态势

1. 民办小学数量先升后降,在校生规模增速趋缓

在小学教育阶段,2020 年全国民办小学有 6 187 所,占全国小学总数的 3.92%。从发展趋势上看,2015—2019 年全国民办小学数量逐年增长,从 5 859 所增长至 6 228 所,增长率为 6.30%,但民办小学数量在 2020 年出现下降,比 2019 年下降了 0.66%,这与全国小学(含公办、民办)数量规模的总体趋势一致。从全国范围内民办小学的占比情况来看,2015—2020 年民办小学占比逐年增长,特别是 2020 年的占比没有随着民办小学数量的下滑而下降,反而略有提高,由 2019 年的 3.89% 提高到 3.92%(见图 5)。

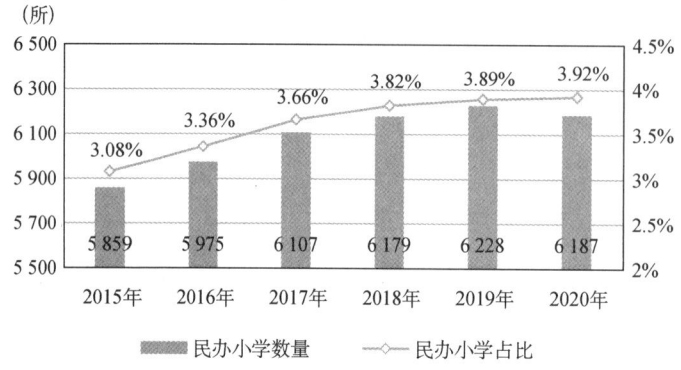

图 5　2015—2020 年全国民办小学数量及占比情况

从民办小学在校生规模来看,2020 年全国民办小学在校生达 966.03 万人,占全国小学在校生总数的 9.01%。从发展趋势来看,2015—2020 年,全国民办小学在校生规模一直稳步增长,从 713.82 万人增长至 966.03 万人,也就是说,2020 年的民办小学在校生规模比 2015 年增长了 35.33%。但是值得注意的是,2019—2020 年民办小学在校生规模增长速度趋缓,2020 年只增长了 2.24%。从民办小学在校生占比情况来看,全国民办小学在校生占比从 2015 年的 7.36% 稳步增长到 2020 年的 9.01%,但 2020 年的占比相比 2019 年只提高了 0.06 个百分点,可见其增长率同样开始趋缓(见图 6)。

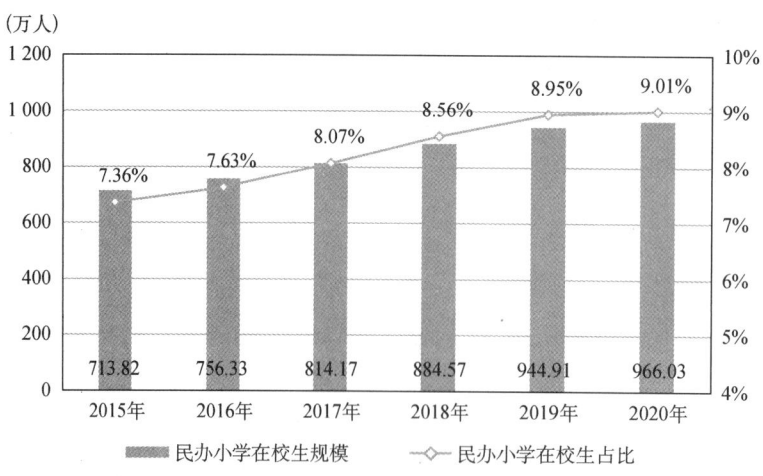

图 6　2015—2020 年全国民办小学在校生规模及占比情况

需要指出的是,2021年5月,中共中央办公厅、国务院办公厅印发《关于规范民办义务教育发展的意见》,明确提出"确保义务教育学位主要由公办学校提供或通过政府购买学位方式提供,原则上不再审批设立新的民办义务教育学校"。这对民办小学的数量、占比和在校生规模等指标产生重大政策影响。根据该文件,在对招生入学行为进行严格规范的同时,有关部门必须认真核实义务教育民办学校基本办学条件、专职教职工数量等方面达标情况,依据标准控制办学规模、核减招生计划。这既是建设高质量教育的要求,也是民办学校举办者规范办学的基本义务。

2. 民办初中规模上行态势明显,占比逐年增长

在初中教育阶段,2020年全国共有民办初中6 041所,占比为11.14%,民办初中在校生共有718.96万人,占比达14.63%。

从其发展态势来看,2015—2020年全国民办初中学校数量呈现出稳定增长的态势,从2015年的4 876所增长至2020年的6 041所,增长了23.89%。同一时期,民办初中学校数量的占比也逐年增长,从2015年的9.30%增长至2020年的11.44%(见图7)。

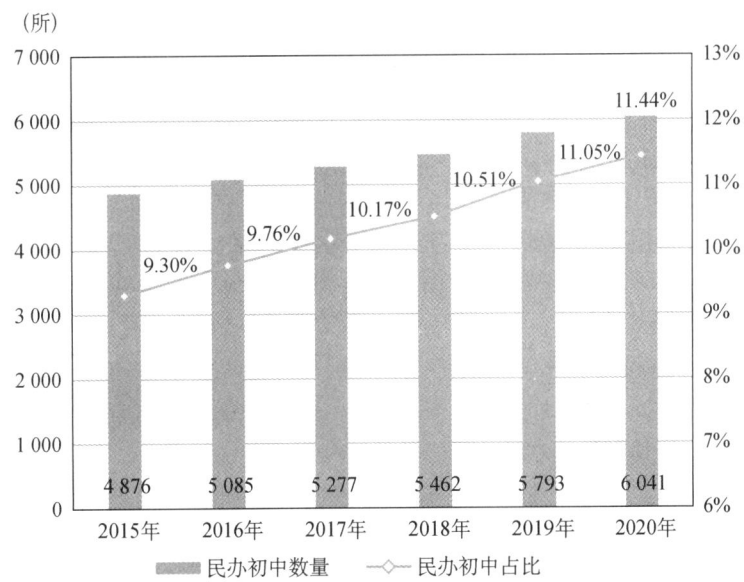

图7 2015—2020年全国民办初中数量及占比情况

从初中在校生规模来看,2015—2020年全国民办初中在校生规模持续快速增长,从2015年的502.93万人增至2020年的718.96万人,增长了42.95%。从全国民办初中在校生占比情况来看,2015—2020年这一数字也持续增长,由11.66%增长至14.63%(见图8)。

2021年5月,受中共中央办公厅、国务院办公厅发布的《关于规范民办义务教育发展的意见》影响,全国民办初中不断"做大做强、动态调整"的发展态势迎来政策性变化。上述文件规定,民办初中应严格按照基本办学条件、专职教职工数量达标情况确定办学规模,切实执行招生计划,规范招生入学行为。

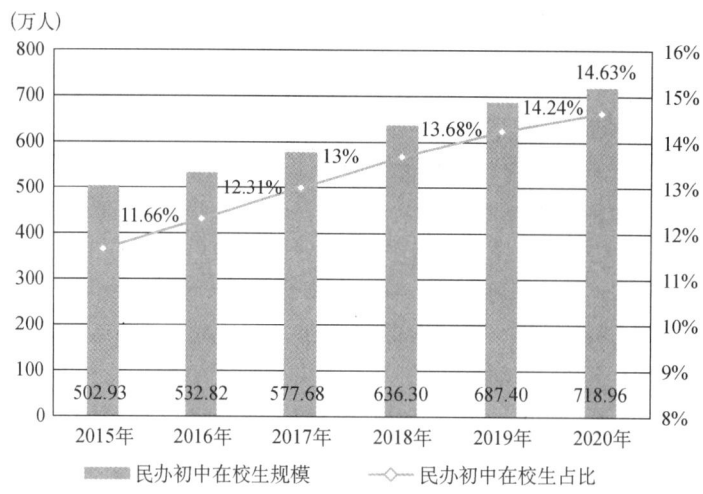

图 8　2015—2020 年全国民办初中在校生规模及占比情况

（三）2015—2020 年民办高中发展态势

1. 民办普通高中数量稳步攀升，在校生规模稳定增长

在普通高中阶段，2020 年全国民办普通高中数量达到 3 694 所，占比为 25.95%，民办普通高中在校生规模达 401.29 万人，占比为 16.09%。

全国民办普通高中学校数量由 2015 年的 2 585 所持续增长至 2020 年的 3 694 所，增长了 42.90%。与此相对应，全国民办普通高中学校占比也从 2015 年的 19.52% 持续增长至 2020 年的 25.95%（见图 9），年均增长幅度约为 1.29 个百分点。

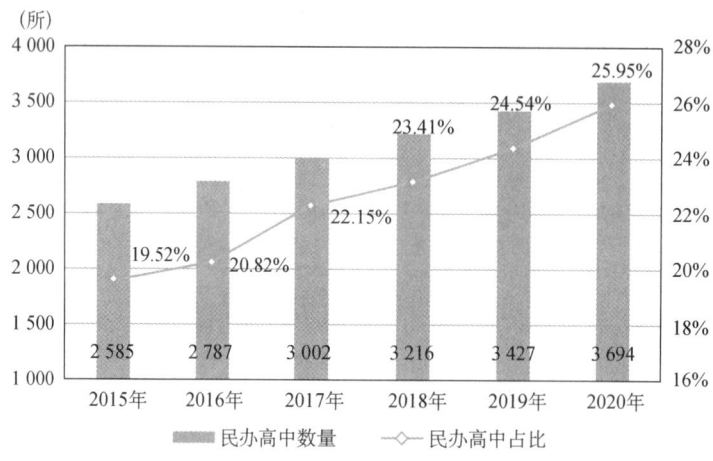

图 9　2015—2020 年全国民办普通高中数量及占比情况

全国民办普通高中在校生规模从 2015 年到 2020 年呈现出持续增长的态势，由 256.96 万人增长至 401.29 万人，增长了 56.17%，同期全国民办普通高中在校生占比则由 2015 年的 10.82% 持续增长至 2020 年的 16.09%（见图 10），年均增长幅度为 1.05 个百分点。

图10　2015—2020年全国民办普通高中在校生规模及占比情况

值得注意的是,受"义务教育阶段学校禁止营利"的规定和《关于规范民办义务教育发展的意见》政策文件的影响,部分义务教育阶段民办学校会向高中阶段"转移战场",加之学龄人口增加等因素,"十四五"期间我国民办普通高中的规模预计会有较大幅度增加。

2. 民办中职学校数量不断缩减,在校生规模却稳定增长

2020年,全国民办中职学校数量为1 953所,占全国中职学校总量的26.13%。从其规模趋势来看,与全国中职学校(含公办、民办)总体规模逐年萎缩的趋势一致,2015—2020年全国民办中职学校数量持续下降。具体而言,2015—2020年,民办中职学校规模由2 225所下降到1 953所,下降了12.22%。从下降速度来看,2015—2019年其降速逐渐减缓,但2019—2020年的降幅又有所增大(见图11)。

从全国民办中职学校占比情况来看,除2016年民办中职学校占比出现下降(由2015年的25.7%下降到25.28%)以外,之后占比均逐年提升,从2016年到2018年,占比由原来的25.28%缓慢回升至25.39%,2019年和2020年占比分别达到25.83%和26.13%,占比上升幅度也有所提高(见图11)。

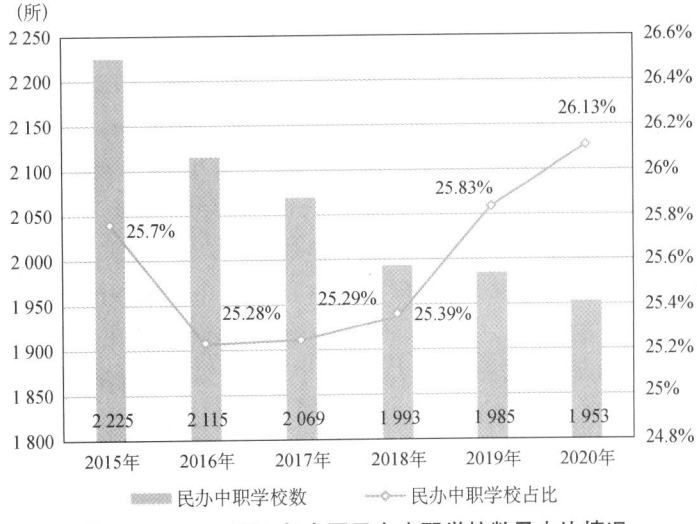

图11　2015—2020年全国民办中职学校数及占比情况

2020年，全国民办中职学校在校生规模为249.40万人，占比达到14.99%。从其历史发展趋势来看，与民办中职学校数量的变化情况不同，民办中职学校在校生人数持续增长，由2015年的183.37万人增长到2020年的249.40万人，增长了36.01%。同是，民办中职学校在校生占比也由2015年的11.07%持续增长到2020年的14.99%（见图12）。

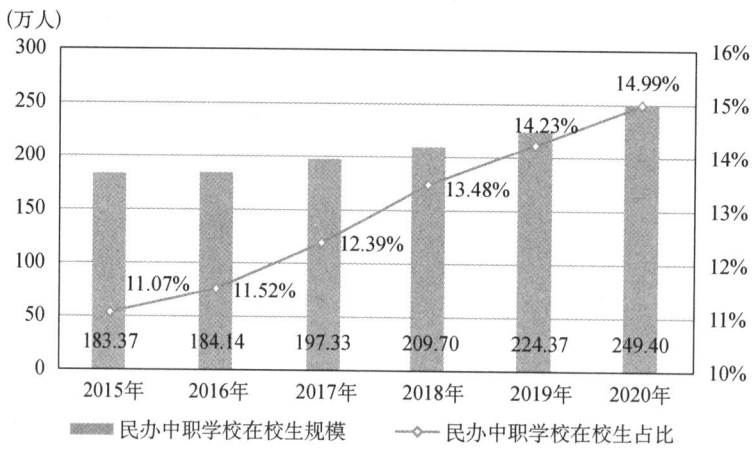

图12　2015—2020年全国民办中职学校在校生规模及占比情况

总体来看，虽然民办中职学校的数量和占比在"十三五"前期下降明显，但民办中职学校的在校生规模和占比却呈现出稳步上升的趋势。这一现象与中职学校的撤并优化有关。例如，2015年河南省教育厅、人力资源和社会保障厅联合下发了《关于公布优化中等职业学校布局结果名单的通知》，围绕做大做强职业教育的总体要求，采取撤销、合并、兼并、划转、转型、共建等形式，整合一批"弱、小、散"中职学校，推动中等职业教育资源向优质学校集中，优化学校布局，增强办学能力，提升办学质量。经过资源整合和布局调整，到2018年，河南省中职学校调减至420所左右。

（四）2015—2020年民办高等教育发展态势

1. 民办普通高校数量持续增长，占比波动起伏

在高等教育阶段，2020年我国共有民办普通高校773所，占全国高校的25.74%。2015—2020年全国民办高校数量持续稳定增长，由2015年的734所增长至2020年的773所，增长了5.31%。而民办高校占比的发展情况则略复杂，2015—2016年占比由25.74%微增至25.76%，2016—2018年占比则连续小幅下降，由25.76%下降到25.51%，此后的2019年和2020年占比逐年回升，分别为25.61%和25.74%（见图13）。

2. 民办高校本专科在校生数量逐年增长

从民办高校的在校生规模来看，全国民办本科院校在校生和民办专科院校的在校生规模都表现为持续增长的态势。具体来说，全国民办本科院校在校生规模由2015年的383.33万人增长至2020年的478.30万人，增长了24.77%，增长幅度逐年提升（见图14）；全国民办专科在校生规模由2015年的227.52万人持续增长至2020年的369.58万人，增长了62.44%，其增幅在2016—2018年有所放缓，之后在2019年和2020年民办高校在校生人数又呈现出加速增长的趋势（见图15）。

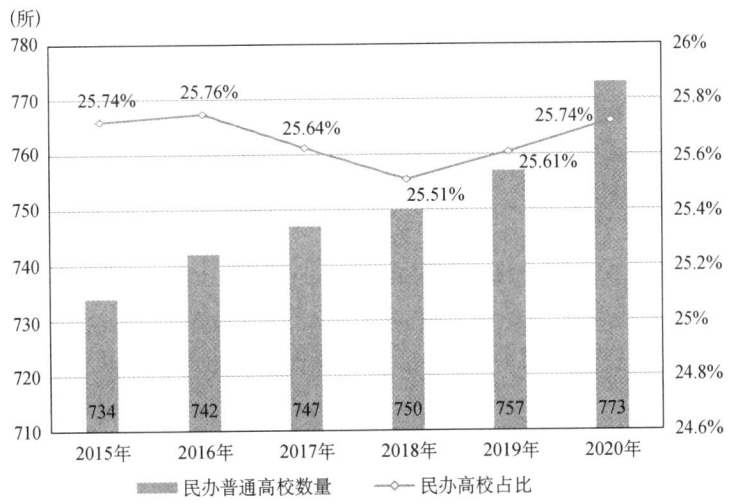

图 13　2015—2020 年全国民办普通高校数量及占比情况

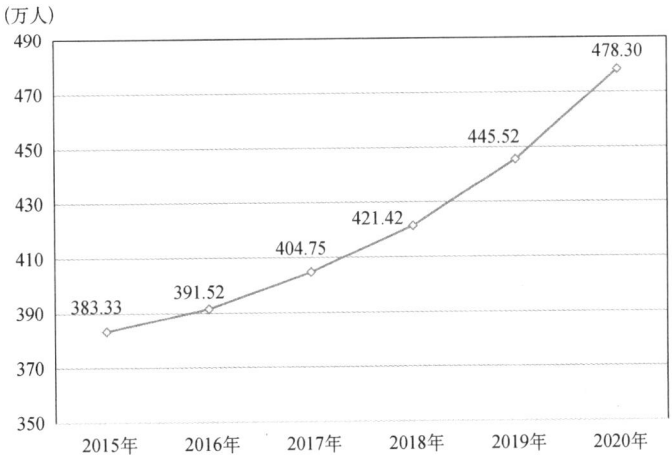

图 14　2015—2020 年全国民办本科院校在校生人数

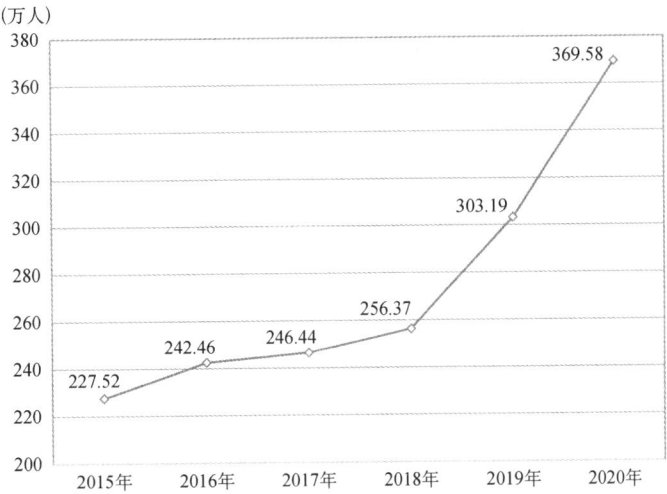

图 15　2015—2020 年全国民办专科院校在校生人数

总体来看,"十三五"时期我国民办高等教育规模不断扩大,这与新修订的《民办教育促进法》和国务院印发的《关于鼓励社会力量兴办教育促进民办教育健康发展的若干意见》(国发〔2016〕81号)等宏观政策环境密不可分,也与学龄人口增加等因素有直接关系。民办高等教育规模的扩大有效增加了教育服务供给,为推动教育现代化、促进经济社会发展作出了积极贡献。

二、民办教育行业发展的主要成就

新修订的《民办教育促进法》及《中华人民共和国民办教育促进法实施条例》(以下简称《民办教育促进法实施条例》)的颁布,以及中共中央、国务院有关学前教育、义务教育、普通高中教育、职业教育和校外培训等一系列政策文件的出台和深入实施,在奠定"支持和规范"民办教育发展主基调的同时,也推动了民办教育发展环境的革命性重塑。2015—2020年,民办教育行业积极应变转型,主动探索创新,在党的建设、分类管理改革、办学体制改革、学校特色发展以及现代治理体系建设等方面取得了令人瞩目的成就。

(一)各级各类民办学校党的建设不断取得新进展

1. 民办学校党组织的法律地位得到明确

2016年,中央全面深化改革领导小组第二十三次会议审议通过、中共中央办公厅印发的《关于加强民办学校党的建设工作的意见(试行)》(中办发〔2016〕78号)要求各级各类民办学校全面加强党的建设工作,充分发挥党组织政治核心作用,实现党组织和党的工作全覆盖。同时,《民办教育促进法》第九条强调:"民办学校中的中国共产党基层组织,按照中国共产党章程的规定开展党的活动,加强党的建设。"《民办教育促进法实施条例》第四条明确规定:"民办学校应当坚持中国共产党的领导,坚持社会主义办学方向,坚持教育公益性,落实立德树人根本任务。"上述规定为新时代全面加强党对民办教育的领导指明了方向,彰显了民办学校党组织的法律地位,从法律层面上确立了民办学校党组织的重要作用和战略地位。

2. 民办学校党建工作不断加强

加强党建工作是保障党组织在民办学校发挥政治核心作用的重要前提。《关于加强民办学校党的建设工作的意见(试行)》(中办发〔2016〕78号)、《民办学校党建工作重点任务》(教思政〔2020〕2号)等文件对民办学校的党建工作提出了具体要求。2015—2020年,各级各类民办学校积极作为,贯彻中共中央的各项党建要求,在方向上强化党组织的重要作用,确保党组织的政治核心地位;在局面上持续提升民办学校党组织覆盖率,努力做到党的基层组织全覆盖;在着力点上注重提高基层学校党建工作质量,凸显党组织的凝聚力;在机制上将党建工作与育人工作有机结合,形成为党育人、为国育才的良好局面。经过各民办学校党组织不断实践,全国各个地区涌现了一批典型案例,为进一步加强我国民办学校党建工作提供了宝贵经验。

按照"应建必建"原则,各省市民办学校积极加强各级各类党组织建设,努力扩大党组织覆盖面。许多省(自治区、直辖市)设立了民办学校党建工作办公室或党工委,出台了加强民办学校党建的政策文件。目前,江西、湖南、山西等20个地区都已经建立民办高校党委书记选派制度,选派到学校的党委书记同时兼任政府的督导专员,从而带动了民办高校党建工作水平的提升。例如,上海积极推进"三个同步"制度,即民办高校党组织与学校同步建立、党组织负责人与校长同步落实、党建工作与行政工作同步安排。通过"三个同步"制度的落实,上海民办高校迅速做到党组织全覆盖,并全面理顺了学校党建工作与办学管理的关系,从而保证了党对民办高校的领导。截至2019年年底,上海民办高校共有党委建制14个、直属党总支建制3个、基层党总支建制69个,民办高校党组织建设实现全覆盖。此外,上海民办中小学通过建立党委、党支部、党总支、活动型党组织等形式也实现了党组织的全覆盖。①

学校是育人的场所,党建工作的目标是通过加强民办学校党的建设和党的领导保障正确的育人方向,提高教育教学质量,引领学校高质量发展。在这方面,很多民办院校都作出了很好的实践探索。例如,无锡太湖学院作为江苏省唯一一所省市共建民办本科高校,以高水平党建工作引领高质量民办大学发展。该校将党建工作纳入《无锡太湖学院章程》,确立党组织在学校法人治理结构中的重要地位。学校建立了党委参与重大决策的体制机制,规定党委与行政双向进入、交叉任职。同时,该校深入实施"双带头人"培育工程,全校18个教师党支部中具有副高级职称或博士学位的党支部书记占90%以上。此外,该校将党建工作延伸到学生社团、学生宿舍、实习基地、网络阵地,确保党建工作全覆盖。目前,该校90%的学生递交了入党申请书。②

3. 民办学校党组织履行职责获得有效保障

《民办教育促进法实施条例》将保障学校党组织履行职责上升至法律层面,在总则部分第四条规定:"民办学校中的中国共产党基层组织贯彻党的方针政策,依照法律、行政法规和国家有关规定参与学校重大决策并实施监督。"此外,《民办教育促进法实施条例》也将民办学校党组织履行职责列为一项重要的"法律责任",在第八章第六十三条明确规定,对"违背国家教育方针,偏离社会主义办学方向,或者未保障学校党组织履行职责"的民办学校要给予处罚。

为贯彻上述法律精神,各地民办学校不断出台新的举措,为党组织履行职责提供了制度和人才等多方面保障。比如,北京市海淀区教工委在全市率先成立社会组织党建工作领导小组,教工委书记任组长,"两委一室"领导班子成员担任副组长,相关科室和17个学区党总支书记担任小组成员,每半年至少专题研究一次社会组织党建工作。在民办学校党组织建设工作中,海淀区委教工委全面推行"双向进入、交叉任职"决策机制。统计数据显示,海淀区直接隶属于教工委的民办学校党组织书记均为中层以上管理人员,并进入学校董事会参与决策,从而有力保证了坚持党的领导和依法治校的有机统一。在此基础上,海淀区还将党建工作有关要求纳入民办学校章程,确保党组织在学校法人治理结构中的地位。

自2016年以来,中共中央加强了对民办学校党建工作的监督制度建设,各级主管部门也将党建工作作为监管民办学校日常管理的重要事项。中共中央办公厅印发的《关于

---

① 高德毅,等.长三角民办教育发展报告(2010—2020年)[M].上海:立信会计出版社,2021:12-13.
② 董鲁皖龙.高校党建工作科学体系不断完善[N].中国教育报,2018-05-30(1).

加强民办学校党的建设工作的意见(试行)》专门提出:"要把党建工作情况作为民办学校注册登记、年检年审、评估考核、管理监督的必备条件和必查内容。"近年来,各地通过完善有关制度设计积极落实上述文件规定,为发挥民办学校党组织的政治核心作用提供了有力保障。

(二) 民办学校分类管理改革持续推进

实施营利性和非营利性民办学校分类管理是我国民办教育治理的重要方略。自2010年《国家中长期教育改革和发展规划纲要(2010—2020年)》提出对民办学校探索实施分类管理办法开始,民办学校分类管理改革至今已有十多年历程。2015—2020年,随着民办教育实施分类管理指导方针的确定,《中华人民共和国民法典》(以下简称《民法典》)的颁布,以及《中华人民共和国教育法》(以下简称《教育法》)、《中华人民共和国高等教育法》(以下简称《高等教育法》)、《民办教育促进法》等法律法规的修订,我国民办学校分类管理改革的相关政策体系不断完善,顶层制度设计也日益完备。但是,民办学校分类管理是一项系统性工程,仅有法律上的规定不足以保障其在实践中的落实和推进。为此,国务院及教育部和其他部委相继出台了一系列配套政策。比如,《国务院关于鼓励社会力量兴办教育促进民办教育健康发展的若干意见》确立了分类管理、公益导向的基本原则和促进民办教育健康发展的基调;教育部等五部门印发的《民办学校分类登记实施细则》(教发〔2016〕19号)解决了两类学校如何登记的实践问题,为分类管理的推进提供了指南;而教育部、人力资源和社会保障部、工商总局联合印发的《营利性民办学校监督管理实施细则》(教发〔2016〕20号)则提出了营利性民办学校从设立到终止办学的若干要求,重在规范营利性民办学校的办学行为,防范办学过程中可能存在的若干风险。这些配套文件为贯彻实施《民办教育促进法》及其实施条例和进一步推进分类管理改革具体落地,提供了现实路径和政策保障。在这一背景下,各级地方政府按照新的法律制度要求,从本地区实际出发,推进民办学校分类管理改革。

1. 地方政府分类管理配套政策不断完善

在教育部启动的教育法律一揽子修订进程中,《教育法》和《高等教育法》关于"不以营利为目的"规定的修改,为民办教育营利性和非营利性分类管理改革清除了最主要的法律障碍,为《民办教育促进法》的修订提供了直接的法律依据。在这个逻辑前提下,与上位法的修订一脉相承,2016年《民办教育促进法》的修订和施行标志着我国民办教育行业整体进入"分类管理时代",这是我国民办教育发展历程中的一个重要里程碑。2017年3月,新修订的《中华人民共和国民法总则》(现为《民法典》"总则编")颁布,将我国法人类型分为营利性法人、非营利性法人、特别法人三类,这为《民办教育促进法实施条例》的修订实施和民办学校分类管理提供了国家基本法的依据。而2020年《民法典》的颁布,又促使分类管理法律体系进一步完善,真正结束了长期以来民办学校法人身份不明的尴尬局面,进一步健全了民办学校分类管理的法律体系。

在地方配套政策层面,《民办教育促进法》将过渡期设置、补偿奖励设计、现有学校转设路径等具体政策的实施授权给了地方政府。不少地方政府积极探索创新,出台了若干细化举措,将分类管理政策落到实处。例如,浙江省温州市从2011年最初制定的"1+9"文件,到2013年制定升级版的"1+14"文件,再到2018年发布新的"1+9"文件,展现了温州市政府勇于创新、锐意改革的魄力,特别是新的"1+9"文件对现有民办学校分类转设的具体程序、学校资产的认定边界、剩余资产的补偿奖励、土地房产的处置路径以及分类转设的税费优惠政策等进行了明晰和细化,有效化解了现有民办学校分类转设工作面临的诸多难点和堵点问题,其经验值得其他地区借鉴和效仿。①

2. 优先扶持非营利性民办学校的导向逐渐体现

针对落实分类扶持政策,不少省市加大了对非营利性民办学校的扶持力度。例如,上海市在出台的配套文件中强调,试点探索政府资金支持符合条件的非营利性民办学校进行教育教学等设施建设,以及建立健全向民办学校购买各类教育服务机制。又如,浙江省2018年制定的《浙江省公共财政扶持民办教育发展实施办法》提出:"公共财政主要对非营利性民办学校给予支持,逐步建立以'经费标准化'为主要内容,以政府补贴、政府购买服务等为手段的公共财政扶持体系。"此外,一些市县也积极地将本级财政经费用于扶持非营利性民办学校。以江苏省昆山市为例,该市出台的《市政府关于印发昆山市民办教育财政奖补实施办法(试行)的通知》(昆政规〔2018〕4号),将民办学校奖补范围覆盖至学前、小学、初中、高中(含中等职业教育)等阶段教育,并向非营利性民办学校教师释放政策红利,按照任职年限、学历学位等每年给予其补贴,在一定程度上促进了民办教育的发展。

(三)民办教育办学体制改革成效凸显

自《国家中长期教育改革和发展规划纲要(2010—2020年)》颁布以来,我国民办教育进入体制改革探索的活跃期。2015—2020年,随着民办学校分类管理政策体系的完善,以及民办教育"支持和规范"基调的确定,各级各类民办教育机构在办学体制改革上进行了积极有效的探索。

1. 独立学院转设深入推进

在民办高等教育领域,独立学院作为特定历史时期高等教育办学体制改革的产物,为社会力量兴办高等教育开辟了路径,作出了一定的历史贡献。不过,独立学院在发展过程中存在的法人地位不明、产权归属不清、办学条件不够、师资结构不优、内部治理不全等一系列痼疾日益凸显,导致部分独立学院办学特色不明显,既影响了人才培养,又浪费了高等教育资源。2020年5月,教育部印发《关于加快推进独立学院转设工作的实施方案》,规定到2020年年末各独立学院须全部制定转设工作方案,为独立学院转设划定了时间表和路线图。自此,独立学院加快了转设步伐。据统计,截至2020年年底,我国独立学院数量为241所,比2008年的322所减少了81所。目前,独立学院转设工作持续推进,在《民办教育促进法实施条例》关于"公办学校举办或者参与举办非营利性民办学校,不得以管理费等方式取得或者变相取得办学收益"的规定之下,按照"转公""转民"和"终止办学"三条路径推动独立学院转设已是大势所趋。这将为分类管理改革在高等教育领域的推进扫除"历史障碍",为"十四五"期间民办高等教育的格局优化和高质量发展打好现实基础。

---

① 董圣足,戚德忠.新政背景下民办学校分类转设的困局与出路——基于浙江温州的实践探索及思考[J].现代教育管理,2020(9):38-45.

2. 混合所有制办学取得一定突破

虽然公私合作办学以及政府和社会资本合作办学模式在教育领域的推进历来备受争议，但是混合所有制办学在职业教育领域的探索却一直受到国家鼓励。2014年5月，《国务院关于加快发展现代职业教育的决定》（国发〔2014〕19号）提出，要"探索发展股份制、混合所有制职业院校，允许以资本、知识、技术、管理等要素参与办学并享有相应权利。"2015—2020年，在中央和地方政策的鼓励下，混合所有制办学在我国民办职业教育领域取得长足发展，涌现出不少办学典型。例如，苏州工业园区职业技术学院最初是由苏州工业园区管委会（97.5%）、苏州市教育局（1.25%）、苏州市劳动和社会保障局（1.25%）共同举办的公办股份制学校，后经股权变更，该校吸引社会力量参与办学，逐渐转变为政府、国有企业和民营资本共同持股的混合所有制学校。其中，国有资本"四两拨千斤"，以较少的投入撬动大量民间资本参与办学，较好地满足了园区内外资企业对高级技术工人的需求。同时，由于兼具政府资源和市场优势，这种办学模式表现出较强的生命力。在区域职业教育混合所有制改革方面，山东省培育出了多种形态的职业教育混合所有制办学典型，率先以省为单位启动了职业院校混合所有制办学改革试点，并出台了混合所有制办学指导意见，彰显了职业教育创新发展高地的责任担当和示范效应。2016年，山东省在全国率先启动职业院校混合所有制改革试点，9个试点项目分别聚焦院校整体、二级学院、生产性实训实践基地三个层面。2020年，山东省教育厅等14部门又出台了《关于推进职业院校混合所有制办学的指导意见（试行）》，针对制约混合所有制办学的现实问题，提出"一揽子政策清单"。受政策鼓舞，山东省掀起了新一轮的改革浪潮，开展混合所有制改革的职业院校达到47所，拉动社会资本近百亿元，形成集群效应。[①]

3. 政府购买服务有效推行

2013年9月，国务院办公厅颁布《关于政府向社会力量购买服务的指导意见》（国办发〔2013〕96号）。该文件对购买主体、承接主体、购买内容、购买机制、资金管理、绩效管理等进行了规定，并提出"到2020年，在全国基本建立比较完善的政府向社会力量购买服务制度"。同年11月，中共十八届三中全会通过《中共中央关于全面深化改革若干重大问题的决定》，先后四次把政府向社会力量购买公共服务确定为转变政府职能、推进社会事业改革创新的重要内容。2020年4月，新修订的《民办教育促进法实施条例》第五十八条规定："县级人民政府根据本行政区域实施学前教育、义务教育或者其他公共教育服务的需要，可以与民办学校签订协议，以购买服务等方式，委托其承担相应教育任务。"可见，政府购买服务是我国在民办教育领域推行并行之有效的一种公私合作模式。政府通过与社会资本签订合同，明确双方权责，达到转变政府职能、提供教育服务的目的。2015—2020年，我国逐步建立了地方政府购买服务的指导目录，明确了政府购买服务的种类、性质和内容。例如，北京、上海、广东、浙江、安徽、辽宁、四川七省市制定了政府购买公共教育服务的三级指导目录，为地方各级政府购买教育服务实践提供了指南（见表1）。目前，在限制民办义务教育发展规模的政策环境，政府购买服务更是在保留优质教育资源、促进地方政府承担教育责任方面发挥了重要作用。

---

① 郭素森，李胜红，刘茹，等.山东职教"混改"16年[N].中国教育报，2021-12-21(5).

表 1 七省市政府购买公共服务指导目录(教育相关部分)

一级目录	二级目录	三级目录
基本公共服务	公共教育	公共教育基础设施管理与维护(北京、上海、广东、安徽、四川)
		学生伤害事故校方责任综合险(上海)
		公益性教育产品的创作与管理(上海)
		公益性教育活动的组织、宣传与承办(北京、上海、广东、安徽、四川)
		学校后勤及安全管理(北京、上海、浙江)
		教育资源数字化制作及传播(北京)
		教育评估监测(北京、广东、安徽、辽宁、四川)
		全民终身教育服务(北京)
		公共教育规划和政策研究、宣传服务(广东、安徽、四川)
		公共教育资讯收集与统计分析(广东、安徽、四川)
		公共教育成果交流与推广(广东、安徽、四川)
		教师教育培训(广东、浙江)
		学前教育普惠性服务(浙江、四川)
		支教助学与扶贫助困服务(四川)
		其他政府委托的教育服务(广东、辽宁、四川)

(四)民办学校质量和特色发展逐步彰显

在新时代教育高质量发展的总体目标下,在支持和规范民办教育发展的政策大环境中,通过提高质量和办出特色来寻求发展,越来越成为政府扶持学校、举办者举办学校和家长选择学校的共识。"以质量求生存、以特色求发展"成为新时代民办教育发展的不二选择。总体而言,2015—2020年,我国民办高校多层次、高质量发展的格局初步形成,民办幼儿园和中小学特色品牌发展模式持续巩固,成为新时代民办教育质量和特色发展的亮点。

1. 民办基础教育特色品牌建设继续巩固

2015—2020年,民办幼儿园、中小学在规范性政策不断出台的情况下,开始逐步改变以往规模数量型的发展模式,更加注重内涵建设,从而使其在长期办学过程中形成的特色品牌继续得到巩固。

品牌是民办幼儿园长远发展的重要竞争力。在国家大力发展公办幼儿园、加快发展普惠性民办幼儿园的政策下,民办幼儿园为寻求长远发展,在不断提升品质的同时,也在加速凝练自身特色。随着2018年《中共中央 国务院关于学前教育深化改革规范发展的若干意见》的印发,普惠性民办幼儿园的占比不断上升,民办幼儿园更需要以特色品牌建设作为不同于公办幼儿园发展的差异化手段,不断满足教育的多样化需求。

品牌和特色也是民办中小学办学质量的检验标准。特别是在中共中央、国务院印发的《关于深化教育教学改革全面提高义务教育质量的意见》和《关于规范民办义务教育发展的意见》出台后,如何提高学校办学质量,形成特色和品牌,从而让学校基业长青,成为举办者和办学者最为关心的问题。在国家政策的指引下,地方政府也更加重视民办中小学特色发展,通过财政扶持、项目引领等方式,促使本地学校形成特色和品牌。例如,上海市早在2012年就启动了民办中小学特色学校(项目)创建活动,以项目为抓手,促进民办中小学特色学校(项目)建设。经过三轮创建活动,上海市共有127所学校成为特色学校创建校,有84所学校成为特色项目创建校。通过"政府主导、学校主体、协会配合、高校培训、专家指导"的方式,特色学校(项目)创建活动进一步激发了民办中小学的办学活力,形成了一批注重内涵发展和特色建设的有影响力的学校,提升了上海市民办中小学的整体发展水平。

2. 民办高等教育多层次高质量发展格局初步形成

在民办高等教育领域,2018年,我国第一所由社会力量举办的非营利性研究型高校——西湖大学正式获批成立,填补了民办研究型大学的"空白"。西湖大学由杭州市西湖教育基金会举办,致力于集聚一流师资、打造一流学科、培育一流人才、产出一流成果。在学校发展上,它秉承"高起点、小而精、研究型"的办学定位,聚焦理学、生命与健康、前沿技术等方向设立一级学科,力求在基础研究和前沿技术原始创新上有所突破。在人才培养上,它依托优秀师资,采取突出个性、多学科交叉的培养方式,致力于培养能够挑战世界难题、富有社会责任感的拔尖创新型人才和优秀青年科学家。西湖大学的成立,不仅弥补了民办高等教育长期以来缺失的研究型高校"塔尖",也探索了非营利性基金会举办高等教育的新路径,为更多社会力量举办新型研究型大学提供了有益借鉴。

此外,民办普通应用型本科院校和民办职业技术大学成为民办高校质量提升和特色发展的又一条可行路径。2014年,国务院出台《关于加快发展现代职业教育的决定》,要求"引导一批普通本科高等学校向应用技术类型高等学校转型,重点举办本科职业教育"。随后,教育部等六部委联合发布《现代职业教育体系建设规划(2014—2020年)》(教发〔2014〕6号),规定"在办好现有专科层次高等职业(专科)学校的基础上,发展应用技术类型高校,培育本科层次职业人才。应用技术类型高等学校是高等教育体系的重要组成部分,与其他普通本科学校具有平等地位"。2019年,《国务院关于印发国家职业教育改革实施方案的通知》(国发〔2019〕4号)提出"到2022年,职业院校教学条件基本达标,一大批普通本科高等学校向应用型转变"的目标。在一系列政策的鼓励下,地方积极探索应用型本科院校建设。例如,浙江省发布《关于积极促进更多本科高校加强应用型建设的指导意见》,鼓励高校进行应用型建设试点工作,在确定的首批应用型建设试点示范学校中,民办本科高校占到了60%。江苏省出台《关于加快推进独立学院规范发展的意见》等文件,采取政府引导、学校自主申请的办法,积极推动地方本科高校向应用型高校转变,目前已有二十余所省内高校包括多所民办高校定位为应用型高等院校。在职业教育本科建设方面,民办职业技术大学先声夺人。从2019年开始,教育部开始试点建设新型本科层次职业院校,即本科层次的职业技术大学,使其成为除民办应用型本科院校外的民办高等教育新生力量。2019年以来,全国新设立职业技术大学21所,其中,民办职业技术大学为20所,公办职业技术大学仅1所。由此可见,民办高校成为职业本科教育的绝对主力。

这也为占民办高等教育主体的民办高职高专院校的高质量发展开拓了上升空间,有利于民办高等职业教育向体系完善的类型教育进一步发展。

总体来看,2015—2020年,民办高等教育初步形成了由新型研究型大学、民办普通应用型高校、民办职业技术大学和民办高职高专院校构成的多层次高质量发展格局。

(五)民办教育现代治理体系初步形成

现代治理体系和现代学校制度是民办教育未来发展的方向。《中国教育现代化2035》明确提出,鼓励民办学校按照营利性和非营利性两种组织属性开展现代学校制度改革创新,推动社会参与教育治理常态化,建立健全社会参与学校管理和教育评价监管机制。在政府、学校、社会协同治理上,我国不少地方已经形成了以下创新做法和典型经验。

一是构建现代政校关系。中共十八届三中全会后,按照党和国家的要求,政府角色应从以前全面管理、亲力亲为的"划桨者",转向简政放权、实施清单管理的"掌舵者"。各地政府都建立了权力清单和责任清单,有些地方还建立了负面清单,通过清单管理"将权力关进制度的笼子里",实现新型政校关系。例如,上海市建立了权责清单、全市通办事项清单、市场准入负面清单等事项清单,明确了政府对民办学校管理的权限;浙江省建立了涉及民办教育的若干服务清单,该省"政府部门职权清理,推行权力清单制度"项目在2015年荣获"中国政府创新最佳实践奖"。

二是鼓励社会参与治理。社会参与治理是民办教育现代治理体系的重要组成部分,即协会、基金会、社区、企业等社会力量对学校进行扶持和监督,不断完善学校治理架构,促使学校逐步形成现代治理体系。在行业协会参与治理方面,中国民办教育协会作为我国民办教育行业组织,根据党和教育部的要求,积极参与民办教育治理。在基金会参与办学方面,杭州市西湖教育基金会成功举办西湖大学,且在办学过程中重视吸引社会力量的捐赠并争取更多政府支持。[1] 在家委会参与治理方面,上海市民办永昌学校成立了社校联盟,并将其作为社会参与学校治理的重要机构。社校联盟由如下人员组成:学校方包括理事会主要成员、校长、党组织负责人、副校长、条线负责人(根据议程需要)等;社会方包括街道、居委负责人和主要合作共建个人或单位负责人。目前,上海市民办永昌学校主要合作共建单位有瑞金医院、东华大学管理学院、上海市高尔夫球协会、中共一大会址纪念馆周公馆管理部等。

三是创新学校治理形式。中国特色的现代民办学校应该在党的领导下,董事会、监事会、校长之间相互协调,形成合力,共谋发展。2015—2020年,各级各类民办学校"决策—执行—监督"的治理格局初步形成,学校章程建设日益完善,许多学校形成了成熟做法和典型经验。此外,一些学校,特别是营利性民办学校,借鉴国际上成熟管理架构,不断完善本校治理体系和运行机制。例如,上海建桥学院引入ISO9001体系,以"以人为本,德育为先,依法治校,严格管理"为办学质量管理方针,以计划(P)、执行(D)、检查(C)、改善(A)为运行机制,不断清晰部门分工,明确管理职责,优化管理流程,完备质量标准,注重绩效考评,循环改善质量,逐步向现代治理体系和高水平办学迈进。

---

[1] 刘金娟,方建锋. 我国基金会参与非营利性民办高校办学探索[J]. 复旦教育论坛,2019(6):41-47.

三、民办教育行业发展面临的主要挑战

(一) 宏观环境变化对民办教育行业发展提出更高要求

1. 建设高质量教育体系对民办教育行业发展提出新使命

根据《中华人民共和国国民经济和社会发展第十四个五年规划和2035年远景目标纲要》的总体部署,面向"十四五"乃至2035年,教育战线应坚持以人民为中心的发展理念,深化教育改革,加快教育现代化,建设高质量教育体系,办好人民满意的教育。《中国教育现代化2035》明确提出要"推动各级教育高水平高质量普及"。实现教育高质量发展,构建高质量教育体系,不仅是改革开放和社会主义现代化建设对教育提出的新要求,而且是中国教育站在新的历史起点上必须承载的新使命、新期待,同时也是新发展格局下民办教育高质量发展的新方向。改革开放以来,特别是新时代以来,我国民办教育实现了稳步增长,无论是学校数量、学生规模,还是其所涵盖的类型、领域都已远远超越了之前各个历史时期的民办教育,成为社会主义教育事业的重要组成部分。但是,我国民办教育整体发展水平不高,在资金投入、师资队伍建设、教育教学、学校管理、办学特色等方面与建设高质量教育体系的要求还存在很大差距。因此,民办教育行业要对所处阶段政策趋势进行超前研判,在办学策略上及早作出应对。民办教育行业在新形势下必须与时俱进,立足新发展阶段、遵循新发展理念、构建新发展格局,致力于高质量教育体系建设,及时将战略重心转移到内涵发展上来,努力提升办学水平,全面提高教育质量。

2. 满足人的全面发展和多样化教育需要对民办教育行业发展提出新任务

习近平总书记在中共十九大报告中指出,中国特色社会主义进入新时代,我国社会主要矛盾已经转化为人民日益增长的美好生活需要和不平衡不充分的发展之间的矛盾。这一主要矛盾在教育领域的表现就是人民日益增长的对优质教育服务的多元需求与教育发展不平衡不充分之间的矛盾。此外,人的能力的多样性、需求的多样性、发展的多样性决定了社会必须通过提供多样化的教育满足人民对教育的不同需求。目前,我国民办教育虽然在教育多样性和差异化上作出了贡献,但其在发展过程中仍存在不少问题。因此,民办教育行业要根据规范民办义务教育、提高普惠性民办幼儿园办园质量、促进民办高中多样化发展等要求,贯彻党的教育方针,提升全面育人水平;要完善服务全民终身学习的民办教育体系,多渠道扩大终身教育资源,更好地满足不同群体多元化学习的需求。此外,民办教育行业也需要持续走特色发展之路,找准定位,在办学理念、育人目标、专业设置、课程建设、师资培养等方面持续改进,在满足人民群众选择性、多样性的教育需求中拓展生存与发展空间。

3. 教育治理能力和治理体系的现代化对民办教育行业发展提出新要求

教育治理体系和治理能力现代化是国家治理体系和治理能力现代化的重要组成部分,《中国教育现代化2035》指出:"优先发展教育,大力推进教育理念、体系、制度、内容、方法、治理现代化,着力提高教育质量。"该文件要求教育制度更加完善,到2035年基本实现教育治理体系和治理能力现代化。我国要实现教育治理体系和治理能力现代化,就要

大力改革和规范民办教育。国家层面出台的民办教育系列政策，以治理改革和加强规范管理为主线，以民办教育稳定、健康发展为目的，深刻影响了民办教育的发展走向，如对举办者、实际控制人的变更机制不断完善，对民办学校的审批条件和程序进一步明确，民办学校财务管理、信息公开进一步规范，民办学校规范办学、防范化解风险的监督力度不断加大等。此外，2021年年底教育部颁布的《民办中小学年度检查指标体系（试行）》（教发厅函〔2021〕40号）是第一个国家层面涉及民办基础教育的年检指标体系，其内涵丰富、覆盖面广，是国家对民办教育治理最新精神的体现，有效推动了各地民办教育治理水平的提升。

4. 信息技术革命对民办教育行业发展提出新标准

以5G、人工智能、大数据为代表的新一代信息技术正在加速向各领域全面渗透，极大地变革了传统的生产、生活和学习方式，将推动教育评价模式、教育边界、教学组织形式、知识获取方式、教师角色定位等方面的深刻变革。民办教育作为促进教育改革的重要力量，应及时调整竞争策略，深度融合新技术，在优化教育质量评价、引领素质教育发展、推动内涵发展上率先作为、主动作为。相对于公办学校，民办学校拥有易于接受新鲜事物和教育改革的体制机制优势，与此同时，其对"效率"的追求更加迫切。因此，拥抱新技术对民办学校而言既是挑战，又是实现特色、高质量发展的重大机遇。对此，较早进入在线教育、人工智能教育领域并且有扎实研究开发基础的机构，应加大在改革传统教学方式、提高教学效能、服务学生全面培养等领域的技术研发和应用投入，积极回应高质量教育体系建设的新挑战。与此同时，规范在线教育行为也是民办教育行业面临的新要求。《民办教育促进法实施条例》对此已作了专门规定："利用互联网技术在线实施教育活动应当符合国家互联网管理有关法律、行政法规的规定；利用互联网技术在线实施教育活动的民办学校应当取得相应的办学许可，依法建立并落实互联网安全管理制度和安全保护技术措施。"因此，在抓住信息技术革命为行业带来机遇的同时，民办教育行业也应切实提高规范利用互联网技术在线办学行为的意识，自觉规范在线办学行为。

（二）分类管理改革为民办教育行业发展带来新课题

1. 分类管理配套政策有待进一步完善

根据《民办教育促进法》及其实施条例和《关于鼓励社会力量兴办教育促进民办教育健康发展的若干意见》等民办教育新法新政的要求，虽然全国31个省（自治区、直辖市）都出台了推进民办教育分类管理的实施意见，部分省级行政区制定了更为细化的民办教育分类管理地方配套政策，部分市、县级人民政府也推出了相应的实施意见和配套政策，但整体来看，民办教育分类管理的法律法规和配套政策落实力度依然不够。目前，民办教育分类管理改革推进效果并不理想，地方性配套政策落地较为缓慢且创新性不足。虽然上海、温州等地已经明确了转设程序，部分民办学校递交了举办营利性学校的意向，但至今真正进入实质性转设阶段的学校还是极少数。民办学校分类管理改革之所以进展缓慢，其主要障碍在于各地对现有民办学校分类转设路径及程序不明确，相关部门对分类转设的政策把握不一致，现有民办学校财务清算及资产确权难度大，存量民办学校退出机制及财产奖补制度不健全,转设过程涉及的相关税费政策不统一。① 各地亟须在转设程序、资产确权、补偿奖励等难点问题上制定切实可行的政策措施,整体推进相关工作。针对优先扶持非营利性民办学校发展,2021年修订的《民办教育促进法实施条例》进一步细化了财政扶持、税收优惠、用地保障等方面的政策措施,同时规定省级人民政府可以根据实际情况制定促进民办教育发展的支持与奖励措施。各地应从履行法定职责高度落实好相关法律法规的规定,为深入推进民办教育分类管理改革提供更多政策支持。

2. 民办学校办学行为有待进一步规范

《民办教育促进法实施条例》在保障民办学校依法自主办学的同时,对进一步规范民办学校运行与管理作出了具体规定。这些规定主要表现在以下三个方面。一是对民办学校关联交易的规制。由于我国大部分民办学校实际上是"投资办学",分类管理实施后,不少非营利性民办学校举办者还抱有侥幸心理,试图通过关联交易方式等不规范办学行为曲径索利,将学校利润转移出去。相关研究显示,仅关联交易就涵盖民办学校与关联方之间的固定资产租赁行为、商品(服务)购买与销售行为、资金借贷行为、劳务购买行为、协议及许可行为、局部资源使用行为、担保及抵押行为以及其他成本调节行为等数十种具体样态。关联交易等不规范办学行为的存在会损害学校及师生的合法权益,干扰民办学校的分类管理改革,大大增加民办学校的潜在办学风险。② 监管部门如果不对关联交易等失序办学行为进行规制,将导致举办者以非营利之名行营利之实,使得分类管理的作用大打折扣。二是对各教育阶段民办学校招生入学行为的规制。依据新修订的《民办教育促进法实施条例》和国家之后出台的相关政策,基础教育阶段民办学校招生将以"公民同招"为主要方向,面临更加严格的规制。三是对民办学校收费管理的规制。在遵循公平、合法和诚实信用原则,考虑经济效益与社会效益并重的基础上,针对公办学校参与举办、使用国有资产或者接受政府生均经费补助的非营利性民办学校,《民办教育促进法实施条例》作出了省级人民政府可以对其收费制定最高限价的规定。

3. 民办学校内部治理有待进一步加强

在对民办学校实施分类管理后,如何加强营利性和非营利性民办学校的治理成为当务之急。目前,在非营利性民办学校治理中,诸多问题仍待明晰,如党组织究竟在学校治理中怎样发挥作用,如何有效解决理事长专权的问题,如何正确处理理事长和校长的关系,如何构建科学合理的理事会架构,如何正确发挥监事(会)的作用等。实践中,一些民办学校举办者和管理者对上述问题认识不清,导致治理体系存在问题。例如,有的民办学校在章程中规定监事会需向董事会负责,有的民办学校举办者既在董事会任职也在监事会任职,有的民办学校监事会成员的工资由学校发放等,这些现象都不同程度地削弱了监事会独立行使监督权的作用。针对上述重大治理问题,主管部门亟须出台相关政策,指导民办学校形成科学的治理架构,促使其尽快形成现代学校治理体系。在营利性民办学校治理中,如何明确政府对营利性民办学校的治理边界,如何保障营利性民办学校的教育质

---

① 董圣足,戚德忠. 新政背景下民办学校分类转设的困局与出路——基于浙江温州的实践探索及思考[J]. 现代教育管理,2020(09):38-45.
② 董圣足. 民办学校"关联交易"的规制与自治[J]. 复旦教育论坛,2018(04):30-36.

量,如何防控营利性民办学校运营风险,如何发挥股东会在学校治理体系中的作用,以及如何正确处理股东会与董事会、校长的关系等重要治理问题都需要进一步加以厘清。

(三) 政策调整对各级各类民办学校所产生的影响

1. "双减"政策下教育培训机构转型发展问题

2021年,中共中央办公厅、国务院办公厅发布的《进一步减轻义务教育阶段学生过重作业负担和校外培训负担的意见》提出,"坚持从严治理,全面规范校外培训行为"。截至2021年年底,全国学科类培训大幅压减,据统计,线下校外培训机构已压减83.8%,线上校外培训机构已压减84.1%。其中,天津、河北、山西、辽宁、安徽、山东、广东、青海、新疆等地的压减率都达到90%以上。综合政府治理端、学习者需求端和行业发展端的全面分析,2021年以后,整个校外培训教育行业的发展环境已发生了本质性、全局性的变化。一是行业环境已不可逆,可以预见未来三到五年,国家的"双减"政策将更加明确,治理体系将更加健全,尤其是各地的治理手段及配套政策将更加完善,政策漏洞和监管空白会越来越少,依法办学和依规办学成为校外培训机构继续生存发展的重要前提。二是从服务对象的需求端看,"补差"和"扶优"的刚性需求仍会广泛存在,学习者的需求也在升级,消费群体对校外培训机构仍有一定的认同基础,仍然期待高质量的培训服务,甚至能够接受"优质优价"的服务。这给校外培训教育行业的发展留下了一定的空间。三是从行业发展来看,行业阵痛不可避免,发展过程中仍存在大量亟待解决的问题,而且随着国家治理的收缩,更多的问题将会暴露出来。但问题的解决不可能一蹴而就,校外培训行业和政府的博弈还将持续。总体来说,在政府治理下,学科类校外培训行业的市场容量已被大量压缩,这也使相当一部分谋求"断臂求生"的培训机构失去了"腾挪"的空间和基础。

面对政策巨变,教培行业处于转型、转行发展的关键节点。以K9学科培训为主的传统教培市场迅速降温,面向素质教育、成人教育、职业教育、海外业务和教育硬件市场的"赛道"逐步升温。目前,多数学科培训企业已开始尝试更多出路,多元化行业转型之路已经开启。例如,新东方陆续投资成立了多家新公司,涉猎多个领域,包括软件开发、职业中介、食品经营、互联网信息服务、智能机器人研发、教育硬件研发等。新政之下,行业巨变,众多教育培训机构在新的行业格局中努力寻找着自身定位,谋求新的发展。

2. 民办学前教育迎来数量和质量的双重考验

1) 民办幼儿园在园幼儿数量将进一步减少

2018年,《中共中央 国务院关于学前教育深化改革规范发展的若干意见》提出,到2020年,普惠性幼儿园覆盖率(公办幼儿园和普惠性民办幼儿园在园幼儿占比)达到80%。其中,公办幼儿园在园幼儿占比偏低的省份应逐步提高公办幼儿园在园幼儿占比,到2020年原则上达到50%。2021年,教育部等九部门印发的《"十四五"学前教育发展提升行动计划》明确提出,到2025年,普惠性幼儿园覆盖率达到85%以上,公办幼儿园在园幼儿占比达50%以上。这意味着公办幼儿园在园幼儿的数量将进一步增加,民办幼儿园在园幼儿数量将进一步减少,营利性民办幼儿园的比例将压缩至15%以内。

2) 普惠性民办学前教育高质量发展面临难题

《"十四五"学前教育发展提升行动计划》明确提出"全面提升保教质量"。但是,由于普惠性民办幼儿园收费普遍较低,而地方财政补助的生均经费数额有限,有的还迟迟不到位,普惠性民办幼儿园办学经费明显不足。面对不够理想的政策预期和发展前景,举办者再投入动力不足,有些举办者为了获取有限的营利空间,通过扩大班额、降低教师工资、缩减课程、变相收费等方式降低办园成本,从而导致保教质量不断下降。同时,由于公办幼儿园持续加大投入而发展迅速,普惠性民办幼儿园还面临巨大的生源不足和教师流失等竞争压力。此外,公办幼儿园与民办幼儿园一体化的管理和评价模式,难以凸显民办幼儿园的优势,办园同质化现象较为严重。因此,如何建立更加合理的成本分担机制,让更多幼儿在享受低价的同时接受更有质量的学前教育服务,是未来一段时间亟待破解的难题。

3. 民办义务教育学校的发展空间受到制约

1) 义务教育阶段民办学校"禁营"

按照《民办教育促进法》的规定,义务教育阶段的民办学校必须是非营利性学校,非营利性民办学校举办者不得取得办学收益。同时,《民办教育促进法实施条例》还明确规定,任何社会组织和个人不得通过兼并收购、协议控制等方式控制实施义务教育的民办学校和实施学前教育的非营利性民办学校,实施义务教育的民办学校不得与利益关联方进行交易。这些规定对部分基于"投资办学"进行资本运作和集团化办学的民办义务教育学校产生较大冲击,涉及营利性民办学校向非营利性民办学校转设和完全中学、十二年一贯制学校学段分割及资产剥离等一系列棘手问题。

2) 民办义务教育学校在校生比例受限

2021年,多省市教育部门发文明确提出,不再审批新的民办义务教育学校,调减民办义务教育学校在校生占比,省域内不超过5%,县域内不超过15%。根据这些文件精神,一些民办中小学在校生占比过高地区的民办义务教育学校将遭受大规模压减。部分民办义务教育学校或将面临"关、停、并、转"的困境,特定类型的民办学校(如以招收随迁子女为主的民办学校)或将成为特定历史时期的产物,义务教育阶段的学校构成将发生显著改变,民办教育行业将加速资源优化重组和优胜劣汰,逐渐走向新的平衡。①

3) "公参民"学校治理

2021年7月,教育部等八部门联合发布《关于规范公办学校举办或者参与举办民办义务教育学校的通知》(教发〔2021〕9号),对公办学校举办或者参与举办民办义务教育学校的行为予以规范,并要求各地相关部门在未来两年内完成对"公参民"办学的治理。该通知还要求,地方政府对不符合"六独立"(即独立法人资格、校园校舍及设备、专任教师队伍、财会核算、招生、毕业证发放)要求的学校要限期整改。鉴于"公参民"学校治理涉及大量的人事、财力、资产清算、跨区域办学和各方权益等复杂问题,各级地方政府需要进一步细化治理的指导性方案,因地制宜,完善"一校一策",兼顾社会公共利益,针对师生安置、财务清算、剩余财产处理、利益分割等一系列问题,选择有助于学校发展的最佳方案,实现平稳过渡。

4) 强化对民办义务教育学校的招生管理

《关于规范民办义务教育发展的意见》规定,民办义务教育学校在审批机关管辖区域

---

① 李虔,郑磊. 新时代民办义务教育的改革逻辑与发展空间[J]. 中国教育学刊,2021(9):1-6.

内与公办学校同步招生,不得跨设区的市招生,报名人数超过招生计划的实行电脑随机录取。2021年12月,教育部等九部门发布的《"十四五"县域普通高中发展提升行动计划》提出,全面落实公办、民办普通高中同步招生和属地招生政策,通过全面建立地市级高中阶段学校统一招生录取网络平台等措施加强招生工作监管。这意味着民办学校不再享有"掐尖"招生和选择生源的优势,一些民办名校不得不在师资培训、课程教学、学生分班等方面调整办学策略。在招生新政的影响下,家长的择校热在一定程度上开始减退。同时,不得跨区域招生政策也使一些民办学校生源不足,陷入生存困境。

5) 教材管理办法对民办国际化学校产生冲击

2020年,教育部发布《中小学教材管理办法》,规定义务教育学校不得使用境外教材。同时,教育部还对中小学教材的编写、审核、出版发行和选用使用都作出了严格规定。这对长期以来依赖境外课程教材体系和自编教学材料的众多民办国际化学校产生了不小的冲击,其教学体系将进一步调整。

4. 民办高等教育转型发展更加迫切

1) 独立学院全面转设进入攻坚阶段

教育部于2020年5月制定了《关于加快推进独立学院转设工作的实施方案》,提出"要按照'能转尽转、能转快转,统筹兼顾、协调推进,分类指导、因校施策'的工作思路,遵循高校设置标准程序,体现政策支持导向,坚持好中快进推动独立学院转设"。可以预见,"十四五"期间,现存的独立学院都将在"转为民办""转为公办""终止办学"三种路径中各归其所。截至2020年年底,我国独立学院数量为241所,比2008年322所减少了81所。虽然从数字上看独立学院全面转设开局平稳,但是,剩余学校的转设难度要远远超过已转学校的难度。一方面,独立学院不论转为公办高校,还是转为民办高校,都需要符合教育部发布的《普通本科学校设置暂行规定》标准,而部分独立学院的占地面积、师资、仪器设备等办学条件都与要求相距甚远;另一方面,尽管《关于加快推进独立学院转设工作的实施方案》明确了基本思路、转设路径、转设条件和举措要求等,各地在政策目标上也达成了共识,但转设工作涉及的土地、规划、财政、税收、编制等重要问题在具体操作和一些细节问题上还未能全部厘清,一些地区还缺乏切实可行的协同配套政策和机制。① 此外,独立学院转设涉及母体高校、合作举办方、师生、地方政府等多方利益,很多独立学院投入主体多元、资产性质不清、权属关系复杂,这为转设前的资产确权工作带来极大的挑战。独立学院转设工作是各方利益的博弈过程,如何加强规划,保证"转公"质量、破解"转民"难题和防范"停办"风险,是独立学院转设工作面临的主要挑战。

2) 民办职业教育本科转型发展问题

截至2021年9月,教育部正式批准设置的本科层次职业院校共32所。其中,22所为民办高职院校,9所为独立学院与公办高职院校合并学校,1所为公办高职院校。由此可见,民办高职院校和独立学院将成为职业教育本科学校的主力军。2021年10月,中共中央办公厅、国务院办公厅发布的《关于推动现代职业教育高质量发展的意见》明确提出,到2025年,职业本科教育招生规模不低于高等职业教育招生规模的10%。按照这一比例,

---

① 钟秉林,景安磊.独立学院转设现状分析与转设后可持续发展路径探析[J].中国高教研究,2021(4):14-19.

民办职业本科教育还有很大的增长空间。同时,《关于推动现代职业教育高质量发展的意见》还鼓励应用型本科大学积极开展职业教育,开设本科职业教育专业。目前,对我国民办本科院校来说,如何更好地开设本科职业教育专业,既是机遇也是挑战。此外,2022年4月新修订的《中华人民共和国职业教育法》也体现了国家对办好职业教育的决心和愿望,民办高校要想搭上职业教育发展的快车,必须苦练内功,尤其是要把行业企业的优秀人才吸引到"双师型"教师队伍中间来,提高产教融合水平,这样才能在未来竞争中不掉队、不被淘汰。

四、民办教育行业发展的未来展望

当前,经济和社会外部环境变化对民办教育行业发展提出了更高要求,民办教育法律政策的整体转型挤压了部分学段民办教育的发展空间。但同时,外部环境变化也为民办教育提供了重塑发展生态的历史性契机。长期以来,民办教育的发展主要侧重于规模扩张,"路径依赖"严重,改革创新乏力,民办教育自身的体制机制优势没有得到充分体现。因此,现阶段外部环境的变化恰恰可能成为民办教育行业重拾内在动力、重构发展活力的新机遇。

(一)民办教育发展导向和制度体系将更加明晰

1. 人民性、公益性办学导向将更为突出

《民办教育促进法》第三条规定,民办教育事业属于公益性事业,是社会主义教育事业的组成部分。"公益性事业"是对我国民办教育的明确定位,人民性是包括民办教育在内的教育事业的本质属性。《国务院关于鼓励社会力量兴办教育促进民办教育健康发展的若干意见》指出,无论是非营利性民办学校还是营利性民办学校都要始终把社会效益放在首位。《民办教育促进法实施条例》突出强调了各级各类民办教育的公益属性,明确规定:"民办学校应当坚持中国共产党的领导,坚持社会主义办学方向,坚持教育公益性,对受教育者加强社会主义核心价值观教育,落实立德树人根本任务。"这一规定立足教育本质属性和我国民办教育的发展现状,指明了我国民办教育未来发展的总方向。据此,民办学校无论选择营利性还是非营利性办学,都必须坚持公益方向,始终把社会效益放在第一位,全面贯彻党的教育方针,把立德树人作为根本任务,着力培养中国特色社会主义的可靠接班人和合格建设者。尤其需要重视的是,就义务教育这一基本公共服务而言,民办学校及其举办者应维护公益性、公平性办学基本方向,在让人民群众享受更优质教育资源的同时,也要切实减轻家庭教育负担、缓解教育焦虑。

未来,国家将进一步提倡民办教育的公益导向,在民办学校分类管理改革的基础上实施差别化扶持政策,积极引导社会力量举办非营利性民办学校。同时,考虑到现阶段民办教育主要以投资办学为主的基本国情,新法新政也允许举办者在法律规定的"负面清单"以外,自愿选择非营利性办学或营利性办学。但民办学校即便是营利性学校,也仍然要坚持教育的公益属性,始终把社会效益放在首位,并且其办学行为也同样要受到相关法律法规及行政规章的调整和规范。为此,有关部门针对近年来民办教育领域出现的无序竞争、违规办学等行业乱象加强了行业监管,《民办教育促进法实施条例》通过"设禁区"等方式对当前民办教育某些领域中出现的过度资本化、过度商业化行为进行了规范。例如,"双减"政策着力推进校外培训的去资本化、去产业化。同时,国家鼓励基金会办学和无主体办学。由于基金会自身的公益属性保证了民办学校办学的非营利性和资产的公益属性,基金会办学将成为非营利性民办学校办学主体创新和规范建设的一条重要途径。

2. 各级政府支持民办教育发展的总方向不变

国家支持民办教育事业发展的基本方略一直未曾改变。《民办教育促进法》明确提出,国家对民办教育实行"积极鼓励、大力支持、正确引导、依法管理"的方针。中共十九大报告重申,要支持和规范社会力量兴办教育,这与"以支持和规范为导向、以分类管理改革为根本措施"的《民办教育促进法》等一系列法规政策是一脉相承的,为新时代民办教育改革指明了方向。大力支持包括普惠性幼儿园在内的非营利性民办学校发展,是我国促进教育公平、实现教育均衡发展的重大战略决策。《民办教育促进法》第四十六条规定,除了可以采取购买服务、助学贷款、奖助学金,以及出租、转让闲置的国有资产等措施对民办学校予以扶持,对非营利性民办学校还可以采取政府补贴、基金奖励、捐资激励等扶持措施。这就要求地方政府落实政府责任,细化扶持举措,创新扶持方式,加大对非营利民办学校的扶持力度。以职业教育领域为例,《民办教育促进法实施条例》的出台,为鼓励和引导企业、行业等社会力量积极支持职业教育高质量发展提供了明确的方向引领和有力的政策保障,明确了鼓励企业举办或者参与举办职业教育的方针,为民办职业教育和公办、民办院校合作举办职业教育提供了政策依据。

3. 办学运行体系的规范要求将更加突出

随着民办教育的日益发展,相关政策体系不断完善。《民办教育促进法》颁布至今,国家出台了一系列规范民办教育发展的重要举措,目的是促进民办教育可持续健康发展。未来一段时间,在保持"支持和规范"总方向不变的前提下,民办学校办学制度体系将更加规范,主要体现在以下几个方面。一是加强党的领导,确保民办学校始终坚持社会主义办学方向,始终坚持立德树人的根本任务。二是更加规范民办学校的办学行为,如治理义务教育阶段"公参民"学校,实行中小学公办、民办学校同步招生政策,全面整治校外培训机构,规范民办学校集团化办学行为,防控各级各类民办学校过度资本化及各种失范行为所带来的办学风险等。三是规范民办学校财务运行体系,切实加强资产财务监管,深入规范举办者主体变更行为,严格规制各类灰色关联交易,杜绝非营利性民办学校举办者(办学者)以非营利之名行营利之实。四是进一步健全营利性学校监管制度,如完善财务监管、教育督导、年报制度等,从而保障营利性学校依法办学和基本教育质量,并探索营利性民办学校风险保证金制度。五是健全民办学校办学风险预警、防范及干预机制,加强信息强制公开及违规失信惩戒监管,从根源上解决可变利益实体、变相营利等问题。

4. 地方政府民办教育政策创新力度将进一步加大

当前,我国民办教育宏观治理已全面进入"分类登记、分类管理、分类扶持、分类规范"的新阶段。现有民办学校在2022年前后均需按照自主选择、科学分类和平稳过渡的原则,全面实现营利性与非营利性分类登记。由于我国各地经济发展水平差异很大,教育改革发展处于不同阶段,面临不同任务,民办教育在发展规模和水平、发展类型和模式、发展目标和期待等方面将表现出明显差异性和非均衡性。这决定了各地政策的重点和力度不可能完全相同。法律已经预留了地方政府的政策创新空间,地方政府在政策制定方面应发挥积极性和创造性,提升政策的针对性和适应性。虽然全国31个省(自治区、直辖市)均已根据国家规定制定了实施文件,然而大多数省份的政策原则性过强、操作性偏弱,对举办者高度关注的土地差价、税收优惠、补偿奖励标准等方面的规定还较为模糊。对此,省级政府应积极行使教育统筹权,鼓励有条件的地区大胆先行先试,逐步推广制度创新方面的成熟经验,细化民办教育领域配套政策。

(二) 民办学校将更加注重高质量特色化发展

1. 贯彻落实党的教育方针是民办学校的首要任务

经第十三届全国人大常委会第二十八次会议审议,我国《教育法》第五条修改为:"教育必须为社会主义现代化建设服务、为人民服务,必须与生产劳动和社会实践相结合,培养德智体美劳全面发展的社会主义建设者和接班人。"这种修改是将党的教育方针落实为国家法律规范。2021年5月26日,中央教育工作领导小组印发《关于深入学习宣传贯彻党的教育方针的通知》,强调应进一步完善党的教育方针,使"培养什么人、怎样培养人、为谁培养人"的方向更加鲜明,内容更加完善,要求更加明确。该文件充分体现了党的创新理论成果,在我国教育史上具有标志性意义和深远影响。整个教育系统都要以党的教育方针高质量贯彻提升"四为"服务能力,立足新发展阶段,贯彻新发展理念,服务构建新发展格局,建设高质量教育体系。

2. 民办学校应以新教育理念指导未来发展

"双减"政策反映了教育观念的大变革,是从为党育人、为国育才的战略高度,坚持以人民为中心的教育理念,克服功利化、短视化教育行为,为落实立德树人根本任务、发展素质教育、保障每个儿童的健康成长作出的重大决策。民办教育行业各级各类学校和教育机构要将办学方向统一到国家教育变革的方向上,坚持立德树人的教育本质,坚持身心和谐发展规律,尊重儿童的休息权、健康权,减轻学生过重的作业和校外培训负担,走出"短视化、功利化"教育的困境,从根本上守住儿童身心健康和人格健全的底线,纠正违规竞争的不良行为,恢复和重建良好教育生态,按照教育规律育人,尤其是要推动从"五育并举"到"五育融合",以培养德、智、体、美、劳全面发展的社会主义接班人。

未来,学习者更加关注享受优质的教育。按照《中国教育现代化2035》设定的目标,到2035年,我国高等教育毛入学率将达到65%以上。高等教育进入普及化阶段是以基础教育的全面普及为基础的,随着社会的发展和教育改革的推进,教育质量将成为教育投资回报率的重要标准。这意味着未来家庭的教育消费决策机制也将发生本质的变化,人们将更加关注全面发展、终身发展、素质教育,面向2035,未来学习者追求的是更高质量、个性化的教育内容。这是民办教育的应有优势,民办教育应以此为契机,寻求新的发展空间。

3. 民办学校应坚持走以质量和特色为核心的内涵发展道路

随着相关政策的实施,民办义务教育学校增量受限,部分存量学校也将面临优胜劣汰。因此,现有民办学校必须更加注重挖掘差异化的需求结构,找到适合自身发展的生源市场和生存空间。2016年,国务院印发的《关于鼓励社会力量兴办教育促进民办教育健康发展的若干意见》提出:"积极引导民办学校服务社会需求,更新办学理念,深化教育教学改革,创新办学模式,加强内涵建设,提高办学质量。"按照《中华人民共和国国民经济和社会发展第十四个五年规划和2035年远景目标纲要》的总体部署,面向"十四五"乃至2035年,教育战线要坚持以人民为中心的发展理念,深化教育改革,加快教育现代化,建设高质量教育体系,办好人民满意的教育。《中国教育现代化2035》聚焦教育发展的突出问题和薄弱环节,重点部署了面向教育现代化的十大战略任务,明确提出要推动各级教育高水平高质量普及,实现教育高质量发展,构建高质量教育体系,促进人的全面发展和社会全面进步。

未来一个时期,各级各类民办学校应把发展重心和工作重点转移到内涵建设、特色培育和质量提升上来。只有提高质量,以优异的办学质量和鲜明的办学特色为本,民办教育才能提供更具多样化和选择性的教育服务,满足国家和人民群众的需要,并在这一过程中实现自身的可持续发展。

4. 民办教育应在推动教育公平中寻找新的发展空间

从维护公平正义的角度来讲,教育公平是社会公平的基石,教育不能成为奢侈品,更不能让优质教育成为少数有钱人的"专利"。中共十九大报告中指出,"中国特色社会主义进入新时代,我国社会主要矛盾已经转化为人民日益增长的美好生活需要和不平衡不充分的发展之间的矛盾"。这一主要矛盾在教育领域的表现就是人民日益增长的对优质教育服务的多元需求与不平衡不充分的教育发展之间的矛盾。因此,在国家规范治理的框架下,民办教育行业应在满足人民群众选择性、多样性的教育需求中拓展生存与发展空间。

具体而言,各级各类民办学校未来应积极适应新法新政,根据市场变化和学校办学条件适时调整办学方向,拓展办学渠道;探索和建设有特色和竞争优势的课程、教材、教学方式、管理模式、评价工具,不断提高办学质量和水平;创新办学理念,加强个性化品牌创建,避免同质化竞争;开设特色课程,开展特色教学,加强特色管理,培育特色校园文化,培养特色人才,打造特色品牌。比如,民办高校应以实训中心建设为契机,推进产教融合,与企业联合设立产业学院、大师工作室,与行业企业共建先进的生产性实训基地,探索订单培养和现代学徒制试点等可复制、可推广的产教融合人才培养新模式。

(三) 民办教育共同治理新局面将加快形成

1. 始终坚持党对民办教育的全面领导

中共十九届四中全会提出,必须把党的领导落实到国家治理的各领域、各方面、各环节,确保党在各种组织中发挥领导作用。《民办教育促进法》第九条规定:"民办学校中的中国共产党基础组织,按照中国共产党章程的规定开展党的活动,加强党的建设。"《民办教育促进法实施条例》明确提出,"民办学校应当坚持中国共产党的领导"。这为新时代全面加强党对民办教育的领导指明了前进方向,从法律层面上确立了民办学校党组织的重要作用。民办教育作为社会主义教育事业的重要组成部分,承担着培养社会主义建设者和接班人的重任,必须毫不动摇地坚持和加强党的领导。

2016年12月,中共中央办公厅印发《关于加强民办学校党的建设工作的意见(试行)

的通知》,要求"各级党委(党组)要充分认识到做好民办学校党建工作的重要性紧迫性,按照全面从严治党要求,加强党对民办学校的领导,加强社会主义核心价值观培育,确保学校按照党的要求办学立校、教书育人"。同时,《国务院关于鼓励社会力量兴办教育促进民办教育健康发展的若干意见》也要求"加强党对民办学校的领导"。可以预见,全面加强党对民办学校的领导将成为民办教育共同治理的前提,党组织要引导和监督民办高校全面贯彻党的教育方针,充分发挥其政治核心作用,强化主体责任意识,在保证政治方向、凝聚师生员工、推动学校发展、引领校园文化、参与人事管理和服务、减少决策失灵、维护主体权益等方面发挥重要作用。

2. 有效提升政府管理服务水平

民办教育治理新局面的形成,需要各级政府明确自身角色定位,依法履行管理职责,全面提升服务能力。首先,政府部门应积极履行统筹协调职能,支持和规范社会力量兴办教育,建立由地方政府教育部门牵头的民办教育工作联席会议制度,探索设立地方性民办教育综合改革协调机构,为部门间协调与沟通搭建平台,通过定期商议、集中研讨、及时沟通、联合工作等方式加强部门间的信息沟通和互相协作,健全社会力量兴办教育的促进机制。其次,政府部门应进一步加强监督和指导工作,围绕新时代党和国家的教育工作方针,紧抓支持和规范社会力量兴办教育的关键点,切实落实主体责任,引导民办学校坚持公益性导向,落实立德树人根本任务,遵循教育规律,规范办学。再次,政府部门应落实法律法规规定的民办学校各项办学自主权,特别是招生、收费、专业课程设置和教育教学等方面的自主权。最后,政府部门要淡化"管理",强化"服务",向社会公布权力清单、责任清单,及时主动公开行政审批事项,提高服务效率,接受社会监督,并简化行政审批等行政管理事项的流程和环节,最大限度地激发民办教育的办学活力。

3. 持续完善民办学校法人治理结构

民办教育治理新局面的形成,需要各级各类民办学校完善权力有效制衡的内部治理体系,不断提升自主发展能力。一是民办学校应健全董事会工作机制,发挥学校决策机构的核心作用,科学合理地配置管理权力,合理设置董事会人员,明确董事会职责,使其切实发挥作用,如办学方针、发展规划、校园建设、校长任命、经费筹措等办学层面的问题必须由董事会决策。此外,民办学校应在董事会、人事、财务等重要岗位负责人间严格实行亲属回避制度,避免家族化管理的弊病。二是民办学校管理者应以民办教育新法新政和相关教育规章为准绳,立足于学校发展实际和办学特色,进一步修订、核准民办学校章程,将办学目标、内部治理、财务管理等重大问题规制化。三是民办学校应建立有效的学校内部监督机制,在重点推进监事会制度建设的基础上,依法完善教职工代表大会制度,探索促进民主管理和民主监督的多种实现形式,发挥党委纪律检查部门在党员纪律监督和促进校风、教风、学风建设方面的重要作用,全方位保障学校的有序运行和健康发展。四是民办学校应加强民主管理,保障师生参与学校治理的合法权益,充分调动教师的积极性,进一步健全教授委员会、教代会、学代会制度,明确机构职权、人员构成、议事规则,努力实现举办者、管理者、教师、学生等利益相关者共同治理学校事务。

4. 积极推动各类行业组织参与民办教育治理

民办教育治理新局面的形成,需要行业协会等组织积极参与治理过程,充分发挥行业自律功能。一是各级民办教育协会在参与决策、提供服务、反映诉求、行业自律、交流合作、协同创新、履行社会责任等方面应积极发挥桥梁和纽带作用。为此,各级政府要鼓励和支持各级各类民办教育行业协会、社会中介机构和其他非营利性联盟组织参与民办教育共同治理,以维护民办教育行业秩序,强化民办学校自我约束能力,共同营建公平有序、良性竞争的民办教育发展环境。二是国家层面应建立健全社会参与民办学校管理和评价的监管机制,培育第三方评价机构,并加强对第三方评估组织的认证、规范和监管。同时,各级政府应全面推进信息公开,强化公众参与和社会监督;细化民办学校信息公开制度,建立违规失信惩戒机制,健全联合执法机制以及完善社会参与的多元治理机制,防范民办学校特别是营利性民办学校的办学风险,促进民办教育治理更加民主、公开、透明。

(本文由上海市教育科学研究院民办教育研究所潘奇、刘荣飞、公彦霏、郎佳执笔)

类别报告

LEIBIE BAOGAO

中国民办教育行业发展报告（2015—2021年）

2015—2020年民办学前教育发展报告

2010年颁布的《国家中长期教育改革和发展规划纲要(2010—2020年)》明确规定,学前教育是重要的社会公益事业和重大民生工程,发展学前教育必须坚持公益性和普惠性,普惠性是学前教育发展的主要方向。同年发布的《关于当前发展学前教育的若干意见》进一步明确了学前教育的公益性和普惠性特点,明确提出政府积极扶持的民办幼儿园应该是"面向大众、收费较低的普惠性民办幼儿园"。国家出台的这两个重要文件对后继民办学前教育发展影响颇为深远。

2010年以后,全国各地以县为单位实施了学前一期、二期行动计划,切实把学前教育纳入民生工程予以保障,全国学前三年毛入园率从2010年的50.9%提高到2016年的75%,社会普遍关注的"入园难""入园贵"问题得到有效缓解,然而,普惠性资源不足、公办幼儿园少、民办幼儿园贵的问题在许多地区仍比较突出。随着全面两孩、三孩政策的实施,学前教育资源结构性短缺问题将进一步凸显。在国家学前教育政策发生重大调整背景下,我国民办学前教育在面临新机遇的同时也面临一些新挑战,如分类管理政策导向与地域政策落实之间的博弈、营利与非营利的权衡抉择、行业资本的后继投入趋向等。如何应对这些挑战,是我国民办学前教育后继发展中必然要面对和解决的关键问题。

一、民办学前教育政策举措

《国家中长期教育改革和发展规划纲要(2010—2020年)》为学前教育发展设定了基调,2015—2020年则是各项政策的落实细化阶段,在这个阶段中,国家以"公益"和"普惠"为导向进行了学前教育资源的结构性调整。我们通过梳理2015—2020年国家层面的学前教育相关政策(见表1),可以总结得出以下三个政策要点。

(一)强化政府责任

作为重大民生工程,大力发展普惠性学前教育得到国家层面的高度重视,尤其是2018年《关于学前教育深化改革规范发展的若干意见》更是提出清晰的目标:"大力发展公办园,充分发挥公办园保基本、兜底线、引领方向、平抑收费的主渠道作用。""国家进一步加大学前教育投入力度,逐步提高学前教育财政投入和支持水平。"

表1 2015—2020年我国学前教育行业相关政策文件汇总

时间	发布单位	政策文件名称	政策文件内容
2015年9月	教育部办公厅	《关于申报国家学前教育改革发展实验区的通知》	大力发展公办园,结合本地公办资源现状,采取积极有效的措施,新建、改扩建教育部门办园,管理好城镇小区配套幼儿园,支持企事业单位、集体办园,探索公办园领办分园等多种方式,不断扩大公办资源,努力解决公办资源短缺、布局不合理等问题,积极扶持普惠性民办园,探索引导和支持民办园提供普惠性服务的政策和措施
2016年12月	教育部等五部门	《民办学校分类登记细则》《营利性民办学校监督管理实施细则》	1. 全面推进实施第二期学前教育三年行动计划和国家学前教育重大项目 2. 推进学前教育改革国家实验区建设,完善普惠性幼儿园发展机制 3. 出台新修订的《幼儿园工作规程》,研究制定第三期学前教育三年行动计划
2017年1月	国务院	《国家教育事业发展"十三五"规划》	1. 继续扩大普惠性学前教育资源,基本解决"入园难"问题,以区县为单位实施学前教育行动计划及后继行动 2. 支持企事业单位和集体办园,扩大公办学前教育资源,完善普惠性民办幼儿园扶持政策,鼓励地方通过政府购买服务、补贴租金、培训教师等方式加快普惠性民办幼儿园发展 3. 发展0~3岁婴幼儿早期教育,探索建立以幼儿园和妇幼保健机构为依托,面向社区、指导家长的公益性婴幼儿早期教育服务模式 4. 提高幼儿园保育教育质量
2017年5月	教育部	《关于实施第三期学前教育三年行动计划的意见》	1. 到2020年,建设广覆盖、保基本、有质量的学前教育公共服务体系,以及学前教育管理体制、办园体制和政策保障体系 2. 到2020年,实现全国学前三年毛入园率达到85%、普惠性幼儿园覆盖率达到80%的发展目标
2018年11月	国务院	《关于学前教育深化改革规范发展的若干意见》	1. 国家进一步加大学前教育投入力度,逐步提高学前教育财政投入和支持水平,主要用于扩大普惠性资源、补充配备教师、提高教师待遇、改善办园条件 2. 政府加大扶持力度,引导社会力量更多举办普惠性幼儿园 3. 各省(自治区、直辖市)要进一步完善普惠性民办园认定标准、补助标准及扶持政策 4. 社会资本不得通过兼并收购、受托经营、加盟连锁、利用可变利益实体、协议控制等方式控制国有资产或集体资产举办的幼儿园、非营利性幼儿园 5. 参与并购、加盟、连锁经营的营利性幼儿园,应将与相关利益企业签订的协议报县级以上教育部门备案并向社会公布
2019年1月	教育部	《关于召开城镇小区配套幼儿园治理工作中期推进电视电话会议的通知》	贯彻落实《国务院办公厅关于开展城镇小区配套幼儿园治理工作的通知》

(续表)

时间	发布单位	政策文件名称	政策文件内容
2019年2月	国务院	《中国教育现代化2035》	1. 到2035年建成服务全民终身学习的现代教育体系,普及有质量的学前教育 2. 以农村为重点提升学前教育普及水平,建立更为完善的学前教育管理体制、办园体制和投入体制,大力发展公办园,加快发展普惠性民办幼儿园
2019年3月	中共中央办公厅、国务院办公厅	《加快推进教育现代化实施方案(2018—2022年)》	推进学前教育普及普惠发展,健全学前教育管理机构和专业化管理队伍,加强幼儿园质量监管与业务指导
2019年6月	教育部	《幼儿园责任督学挂牌督导办法》	教育督导部门为行政区域内幼儿园(含民办)配备责任督学,实施经常性督导
2020年9月	教育部	《中华人民共和国学前教育法草案(征求意见稿)》	1. 新小区按照国家和地方标准配套建设的幼儿园只能是公办幼儿园,且公办园的产权在交付使用时需要移交地方人民政府 2. 社会资本不得通过兼并收购、受托经营、加盟连锁、利用可变利益实体、协议控制等方式控制公办幼儿园、非营利性民办幼儿园 3. 幼儿园不得直接或者间接作为企业资产上市 4. 上市公司及其控股股东不得通过资本市场融资投资营利性幼儿园,不得通过发行股份或者支付现金等方式购买营利性幼儿园资产

(二) 扩大普惠性资源供给总量

加强普惠性资源供给是近十年来我国学前教育政策中长久不衰的一个主题。教育部等四部门在2017年颁布的《关于实施第三期学前教育计划行动的意见》中提出:"公办民办并举,进一步提高公办幼儿园提供普惠性学前教育服务的能力,积极引导和扶持民办幼儿园提供普惠性服务。"《国务院关于当前发展学前教育的若干意见》则给出了具体的考核指标:"到2020年,普惠性幼儿园覆盖率(公办幼儿园和普惠性民办幼儿园在园幼儿数占在园幼儿总数的比例)达到80%左右。"

(三) 加强对民办幼儿园的规范与引导

近几年,有少数民办学前机构被曝光存在虐童问题,这使民办学前教育再次站在了政策治理的"风口浪尖"。早在2010年,《国务院关于当前发展学前教育的若干意见》就把"规范管理"列为引导学前教育发展的四大基本指导原则之一,从国家政策高度对民办幼儿园的监管提出了严格要求。而其后2017年教育部印发的《幼儿园办园行为督导评估办法》更突出了办园的底线标准,对幼儿园开展督导评估,促使幼儿园依法依规办园。

二、民办学前教育发展概况

(一) 总体规模有所增长,增速趋缓,占比持续下降

"十三五"期间,在普及学前教育入学率的政策导向下,民办幼儿园发展迅速,全国民办幼儿园的数量从2015年的14.64万所增长到2020年的16.80万所,增长幅度为14.75%。其中,2016年和2019年的增长幅度较大,分别达到5.33%和4.46%。同一阶段,由于公办幼儿园发展速度更快,2015—2020年民办幼儿园的占比有所下降,从2015年的65.44%下降到2020年的57.58%(见图1)。

图1 2015—2020年全国民办幼儿园数量及占比情况

在政策的引导与规制下,民办幼儿园发展的区域性特征更加明显。如图2所示,2015—2020年东部地区民办幼儿园增速放缓,特别是2019—2020年,东部地区民办幼儿园占比从60.61%下降到58.33%;而在中部和西部地区,民办幼儿园占比下降趋势更明显,尤其是西部地区,其民办幼儿园占比从2015年的61.00%下降至2020年的45.16%。事实表明,在普及学前教育入学率的过程中,中部和西部经济不发达地区的学前教育获得了政府更多的资源倾斜,所以其民办幼儿园占比的下降幅度较大。

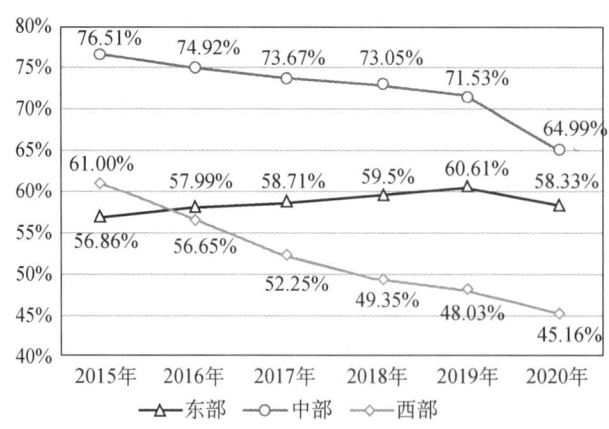

图2 2015—2020年全国东、中、西部地区民办幼儿园占比情况

这一阶段,民办幼儿园规模的增长主要源于普惠性幼儿园数量的增加。2016年后,在"普惠性幼儿园达到80%"的目标引导下,政府通过加强城镇小区配套幼儿园治理、购买服务以及提高普惠性民办幼儿园经费投入等措施,使普惠性民办幼儿园数和在园幼儿数在民办幼儿园整体中的占比快速提高(见图3、图4)。例如,2018年普惠性民办幼儿园数占民办幼儿园总数的比例已经近50%,到2020年这一比例达到了65.68%,与2016年相比,提高了28.45个百分点。

图3 2015—2020年全国普惠性民办幼儿园数及占比情况

图4 2015—2020年全国普惠性民办幼儿园在园幼儿数及占比情况

(二) 师资力量平稳增长,但地域间师资队伍结构性差距较大

从民办幼儿园总体师资情况来看,随着幼儿园在园幼儿数的不断增加,幼儿园师资力量也在不断加大。如图5所示,2015—2019年民办幼儿园教职工数和专任教师数均逐年增加,其中,民办幼儿园教职工数从2015年的230.9万人增加到2019年的320.5万人,专任教师数从2015年的127.1万人增加到2019年的169.3万人。2020年,受相关政策影响,民办幼儿园规模被压减,教职工数和专任教师数都有所减少,分别为307.6万人和161.9万人。

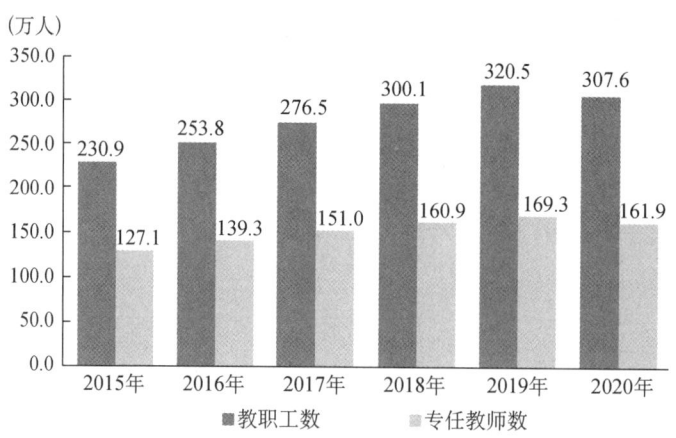

图 5 2015—2020 年民办幼儿园师资变化情况

从民办幼儿园教职工数在全国幼儿园教职工数中的占比情况来看,2015—2019 年的四年间,民办幼儿园教职工数和专任教师数的占比均在 60% 以上(见图 6)。2020 年,随着民办幼儿园规模的压减,民办幼儿园教职工数和专任教师数的占比大幅下降,分别为 59.17% 和 55.57%。

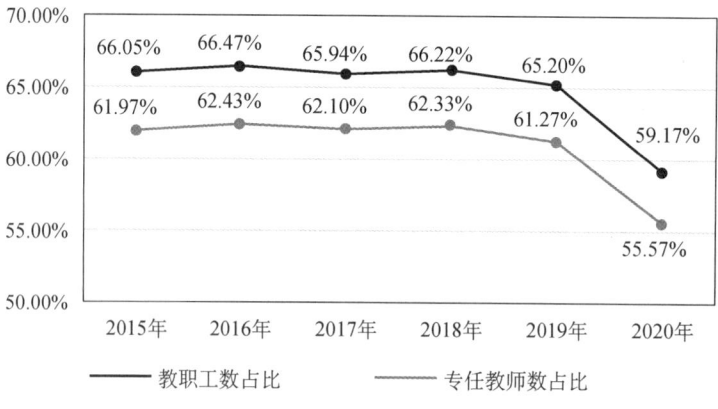

图 6 2015—2020 年民办幼儿园师资占比情况

2015 年,人力资源和社会保障部、教育部发布《关于深化中小学教师职称制度改革的指导意见》(人社部发〔2015〕79 号),很多地区进一步放宽对民办学校教师职称申报与评定的要求。例如,"国培计划"将民办幼儿园教师纳入了培训范围,福建、天津等多地实施了普惠性民办幼儿园教师专项培训。此外,国家在相关教育类表彰方面,也明确将民办学校教师纳入评选范围。这对民办学前教育师资队伍的稳定与发展都起到了积极的促进作用。

需要指出的是,在全国民办幼儿师资队伍整体水平有所提高的同时,区域方面的差距依然存在。图 7 表明,我国东、中、西部地区民办幼儿园专任教师资源分布不均衡。其中,东部地区民办幼儿园专任教师人数最多,西部地区民办幼儿园专任教师人数最少,而且两者的差距巨大。以 2020 年为例,东部地区民办幼儿园专任教师人数为 70.89 万人,西部地区民办幼儿园专任教师人数仅为 30.59 万人。

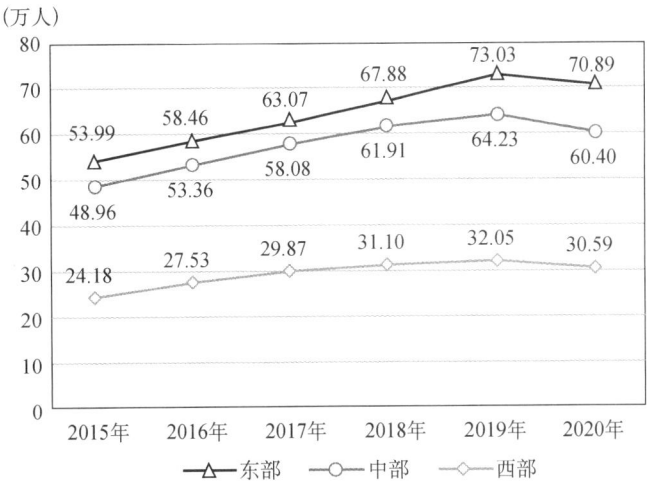

图 7　2015—2020 年我国东、中、西部地区民办幼儿园专任教师分布情况

此外,我国大部分地区对学前教育师资的要求至少都是专科毕业并有教师资格证,但实际上很多学前教育机构的教师并没有达到这个标准,这一情况在偏远地区和农村更为普遍。例如,2019 年全国拥有大专以上学历幼儿教师的占比为 79.1%,其中拥有大专以上学历的农村专任幼儿教师占比仅为 73.4%,比城市专任教师的占比低了 11.4 个百分点。

应该说,整体上随着人口政策的放开和学前教育的日益普及,民办学前教育师资队伍的规模依然会保持持续增长的态势,但师资队伍的结构性优化之路依然任重道远。

(三) 经费投入持续增长,但成本分担机制并不合理

在经费投入方面,全国学前教育经费投入逐年增长,2015—2020 年其复合年增长率保持在 15% 左右。其中,政府对民办幼儿园的经费投入持续维持在学前教育经费投入总量的 40% 以上,同样呈逐年增长趋势,且年增长率超过投入总量的增长率。因为随着国家第二期、第三期学前教育行动计划的推进,普惠性民办幼儿园规模增长较快,国家对普惠性幼儿园的奖补投入也随之增长。但是,从民办幼儿园经费投入结构(包括学费、政府财政教育经费、举办者投入、捐赠投入等)看(见表 2),民办幼儿园的成本分担机制并不合理。目前,民办幼儿园办学经费的最主要来源还是学费收入。2015—2019 年,学费收入在民办幼儿园总投入经费中的占比逐年提高,而且除学费收入外,其他投入在经费中的占比基本呈现下降趋势,其中举办者投入占比的下降尤为明显。显然,政府把学前教育列入民生事项后,政策干预效应明显,社会力量投资办学的信心受挫,加之社会力量捐资办学风气尚未形成,民办幼儿园办学经费结构进一步失衡。

需要说明的是,2020 年情况相对比较特殊,2020 年是第三期学前教育三年行动计划的收官年,各地为了按时完成国家对公办、民办幼儿园的结构调整,出台了很多的"突击"举措,如城镇小区配套幼儿园的属性划拨、普惠性民办幼儿园的扩增等,致使民办幼儿园经费投入结构发生变化——学费收入占比突降,而其他方面的投入占比明显增长。

表 2　2015—2020 年民办幼儿园教育经费投入结构比例

年份	学费投入占比	国家财政占比	举办者投入占比	捐赠投入占比	其他占比
2015	81.63%	8.35%	4.74%	0.04%	5.24%
2016	83.60%	7.83%	4.42%	0.03%	4.12%
2017	84.14%	7.65%	4.29%	0.04%	3.88%
2018	84.24%	7.98%	4.36%	0.03%	3.39%
2019	84.95%	8.84%	3.65%	0.03%	2.53%
2020	79.08%	13.70%	4.61%	0.16%	2.45%

（四）营利性民办幼儿园规模逐年增加，占比不断提高

民办学校分类管理政策实施后，营利性民办幼儿园登记工作进入加速期。截至 2020 年 5 月 31 日，全国登记为"幼儿园有限公司"类别的营利性民办幼儿园共有 9 078 所。

表 3　全国公司型民办幼儿园分年度登记数量　　　　　单位：所

登记年度 （以工商登记日期为准）	年度登记总数量	占全部总量比例	平均每个月登记数量
2015 年及以前	53	0.58%	—
2016 年	61	0.67%	5.1
2017 年	341	3.76%	28.4
2018 年	3 197	35.22%	266.4
2019 年	4 405	48.52%	367.1
2020 年（截至 5 月 31 日）	1 021	11.25%	204.2

分年度看（见表 3），2017 年及以前，营利性民办幼儿园登记工作进展缓慢，登记总数不足 500 所。这可能与各地对民办学校分类管理的配套政策不完善、不明确有关。2017 年后期到 2018 年，随着国家和地方政策的进一步明确，营利性幼儿园的登记数量开始大幅提升。2018 年全年完成了 3 197 所的登记量。2018 年 11 月，《国务院关于当前发展学前教育的若干意见》的出台对民办幼儿园的分类登记客观上起到了促进作用，登记速度加快。2019 年全年完成 4 405 所的登记量，接近登记总量的一半。

分区域来看（见图 8），各地发展情况不一。2020 年，登记数量超过 500 所的地区有湖南、四川、河北、黑龙江、湖北、山东、吉林、贵州，其中湖南省登记总量为 1 291 所，占比接近六分之一。登记量少于 50 所的地区有江西、上海、新疆、甘肃、青海。

需要说明的是，营利性民办幼儿园是一个新兴事物，自 2016 年才正式确立法律身份，虽然如前所述其发展速度较快，但是目前来看，营利性民办幼儿园数量在民办幼儿园总量中的占比还是很低，规模还是偏小，其后期的发展更多地还要依赖于国家新一轮学前教育发展规划和民办教育政策的扶持。

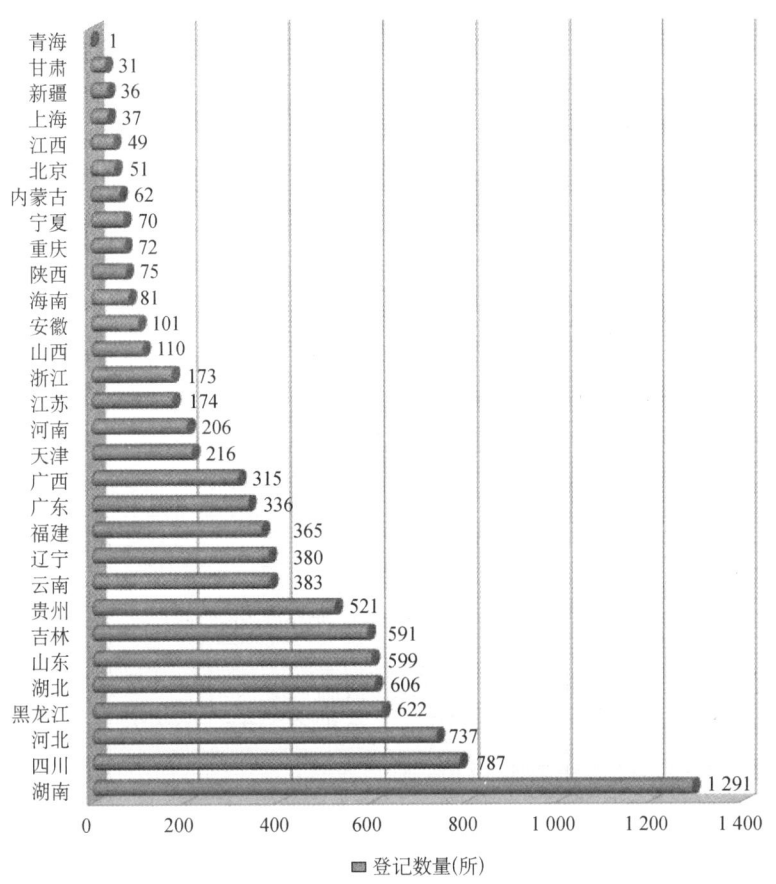

图 8　2020 年全国营利性民办幼儿园分区域登记情况

(五) 托育服务成为民办学前教育的新增长点

随着国家人口政策的变化和社会经济的发展,0~3 岁婴幼儿的托育问题逐渐受到社会关注。2019 年 5 月,国务院发布《关于促进 3 岁以下婴幼儿照护服务发展的指导意见》,标志着建构健全的国家和地方托育体系已成为学前教育领域的重要目标,托育服务成为民办学前教育发展的新增长点。

从整体上看,托育行业还处于发展的早期,很多举措还处于尝试和摸索中,行业快速发展阶段尚未到来。根据相关统计资料,全国托育(早教)机构主要分布在北京、长三角及珠三角地区,中部地区和东北地区次之,西部地区相对较少。

从地域分布情况来看,托育(早教)市场与区域经济及人口规模相关程度较高,例如,宁夏、海南、青海、西藏等地的托育(早教)数量低于 100 家,而山东、江苏、浙江、广东、河南、河北等地的托育(早教)机构数量超过 1 000 家,尤其是山东省超过 2 000 家。

从体系建设上看,上海市进行了比较多的尝试,涌现出多元的托育服务模式,如托幼一体化模式、社区—普惠模式、企业园区模式和市场运作模式等。2017—2018 年,上海市共建设了 45 家社区托管点,2019 年建设了 56 个托育点,这些托育机构的收费标准一般为每月 3 000 元以下。目前,上海市 74% 的街镇至少有 1 个普惠性托育点,未来力争实现中心城区街镇普惠性托育点全覆盖。

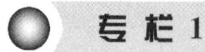

专栏1

2017年以前,上海市为了优先满足幼儿入园需求,逐步停办了独立设置的托儿所,全市托儿所数量从最高峰的56所(2011年)减少到了26所(2016年)。2017年开始,在相关部门大力推动下,全市托儿所数量回升到31所。2018年,"1+2"托育管理系列文件出台后,上海市的托育体系不断得到完善。到2019年年底,全市共有托育服务机构近700家,除了托育一体的民办幼儿园,社会力量举办的托育机构达到204家,托育学位达到1.3万个。

三、民办学前教育发展面临的困难与挑战

（一）供给结构的变化影响营利性民办幼儿园的发展空间

从民办幼儿园发展状况来看,随着国家不断强化政府责任以及普惠化办园政策的发布,公办幼儿园和普惠性民办幼儿园的占比不断提高。根据国家有关文件要求,2020年我国公办幼儿园和普惠性民办幼儿园的占比已达到80%以上,民办学前教育机构野蛮生长的时代已经一去不返。《中共中央 国务院关于学前教育深化改革规范发展的若干意见》明确提出,"各地要把发展普惠性学前教育作为重点任务",要"结合本地实际,着力构建以普惠性资源为主体的办园体系,坚决扭转高收费民办园占比偏高的局面",要"积极扶持民办园提供普惠性服务,规范营利性民办园发展,满足家长不同选择性需求"。由此可见,提倡普惠性办园将成为"十四五"期间及以后一定阶段内政策的主基调,在这一政策的影响下,学前教育领域的供给结构将会发生较大变化。

（二）普惠性民办幼儿园占比的提高在一定程度上影响了社会资本进入的积极性

从长远来看,普惠性民办幼儿园占比的提高以及国家对学前教育监管力度的加强,对学前教育的发展是一件好事。因为这将进一步促进现有民办学前教育机构的内在分层,淘汰一批低端低质量的民办幼儿园,规范、优质的幼儿园将得到更好的发展,从而促使学前教育由粗放式发展向集约规范化发展转变。此外,对民办幼儿园进行有效监管,还有利于维护幼儿园、家长和师生各方权益。但同时,国家加大了普惠性民办幼儿园收费监管力度,要求普惠性民办幼儿园的收费标准基本参照当地同级公办幼儿园或者上浮一定比例,且不得随意增加收费项目、提升收费标准。这种限制在一定程度上影响了一部分社会资本进入学前教育领域的积极性。

（三）师资短缺状况继续影响幼儿园保教质量的进一步提升

近几年,学前教育虽然快速发展,但和基础教育、高等教育相比,学前教育发展过程中的师资短缺问题一直比较严重。一方面是师资总量不足。2020年,我国幼儿园专任教师

总数为 291.34 万人,教职工总数达 519.82 万人。但根据《幼儿园教职工配备标准(暂行)》规定,全日制幼儿园的教职工与幼儿比例需达到 1∶5 至 1∶7 的标准。2020 年,我国幼儿园在园幼儿数达 4 818 万人,如按 1∶7 标准配备师资,幼儿园教职工数应为 688 万人,缺口多达 168 万余人。另一方面是师资整体质量不高,专任教师比例偏低,本科以上学历和有职称的教师偏少。2020 年,我国幼儿园专任教师的占比仅为 56.05%,而且民办学前专任教师的占比更低,为 55.57%。从学历层次看,2020 年,尽管全国幼儿园专任教师(含园长)学历平均合格率达到了 98.64%,但其中本科学历只占 27.72%,研究生学历仅占 0.30%,还有 1.36% 的教师学历为高中阶段以下(见图 9)。同年,全国幼儿园专任教师(含园长)高级职称(含正、副高级职称)占比仅 1.56%,中级职称占比为 8.22%,初级职称占比为 16.25%,未定职级占比多达 73.97%(见图 10)。总体上看,高级职称教师比例偏低,未定职级教师占比过大。这种职称结构不仅影响教师个人收入水平,也阻碍了幼儿园保教质量的提升。

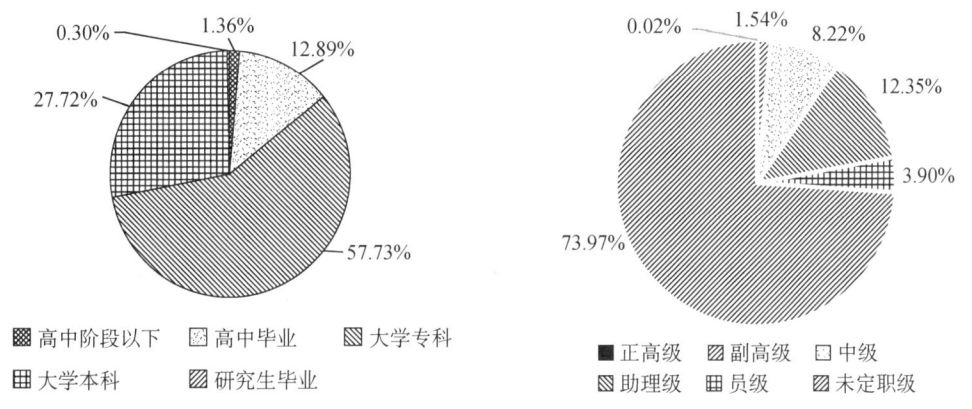

图 9　2020 年全国幼儿园专任教师学历分布　　图 10　2020 年全国幼儿园专任教师职称结构分布

应该承认,因为编制、待遇等问题,从整体上看,无论是专任教师比例还是学历、职称等方面,民办学前教育机构的师资水平都要低于全国平均值,而且民办教育机构教师的流动率一直比较大。这对民办学前教育机构保教质量的提升而言是个难以逾越的障碍。

(四) 民办学前教育的成本分担机制仍不够合理

目前,我国学前教育阶段的成本分担结构属于多方承担型。从近十年学前教育事业的发展来看,虽然国家出台了多项政策文件,如《国务院关于当前发展学前教育的若干意见》(国发〔2010〕41 号)、《关于加大财政投入支持学前教育发展的通知》(财教〔2011〕405 号)和《中共中央 国务院关于学前教育深化改革规范发展的若干意见》,这些文件都强调了学前教育经费投入的落实问题,以及各级政府部门的责任,但这些规定大多只有原则性的表述,没有具体的规定,而且从政府、家长及社会分担的比例上看,政府负担的比例反而呈下滑趋势。在民办学前教育经费投入中,由于社会分担能力未得到充分发挥,大部分民办幼儿园的经费来源主要是学费收入,但是在学费收入占比超过 80% 的前提下,民办幼儿园基本无法抵御市场和政策风险,因为学额的变动或"限价"举措往往就能直接决定其生死。在这种情况下,民办学前教育整体质量不断提升的目标很难实现。

四、未来民办学前教育发展的趋势与建议

(一) 随着"分类"和"普惠"的推进,民办学前教育结构将有新调整

目前,学前教育领域一个非常明显的发展趋势就是"普惠"的不断扩大。《中国教育现代化2035》提出要"推进学前教育普及水平""大力发展公办园,加快发展普惠性民办幼儿园"。《"十四五"学前教育发展提升行动计划》则进一步明确,到2025年普惠性幼儿园覆盖率达到85%以上。这意味着在国家教育财政投入有限的前提下,民办幼儿园原有的结构将进一步调整,普惠性幼儿园的占比会继续提高,而高收费幼儿园的占比则会进一步降低。从我国人口规模发展的预期来看,学前教育作为民生事业,普惠化之势不可逆转,且普惠性的方向已从幼儿园延伸至托育领域。虽然国家层面及很多地方政府没有强制要求托育机构必须普惠化,但是政府会给予普惠性民办教育机构更多的支持和鼓励,从而引导民办教育市场向普惠化方向发展。

在今后一定阶段,政府应通过强制性、诱致性制度变迁,以及生均经费、土地、金融、税费等资金资源手段和政策工具,引导社会力量办学向普惠性或者非营利性方面发展,以进一步扩大公办幼儿园和普惠性民办幼儿园的占比。

(二) 在不断规范过程中,民办学前教育综合质量提升势在必行

1. 随着市场准入门槛的提高,民办幼儿园的设置和管理将更加规范

早在2010年,国家层面就在《国务院关于当前发展学前教育的若干意见》中制定了严格的幼儿园准入管理制度。之后,各地依据国家基本标准调整完善幼儿园设置标准,严格掌握审批条件,加强对教职工资质与配备标准、办园条件等方面的审核,规定幼儿园审批严格执行"先证后照"制度,实施加盟、连锁经营的营利性民办幼儿园原则上应取得省级示范园的资质。我们从这一政策可以看出,民办幼儿园的设立有了严格的准入标准和审批条件,甚至办园程序也更加复杂:要先由县级教育部门依法进行前置审批,取得办园许可证后再到相关部门办理法人登记。也就是说,随着市场准入门槛的提高,民办幼儿园的设置和管理将更加规范。

2. 学前教育整体提质是时代要求,更是规范民办幼儿园发展的重心

国家除了不断提高学前儿童的入园率,更致力于提升学前教育的整体质量。细化的标准和规范不仅可以更加有效地促进幼儿园的规范管理与运营,也进一步加快了民办幼儿园的优胜劣汰。因此,民办幼儿园要进一步加强自身改造与管理的紧迫感,仅靠办园热情和局部改善是无法迎接接下来的残酷挑战的,必须进行系统、全面、科学的培训,及时跟进最新的教育理念,积极促进内涵发展,提升办园品质。

3. 民办幼儿园的特色优质发展成为政府和市场的必然要求

品牌是民办幼儿园长远发展的重要竞争力。在国家大力发展公办幼儿园、加快发展普惠性民办幼儿园的政策下,民办幼儿园要寻求更长远的发展,必须在提升品质的同时加

速自我特色的凝练。事实上,在生活水平迅速提高的当今社会,人民群众对优质教育资源和多样化教育服务的需求也变得更强烈。特色化的课程、科学的理念、个性化的服务是民办教育机构争取并保持市场占有率的必要条件。

(三) 学前教育分工会进一步细化,民办教育机构亟须发挥自身机制优势

从学前行业的整体发展来看,学前教育机构处于产业"中游",而"上游"是各类学前教育服务提供商(见图11)。目前,国家出台的学前教育新政针对民办幼儿园的资本运作进行了规范,限制资本控制非营利性民办幼儿园,禁止营利性民办幼儿园举办者过度逐利。这意味着未来幼儿园产业的投资会以财政和公共投资为主,民间资本参与学前教育投资的节奏和方向将被调整。同时,随着学前教育规模的不断扩大,更多资金也会从产业链的"中游"流入"上游"服务端,聚焦各类学前教育资源的开发,而且学前教育领域也会出现更多的专业化分工,从而使学前教育各个环节的专业化程度进一步完善。

随着政府进一步强化对民办幼儿园的监管与评价,以及民办教育普惠化改革的逐渐深入,民办幼儿园也将加强与第三方专业教育服务机构的合作,通过课程开发、在线教育支持、管理机制创新等专业服务提升保教质量。事实上,新政出台后,多家民办学前教育机构已经开始从直营幼儿园向输出运营体系和教育服务转型。

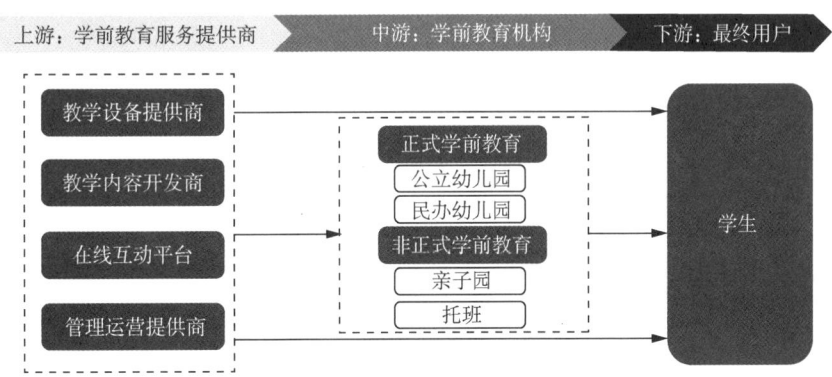

图11 中国学前行业产业链

此外,民办教育机构本身的机制优势也能使其更贴合市场的需要。随着我国经济社会的快速发展,更多的个性化教育服务需求开始出现,这是公共教育服务所无法企及的领域,需要民办教育加以补缺。民办教育机构应抓住这一发展契机,积极发挥自身优势,实现多元化经营。

(四) 学前教育信息化管理需求增长

近年来,"互联网+"的兴起以及"5G"时代的到来极大地强化了市场各行业之间的联系,也加快了社会发展的步伐。相较于传统的学前教育,现代学前教育中的技术革新带来的不仅是技术的更新迭代,更是教学质量、教育理念的几何级提升,"互联网+"也必将让学前教育更透明和更公平。因此,加快信息化教育变革是未来幼教行业的必然发展趋势。

在这种情势下,民办学前教育机构需要应时应势地提升自己的信息化管理水平,如在

幼儿园安防管理、教务管理方面，通过软硬件结合方式提供更为细致的"家园互动"服务，在教学上，通过虚拟现实技术帮助幼儿更好地感知世界，开发幼儿的创造力，提高幼儿的想象力。

民办学前教育机构能否在"互联网＋幼教"的发展趋向上获得进一步的增值发展，是验证其发展潜力的重要一环。总体上，我国民办学前教育行业的发展在国家的整体部署和推动下趋于理性，在市场需求和政策导向的共同作用下，民办学前教育面临前所未有的挑战，但在这个充满潜力的朝阳行业中，民办学前教育机构可以探索的空间也更多。我们相信，在政府的进一步规制和扶持政策下，面向市场的规模扩展和多元化需求，民办学前教育行业将迎来更好的明天。

（本文由上海市教育科学研究院民办教育研究所张璐执笔）

2015—2020年民办义务教育发展报告

2015—2020年是我国义务教育阶段民办教育政策发生重大调整的阶段。2016年修订的《民办教育促进法》取消了合理回报制度,并规定举办者不得举办义务教育阶段的营利性民办学校。2019年6月23日,中共中央、国务院发布《关于深化教育教学改革全面提高义务教育质量的意见》,对义务教育阶段学校境外课程、教材以及民办学校招生问题作了具体规定。2019年2月,中共中央办公厅、国务院办公厅印发《加快推进教育现代化实施方案(2018—2022年)》,明确提出"合理控制民办义务教育阶段办学规模"。这些政策上的调整对今后我国民办教育的发展必将产生重大影响。本文通过系统分析2015—2020年我国义务教育阶段民办教育发展的具体情况,探索其发展中面临的主要问题和挑战,并结合近年来相关政策的变化,对未来我国义务教育阶段民办学校的发展提出一些具有针对性的建议。

一、民办义务教育发展态势[①]

从教育行政部门发布的统计数据来看,2015—2020年我国民办义务教育总体呈现出增长的态势。不过,具体到不同的学段、不同的区域,以及民办学校的数量及占比、在校生数量及占比等方面,其发展态势又存在一定的差异性。

(一)学校数量规模呈现增长态势

据教育部发布的统计数据,从总体情况来看,2015年,全国共有民办学校16.30万所,占全国各级各类学校总数的31.80%;在校学生4 570.40万人,占全国总数的17.6%。其中,义务教育阶段的民办学校数占民办学校总数的6.60%。2020年,全国共有民办学校18.67万所,占全国各级各类学校总数的比例超过1/3;民办学校在校生5 564.45万人,占比接近1/5。

1. 民办小学数量和规模先增后降

从学段来看,2015—2020年,全国民办小学的数量总体呈现增长态势。具体来说,2015年,全国民办小学共有5 859所,占全国小学总数的3.08%;到了2020年,全国民办小学数量增长至6 187所,占比提高到3.92%。需要指出的是,2020年,民办小学数量比

---

① 本报告中民办义务教育学校数据来自教育部发布的相关年份全国教育事业发展统计公报。

2019年有所减少,但由于全国小学数量的减少,民办小学的占比依然保持增长的态势。具体情况如图1所示。

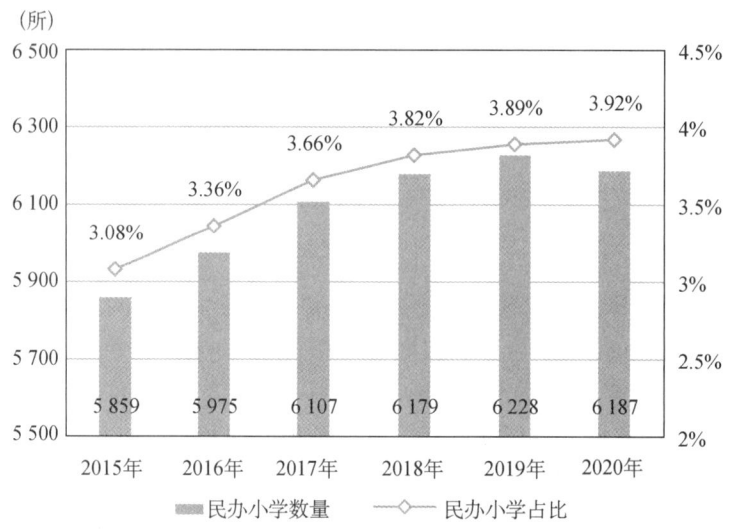

图1　2015—2020年全国民办小学数量及占比情况

2015—2020年,全国民办小学在校生规模呈现出明显的增长态势。2015年,全国民办小学在校生规模为713.82万人,占全国小学在校生规模的7.36%;到2020年,全国民办小学在校生规模增长至966.03万人,占比为9.01%。具体情况如图2所示。

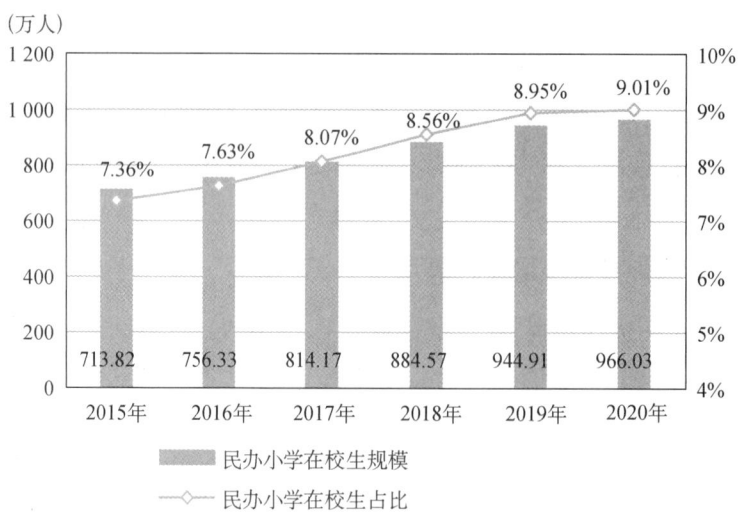

图2　2015—2020年全国民办小学在校生规模及占比情况

2. 民办初中数量和规模稳步增长

2015—2020年,全国民办初中的数量呈现出稳步增长的态势。具体来看,2015年,全国民办初中数量为4 876所,占全国初中总数的9.30%;到了2020年,这一数字增长至6 041所,占比为11.44%。具体情况如图3所示。

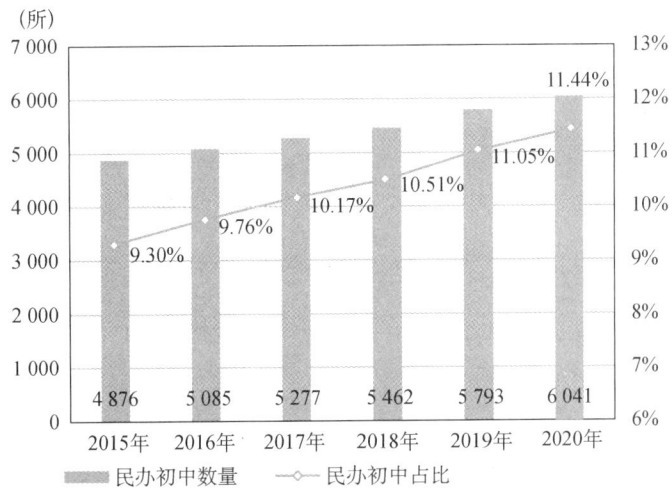

图 3　2015—2020 年全国民办初中数量及占比情况

2015—2020 年，全国民办初中在校生规模也呈现出稳步增长的态势。2015 年，全国民办初中在校生规模为 502.93 万人，占全国初中在校生规模的 11.66%；其后，这一数字逐年稳步增长，到了 2020 年，全国民办初中在校生规模增长至 718.96 万人，增长了 216.03 万人，占比增长到 14.63%，增长了 2.97 个百分点。具体情况如图 4 所示。

图 4　2015—2020 年全国民办初中在校生规模及占比情况

(二) 学校数量规模存在区域差异

2015—2020 年，我国民办义务教育阶段的学校数量和规模发展态势存在比较明显的区域差异。下面就民办小学和民办初中的具体情况分别予以分析。

1. 民办小学数量变化及在校生情况存在区域差异

2015—2020 年，全国民办小学数量变化存在一定的区域差异。其中，东部地区的民办小学数量增长趋势不够明显，从 2015 年的 2 284 所增加到 2020 年的 2 409 所，增加了

125所,增长率为5.47%;中部地区的民办小学数量增长态势明显,增加了353所,增长率为13.53%;西部地区的民办小学数量则呈现明显的下降态势,由2015年的966所下降到2020年的816所,下降了15.53%。具体情况如图5所示。

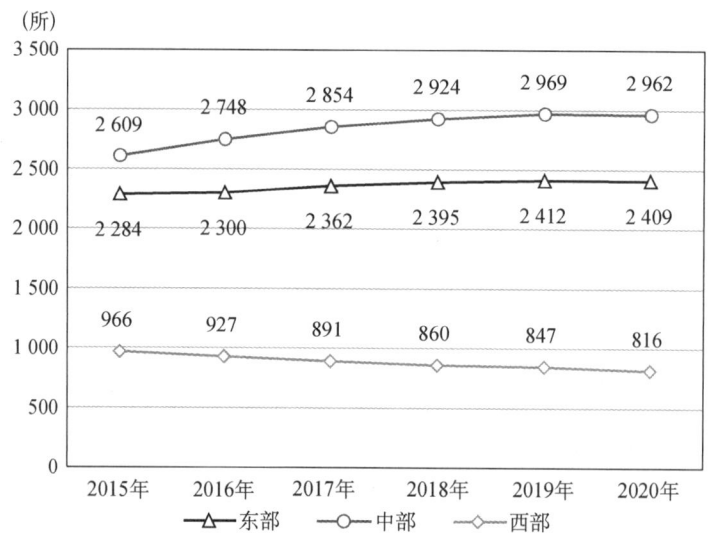

图5 2015—2020年我国不同区域民办小学数量变化情况

2015—2020年,全国民办小学数量占比情况也存在明显的区域差异。其中,东部地区的民办小学数量占比呈现稳定的增长态势,2015年占比为4.26%,到2020年增长至4.71%,增长了0.45个百分点;中部地区的民办小学数量占比增长态势非常明显,2015年占比为3.09%,到2020年占比为4.58%,增长了1.49个百分点;西部地区的民办小学数量占比则呈现先升后降的态势,2015年占比为1.84%,2016年占比增至1.96%,2017年达到最高点(占比为2.01%),2018—2020年,占比分别降至2.00%、1.98%和1.95%。具体情况如图6所示。

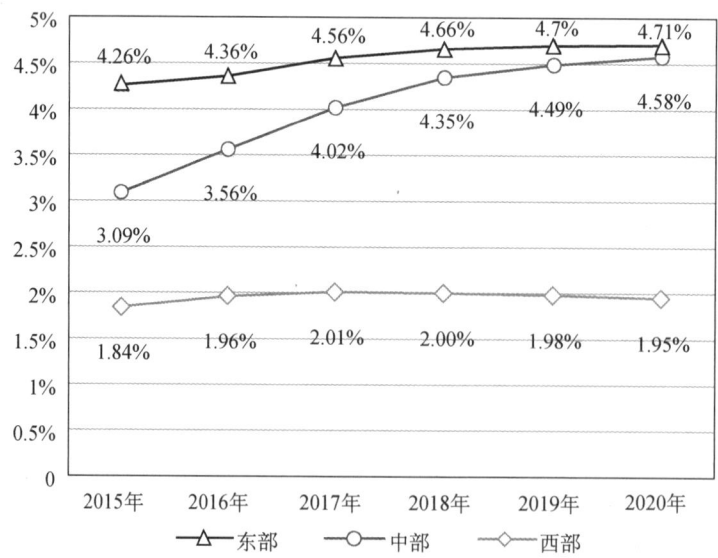

图6 2015—2020年我国不同区域民办小学数量占比情况

2015—2020年,全国民办小学在校生规模总体呈现增长态势,但增长的幅度存在区域差异。其中,中部地区增幅最大,其次是西部地区,最后是东部地区。具体来看,2015年,东部地区民办小学在校生规模为402.03万人,2020年增至510.39万人,增长率为26.95%;中部地区民办小学在校生规模则由2015年的239.14万人增至2020年的354.52万人,增长率为48.25%;西部地区民办小学在校生规模由2015年的72.65万人增至2020年的101.13万人,增长率为39.20%。具体情况如图7所示。

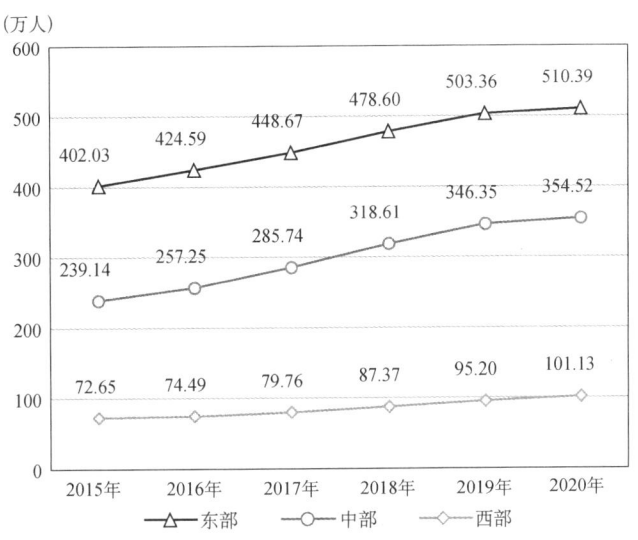

图7 2015—2020年我国不同区域民办小学在校生规模变化情况

2. 民办初中数量变化及在校生情况也存在区域差异

2015—2020年,我国民办初中数量变化的区域差异较为明显。其中,东部地区增长最快,其2015年民办初中有2 071所,之后逐年增长,到2020年增至2 674所,增长率为29.12%;中部地区也呈现明显的增长态势,由2015年的2 003所增至2020年的2 491所,增长率为24.36%;西部地区的增长态势则相对平缓,由2015年的802所增至2020年的876所,增长率为9.23%。具体情况如图8所示。

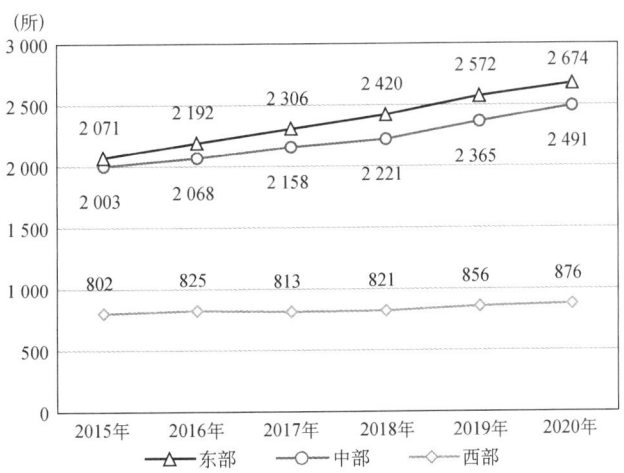

图8 2015—2020年我国不同区域民办初中数量变化情况

2015—2020年,民办初中的占比情况也存在明显的区域差异。其中,东部地区增长幅度最大,由2015年的12.30%增至2020年的14.93%,增长了2.63个百分点;中部地区紧随其后,由2015年的9.06%增至2020年的11.32%,增长了2.26个百分点;西部地区增长较慢,由2015年的5.95%增至2020年的6.80%,增长了0.85个百分比。具体情况如图9所示。

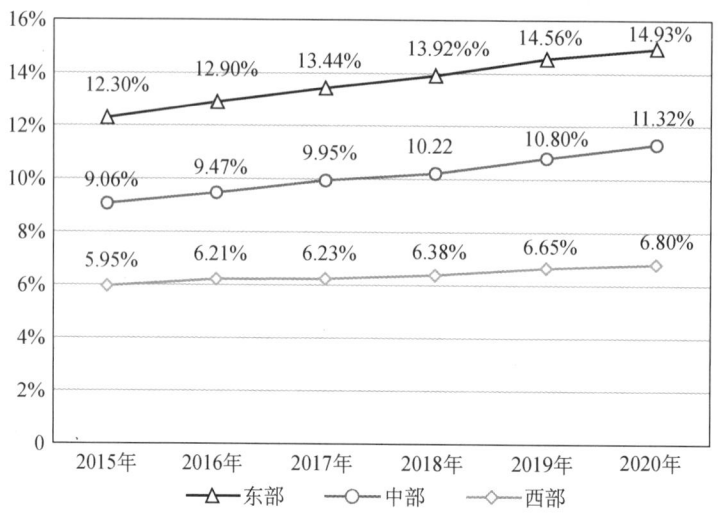

图9　2015—2020年我国不同区域民办初中占比情况

2015—2020年,我国民办初中在校生规模及占比情况也存在区域差异性。其中,2015年,东部地区民办初中在校生规模为218.68万人,2020年增至323.51万人,增长率为47.94%;中部地区由2015年的214.72万人增至2020年的298.93万人,增长率为39.22%;西部地区由2015年的69.53万人增至2020年的96.52万人,增长率为38.82%。2015—2020年,民办初中在校生占比情况和在校生规模变化态势基本一致。具体如图10、图11所示。

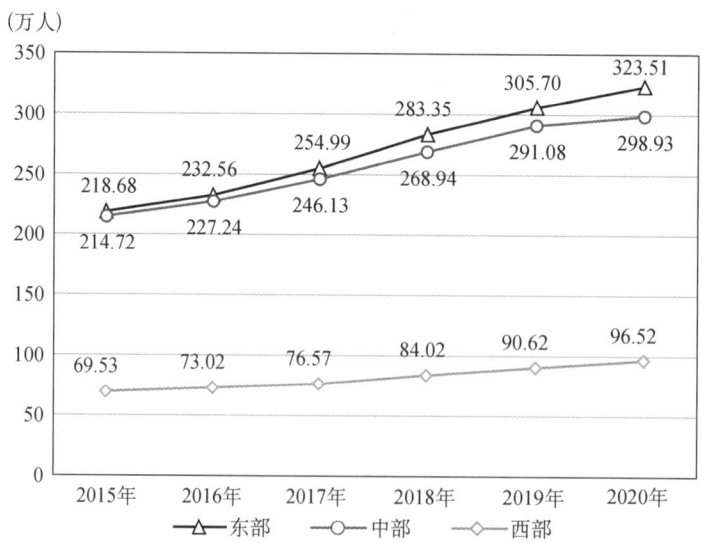

图10　2015—2020年我国不同区域民办初中在校生规模变化情况

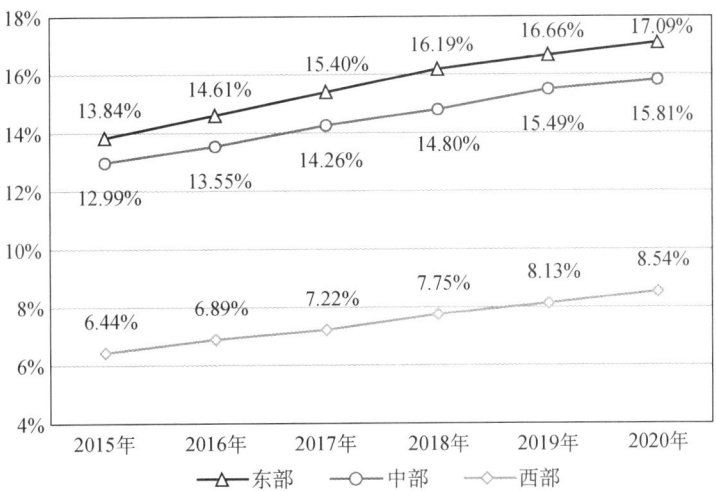

图 11　2015—2020 年我国不同区域民办初中在校生占比情况

(三) 学校专任教师数量增长快且区域差异大

2015—2020 年,我国义务教育阶段专任教师数量总体呈现增长态势,尤其是民办小学专任教师数量增长明显。

1. 专任教师数量有明显增长

2015—2020 年,全国民办小学教师数量增长明显。2015 年,全国民办小学专任教师共 18.25 万人,2020 年增至 23.63 万人,增长率为 29.48%。具体如图 12 所示。

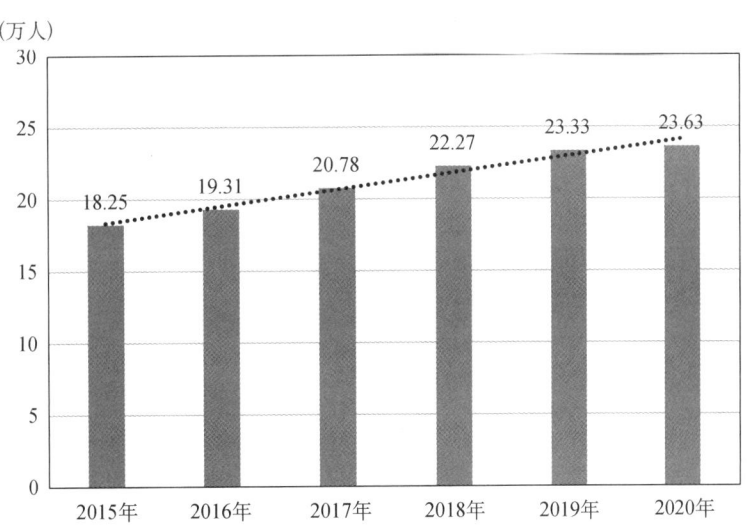

图 12　2015—2020 年我国民办小学专任教师人数情况

2. 专任教师数量变化的区域差异明显

2015—2020 年,全国民办小学专任教师的人数变化存在明显的区域差异。其中,东部地区和中部地区的专任教师人数增幅较大,西部地区则相对平缓。具体情况如图 13 所示。

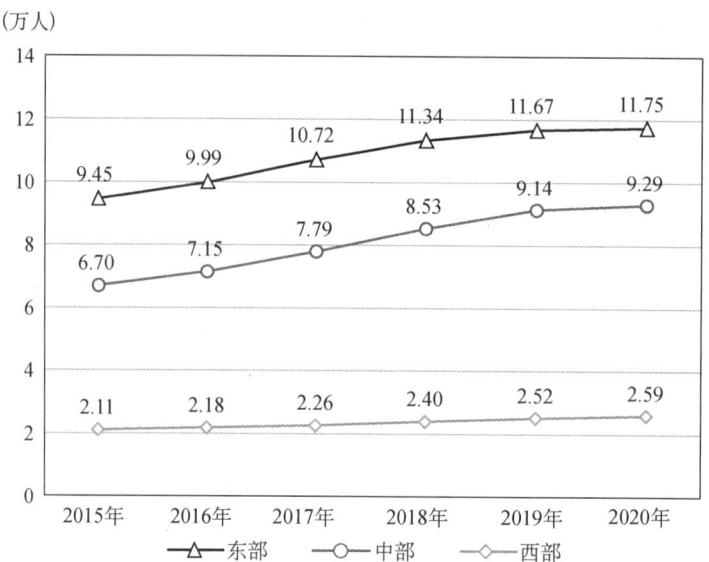

图 13 2015—2020 年我国不同区域民办小学专任教师数量变化情况

从全国各地民办小学教师队伍发展的具体情况看,各地民办小学专任教师队伍发展波动较大。以长三角地区为例,浙江省民办小学专任教师的总量虽然领先于其他省市,并超过国家标准和地方标准,但近几年其数量在逐步减少。2015—2020 年,江苏和安徽两省民办小学专任教师总量持续增长,并超过全国平均水平,但仍低于东部地区的平均水平。目前,长三角地区只有上海市民办小学专任教师数量逐年下降,低于全国平均水平。

二、民办义务教育发展的主要特点

多年来,民办义务教育一直伴随着国家教育政策的调整而相应发生变化。2015—2020 年,我国民办教育政策新法新政迭出,各地方政府也根据实际情况予以落实和推进。同时,在我国义务教育生态格局走向重塑的过程中,政府对义务教育的主体责任进一步强化,优质均衡成为义务教育发展的目标和追求。在此背景下,民办义务教育发展也呈现出新的动因和特点。

(一)民办义务教育进入更加规范的阶段

改革开放 40 多年来,作为经济所有制多元化进程中的产物,民办教育在不断发展变化,相关政策制度也日趋成熟。1982 年,随着改革开放的深入和社会对人才需求的加大,第五届全国人民代表大会第五次会议提出"两条腿"办教育的方针。随后,1997 年,国务院颁布《社会力量办学条例》,这是新中国第一个规范民办教育管理的行政法规。2002 年,《民办教育促进法》首次颁布。2016 年,该法第二次修订时提出了对民办教育实行分类管理的要求,这是我国民办教育管理的一项重要制度设计。据此,各地陆续出台政策文件落实民办教育新政新规。2021 年 5 月 16 日,中共中央办公厅、国务院办公厅印发

《关于规范民办义务教育发展的意见》,进一步将义务教育阶段民办学校的发展引向一个重大的转折点,对未来一个时期民办义务教育提出了"去课程教材国际化、去办学主体公参化、去学校运营产业化"等要求。

另外,义务教育民办学校发展的态势也和我国国民经济社会的发展密切相关。这一点可以从我国过去的三个"五年规划"和正在开启的"十四五"规划中得到体现。随着"五年规划"的不断深入实施,国家整体发展目标由追求速度与效率逐渐转向更加注重质量与公平,与民办义务教育发展相关的政策也随之发生调整,即从"十一五"期间的"鼓励、支持",到"十二五"期间的"民办与公办地位平等"和"十三五"期间的"分类管理",再到"十四五"期间的"进一步规范发展"。这一变化过程反映了民办义务教育发展方向和发展重点与时俱进(见表1)。

表1 我国各时期发展规划与民办义务教育政策变化

规划名称	经济社会发展规划	教育发展规划	民办义务教育政策
"十一五"规划 (2006—2010年)	这一时期是我国全面建设小康社会的关键阶段,要保持经济高速发展。建设社会主义新农村及工业结构的优化升级是这一时期的核心发展方向	普及和巩固义务教育,大力发展职业教育	鼓励、支持民办教育发展,形成公办教育与民办教育共同发展的办学格局
"十二五"规划 (2011—2015年)	我国仍处于全面建成小康社会的关键时期,随着这一时期国家经济的平稳较快发展,国家结构调整取得重大进步	国家教育发展规划从普及和巩固义务教育变为统筹发展各级各类教育,在注重效率的同时兼顾公平	鼓励社会力量兴办教育,落实民办学校与公办学校平等的法律地位,规范民办教育办学秩序
"十三五"规划 (2016—2020年)	这一时期是我国全面建成小康社会的决胜阶段,我国经济保持中高速增长,创新驱动发展成效显著	随着全面普及免费的九年义务教育,各级非义务教育也加速走向普及和发展阶段。实现以提高质量为核心的内涵式发展、面向终身学习社会转型,成为该阶段的主要任务	国家提出建立民办教育分类管理、差异化扶持的政策体系,民办教育的规范发展得到进一步加强
"十四五"规划 (2021—2025年)	这一时期是我国在全面建成小康社会后向第二个百年奋斗目标进军的第一个五年,要加快建设现代化经济体系,推进国家治理体系和治理能力现代化	在这一阶段的教育发展规划中,公平仍然是核心议题,推进基本公共教育均等化是教育政策的核心	新修订的《民办教育促进法实施条例》出台,对民办教育的规范覆盖了设立、运营、财务以及奖惩管控措施等方方面面;《关于规范民办义务教育发展的意见》出台,民办义务教育发展进入一个更加规范的新阶段

(二)民办义务教育依然发挥有益的补充作用

根据《中华人民共和国义务教育法》的规定,政府是依法举办义务教育的责任主体和行为主体。从体量上看,公办学校仍是我国实施义务教育的绝对主体。根据2015—2020年全国教育事业发展统计公报的数据,我国义务教育阶段的学生近九成在公办学校就读,公办小学和公办初中在校生数量占全部在校生总数的80%~90%。也就是说,义务教育阶段的公办学校在体量上稳居主导地位。

根据教育部发布的统计数据,2015—2020年,全国民办义务教育学校在校生占比逐年提升,从2015年的8.69%提高到2020年的10.80%,提高了2.11个百分点。具体如图14所示。

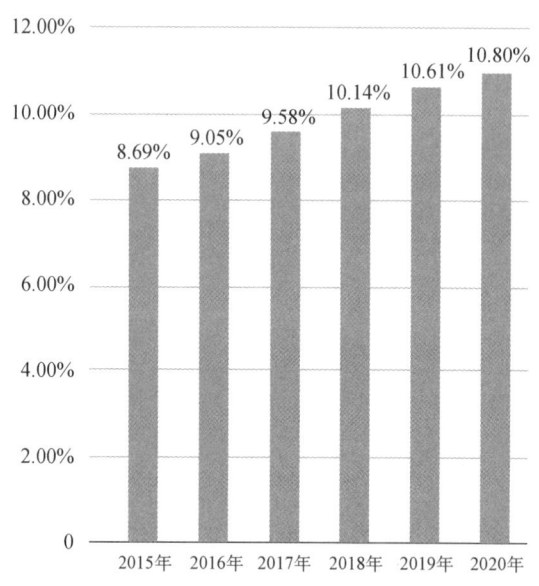

图14　2015—2020年我国民办义务教育学校在校生占比情况

这一数据说明,我国义务教育阶段民办学校的学校数量和在校生人数占总体的比例相当有限,义务教育阶段的公办学校在体量上依然稳居主导地位。事实上,无论从近年来政府对公办义务教育学校的投入力度,还是义务教育阶段公办学校对教师的吸引程度来看,我国公办义务教育发展迅速,办学质量不断提升,公办学校仍是我国义务教育阶段的绝对主体,民办学校作为有益补充的格局依然没有改变。

(三)民办义务教育发展存在区域差异性

本文在第一部分"民办义务教育发展态势"中,对东部、中部和西部地区民办义务教育发展的差异性作了大致分析,下面结合一些具体的省份作进一步分析。以2018年的数据为例,2018年全国教育事业发展数据统计结果显示,义务教育阶段民办学校在校生占比存在显著的地区差异。其中,民办小学在校生占比超过10%的地区有6个,由高到低分别为广东(22.46%)、河南(16.32%)、浙江(13.37%)、上海(13.33%)、海南(11.24%)和河北(10.84%),占比不超过5%的省份有15个;民办初中在校生占比超过15%的地区有

7个,由高到低分别为山西(24.65%)、安徽(23.8%)、广东(22.92%)、河南(20.08%)、河北(18.67%)、浙江(17%)和上海(16.01%),占比不超过5%的省份有5个;"双超"(小学超10%、初中超15%)比例都很高的地区包括广东、河南、浙江、上海和河北。

经初步分析可以发现,民办义务教育学校在校生占比较高的地区具备两个较为明显的特征:一是该地区经济较发达,外来人口较多;二是该地区经济较为落后,人口基数较大。

总体而言,无论是经济发达地区还是欠发达地区,民办义务教育学校在校生占比都与地方财力状况有直接关系。经济状况好的地区外来人口多,公共财政无法实现无差别全覆盖;经济状况差的地区当地学龄人口也较多,地方财政对教育的供养能力难以实现自给自足。因此,这些地区民办义务教育学校的占比都较高。

(四) 民办义务教育呈现出多样化发展类型

鉴于我国幅员辽阔,各地经济社会发展水平和居民的消费水平、教育需求能力存在差异,民办义务教育发展类型也呈现出多样性。例如,甘肃、青海、西藏、新疆等西部地区的经济发展水平相对较低,学龄人口相对较少,入学压力相对较小,当地公办教育能很好地满足群众的教育需求。此外,由于居民消费能力较低,民办教育盈利空间小,这些地区民办学校在校生的占比不足1%,民办教育规模很小。我国民办学校规模占比较高的地区主要集中在广东、河南、浙江等地区。概括而言,我国民办义务教育发展类型主要有以下三种。①

第一种是经济强省办大教育,通过民办学校解决外来人口子女入学问题。这些地区经济发展水平高,吸引了众多外来人口,教育需求旺盛,政府公共教育供给的压力较大。同时,这些地区的地方民营经济发达,民营企业家捐资办学的风气浓厚。因此,这些地区的民办教育规模较大,民办学校帮助政府承担了外来务工人员子女入学的艰巨任务,促进了地区教育公平的实现。以广州市为例,2019年广州市民办初中学校数和在校生数分别占总体的48.61%和32.14%,民办小学学校数和在校生数分别占总体的16.02%和32.49%。

第二种是人口大省办大教育,通过民办学校解决本地学龄人口入学问题。例如,河南省作为我国人口大省,本地学龄人口规模大,但政府的公共教育资源供给不足,与巨大的社会需求不匹配。2018年全国教育事业发展数据统计结果显示,河南省民办小学在校生占比达16.32%,民办初中在校生占比达20.08%。由此可见,河南省是"双超"(小学超10%、初中超15%)比例居高的省份。因此,在地方财政经费有限的情况下,像河南省这样经济欠发达的省份只能依赖民办教育补足公共教育资源不足的短板。

第三种是教育强省办强教育,通过民办学校推动教育多样化发展。例如,上海、浙江等沿海发达地区的教育资源众多,公办学校与民办学校之间的师资、生源竞争较为激烈。经过长期发展,那些办学不规范、质量不高的民办学校在这些地方已基本被淘汰,民办学

---

① 吴晶,郅庭瑾. 促进义务教育阶段民办学校与公办学校协同发展:现状分析与对策建议[J]. 人民教育,2020(9):29-32.

校的发展促进了当地教育质量的整体提升。此外,受社会、经济开放的影响,长三角地区许多家庭都希望子女能接受国际教育,再加上大量的外籍人士进入、留学人员回归等因素,这些地区的国际教育市场比较庞大,产生了许多办学品质较高、具有国际教育色彩、招收中国籍学生的民办双语学校,这些学校已成为本地居民心目中公认的优质民办教育资源。

三、民办义务教育发展面临的问题与挑战

2015—2020年,我国民办义务教育总体发展平稳,即使是在2019年国家提出合理控制义务教育阶段民办学校在校生规模后,各地义务教育阶段民办学校发展也没有出现大的波动。当然,我们也应当看到,随着近年来国家系列新政的实施,义务教育阶段民办学校在办学过程中也面临着一些新的问题和挑战。

中共十九届五中全会对义务教育的改革和发展作出了新部署,要求"坚持教育公益性原则,深化教育改革,促进教育公平,推动义务教育均衡发展和城乡一体化"。在这一背景下,民办义务教育如何坚持公益性,进一步提升质量,促进教育公平发展,成为今后相当长一个时期内的重点发展任务。

(一)面临调结构、控规模的压力与挑战

近年来,一些地方政府在承担义务教育的责任方面存在弱化职责的不良倾向,造成公办、民办学校发展失衡,有个别地方民办学校及在校生占比甚至超过50%。针对这一现象,国家自2019年以来陆续发文提出控制义务教育阶段民办学校发展规模的要求。2019年2月,中共中央办公厅、国务院办公厅印发《加快推进教育现代化实施方案(2018—2022年)》,明确提出要"合理控制民办义务教育阶段办学规模"。2020年9月1日,中央全面深化改革委员会第十五次会议审议通过了《关于规范民办义务教育发展的实施意见》(后正式发文名称为《中共中央办公厅 国务院办公厅关于规范民办义务教育发展的意见》),提出规范民办义务教育发展的目的是全面贯彻党的教育方针,坚持党对义务教育的全面领导,坚持社会主义办学方向,坚持依法治教,落实政府责任,加强分类指导,强化民办义务教育规范管理,营造良好的教育生态,促进学生全面发展、健康成长;各级党委和政府要坚持国家举办义务教育,确保义务教育公益属性,办好办强公办义务教育。2021年4月7日,修订后的《民办教育促进法实施条例》颁布,其中部分条款对民办义务教育作出一系列规范性的要求。

专栏1

新修订的《民办教育促进法实施条例》涉及民办义务教育的规定

1. "三不准"

(1) 不准实施义务教育的公办学校转设或新设民办学校。

(2) 不准地方政府利用国有企业、公办教育资源举办或者参与举办实施义务教育的

民办学校。

(3) 不准在中国境内设立的外商投资企业以及外方为实际控制人的社会组织,举办、参与举办或者实际控制实施义务教育的民办学校。

2."两禁止"

(1) 禁止任何社会组织和个人通过兼并收购、协议控制等方式控制实施义务教育的民办学校、实施学前教育的非营利性民办学校。

(2) 禁止实施义务教育的民办学校与利益关联方进行交易。

3."一同步"

民办学校可在审批机关核定的办学规模内自主确定招生标准和方式,与公办学校同期招生;实施义务教育的民办学校应在审批机关管辖的区域内招生,纳入审批机关所在地统一管理,不得提前招生。

从地方层面来看,各级政府积极落实国家这一政策。2020年以来,湖南、江苏等多地先后发文严控民办教育在当地义务教育中的占比,要求将全省民办义务教育学校在校生人数占义务教育学校在校生总数的比例降至5%以下。其中,江苏省明确表示争取用2~3年完成调减目标;2021年6月,四川省教育厅甚至发布《关于暂停审批设立民办义务教育学校的通知》,宣布暂停审批设立民办义务教育学校,不得批准已有民办义务教育学校设立新校区,不得同意已有民办义务教育学校扩大办学规模,并适当缩减2021年民办义务教育学校招生计划。在这一背景下,民办学校如何适应政策的变化,调整学校的发展定位和发展目标,正确应对办学规模缩小带来的发展压力,成为义务教育阶段民办学校必须面对的主要挑战。

(二) 面临贯彻落实非营利性办学要求的新挑战

2018年修订的《民办教育促进法》对义务教育阶段民办学校非营利性办学提出了明确要求,规定"不得设立实施义务教育的营利性民办学校"以及"非营利性民办学校举办者不得取得办学收益"。为了保障这一规范的落实,2021年颁布实施的《民办教育促进法实施条例》第十三条、第二十六条和第四十五条分别对义务教育学段特定形式的集团化办学、决策机构组成、关联交易等作出明确禁止或规范。这些规定构成了新《民办教育促进法》确定的义务教育不得营利规则之下的次级规则。①

在新的制度环境下,过去一些举办者通过寻找制度缝隙和模糊空间实现营利的路径已经走不通了。面对国家政策的这一调整,营利性教育集团及境外上市教育机构中的义务教育阶段民办学校面临如何发展的新挑战。

(三) 面临在义务教育生态格局重塑中转型升级的挑战

受市场经济条件影响,民办学校有着很强的竞争本能和增长动力。在办学体制探索方面,20世纪90年代末期,教育部提出要选择基础薄弱的学校进行"公办民助""民办公

---

① 李虔,郑磊. 新时代民办义务教育的改革逻辑与发展空间[J]. 中国教育学刊,2021(9):1-6.

助"等不同形式的办学体制改革,由此产生了一批改制而建的民办学校。此外,委托管理、合作办学、师资共享、"名校办民校"等形式也成为当时扩大优质教育资源的探索性措施。同时,一些地方政府给予民办中小学提前招生的政策红利,在一定程度上造成"掐尖"带来的不公平竞争现象;一些民办学校超纲超前的拔苗式教育教学,也加剧了社会的教育焦虑。随着改革的推进,2020年义务教育阶段民办学校全面实施招生新政,即"公民同招,电脑派位,审批地管理"。在失去了提前招生等政策红利的情况下,如何重塑竞争力是民办中小学面临的生存挑战。

从教育的发展规律来看,新时期新形势下,义务教育阶段民办学校在学情分析、课程资源开发与重新组合、教学组织形式、师生关系、学习内容选择、学习方式变革等方面面临全新的挑战,民办中小学不能再把学生优秀的成绩作为自身的优势,而是要挖掘不同学生的优势和潜能,为他们提供更加多样化的教育服务。

(四)面临留住优秀教师的压力与挑战

近年来,随着义务教育阶段民办学校发展政策的系统性变革,义务教育阶段民办学校的师资稳定性有所变化,这主要表现在三个方面。其一,义务教育阶段民办学校整体规模的缩减引发了民办中小学教师对自己职业前景的担忧。在被要求转为公办学校的"公参民"学校中,有编制的教师选择回到原来的公办学校,有些符合考编条件的教师通过自己的努力考取编制后进入公办学校任教,这在一定程度上造成了民办学校教师资源的流失。其二,民办中小学在新形势下转型发展对教师的专业能力提出更多的要求,有些教师在教育理念、教育教学模式、教育教学策略等方面因不能适应学校的转型发展而被淘汰。其三,在社会保障方面,除了少数地区符合条件的民办中小学教师可以按事业单位标准办理社保,绝大多数民办中小学教师均是按照企业标准来办理社保的,还有极少数教师没有办理任何社保。这些因素会造成在同等情况之下,民办中小学教师退休后的待遇与公办中小学退休教师相比有不小的差距。这也是许多民办中小学教师选择流向公办学校的主要原因。

四、推进民办义务教育改革与发展的建议

(一)合理定位民办义务教育的功能与作用

在过去四十多年的发展中,民办教育不仅推动了教育领域的思想解放和观念变革,而且涌现出了一批优质的义务教育阶段民办学校,为义务教育事业注入了生机活力。当前,我国已经普及了九年义务教育和高中阶段教育,高等教育也进入普及化时代。随着各级各类教育的普及,民办义务教育的功能定位也在发生积极的转变。

1. 民办学校的"补充"功能将向满足差异化需求转变

在我国财政基础不断增强的情况下,民办学校弥补国家财政对教育投入不足的功能在逐渐淡化,其为受教育者提供差异化选择的功能将进一步突出。从发达国家的义务教育发展和我国发达地区的义务教育情况看,义务教育的供给模式应该是"公办不择校,择校到民

办",即公立学校保障基本的公共教育,而民办学校满足个性化选择。从未来一段时间义务教育发展的趋势来看,义务教育虽然不是民办教育的重点发展领域,但义务教育阶段民办学校为社会提供了多样化的教育选择,其功能是满足人们对义务教育的差异化需求。

2. 在合理"竞争"中提高整个义务教育的发展质量

在教育资源的供给相对不足时,民办义务教育充分发挥了其补充功能,为保证适龄学生享有受教育的权利作出了积极贡献。在当下,民办教育应从发展初期的"补位"定位转向提供更多有特色、差异化的教育服务。"公民同招""公参民"学校整顿等举措推行的目的是全面建立义务教育阶段公办与民办学校一视同仁、互不享有特权的办学机制,从制度上推动民办学校在教育多样性与创新性上下功夫,从而促进义务教育阶段办学质量的提高,提升老百姓对义务教育的满意度。

(二)依法依规推进公、民办义务教育协同发展

1. 各级政府要履行免费义务教育托底保障的法定职责

《中华人民共和国义务教育法》第二条规定:"义务教育是国家统一实施的所有适龄儿童、少年必须接受的教育,是国家必须予以保障的公益性事业。实施义务教育,不收学费、杂费。国家建立义务教育经费保障机制,保证义务教育制度实施。"由此可见,免费九年义务教育是国家规定各级政府必须予以保障的法定职责,应无差别地覆盖全体适龄儿童和少年。换而言之,各级政府应向适龄人口提供充足的公办义务教育学位,以满足人民群众子女就近入学、免费读书的教育需求。因此,中央和地方提出对民办义务教育的比例要加以控制,实际上是对各级政府落实《中华人民共和国义务教育法》、履行法定职责、做好免费义务教育托底保障工作提出了更高的要求。笔者认为,各级政府应加大对义务教育的保障力度,进一步推进义务教育均衡发展,缩小省域内地区教育差距,特别是应把民办义务教育学校纳入生均经费拨款体系,以保障民办义务教育学校的公益属性。

2. 各级政府应积极稳妥地推进民办义务教育规模调控工作

为了落实中央决策部署,各地要就本区域民办义务教育的办学规模调控事宜进行严密组织和妥善安排,在深入调研和科学论证的基础上,实事求是、因地制宜地提出切实可行的实施路径及操作方案,既不能敷衍了事,更不能草率行事。各地对调控过程中可能会出现的问题、矛盾、困难与挑战,务必要有足够的认识和前瞻性的研判,提前就相关风险进行排摸、梳理,并分类制定相应的预案,把调控过程中可能会产生的各种风险降到最低,以确保调控目标按期顺利实现。总之,在实现义务教育公平而有质量的发展过程中,各级政府应理性对待民办学校的现实发展,实现公办学校与民办学校的协调发展,更好地推动我国义务教育从基本均衡走向优质均衡。

五、新政下民办义务教育高质量发展路径

(一)坚守教育的公益属性

义务教育阶段民办学校必须把公益性置于学校发展的核心地位,这是教育本质和功

能的内在要求。教育通过促进人类个体的全方位发展,丰富人们的精神生活,最终实现人类的文明和进步。在我国,不管是公办学校还是民办学校,都必须承担为党育人、为国育才的使命。民办义务教育作为我国教育事业发展的组成部分,必须始终坚持教育的公益属性,必须始终坚守满足人民群众多样化教育需求的初心。

(二)贯彻差异理念,实现转型升级

面对生源减少、竞争加剧、转型提质的严峻挑战,义务教育阶段民办学校要坚持正确的办学方向和以质量为本的办学理念,强化内涵建设和特色发展,建立现代学校制度,深化人才培养模式改革,营造优良校园文化,不断满足人民群众的教育需求,培养多样化人才;通过提高办学质量和效益树立良好的办学形象,在激烈的竞争中站稳脚跟,实现可持续发展。此外,民办学校要更加强调与公办学校错位发展,体现自身的办学优势和特色,保持竞争优势,并在具体发展策略上作出适应性调整。

(三)探索多种经营模式和转段发展路径

新形势下,义务教育阶段民办学校要端正办学理念、规范办学行为,切实将发展重心从注重规模扩张、外延扩展转到内涵提升、特色培育上来。另外,随着国家对义务教育阶段民办学校规模和结构的政策性调整,义务教育阶段民办学校要更加注重挖掘差异化发展的潜力,探索多种经营模式和转段发展路径,开辟新的教育消费增长空间,按照党中央、国务院对"双减"工作的重要决策部署,进一步提高教育教学质量和服务水平,创造并探索出更多别具一格的办学经验。

(四)搭建教师成长的有效平台

优秀师资队伍是民办学校的生命线,义务教育阶段民办学校在新的形势和挑战下必须留住优秀人才。具体措施包括:一是通过建立健全制度留住人才。譬如,建立有效的薪资提升制度,提高教师的待遇和收入;建立教师专业成长和发展平台,注重培养青年教师,为他们的专业成长和自我发展提供机会选择和制度保障。二是通过打造积极向上的文化氛围留住人才。对于民办学校而言,除了通过制度建设、校长的人格魅力形成学校文化氛围,还应以学校和教师的事业进步形成蓬勃向上的发展文化。有了这些文化熏陶,民办学校才能真正吸引人才、留住人才。

(本文由上海市教育科学研究院民办教育研究所张继玺执笔)

2015—2020 年民办普通高中教育发展报告

2015—2020 年是民办普通高中教育稳步发展的重要阶段,随着"十二五"规划的收官和"十三五"规划的启动,民办普通高中教育迎来了一个新的发展时期。在这一时期,国家出台了一系列促进民办教育发展的政策文件,社会公众对民办教育办学水平和办学质量逐步认可,民办普通高中教育处于一个政策相对稳定和质量稳步提升的发展时期。

一、民办普通高中教育发展概况

2015—2020 年,我国民办普通高中教育的稳步发展首先表现为学校数量和规模的稳步扩大,民办普通高中学校数量、在校生规模逐年上升。

(一)民办普通高中教育规模与结构

从民办普通高中的学校数量看,2015 年全国民办普通高中数量为 2 585 所,到 2020 年已增至 3 694 所,5 年间增长了 1 109 所,增长率为 42.90%,其在全国普通高中中的占比也从 19.52% 增至 25.95%,5 年间提高了 6.43%(见图 1)。

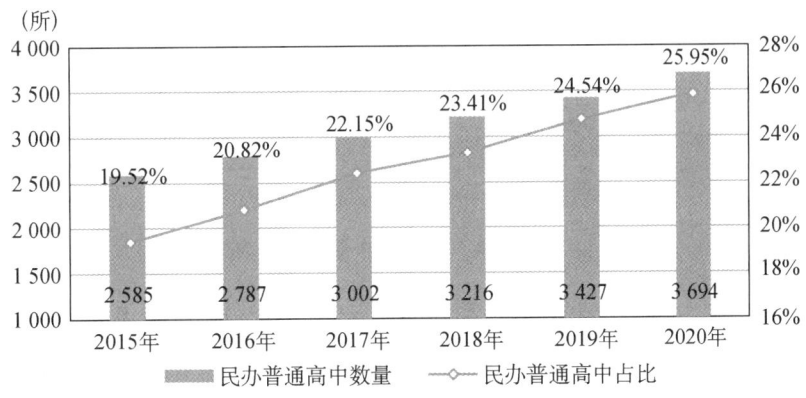

图 1　2015—2020 年民办普通高中数量和所占比例

民办普通高中学校数量增加的同时,在校生规模也在增长。2015年全国民办普通高中在校生规模为256.96万人,到2020年已增至401.29万人,增长了144.33万人,增长率为56.17%。2015—2020年,民办普通高中在校生在全国普通高中在校生中的占比从10.82%增至16.09%,提高了5.27%(见图2)。

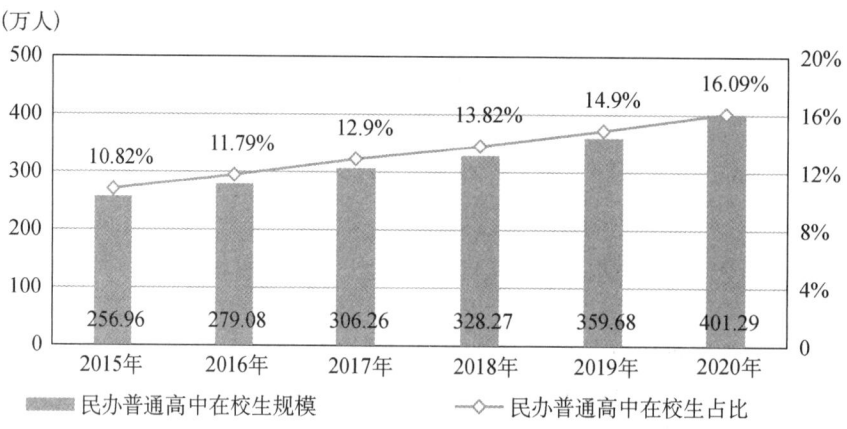

图2 2015—2020年民办普通高中在校生规模和占比情况

在民办普通高中教师数量方面,2015年为60.88万人,2020年增至103.23万人,增长了42.35万人,增长率为69.56%(见图3)。从增长的比例来看,民办普通高中教师人数增长的速度要高于在校生规模的增长速度。

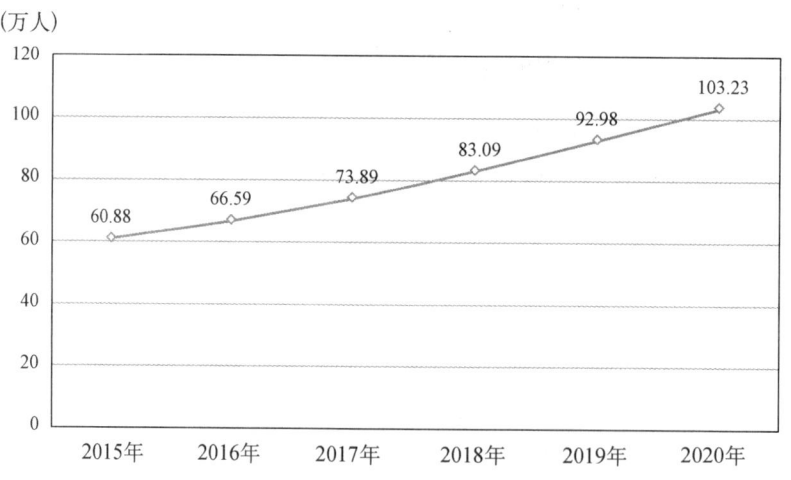

图3 2015—2020年全国民办普通高中教师数量

从民办普通高中生师比的情况看,如图4所示,从2015年开始,民办普通高中的生师比逐年下降。这是因为民办普通高中教师人数的增长比例高于学生人数的增长比例。这从侧面也反映了民办学校重视对学生的服务和教育质量的提升。

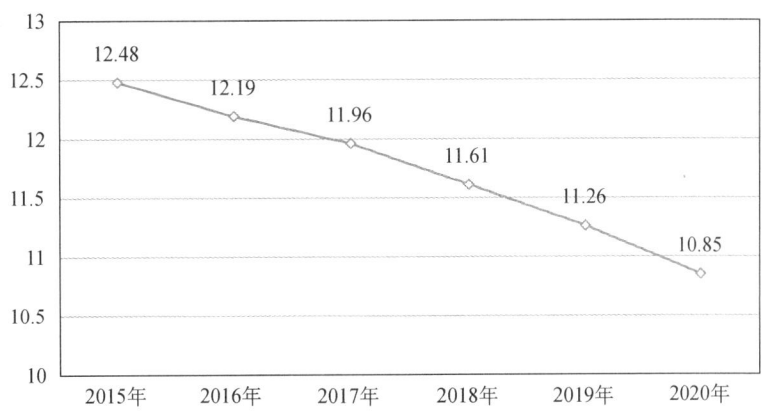

图4 2015—2020年全国民办普通高中生师比

(二) 民办普通高中教育区域分布情况

从区域分布看,我国民办普通高中主要集中在中部和东部地区,而西部地区民办普通高中数量只相当于中部和东部地区的一半左右。从整体趋势上来说,东、中、西部地区2015—2020年的民办普通高中数量都是在平稳上升,其中,中部地区和东部地区民办普通高中学校数量分别从2015年的1 098所和1 027所增加到2020年的1 498所和1 473所,增长率分别为36.43%和43.43%,而西部地区民办普通高中学校数量的增幅最大,从2015年的460所增加到2020年的723所,增长率为57.17%(见图5)。

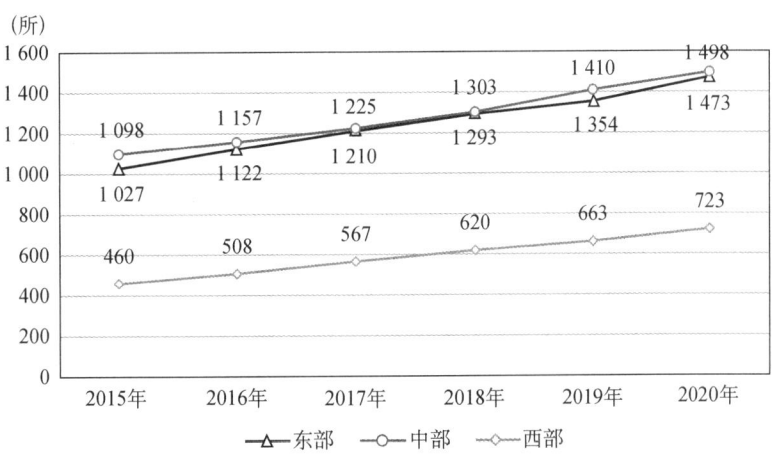

图5 2015—2020年我国不同区域民办普通高中分布情况

从我国不同区域民办普通高中所占比例看(见图6),2020年中部地区民办普通高中占比最高,为28.53%;东部地区民办普通高中所占比例略低,为26.78%;西部地区民办普通高中占比最低,为20.75%。从民办普通高中占比增长趋势看,东、中、西部地区的占比从2015年起一直平稳增长。从增幅看,东部地区五年间增加了6.57%,中部地区增加了5.90%,西部增加了6.85%。可以看出,西部地区和东部地区增幅较大,而中部地区相对较小。

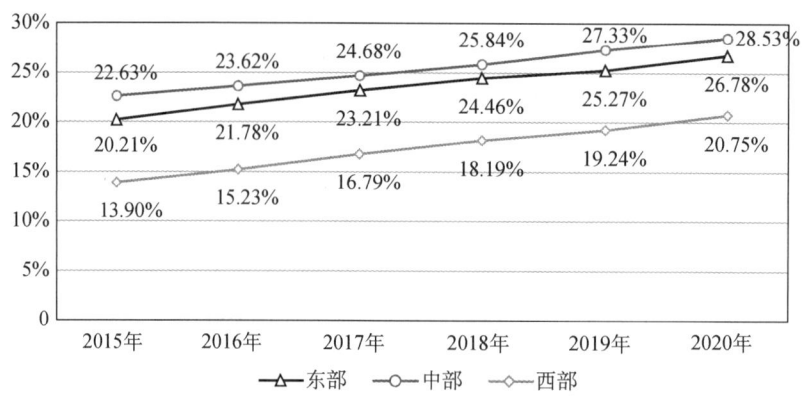

图 6　2015—2020 年我国不同区域民办普通高中占比情况

从我国不同区域在校生规模看(见图 7),2015—2020 年我国东、中、西部地区民办普通高中的在校生规模都在稳步增加。其中,中部地区在校生规模最大,2020 年达 173.37 万人,其次是东部地区,2020 年达 161.32 万人,西部地区在校生规模最小,2020 年只有 66.60 万人。从增长速度看,中、东部地区的增速明显要高于西部地区,且中、东部地区呈现加速增长的趋势,特别是 2018—2020 年这段时间内,民办普通高中在校生规模增长较快,中部地区 2020 年比 2019 年增长了 10.98%,2019 年比 2018 年增长了 8.98%,东部地区增长速度与中部地区相差不多,但西部地区增长速度明显较缓。

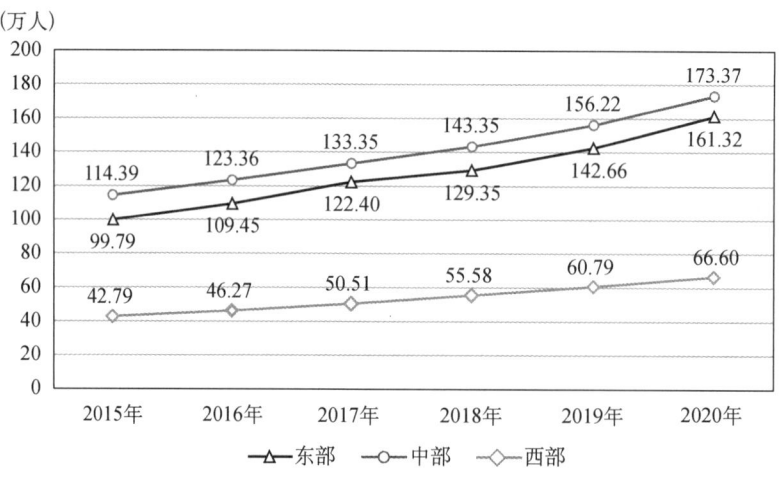

图 7　2015—2020 年我国不同区域民办普通高中在校生规模情况

与民办普通高中在校生规模相对应,2015—2020 年民办普通高中在校生占比也在逐年提升。其显著特征是东部地区民办普通高中在校生占比的增长速度较快,甚至从 2019 年开始其占比超过中部地区,呈现出后来居上的特点。如图 8 所示,东部地区 2015 年民办普通高中在校生占比只有 11.63%,到 2020 年增至 17.77%,增长了 6.14%;中部地区民办普通高中在校生占比由 2015 年的 12.65% 增至 2020 年的 17.60%,增长了 4.95%;西部地区民办普通高中在校生占比由 2015 年的 6.98% 增至 2020 年的 11.08%,增长了 4.10%。

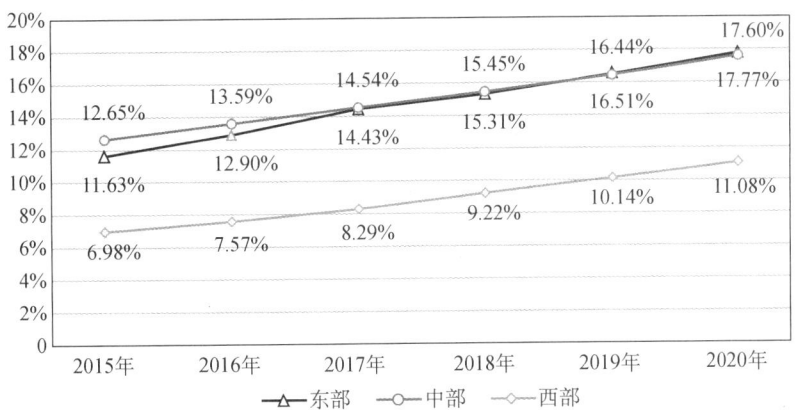

图8 2015—2020年我国不同区域民办普通高中在校生占比情况

二、民办普通高中教育的发展路径与模式

2019年6月,国务院办公厅颁布了《关于新时代推进普通高中育人方式改革的指导意见》(国办发〔2019〕29号),明确提出了"落实立德树人根本任务,发展素质教育,遵循教育规律,围绕凝聚人心、完善人格、开发人力、培养人才、造福人民的工作目标,深化育人关键环节和重点领域改革,坚决扭转片面应试教育倾向,切实提高育人水平,为学生适应社会生活、接受高等教育和未来职业发展打好基础,努力培养德、智、体、美、劳全面发展的社会主义建设者和接班人"的指导思想,并明确2022年的改革目标为:德、智、体、美、劳全面培养体系进一步完善,立德树人落实机制进一步健全。具体包括:普通高中新课程、新教材全面实施,适应学生全面而有个性发展的教育教学改革深入推进,选课走班教学管理机制基本完善,科学的教育评价和考试招生制度基本建立,师资和办学条件得到有效保障,普通高中多样化有特色发展的格局基本形成。

(一) 特色化发展

回顾历史,民办普通高中从诞生起就不得不选择特色化发展的道路,这有其客观的原因——民办普通高中因其师资、生源较薄弱,无法与公办普通高中展开平等竞争,不能走同质化的发展道路,必须走与公办普通高中差异化发展的道路。2010年颁布的《国家中长期教育改革和发展规划纲要(2010—2020年)》明确提出"支持民办学校创新体制机制和育人模式,提高质量,办出特色,办好一批高水平民办学校"。这是国家层面对民办学校发展的宏观构想和路径设计,各地教育行政部门纷纷响应。比如,《上海市中长期教育改革和发展规划纲要(2010—2020年)》提出上海市计划实施10项教育综合改革重点试验项目,其中一项便是"促进民办教育规范特色发展试验"。又如,《浙江省中长期教育改革和发展规划纲要(2010—2020年)》也明确提出,浙江省要制定和落实支持民办教育发展的政策措施,引导和支持民办学校科学定位,办出特色,向高质量民办学校方向发展。除了政府层面对民办学校特色化发展的大力支持,民办学校自身也清楚地意识到不能走与公办学校同质化发展的道路,必须找准自己的定位,找到适合自身特点的发展路径和发展模式。因此,许多民办普通高中从办学伊始就主动探索特色教育,有些学校尝试艺术特色,有些学校尝试体育特色,还有些学校尝试国际化教育,通过特色化办学提供与公办学校不一样的教育产品,满足不同人群的不同需求,从而找到自己生存和发展的空间。例如,江苏省泗阳致远中学结合所在地域的乡土文化特点,以"泗水文化"为抓手,打造高标准的平民化特色教育,使学校的发展与当地的文化自然地凝结在一起,激发了学生对家乡的热爱之情,并明确学生作为一个"平民",应该承担起对家乡、对社会、对国家的责任,从而使学生的成长与家乡发展有机地融合在一起。

专栏1

高标准打造平民化特色教育

江苏省泗阳致远中学创办于2001年,是一所股份制民办中学。学校位于泗阳县城的京杭大运河畔,占地400多亩①,设繁荣路校区和上海路校区,是江苏省知名的民办中学,2009年晋升为江苏省四星级高中。

学校坚持"高标准,平民化"的办学思路,秉持"厚德载物,行健致远"的校训,把"为党育人,为国育才"作为自己的神圣使命。办学以来,学校已为社会培养合格毕业生3万多人,其中累计有2万多人先后考入清华、北大、复旦、南大等高等院校学习深造。

学校先后被授予"江苏省教育工作先进集体""江苏省文明校园""江苏省优秀民办学校""江苏省学校体育工作先进单位""江苏省绿色学校""江苏省园林式单位""江苏省青少年科技教育先进学校""江苏省模范民办学校""全国普法教育先进单位""江苏省平安校园""江苏省普通高中物理体验课程基地""宿迁市教育系统先进集体"等荣誉称号。

学校结合校园文化和课程改革的突出优势,积极申报"泗水文化课程基地"建设项目。目前,学校积极筹建专门场馆,并发动广大师生、校友、家长为"泗水文化课程基地"建设建言献策,逐步构建"泗水文化"核心教育模式,即"专家引领,主题探究,学科渗透,互动体验,自主拓展"的多维实施体系。学校已经建成了泗水文化展览室、泗水文化专题阅览室、学生社团活动室、师生与校友作品陈列室等,并与泗阳县档案局、泗阳图书馆、泗阳城市发展博物馆等单位签约,使其成为"泗水文化课程基地"资源共享协作单位。学校除了通过乡土主题教育激发学生对家乡的热爱之情,还成立了"泗阳致远中学青年志愿者协会",组织学生走进社区、走进农村,培养学生朴素的平民情感。

同时,学校将有形环境和无形氛围相结合,努力提升学生的平民素养。学校着力于构建平凡朴素而富有活力的文化生态环境,使校园环境得以"绿化""美化""优化"和"人格化"。校区布局构思精巧,人文气息浓厚。例如,"飞扬""书页""凤兮"等校园雕塑的设置、校史展览室"知名校友"的展示、各楼道空间学生优秀书画作品的展出以及名言警句的标牌等,在带给学生美感享受的同时,还发挥着愉悦身心、启迪智慧、传承文明的作用。

---

① 1亩=666.67平方米,后同。

为了更好地体现平民化办学特色,使平民化教育有牢固的抓手,学校还注重课程建设和文化建设的结合,以课程展现文化,用"杨树精神"丰富课程,使两者相辅相成。学校一直在发展与丰富"杨树精神"的课程文化,不断提升办学品位。

(二)集团化发展

随着政策的支持和民办学校自身的努力,民办中小学逐步由弱到强、由小到大、由分散到集中,从单体学校办学逐渐发展为集团化办学,一批优秀而具有特色的民办中小学集团受到了社会公众的欢迎。集团化办学可以在教育理念、学校管理、教育科研、信息技术、教育评价、校产管理等方面实行统一管理,实现管理、师资、设备等优质教育资源的共享。一般来说,集团化办学具有以下几方面优势。

一是集团化办学可以实现优质资源共享,发挥规模效应,节省办学成本和费用。比如,集团可以成立课程与教学研究中心,然后将研究成果分享给集团下属所有学校;集团内各学校之间好的教育教学经验、优秀的师资和丰富的培训资源也可以共享。此外,如果一个集团的业务覆盖整个基础教育,从幼儿园到小学、初中,再到高中,那么各个学段的教育就能为下一阶段的教育提供优质生源,从而形成良性的支撑链。

二是集团化办学可以发挥整体效应。因为生源基础薄弱,民办基础教育最难的学段就是高中教育,一个集团中的高中教育如果做出了品牌,向下延伸就可以拉动初中、小学甚至幼儿园的发展,从而促进集团整体的发展;如果一个教育集团全部是高中阶段的学校,只要其中一所学校做出了品牌,集团内其他学校也能分享其品牌效应,从而带动整个集团的发展。

三是集团化办学可以实现优势互补。集团内各个学校在集团统一的教育理念下,可以根据学校的实际情况进行不同的特色课程建设,做到"和而不同"。同时,集团内各个学校可以发挥各自的师资优势,集中攻克共同的难点问题,从而实现优势互补,共同发展。

专栏2

以集团化促进学校发展——成实外教育集团集团化办学探索

成实外教育集团成立于2000年,是西南地区最大的综合民办教育集团之一,目前已开办29所基础教育学校。该集团多年来秉承"立学中华、语通世界、开创未来"的办学理念,构建了具有自身特色的教育体系,集成了丰富的教育资源,在教育教学和学校特色建设方面积累了丰富经验。

成实外教育集团下设教育专业指导部,负责课程、教材及教学方法的研究开发、教职工的招聘培训、教学质量的控制,为集团各下属学校提供教育业务支持和专业技术保障。成实外教育集团的教育产业从学前教育、小学、初中一直到高中、大学,覆盖面很广,其师资、人力资源、管理团队等都由集团统一调配。成实外教育集团下属的学校各有办学特色,各学校定期会进行教学方法、教学技巧的交流,从而相互借鉴优秀的办学经验,实现优势互补。

成实外教育集团较好地利用集团化办学的优势,使集团内的优质教育资源有效地实现了共建共享。一是架构了集团层面的管理机构,统一调配各校的资源。二是建立了科学有效的集团化运作机制,集团层面通过开展各种丰富多彩的活动,为下属各校开展交流互动提供了平台和机会。三是充分调动各校的办学积极性,尊重各校的办学主体地位。集团下属学校理念一致,但做法各异、特色纷呈,从而丰富了集团优质教育资源,为社会公众提供了更多选择。

三、民办普通高中教育面临的问题与挑战

2015—2020年是民办普通高中稳步、快速发展时期,民办普通高中的办学规模稳步提升,所占比例逐年提高。但是,随着资本的过度涌入,民办普通高中的发展也出现了一些乱象,如招生工作中的不规范行为和国外教材的不当使用等问题,需要引起高度的重视。

(一) 规范发展问题

2016年,第十二届全国人大常委会第二十四次会议审议通过了《关于修改〈中华人民共和国民办教育促进法〉的决定》。2017年,教育部发布《民办学校分类登记实施细则》。自此,民办教育进入分类管理的全新时代。为了更好地贯彻落实民办学校分类管理改革的新法新政,各地相继发布了地方性民办教育分类管理改革实施细则和配套政策,为民办教育行业构建了一个全新的政策环境。同时,为了促进义务教育阶段生源公平、教育公平,教育部于2019年制定"公民同招、摇号招生"政策。另外,国务院出台意见,要求义务教育阶段不得使用境外教材。2020年,教育部、国家发展和改革委员会、财政部等五部门联合发布《关于进一步加强和规范教育收费管理的意见》,要求进一步完善教育收费政策体系、制度体系、监管体系,促进教育收费公平。

在国家规范民办教育行业发展的大环境下,民办普通高中同样面临激浊扬清、规范发展的问题。

一是招生问题。民办普通高中虽然不是摇号招生,但有些学校在招生过程中也出现了一些歧视性的招生政策。比如,一些民办普通高中曾被报道在招生时不仅要考学生,还要考家长,甚至对一些家庭经济条件较差的学生进行劝退。这表明个别民办普通高中在办学方向上仍然存在偏误。

二是收费问题。总体来说,民办普通高中收费还是比较规范的,但也有个别学校存在高收费、乱收费的现象,以及涨价过快、杂费过多、总额过高等问题。随着办学成本的不断增加,特别是近年来公办学校教师待遇的不断提高,民办普通高中为了吸引优秀师资、改善办学设施,合理提高学费是可以理解的。但是,如果其过度追求利润,则会破坏民办普通高中教育的发展生态。

三是违规使用境外教材的问题。一些民办高中在引进国外课程的时候,也原版引进国外全套教材,无视有些教材中存在的重大原则性问题,甚至有些学校没有开设教育行政部门要求的国内课程,忽视对学生进行中国传统文化和中国国情的教育。

(二)质量提升问题

从全国范围来说,民办普通高中发展存在不均衡的现象,部分地区、部分学校的办学质量较高,但整体来说,在基础教育阶段,民办普通高中的教育教学质量不及公办普通高中。因此,民办普通高中的质量提升问题就显得尤为重要。当前,影响民办普通高中质量提升的主要因素表现在以下几个方面。

其一,经过严格的中考选拔,优质的生源不断向公办示范性高中集中,而民办普通高中由于没有生源优势,在教育教学质量提升上面临的困难和挑战自然就更多。

其二,随着国家对民办义务教育的规范,民办高中的发展也会受到影响。因为营利性民办学校不能再举办完全中学,新设的民办高中必须面向社会招生,而在现有分层分类录取体系中,留给民办高中的生源一般都是分数比较低的学生,这就对民办高中的后续发展提出了挑战。

其三,目前社会公众的教育理念仍然比较传统,大多数家长仍然习惯于应试教育,以考上国内外重点大学为价值取向,对职业教育依然非常轻视,不愿意让自己的子女选择职业院校。在这样的价值观下,民办普通高中的发展其实没有太多的路径可选择,无法全面实施素质教育。

其四,目前我国正处于中华民族伟大复兴的进程之中,虽然经济总量已处于世界第二,但总体还欠发达,教育仍然是改变命运和实现阶层跨越的重要手段。也就是说,教育的功利性价值仍然非常厚重。

此外,民办教育在实现集团化办学的过程中会面临在学校规模扩张时如何保持优质教学质量的难题。教师是影响教学质量最关键的因素,但民办学校受体制机制的限制,很难招到或留住优秀的教师。未来,随着社保制度的改革,民办学校与公办学校教师福利待遇和社会地位的差距会越来越小,且民办学校可以通过提高收入吸引教师,这个难题有望得以解决。

(三)多元化发展问题

民办教育的出现,本身就是社会发展多元化的反映。从某种意义上说,公办教育是基本教育,民办教育则是一种选择教育。因此,民办教育在定位上不仅是公办教育的补充,更重要的立足点是弥补公办教育的不足,满足群众对教育多样化的需求。特别是在义务教育后的高中教育阶段,民办教育更要发挥自己的体制机制优势,努力办成优质而有特色的学校,增加优质高中的供给,解决优质教育资源公强民弱、分布不均的问题,承担起满足人民群众对教育多样化需求的任务,促使整个民办基础教育都成为质量均衡、受社会公众欢迎的优质教育资源。

民办普通高中的多元化发展主要涉及三个问题。一是办学主体的多元化。民办普通高中的办学主体不同于民办义务教育学校,办学主体可以是个人,也可以是企业,甚至可以是国企或公办高中。二是办学机制的多元化。民办普通高中既可以办非营利性学校，也可以办营利性学校，它比义务教育阶段的民办学校在办学机制上更加灵活。三是办学特色的多元化。民办普通高中办学可以与公办普通高中实行错位竞争，形成自身多元化的办学特色。

四、民办普通高中教育发展的建议与措施

（一）坚持规范发展

首先，民办普通高中应树立正确的办学方向，坚持民办教育的公益属性，即使是营利性民办普通高中，也要坚持办人民满意的教育，在招生方面要坚持公平、公正、公开的原则，不能采取歧视性的招生政策，应做到有教无类，因材施教。

其次，各地要高度重视教育收费管理工作，建立健全领导体制和工作机制，坚持系统推进教育收费管理工作，完善定期信息发布机制，形成责任明确、协作联动、互相促进的收费管理工作格局，加强重点领域教育收费治理，把教育收费管理纳入教育督导范围；探索建立学校收费专项审计制度，重点加强对非营利性民办普通高中的审计，严禁非营利性民办高中通过各种方式从学费收入等办学收益中取得收益、私分办学结余（剩余财产）或通过关联交易转移办学收益等行为。

最后，民办普通高中的举办者和管理者要树立规范办学和长远发展意识。民办普通高中虽然不是义务教育阶段学校，但其未来的发展可能面临偏紧的政策环境，因此，民办普通高中要坚持走内涵式发展的道路，不要盲目追求规模扩张。

（二）强化特色创新

新修订的《民办教育促进法实施条例》第三条规定："各级人民政府应当依法支持和规范社会力量举办民办教育，保障民办学校依法办学、自主管理，鼓励、引导民办学校提高质量、办出特色，满足多样化教育需求。"随着社会公众对民办教育质量的要求越来越高，以及政府对民办高中规范发展的要求越来越严，民办普通高中的特色发展将进入一个新的阶段。从目前的情势来看，我国民办普通高中的特色发展虽然取得了不少的成绩，但多是借鉴和模仿国外的经验，缺乏自己原创的特色和整体创新，特别是在德、智、体、美、劳五育并举，学生整体素质提升，以及国际教育创新方面。我国民办教育虽然还面临许多困难和问题，但从发展的眼光看，伴随着我国经济实力的增强、科学技术的发展和人民生活的提高，我国民办普通高中的整体发展仍处于最好的时期，民办普通高中的举办者、管理者和全体教师应坚定信心，锐意进取，大胆创新，继续深入推进特色创新。

首先，民办普通高中要继续坚持不同于公办普通高中差异化、多元化发展的办学理念，充分利用民办教育的体制机制优势，敏锐把握社会公众对普通高中教育的新需求，激发广大师生的创造性，依托优质而有责任感的教师队伍，从课程模式创新、人才培养模式创新、课堂教学创新、校园文化创新等方面着手，整体提升民办普通高中特色创新的层次。

其次，民办普通高中要积极转变思路，跟上民族复兴的步伐，积极融入国家发展的进

程。比如,在国际教育方面,要从原来的以购买、引进国际课程为主,转变为打造自己的特色课程,逐步扩大我国普通高中教育的国际影响力,努力为国际教育贡献中国智慧。目前,国内一批优质的民办普通高中已经在国际化教育的道路上进行了有益的探索,对国际化教育有了自己的理解和实践。未来,其在特色创建实践中应该总结自己的经验,形成具有国际视野、中国特色的国际课程。

最后,民办普通高中要加强特色课程建设,立足中国历史和文化、国家现阶段现代化建设的特点、国内外高中课程改革的实践经验,通过长期的探索和积累,形成高质量有特色的课程体系,通过课程育人形成办学特色,实现自身的教育目标。

(三) 持续提升质量

2019年6月19日,国务院办公厅发布《关于新时代推进普通高中育人方式改革的指导意见》,这是新世纪以来国务院办公厅出台的第一个关于推进普通高中教育改革的纲领性文件。该文件要求:"全面贯彻党的教育方针,落实立德树人根本任务,发展素质教育,遵循教育规律,围绕凝聚人心、完善人格、开发人力、培育人才、造福人民的工作目标,深化育人关键环节和重点领域改革,坚决扭转片面应试教育倾向,切实提高育人水平,为学生适应社会生活、接受高等教育和未来职业发展打好基础,努力培养德、智、体、美、劳全面发展的社会主义建设者和接班人。"这也为未来民办普通高中的发展指明了前行的方向。具体而言,民办普通高中要实现持续高质量发展,主要应在以下三个方面潜心改革,不断进取。

其一,树立正确的人才培养目标。民办普通高中要坚持德、智、体、美、劳全面发展的人才培养目标,着力培养我国现代化的建设者和接班人。在明确这一目标的前提下,民办普通高中应培养学生良好的道德品质和爱好学习、善于学习的基本能力,为其未来接受高等教育打下坚实的基础。

其二,持续深化教学改革。民办普通高中应改变传统的课堂教学模式,树立素质教育理念,提高课堂教学效率,切实减轻学生的课业负担,培养学生的主体意识和学习能力,积极开展项目化学习和小组合作学习,促进学生积极主动地去探究知识,通过创新教育教学模式促进学校人才培养模式的持续迭代,培养学生适应终身发展和社会发展需要的正确价值观念、必备品格和关键能力,使民办普通高中成为培养高素质人才、受社会公众欢迎的好学校。

其三,不断提升教师队伍质量。民办普通高中教育质量的提升需要一支稳定、优秀的教师队伍,为此,学校应充分发挥民办教育的体制机制优势,在教师管理方面制订激励性、竞争性和可持续性的教师评价机制,实现优胜劣汰,促进整体提升,鼓励优秀教师与学校长期共同发展,对在学校质量提升中作出特殊贡献的优秀教师进行重点奖励,有意识地培养各方面的专业教师和管理人才,提升学科教学水平,创新学校管理。另外,民办普通高中应加强教师人才梯队建设,重视青年教师的培养,通过以老带新、团队合作、项目培养等形式促进青年教师迅速成长。

(本文由上海市教育科学研究院民办教育研究所刘耀明执笔)

2015—2020年民办高等教育发展报告

"十三五"期间是中国特色社会主义进入新时代、我国高等教育实现内涵式发展和进入普及化阶段、民办高等教育在国家支持和规范政策导向下稳步发展的重要时期。在此期间,民办高等教育在规范中发展,在变革中前进,在创新中提高,为我国经济社会发展和人才培养作出了积极贡献。面向"十四五",我国从整体上转向高质量发展阶段,在以推动高质量发展为主题,以深化供给侧结构性改革为主线,以改革创新为根本动力,以满足人民日益增长的美好生活需要为根本目的的大背景下,中国民办高等教育发展既迎来新的机遇,又面临新的挑战。本发展报告从前后两个五年的历史方位,对我国民办高等教育的发展成就、面临挑战和未来展望提出分析和思考。

一、民办高等教育发展概况①

我国民办高等教育从20世纪80年代开始兴起,至今已经历了三十多年的历史。目前,民办高等教育已经成为我国高等教育事业的重要组成部分,成为提高我国人力资源质量的重要推动力量。"十三五"期间是国家决胜小康社会建设的重要时期,民办高等教育的发展与小康社会建设紧密相连,满足人民群众对高等教育的需求成为这一时期民办高等教育的重要使命。同时,这一时期是我国高等教育注重内涵式发展和提高质量的重要时期。在这一阶段,我国高等教育的发展更加强调人才培养质量全面升级、人才培养体系全面创新,与此相应,我国民办高等教育的发展也承担着进一步提高教育质量的重要任务。此外,这一时期也是民办教育改革创新的重要时期,国家深化民办教育分类管理改革的一系列法规和政策对推动民办高等教育健康发展产生了积极的影响。2015—2020年,我国民办高等教育事业的发展主要呈现以下几个特点。

(一)民办高等教育为我国高等教育普及化作出了重要贡献

2015—2020年,我国高等教育毛入学率不断提升,由2015年的40.0%提升至2020年的51.6%,在学总人数达到4 002万人,我国已建成世界上规模最大的高等教育

---

① 本文所有数据信息均来自2015—2020年中国教育事业统计年鉴。

体系。其中,民办高校数量始终保持在700多所(见图1),占全国普通高校数量的比例保持在28%以上;民办高等教育在校生规模每年保持稳定增长,2015—2020年增加181万人(见图2)。2020年,我国民办高校达771所(含独立学院241所),比上年增加15所;民办高校在校生人数达792万人,比上年增加83万人,增长率为11.71%。

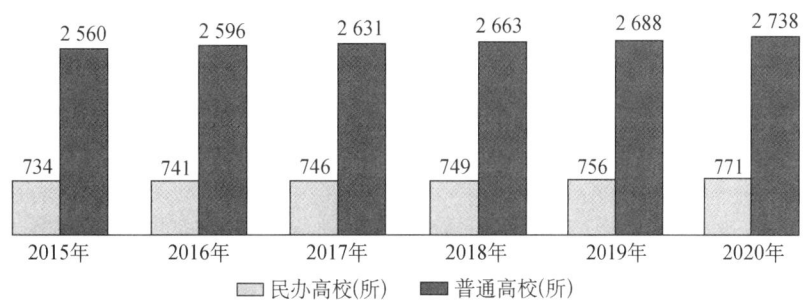

图1　2015—2020年全国普通高校和民办高校数量

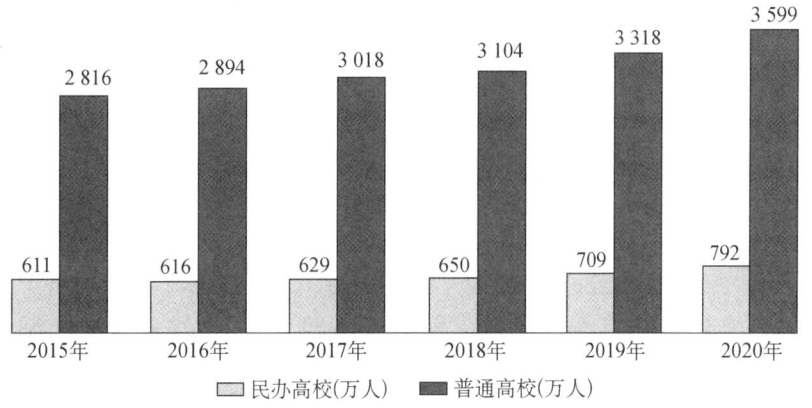

图2　2015—2020年全国普通高校和民办高校在校生数量

(二) 民办高校办学条件得到逐步改善

2015—2020年,得益于我国国内生产总值的快速增长,民办高校教育经费收支水平逐年增长。2015年我国民办高校办学经费为820.24亿元,2020年增至1 252亿元,增加了431.76亿元,增长率为52.64%(见图3)。民办高校办学经费在全国普通高校教育事业经费支出中的占比从2015年的8.4%提高到2020年的8.9%。此外,民办高校专任教师数由2015年的304 817人增加到2020年的368 925人,增加了64 108人(见图4)。民办高校专任教师在普通高校专任教师中的占比也从2015年的19.4%提高到2020年的20.1%。

为了促进民办高等教育发展,有些省份还出台了民办高校教师队伍建设专项政策,着力提高教师队伍水平。例如,上海市设立民办高校教师专业发展中心,投入2 000万元专项资金;福建省政府投入1 000万元专项资金,启动民办高校强师工程,组织1 300余名民办高校教师接受培训;浙江省杭州市等地从本地实际出发,把民办高校教师收归事业编制统一管理。

图3 2015—2020年民办高校办学经费(亿元)

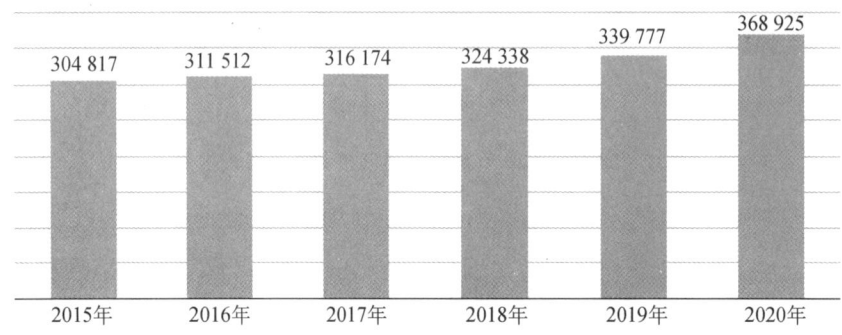

图4 2015—2020年民办高校专任教师数(人)

(三) 民办高校办学类型和办学层次继续呈现多样化发展

2015—2020年,我国高等教育不断发展,研究型、应用型等各类高校各安其位、各展所长,学科专业结构不断优化,高等教育多样化发展体系正在形成。在我国高等教育多样化发展体系中,民办高等教育也呈现出办学类型和办学层次多样化发展的态势,在多数民办高校积极发展高职高专层次教育的基础上,一批民办高校相继获得本科和研究生培养资格。2011年10月,经国务院学位办批准,吉林外国语大学、河北传媒学院、黑龙江东方学院、西京学院以及北京城市学院成为全国首批具有硕士专业学位研究生培养资格的民办院校,我国民办高校开始突破以培养本科生和专科生为主的教育结构。2012—2020年,民办高校硕士研究生在校生从155人增加到2 556人。2017年和2018年,经教育部批准,西湖大学分别与复旦大学和浙江大学实施联合培养博士研究生项目。2020年,西湖大学开始申报独立的博士学位一级学科授予点。

2017年以来,国家层面相继发布《关于"十三五"时期高等学校设置工作的意见》《国务院关于印发国家职业教育改革实施方案的通知》《中华人民共和国职业教育法修订草案(征求意见稿)》,加快推动本科职业教育改革,鼓励民办高职院校按照有关法律法规和设置标准要求审批设置民办本科学校。同时,部分民办高职院校升格为职业技术大学,发展类型和发展层次都得到进一步扩展和提升。以长三角地区为例,目前2所民办高职院校已获批开展本科层次职业教育试点。其中,上海中侨职业技术学院升格为上海中侨职业技术大学,设置有汽车服务工程等6个职业本科专业;浙江广厦建设职业技术学院升格为浙江广厦建设职业技术大学,设置有土木工程等6个职业本科专业。

这2所学校在升格为本科院校后不断提高学校治理水平,加强"双师型"教师队伍建设,深化产教融合、校企合作,开展职业技能培训,为社会培养出更加优秀的人才。

2015—2020年,随着我国民办学校分类改革的推进,第一批营利性民办高校随之诞生。截至2020年年底,已完成公司制注册登记的全国营利性民办高校共有10所(见表1),民办高等教育的办学类型进一步丰富。

表1 2018—2020年全国营利性民办高校

地区	学校数（所）	学校名称	成立时间
上海	4	上海工商外国语职业学院有限公司、上海建桥学院有限责任公司、上海震旦职业学院有限公司、上海思博职业技术学院有限公司	2019年6月至2020年9月
黑龙江	1	哈尔滨北方航空职业技术学院有限公司	2018年6月
河北	1	唐山海运职业学院有限公司	2020年8月
云南	1	云南理工职业学院有限公司	2018年2月
山东	1	青岛航空科技职业学院有限公司	2020年4月
四川	1	绵阳飞行职业学院有限公司	2020年6月
贵州	1	贵州民用航空职业学院有限公司	2020年5月

(四)中西部民办高等教育实力不断增强

2015—2020年,随着"中西部高等教育振兴计划"的实施,我国中西部高等教育实力不断增强,中西部高校人才培养水平、服务能力、管理水平显著提升。在此期间,国家层面的学生助学奖励政策、教育实习实训基地建设以及国家教师培训项目的扶持政策都已经覆盖民办学校,并向中西部民办高校倾斜。据不完全统计,全国27个省(自治区、直辖市)都设立了民办教育发展专项资金以扶持民办教育的发展。中西部地区通过政府生均拨款、落实办学自主权等措施,积极支持民办高校发展。在国家和地方政策的大力支持下,2015—2020年,中西部地区民办高校数量和在校学生数实现持续增长。2021年,教育部在国家教育事业发展"十四五"规划编制过程中统筹谋划支持民办高等教育发展的政策举措,同时继续加大对中西部地区民办高等教育的支持力度,促进中西部地区民办高等教育高质量发展,以便为我国中西部地区的经济社会发展提供智力和人才支持。

(五)民办高等教育区域间和区域内发展不均衡的问题依然存在

2015—2020年,我国各区域间民办高等教育发展不平衡的问题依然存在,如图5所示,东部地区民办高等教育发展最好,民办高校数量最多,中部地区次之,西部地区最差。同时,区域内民办高校的办学水平也存在一定差距。例如,广东省的绝大部分民办高校位于珠江三角洲地区,占比为92%,其中民办本科院校这一比例为95.65%。此外,在学校资源配置方面,从全国发展态势来看,中西部地区民办高校在校舍建筑面积等方面总体上仍然处于较弱的状态,东部地区这一指标情况较好(见图6)。

图5　2015—2020年我国不同区域民办高等学校数量

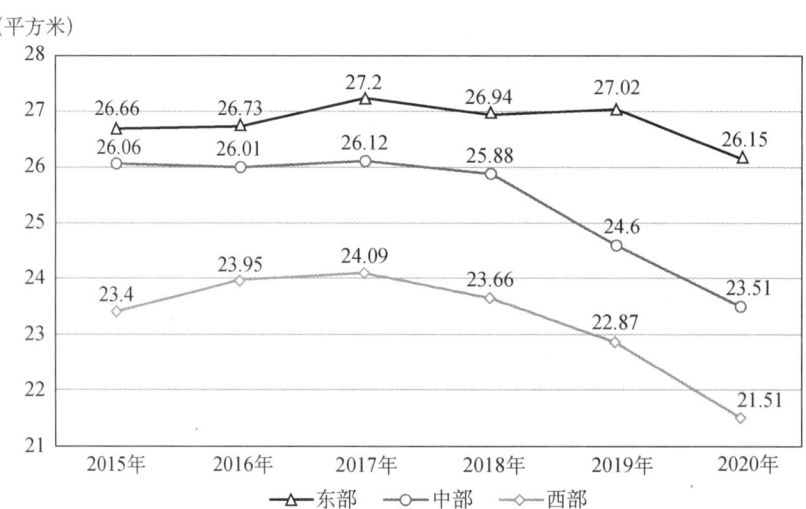

图6　2015—2020年我国不同区域民办高校生均校舍建筑面积情况

二、民办高等教育内涵式发展取得的新成就

(一)民办高校党的建设得到加强

民办高校是社会主义高等教育事业的重要组成部分,承担着培养社会主义建设者和接班人的重任。2016年12月,中共中央印发《关于加强民办学校党的建设工作的意见(试行)》(中办发〔2016〕78号),提出要"坚持和加强党的领导,充分发挥民办学校党组织战斗堡垒作用和党员先锋模范作用,确保民办学校按照党的要求办学立校、教书育人,把

培养和践行社会主义核心价值观贯穿学校教育全过程,引导师生树立正确的世界观、人生观、价值观""突出坚持马克思主义指导地位,把握党对意识形态工作的领导权、管理权、话语权,加强对青年教师、党外知识分子和大学生的思想引导,促使他们增强政治认同,增强政治敏锐性和政治鉴别力,坚定中国特色社会主义的道路自信、理论自信、制度自信,文化自信"。中共十九大进一步提出,要把基层党组织建设成为宣传党的主张、贯彻党的决定、领导基层治理、团结动员群众、推动改革发展的坚强战斗堡垒。

2015—2020年,在各级党委的领导下,我国民办高校党的建设取得了重要进展,总体上实现了民办高校党组织的全覆盖。在各地民办高校年度检查中,党的建设和党组织工作都是重要的检查内容。在教育部组织的评选中,一批民办高校及其基层组织被评为"全国党建工作示范高校""全国党建工作标杆院系""全国党建工作样板支部"。目前,全国已有20多个省(自治区、直辖市)建立了民办高校党组书记派遣制度,加强了党对民办高校的领导。民办高校党组织建设的加强确保了学校正确的办学方向,促进了民办高校立德树人根本任务的有效落实。

在探索民办高校与公办高校党建共建方面,一些地区先行先减,积累了成功经验。例如,在上海市教卫党委和民办高校党工委的领导下,上海市民办高校党组织积极创新和谋划,在立足自身实际的基础上,通过与公办大学党建共建、共享优质资源,促进了师资队伍素质的提升,进一步提升了基层党建、思政育人工作水平,逐渐走出了一条具有中国特色、上海特色的民办高等教育发展之路。此外,上海市教育主管部门还要求各民办高校凝聚思想共识,围绕质量抓共建,从本校党建工作"小循环"到上海高校党建工作的"大循环",向公办学校学习先进经验,通过党建共建提升党建质量,搭建党建引领学校发展、促进能力提升、助力学生成长的平台,在思想共学、组织共建、品牌共筑、成效共享等方面加强互动联动。

我国民办高校全面加强党的建设基本经验主要体现在以下方面:一是各地各级党委高度重视,按照中央要求认真落实各项规定,充分发挥民办学校党组织战斗堡垒作用和党员先锋模范作用;二是采取具体措施,形成制度规范和保障机制,使民办高校党的建设落到实处;三是民办高校党委认真贯彻上级党委的各项要求,特别是在发挥党组织政治核心作用、保证正确的办学方向、引领校园文化健康发展等方面做了大量的工作,取得了明显成效。

(二)立德树人根本任务得到贯彻实施

2015—2020年,我国教育事业发展的主题是紧紧围绕全面提高教育质量,把立德树人作为根本任务,全面实施素质教育,积极培育和践行社会主义核心价值观,更新育人理念,创新育人方式,改善育人生态,提高教师素质,建立健全各级各类教育质量保障体系,全面提升育人水平。我国民办高校坚持把立德树人作为学校教育的根本任务,把思想政治工作贯穿教育教学全过程,积极探索利用各种资源开展德育工作,实现全员育人、全过程育人、全方位育人。

创建于1992年的西安外事学院是一所以本科教育为主的民办普通高校。为适应新形势下立德树人的育人要求,西安外事学院将所在地区的"鱼化成龙"传说和中华民族"望子成龙"的美好愿望深度融入办学实践,为民办院校可持续发展奠定深厚文化基因,提供精神动力。西安外事学院坚持立德树人根本任务,以社会主义核心价值观为引领,从培育特色鲜明、务实管用的"鱼化龙"特色校园文化入手,自始至终把铸造优秀校园文化品牌、弘扬校园文化精神作为立德树人的战略举措,立体化融入教书育人全过程,创新探索出一条可学可鉴的新时代民办高校德育工作新路径。①

沈阳城市学院办学十多年来,坚持社会主义办学方向,全面贯彻落实党的教育方针,始终将培养德、智、体、美、劳全面发展的合格的社会主义建设者和接班人作为学校的根本任务,以"五育并举"创新机制开创民办高校立德树人新局面,围绕立德树人形成了全员、全过程、全方位的育人体系。沈阳城市学院坚持完善育人机制,落实思政课程化,形成了课堂讲授、课外阅读和社会实践相结合的思政课教学模式,提高了思政课的亲和力和针对性。根据应用型人才培养定位,该学院提出了"教学目标能力化、教学过程情境化、教学考核成果化、教学方法实践化"的教学改革总思路。具体包括:改革体育教学,培育体育精神,全面实施体育俱乐部制教学改革,将体育的教学、训练、竞技和学生的素质、特长、爱好有机地融合在一起,将团队、竞争和集体荣誉感串联在一起,极大地激发了学生的运动兴趣和运动热情,有效地培养了学生的体育竞技技能和体育精神;普及艺术教育,陶冶道德情操,精心设计平台文化育人目标,把平台育人目标分解为丰富多彩的活动,使学生在参与自己喜爱的文化活动实践中有感悟、得启迪、受教育;坚持劳动教育,促进全面发展,把劳动教育纳入人才培养全过程,准确把握育人导向,遵循教育规律,注重教育实效,促进学生形成正确的世界观、人生观、价值观。

(三)办学模式改革探索取得新进展

我国民办高等教育始终随着国家整个高等教育的发展而发展。2015—2020年,我国高等教育坚持创新、协调、绿色、开放、共享的新发展理念,致力于创新体制机制和人才培养模式。同时,国家明确推动民办学校适应经济社会发展需要,更新办学理念,深化教育教学改革,提高办学质量。《国家中长期教育改革和发展规划纲要(2010—2020年)》提出"支持民办学校创新体制机制和育人模式,提高质量,办出特色,办好一批高水平民办学校"。在这样的背景下,经过多年艰辛的努力和探索,一些民办高校办学模式改革取得了积极的成效。

2018年4月,教育部正式批准设立西湖大学。该校与复旦大学、浙江大学联合培养博士研究生,并于2018年招收120名博士研究生入学。这可谓是长三角地区民办高校办学层次跃升的新起点。同时,浙江省对西湖大学的办学定位进行了多次调整,从2019年1月发布《关于全面实施高等教育强省战略的意见》,提出支持西湖大学以新机制加快建设高水平研究型大学,到2019年3月在浙江省教育大会上提出推动西湖大学早日建成世界一流新型研究型大学,再到2020年5月出台《浙江教育现代化2035行动纲要》并提出支持西湖大学探索世界一流新型研究型大学建设的浙江新模式,表明地方对民办高校高水平发展的支持态度。

---

① 路高信.民办高校践行立德树人使命的创新实践[N].中国教育报,2018-10-24(11).

（四）民办高校办学质量不断得到提高

2015—2020年，我国高等教育课程建设水平全面提升。一流课程"双万计划"遴选出国家级一流本科课程5 118门，涵盖了线上、线下、线上线下混合、虚拟仿真和社会实践五类"金课"，全面示范带动高校本科课程建设。据相关统计，2019年，近10所民办高校入选国家首批"一流本科专业建设点"，其中包括大连东软信息学院的计算机科学与技术、软件工程、数字媒体技术专业，福州外语外贸学院国际经济与贸易和物流管理专业，以及辽宁对外经贸学院、西安翻译学院、沈阳城市学院、中山大学南方学院、沈阳工学院的相关专业。这标志着我国民办高校的专业建设迈上新台阶，民办高校同样有实力承担起建设一流本科专业的重任。

同时，入选省级"一流本科专业建设点"的民办高校不断涌现，还有30所民办高校的38门课程入选首批国家一流本科课程。此外，获得国家级教学成果奖的民办高校数量不断增加，如2014年有5所民办高校获得国家级教学成果奖，到2018年发展到8所民办高校获该奖项，获奖高校数量呈现逐步上升的趋势。在2018年省级教学成果奖评选中，全国民办高校获奖441项，其中特等奖1个，一等奖54个。这些奖项的获得反映出民办高校重视教学质量、教学质量不断提高的发展势头。[①]

三、民办高等教育改革发展面临的现实挑战

在民办高等教育不断改革创新发展的同时，2015—2020年，民办高等教育发展也面临许多现实问题。

（一）独立学院转设工作推进缓慢且成效不高

在2020年教育部出台《加快推进独立学院转设的实施意见》后，全国各地纷纷加速推进独立学院转设。但从我国独立学院转设工作整体来看，推进过程是缓慢而低效的。早在2008年教育部就发布了《独立学院设置与管理办法》，提出将独立学院全部转设为独立本科院校的目标，但是十几年间，推进独立学院转设的工作目标并未如期实现。如今，在转设的过程中，独立学院原来面临的转设问题非但没有逐渐淡化，反而在新的环境与政策下产生了很多新的问题。比如，有些人不认可独立学院通过与高等职业院校合并转设为职业技术大学，这一问题甚至引发了相关舆情，个别省份相继终止了此类转设。又如，由于独立学院转设工作涉及的利益主体包括地方政府、国有企业、私营企业、高等学校、公民个人等，其财产关系的处理分别适用不同的法律和政策，学校的资产处置和利益划分面临权利平等、法律政策一致性问题，从而增加了工作的复杂性和难度。其中，"校中校"的资产以母体学校为主，涉及学校校办企业，学校在转设过程中还涉及校办企业转型和资产处置问题；地方政府参与举办的独立学院则涉及母体学校与地方政府关系的处理问题；企业投资举办的独立学院还涉及学校法人财产完全落实、企业投资回收和回报兑现等问题。

---

① 阙明坤，段淑芬.我国民办高校改革发展成效、经验及展望[J].大学教育科学，2021(2):16-25.

此外，独立学院在转设后又将面临营利性与非营利性民办学校分类管理登记问题。有的投资方在办学过程中取得了比较可观的回报，但有的投资方一直在持续投入并没有获得回报，希望通过转设明确自己的投资权益。同时，现有独立学院无论选择转为民办、公办高校还是终止办学，都需要一系列相应的配套政策予以支持，而现有配套政策不足模糊了转设预期。由此可见，独立学院转设过程中涉及的问题非常复杂，独立学院转设依然是民办高等教育发展面临的一大现实难题。

（二）民办高校分类登记配套方案依然缺失

2015—2020年，随着民办学校分类管理改革一系列新法新政的颁布实施，中国民办教育正式进入"分类管理"时代。就民办高等教育而言，现有民办高校分类登记，特别是登记为营利性民办院校，涉及资产确权、财产清算、税费补缴等极其繁杂的难题。从2016年新修订的《民办教育促进法》颁布以来，对民办院校分类登记相关问题制定出十分明确的配套政策的地方并不多。因为民办高校分类登记涉及的财产数额较大、师生数量较多，制定具有可操作性的分类登记方案极其考验地方政府的民办教育治理水平和能力。当下，虽然各地制定了民办学校分类登记实施办法，但基本上都是照抄照搬国家文件的相关条款内容，而对于民办高校分类登记所涉及的关键问题，如如何履行登记手续、如何进行财务清算、如何界定存量资产的归属、新的学校法人治理结构如何产生等问题，尚无明确回应。同时，现有民办学校进行分类登记涉及教育、编办、民政、市场监管、财政、自然资源和规划、住建、人社、税务等十多个部门，但各部门之间的政策规定不尽相同，甚至还存在一定的制度冲突。以上种种现实问题和矛盾的存在导致各地民办高校分类登记配套方案依然缺失。

（三）非营利性民办高等院校办学监管难度较大

实践中，一些民办高等教育集团在没有完成学校清产核资情况下就收购、并购非营利性民办高校，从而导致一部分有形和无形国有资产被纳入民办高教集团资产，或流失或被占用。此外，部分非营利性民办高校举办者变更较为随意，导致学校法人财产权难以保障。一些上市教育企业在并购民办院校的过程中刻意规避行政管制，打"擦边球"。为了迅速实现并购，变更学校举办者，一些举办者仅在学校所属的教育公司层面实现控制人的变更和学校财产的交割，实际上规避了民办学校举办者变更的相关规定。有些民办学校举办者只通过一个简单的交易协议就完成了变更程序，从而导致学校作为独立法人的财产权利得不到有效保障。同时，政府对这类问题的治理表现出明显的局限性，因为在省域范畴内民办高校归属于教育行政部门管理，但是教育行政部门没有权限管理民办高教集团在集团层面上实现的某些行为，这导致在省域民办高等教育治理中出现了监管的盲区。

事实证明，从当前教育资产上市的运行模式和存在的潜在风险来看，政府对民办高校办学风险预警和干预机制的建立和完善方面还存在缺陷，治理成效不显著，统筹协调能力有待进一步提升。

(四) 民办高校办学质量整体水平不高

2015—2020年,在民办高等院校中,虽然有西湖大学等一批高水平大学的存在,但是绝大多数民办高校的办学水平与公办学校相比差距较为明显,特别是在学科专业建设、师资队伍整体水平、人才培养质量、应用型大学建设等方面,还有很大的提升空间。

与公办普通高等院校相比,我国民办高校发展的整体水平较低,基本处于高等教育"金字塔"的底部。除了中外合作办学的几所民办高校以及个别民办高校的个别专业建设对公办学校形成一定的冲击,绝大多数民办高校的办学水平和质量与公办高等学校差距较大。2017年,某省针对全省高等学校办学绩效水平进行综合评估,在综合排位上,无论是本科层次院校还是高职院校,民办高校都排在公办高校之后,具有竞争力的民办高校仅有1所,但其综合绩效排位仍没有达到该省高校的平均水平。我国民办高等学校整体办学水平低的现实是由多种原因导致的,既有办学时间短、办学积累不深厚的历史原因,也有面对外在发展形势不适应的现实因素。比如,民办高等教育发展过程中的诸多体制性问题和发展性问题没有得到科学、合理的解决,也造成了民办高等教育整体办学水平不高的现实。

从我国民办高等教育发展的历程看,绝大多数民办高校主要依赖学费收入滚动发展。在办学伊始,很多民办高等学校为了快速发展起来,完全借鉴了公办学校的发展模式,在办学模式、人才培养、学科专业设置、教师管理等各个方面沿用普通高等学校的模式,以学科为导向进行学科专业设置,开展教育教学活动。在民办高等学校建立的初期,按照公办普通高校办学模式发展,能够使民办高等学校迅速进入正常运行轨道,也是民办高校发展之初的一条捷径。这种发展模式符合当时高等教育需求侧改革的需要,以较快的速度实现了高等教育资源供给数量的增加。但是,当规模化发展达到一定阶段以后,民办高等教育的这种跟随、模仿办学模式开始出现问题,硬件的差距在缩小,但是软实力的差距却明显存在。与公办同构式发展的办学模式选择,只能让民办高校迅速实现数量规模扩张,并不能使其在内涵建设上形成特色。

此外,在办学定位上,我国绝大多数民办高校选择了应用型和技能型方向。目前,民办高校在应用型本科院校建设方面的探索还处于比较低的水平,校企合作深度不够,并没有为应用型本科院校建设形成足够的支撑。比如,在"双师型"教师队伍建设方面,东北地区某省民办应用型本科院校的"双师型"教师平均占比不足50%。从全国很多民办应用型本科院校发展的实际来看,在产、学、研协同创新方面,民办高校大多以签订一般性资源共享协议、开展单个或若干项目合作为主,学校依然是产、学、研合作的主导方。在人才培养的相关重要环节,如校企合作开发教材、课程设计等方面,企业的参与非常有限。与公办院校产、学、研战略联盟的构建相比,民办应用型本科院校的产、学、研协同创新还处于较低水平。

四、民办高等教育改革未来发展的新思考

"十四五"时期是我国经济社会发展的重要时期,是我国"两个一百年"奋斗目标的历

史交汇期。我国民办高等教育改革发展要深刻领会中共十九届六中全会精神,把握时代方位,始终坚守教育方向,加强党的全面领导,坚持社会主义办学方向,扎根中国大地办教育,落实立德树人的根本任务。从国家发展大局的角度看,未来对高等教育的需求将比以往任何时候都更加迫切,对科学知识和卓越人才的渴求比以往任何时候都更加强烈。从我国高等教育改革与发展的任务看,全面提高高等教育质量,提升我国高等教育在世界高等教育体系中的竞争力与吸引力,实现高等教育多层次多区域协调发展,满足经济社会发展对高层次人才的多样化需求等,将成为未来高等教育发展的重要任务。从民办高等教育自身发展来看,未来机遇与挑战并存,发展与改革并重,提高水平和完善治理共生。

(一) 明确民办高等教育的总体发展目标

"十四五"期间,我国民办高等教育要适应国家发展大局,顺应我国高等教育整体发展要求,在实现高质量发展的主题下通过改革创新增强发展动能。在发展和改革的大思路上,民办高等教育要服务国家区域协调发展大战略,紧密联系本区域经济社会发展的实际,调整专业结构和教学模式,增强服务能力和水平。在办学类型和人才培养规格上,民办高等教育要服从国家高等教育和职业教育发展大局,加快实现人才培养的历史性转型;在民办高校自身发展的重点上,按照国家高等教育布局设置的大格局切实加快一些高校的转型,促进民办高等教育结构布局的合理调整。在基本保持现有发展规模的基础上,民办高等教育要努力克服教育教学中存在的各种问题,努力建立高质量发展体系,增强人才培养和服务社会的针对性和适应性,在争取政府积极支持的同时拓宽办学资金筹措渠道和方式,提高教学设施设备的水平,显著改善办学条件。此外,民办高校在规范正常教学秩序和教学管理的基础上,要充分发挥机制灵活的优势,促进学校与产业企业的紧密联系,进一步实现优势办学和特色办学;在推进民办高校依法管理和分类管理进程中,要进一步完善各种政策措施,提高依法监督和质量监测评估水平,促进自身治理能力和水平的提高。

(二) 完善民办高等教育高质量发展体系

按照国家"十四五"规划提出的"推进高等教育分类管理和高等学校综合改革,构建更加多元的高等教育体系"的要求,民办高等教育在规划和构建完善自身高质量发展体系时,要紧紧围绕教学质量、服务质量和治理质量这三个方面推进。

一是提高教学质量。教学质量体现在学校所有与教学有关的各个方面和各个环节上,从专业设置、课程体系、教学形式到师生关系、资源配置等,核心是立德树人。许多民办高校在这方面进行了积极有效的探索,但仍然有不少民办高校的教学质量不尽如人意。"十四五"期间,我国高等教育面临如何保障不同类型高校的多样化、特色化发展,确保人才培养质量,满足社会对不同层次、类型的高素质人才的多样化需求的重要课题。为此,民办高等教育应当充分发挥自己的体制机制优势,在提高教学质量方面作出新的贡献,要进一步增强民办高校的育人特色,特色是民办高校最显性的教学质量,是民办高等学校的生命线;要按照国家"十四五"规划提出的"建立学科专业动态调整机制和特色发展引导机制,增强高校学科设置针对性"的要求,根据本地区发展需要主动调整和优化专业设置,切实办出特色,增强学校专业的针对性;要进一步提高教师实施高质量课程的能力,将产业、企业和社会对人才的知识、技能、态度需求转化为有特色的课程和教学活动。

二是提高服务质量。服务质量主要体现在学校教育与经济社会发展的密切联系上。民办高校在我国高等教育进入普及化阶段后,担负的主要任务已经不仅仅是增加学额,让更多青少年能够接受高等教育,而是要为经济社会发展提供更好的服务支持。民办高校要关注各地经济社会发展的情况,特别是围绕地区发展战略的需要,主动担负起人才培养、技术支持、科技攻关等责任,利用机制灵活、船小掉头快的优势,为地区发展提供配套服务和特色服务。地处中小城市的民办高校,更要为城区和社区的发展提供知识型公共服务、智力支持和技术支撑,促进地区经济社会更好发展。

三是提高治理质量。治理质量主要体现在学校内部治理结构和管理效能上。我国有相当数量的民办高校办学历史已达20年左右,创办者和管理者的身份已发生很大的变化。在新的形势下,我国民办高校要由经验化管理向理性化管理转变,由随意化管理向规范化管理转变;要坚持依法管理、科学管理,完善法人治理结构,更多地调动教师、学生和社会贤达参与管理的积极性,努力改变民办高校权力运行中高层管理团队职权不明晰、缺少利益相关者参与及内外监督机制缺失等法人治理结构等问题;要进一步提高管理效能,激发全体教职工参与管理,发挥他们管理的热情与专业能力,包括努力实现管理数字化转型,借助信息科技带来效率和创新,从而推动治理水平的提高。

(三)推进民办高等教育区域资源优化协调发展

"十四五"时期,国家明确要引导东北地区高校和职业院校在服务东北振兴中提升办学实力和影响力,统筹协调在京高校参与和服务雄安新区建设,促进粤港澳大湾区高等教育结构布局调整优化,加快建设长江教育创新带,开展长三角教育现代化监测评估,推动黄河流域教育高质量发展,建立教育资源互通共享的区域性协作机制,为区域生态保护和经济社会高质量发展提供有力支撑。因此,我国民办高等教育应当紧密结合国家区域发展重大战略和国家高等教育发展重大布局,充分发挥民办高校在人才培养、技术贡献和创新服务等方面的重要作用。

一是要加快专业学科调整优化,有效对接区域产业发展需求。我国民办高校除了办学机制比较灵活,最大的优势是专业设置比较灵活,能够依据经济社会发展需要及时调整。因此,各区域民办高校要紧密结合本区域产业发展新变化和新要求,加强学科专业建设,对接区域产业发展,探索高水平应用人才培养路径,增强人才培养的针对性和有效性。

二是要通过体制机制创新,形成区域民办高校发展新优势。我国民办高校要在省级政府战略合作框架之下,探索各高校之间战略联盟的深度发展,尤其是学科专业的协同发展,构建优质高等教育资源共享机制,促进师生深度交流,协力提升人才培养质量和学科建设水平。[①] 协同发展基础较差区域的民办高等教育,首先要加强区域民办高校校际师生交流,加强区域性课程与学科建设,探索区域民办高校产学研合作,建立图书信息资源共享;已有一定基础区域的民办高等教育,要加快建立区域民办高等教育协调机构,加快

---

① 钟秉林."十四五"期间我国高等教育发展的基础与关键[J].河北师范大学学报(教育科学版),2021(1):1-8.

形成区域民办高校协同发展联盟,构建区域民办高校协同合作机制,推进区域民办高等教育资源在更大范围内共享,提高区域民办高校服务能力。

三是与公办高校建立既合作又错位的发展机制。在区域发展战略中,公办高校特别是国家重点建设高校将发挥重要的"领头羊"作用,民办高校则应坚持从自己的特色优势出发,与公办高校建立良好的合作关系,发挥重要的补充作用;根据区域经济社会发展需要加快自己能力建设,发挥特色办学和灵活机制的优势,与公办高校实施错位竞争。

(四)促进民办高校更好培养职业应用技能人才

2021年10月,中共中央办公厅、国务院办公厅印发《关于推动现代职业教育高质量发展的意见》,提出"到2025年,职业教育类型特色更加鲜明,现代职业教育体系基本建成,技能型社会建设全面推进"的发展目标,要求"推进高等职业教育提质培优,实施好'双高计划',集中力量建设一批高水平高等职业学校和专业。稳步发展职业本科教育,高标准建设职业本科学校和专业"。我国民办高校绝大多数是以实施高等职业教育和应用型普通本科教育为主,这是由我国高等教育发展的定位和模式决定的,也是民办高校生存和发展的重要基础和特征。

"十四五"期间,我国民办高校要面向社会需求,大力培养本专科层次的高素质应用型、技术型和技能型人才,从简单地模仿传统公办高校的办学和人才培养模式中解放出来。过去,一些高校由于长期处在计划体制和行政构架中,过分看重理论学科和学位层次,受传统公办院校办学影响较深、与公办院校同质化发展的情况比较严重。"十四五"期间,民办高校应当回应经济社会转型发展的实际需要,开设更多紧缺的、符合市场需求的专业,形成紧密对接产业链、创新链的专业体系,把实习实训基地更多地建立在企业内,实现校企共建共管产业学院、企业学院;创新人才培养模式,加强和优化实践教学环节,着力培养学生技能贡献力、实践适应力、岗位胜任力,整体提高办学的适应性。

为了支持民办高校更好地培养应用型、技能型人才,各级政府和有关部门需要创新思维和机制,以多种方式投入更多的资金。同时,各级政府应当进一步完善政策,构建政府统筹管理、行业企业积极举办、社会力量深度参与的多元办学格局,优化校企合作政策环境,鼓励各类企业依法参与举办职业教育,鼓励职业学校与社会资本合作共建职业教育基础设施、实训基地。此外,政府部门还要在积极培育市场导向、供需匹配、服务精准、运作规范的产教融合服务组织方面发挥更大的作用,编制发布产业结构动态调整报告、行业人才就业状况和需求预测报告,为民办高等学校培养市场需要的应用型、技能型人才提供更好的信息和政策环境。

(五)稳妥推进独立学院转设工作

独立学院在我国高等教育发展历史上是一种比较特殊的办学类型,也是民办高等教育的重要组成部分,为我国实现高等教育大众化、普及化作出了一定贡献,但同时也出现了其他类型学校所没有的各种特殊问题。2021年7月,教育部发布《关于"十四五"时期高等学校设置工作的意见》,明确提出"积极稳妥推进独立学院转设,要把转设事项优先纳入规划"。教育部在2021年工作要点中又特别提出"继续把独立学院转设作为高校设置工作的重中之重,指导各省建立健全鼓励和推动独立学院转设的政策体系,切实加快转设进度"。

稳妥推进独立学院转设工作的关键是有关各方要真正承担起应负的责任,统筹协调,合力推进。首先,母体校要担负起转设工作的主体责任,积极扶持独立学院,主动帮助独立学院解决在转设过程中遇到的各种问题,尤其是在调整专业设置、师资队伍建设等方面,应给予大力的支持。在有关利益分享和资源切割方面,母体校应从人才培养大局出发,避免斤斤计较,纠缠于利益纠纷。其次,各级政府在独立学院转设过程中应当有大局观念和长远考虑,努力确保将独立学院转设为新型的高等学校,更好为经济社会发展培养人才。政府教育主管部门要进一步完善相关政策,使政策更符合实际,不搞"一刀切",坚持"一校一策";同时,转设标准要从不同地区的实际情况出发,转设方案要有利于更好地促进独立学院转设成功。各地区政府要统筹地区经济社会发展和高等教育发展,把独立学院转设工作纳入地区高等教育发展规划之中,制定必要的鼓励政策,增加必要的资金投入,提供必要的人力支持,努力使独立学院转设后在地区人才培养、智力支持和知识贡献方面发挥更大的作用。最后,独立学院的投资方要坚持教育的公益性原则,在转设为非营利高校的大前提下,努力为稳妥推进独立学院转设工作作出贡献。有些独立学院转设会面临巨大的资金压力,也可能会面临办学模式转型的严峻挑战,投资方要想方设法积极筹资,为学院转设提供大力支持,同时为学校创新办学模式和教学方式提供各种便利,包括与产业界企业家建立广泛的联系,构建好后续健康发展的桥梁。

(六)完善民办高校分类管理政策措施

新修订的《民办教育促进法》颁布以来,各地都积极按照新法制定本地区的具体配套政策,探索实施分类管理的具体办法。尤其是 2021 年 9 月 1 日《民办教育促进法实施条例》正式施行以后,全国民办高等教育的改革和发展面临依法办学和依法管理的新形势。"十四五"期间,各地要按照《民办教育促进法实施条例》的要求,落实好分类管理的任务,促进民办高等学校规范健康发展。

首先,各地各级政府要完善分类管理配套政策供给。目前,全国 31 个省(自治区、直辖市)按照《国务院关于鼓励社会力量兴办教育促进民办教育健康发展的若干意见》的精神,先后制定印发了地方实施细则,部分省市出台了配套政策。例如,长三角借助区域一体化发展契机,各省市加快建立跨区域联席会议制度,对长三角地区民办高等教育分类管理落地起到促进作用。未来,各地应从实际出发,加快制定和完善分类管理配套政策措施,如民办高校信用档案制度、信息公开制度、第三方评价制度、财务监管制度以及非营利性民办高校监管办法等;一些已经制定实施细则或政策的地区,要切实解决政策规定原则性过强、操作性偏弱的问题,为民办高校实施分类管理创造更好的政策环境。由于不同的民办高校在办学定位、办学特色、办学层次等方面有较大的差别,各地在加强分类管理的同时,要加强分类指导、分类扶持,促进民办高校分类有序特色发展。

其次,民办高校要按照分类管理的要求创新发展思路。"十四五"期间,民办高校要按照国家已经颁发的法律法规和规章政策积极主动地落实分类管理的各项要求。其中,登记为非营利性的民办高校要进一步凸显教育的公益属性,始终坚持和不断加强党对民办教育的全面领导,落实"立德树人"根本任务,确保党的教育方针在民办学校得到贯彻落实;完善学校管理,提高管理效益,坚持优质特色办学,提供差异化、多元化、特色化的教育供给。登记为营利性的民办高校也要坚持社会主义办学方向,坚持民办高等教育的公益性,坚持办学质量优先,更多地发挥市场机制的作用,使学校教育与产业、企业发展更紧密联系,培养市场需要的各种人才。

(七) 加强对民办高校发展监督评估

在民办教育"分类管理"和高等教育实施"分类评价"的新形势下,加强对民办高校发展监督和评估具有重要意义。中共中央、国务院印发的《深化新时代教育评价改革总体方案》提出"推进高校分类评价,引导不同类型高校科学定位,办出特色和水平"。我国民办高等教育是整个高等教育的重要组成部分,"十四五"期间,各级政府和管理部门要进一步完善监督评估体系,提高监督评价水平,促进民办高等教育的高质量发展。

从政府层面看,提高监督评估水平,要进一步完善对民办高等学校的年检制度和年检指标。这几年,许多地区都建立了年检制度,加强了对民办高校的年度检查,总体上促进了民办高校的规范办学和教学质量的提高。但是,有些年检只是走走程序,后续工作没有跟上,有些老问题每年年检都提出,但始终得不到有效解决。为了提高对民办高校监督评估的有效性,教育部出台了《民办高等学校年度检查指标体系(试行)》。未来,各级政府主管部门应根据教育规定,进一步完善年检指标和年检方式。一是对不达标的老问题坚决要求学校整改,并采取削减招生指标、停办整顿等果断措施,年检不能走过场。二是避免"一刀切"的做法,对不同性质和类型的民办高校要采取不同的评估办法,使评估更有针对性。三是评估指标和程序既要有利于发现问题,又要着眼于引导民办高校特色发展,从民办高校的实际出发,增强鼓励性和创新性。除了年检,政府主管部门还应采取其他多种方式实施分类评价、分类管理、分类发展,按高等学校的类型而不是按所有制进行分类评估,把民办高校和其他公办高校放在一起进行评估,以促进互相借鉴共同发展。

从学校层面看,完善民办高校监督评估制度应该成为促进学校改善办学和提高教学质量的重要举措。过去,有些民办高校往往把接受年检或者其他形式的检查当作负担,采取应付过关的态度;有的民办高校因为缺乏有效的监督,内部治理和教学管理规章制度还很不健全,以家族式经验型管理为主。"十四五"期间,我国民办高校要进一步深化对高等学校分类评价重要性的认识,把监督评估作为推进学校内涵式发展、高质量发展和创新发展的重要动力,积极主动地进行自我评价和邀请外部专家来校评估。一是要练好内功,进一步明确办学定位,健全各项教学制度,坚持走规范化办学、现代化管理和内涵式发展之路。二是要探索创新,既要向高水平公办大学学习基本经验,又要根据自己实际和优势,大胆探索,开创新局面,坚持走特色发展之路。三是要开拓视野,更广泛地了解产业发展和市场需求,积极吸纳产业界、企业界和社会精英参与学校办学和管理,并对学校进行形式多样的管理评估和质量评估。总之,民办高校要以更加灵活、高效、多样的办学模式和教育特色更好地满足人民群众的多元化需求,以独特的机制优势激发创新潜质,不断探索更有特色和吸引力的办学和教学模式,让民办高等教育更具生机与活力。

(本文由辽宁教育学院民办教育科学研究与评估中心王慧英执笔)

2015—2020年民办职业教育发展报告

改革开放以来,与我国民办教育发展的历程一致,民办职业教育经历了从无到有、从小到大的发展过程。进入新时代,民办职业教育不仅一如既往地为我国经济社会发展提供了丰富的人力资本,还为"工业4.0""中国制造2025"等重大国家发展战略培养了大批技术技能型人才,已经成为我国技能人才培养的一支重要力量,是我国现代职业教育体系的重要组成部分。2015—2020年,民办职业教育在国家职业教育政策的直接推动和经济社会高质量发展相关要求的驱动下进一步发展壮大,并以其体制机制的灵活性在我国职业教育事业中发挥着越来越重要的作用。

一、民办职业教育办学规模与发展特点[①]

2015—2020年,我国民办职业教育在民办中等职业教育、民办高等职业教育和民办非学历职业教育等教育领域中持续发力,办学规模和市场规模不断提升,各级各类民办职业教育呈现出鲜明的发展特点。

(一) 2015—2020年民办中等职业教育办学规模

民办中等职业教育是我国中等职业教育的重要组成部分。目前,民办中等职业学校主要包括四种办学类型:职业高中,普通中专,成人中专,技工学校。原来,技工学校归人社部门管理,职业高中、普通中专和成人中专归教育部门管理。目前,上海等部分省市技工学校的日常教育教学已统一纳入教育行政部门管理。2015—2020年,全国民办中等职业教育在学校规模、学生规模、教师规模和硬件规模等各项办学规模指标上趋势各异。

1. 民办中等职业教育学校数逐渐减少,但占比快速回升

自2015年起,与全国中等职业学校的总体趋势一致,民办中等职业学校数量逐年减少。2020年我国共有1 953所民办中等职业学校,较2019年减少了32所,同比减少了1.61%。不过,民办中等职业学校在全国中等职业学校中的占比却呈现回升态势,尤其是2018—2020年上升幅度较大,年均增长率超过50%(见图1)。

从细分类别看,2020年我国共有民办职业高中1 013所,占民办中等职业学校总数的

[①] 本报告中的数据如无特殊说明均来自中国民办教育协会。

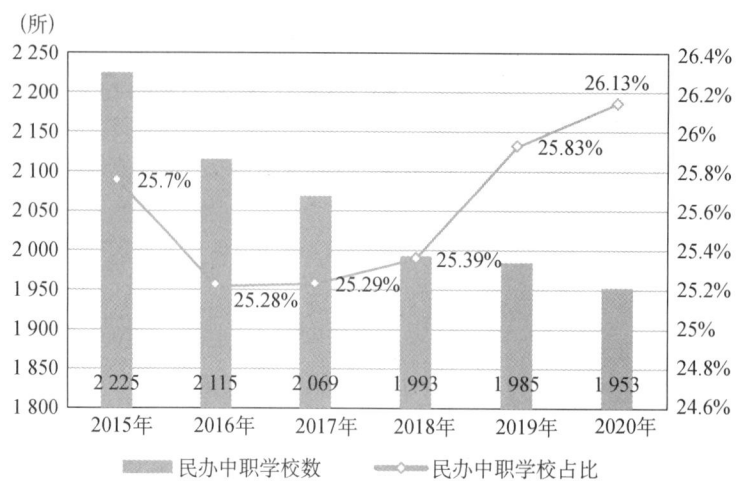

图 1　2015—2020 年全国民办中职学校数及占比

51.87%,占比最大;民办普通中专共有 841 所,占民办中等职业学校总数的 43.06%;民办成人中专共有 99 所,占民办中等职业学校总数的 5.07%。

2. 民办中等职业教育学生规模和占比均逐年稳步增长

从招生人数看,2020 年我国民办中等职业学校招生人数达 101.46 万人,较 2019 年增加了 11.47 万人,同比增长 12.75%。其中,普通中专招生人数为 59.16 万人,占全国民办中等职业学校招生总人数的 58.31%,占比最大;职业高中招生人数为 31.38 万人,占全国民办中等职业学校招生总人数的 30.93%;成人中专招生人数为 10.92 万人,占全国民办中等职业学校招生总人数的 10.76%。

从在校生人数看,2020 年民办中等职业学校在校生人数达 249.40 万人,较 2019 年增加了 25.03 万人,同比增长 11.16%(见图 2)。其中,普通中专在校生人数为 149.32 万人,占民办中等职业学校在校生总人数的 59.87%,占比最大;成人中专在校生人数为 19.49 万人,占

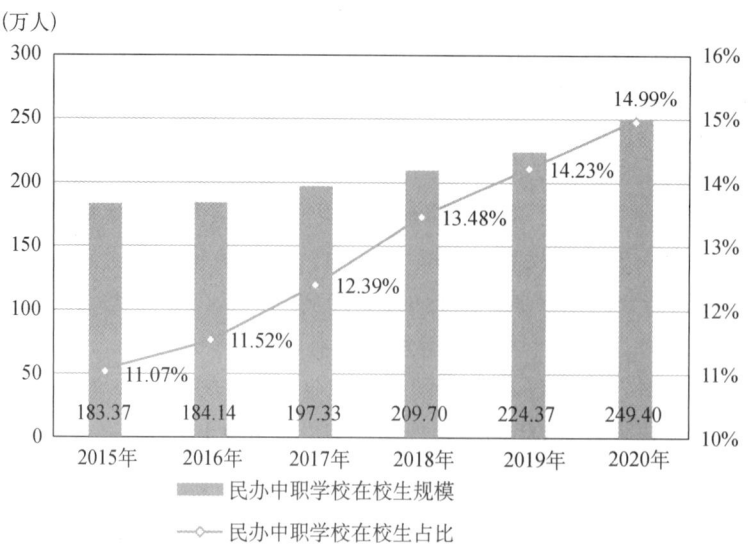

图 2　2015—2020 年全国民办中职学校在校生规模及占比

民办中等职业学校在校生总人数的 7.81%；职业高中在校生人数为 80.59 万人，占民办中等职业学校在校生总人数的 32.31%。此外，民办中职学校在校生人数占比则从 2015 年的 11.07% 扩大到 2020 年的 14.99%。

3. 民办中等职业教育教师规模逐年扩大，生师比基本保持稳定

从教职工人数来看，2020 年全国普通中专共有教职工 62 019 人，其中专任教师为 44 933 人；成人中专共有教职工 7 913 人，其中专任教师为 5 319 人；职业高中共有教职工 56 128 人，其中专任教师为 38 248 人。

从专任教师数来看，全国民办中职专任教师数除在 2015—2016 年有小幅下降外，2016—2020 年呈逐年快速上升的趋势，从 2016 年的 7.10 万人快速扩张到 2020 年的 9.05 万人，增长了 1.27 倍（见图 3）。

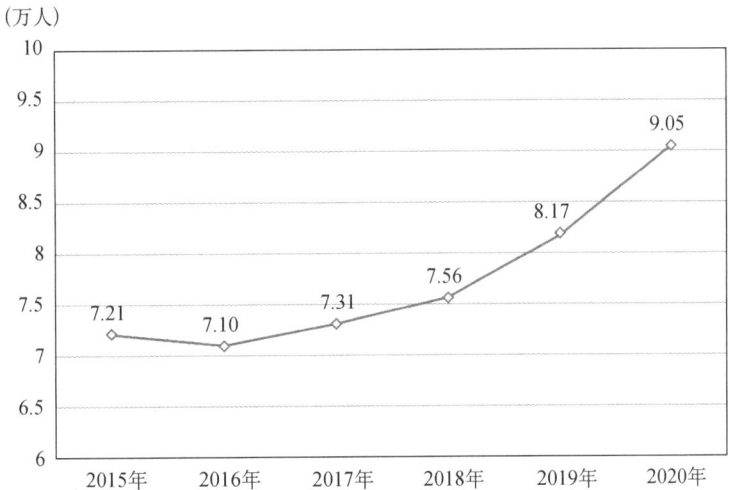

图 3　2015—2020 年全国民办中职专任教师数

从生师比来看，2015—2018 年全国民办中职生师比逐年大幅上升，2019—2020 年全国民办中职生师比趋于稳定，保持在 27.5 左右（见图 4）。

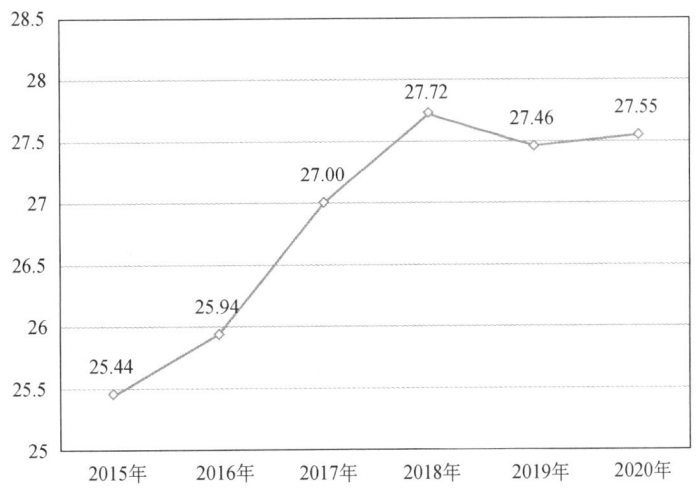

图 4　2015—2020 年全国民办中职生师比

"双师型"教师是民办中职教师队伍的主要特点,从双师型教师的人数和占专任教师的比例来看,2015—2020 年,全国民办中职"双师型"教师人数逐年稳定上升,而"双师型"教师占专任教师的比例波动较大。其占比在 2015—2017 年上升较快,在 2017—2019 年则大幅下降,在 2019—2020 年趋于稳定(见图 5)。

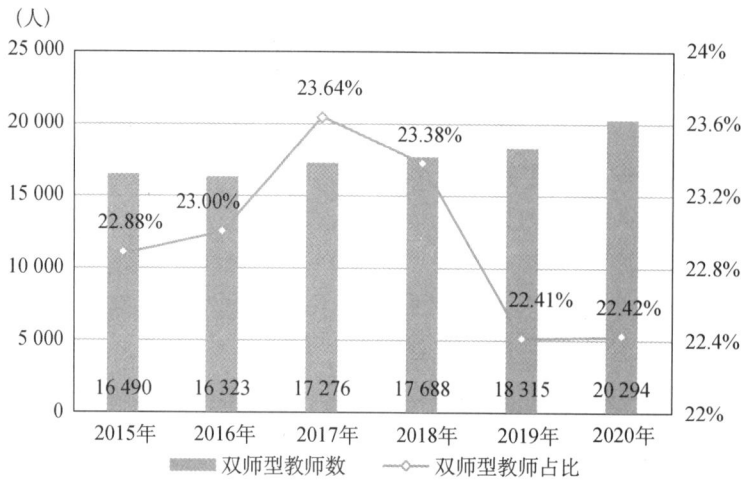

图 5　2015—2020 年全国民办中职"双师型"教师数及占比

从研究生学历教师占专任教师的比例来看,2015—2020 年全国民办中职学校中研究生学历教师人数逐年稳定上升。具体来看,2015—2018 年研究生学历教师占专任教师的比例上升较快,2018—2019 年下降较大,2019—2020 年有所回升,2020 年为 5.48%(见图 6)。

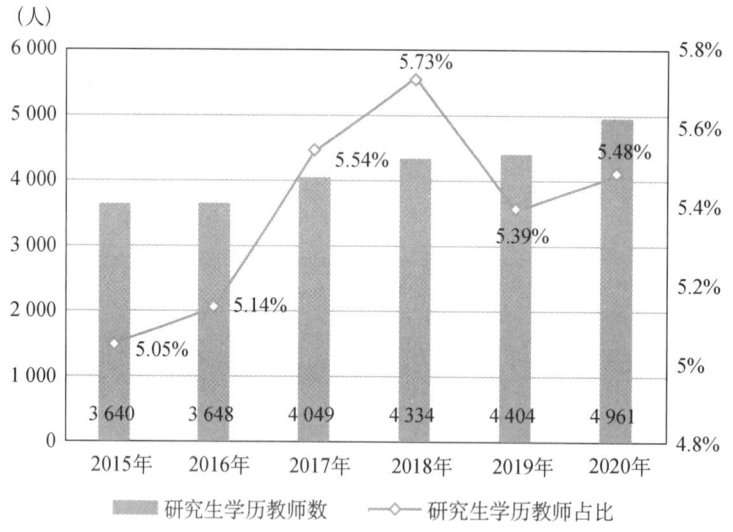

图 6　2015—2020 年全国研究生学历教师数及占比

4. 民办中等职业教育的办学硬件规模

从生均校舍建筑面积来看,2015—2020 年全国民办中职学校的生均校舍建筑面积呈逐年下降趋势,2020 年仅为 17.40 平方米(见图 7)。

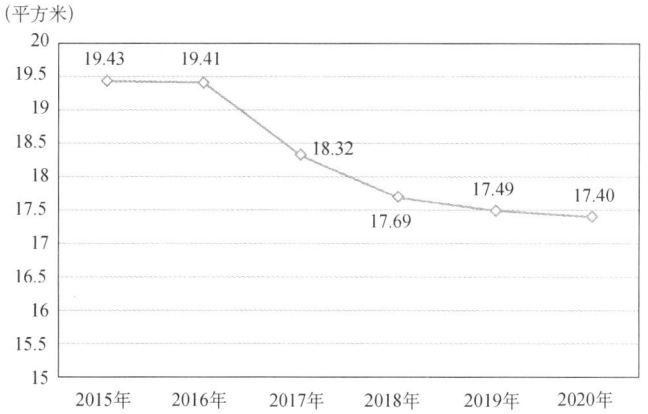

图 7　2015—2020 年全国民办中职生均校舍建筑面积

与生均校舍建筑面积的情况类似，2015—2020 年全国民办中职生均教学辅助及行政用房面积也呈逐年下降趋势，2020 年仅为 8.44 平方米（见图 8）。

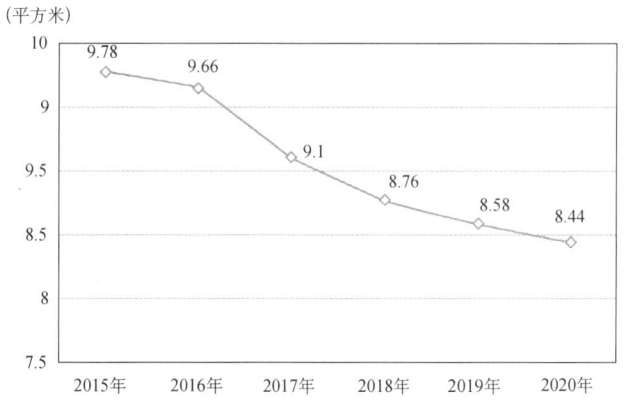

图 8　2015—2020 年全国民办中职生均教学辅助及行政用房面积

从全国民办中职生均教学仪器设备资产值看，其在 2015—2018 年逐年下降后，2019—2020 年有所回升，2020 年为 3 800.21 元（见图 9）。

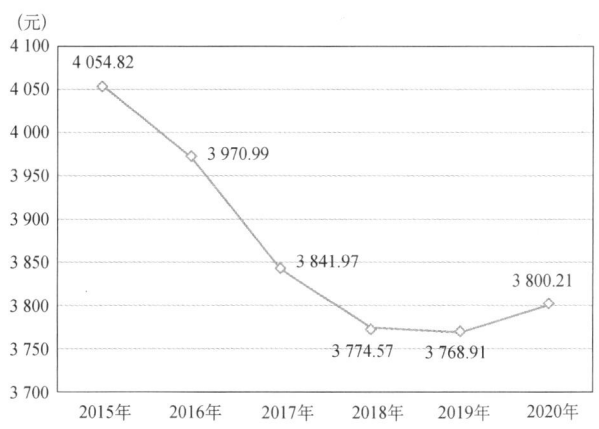

图 9　2015—2020 年全国民办中职生均教学仪器设备资产值

从全国民办中职生均图书册数和每百名学生拥有教学用计算机数的数据来看,两者在 2015—2020 年的数值均逐年快速下降。其中,全国民办中职生均图书册数从 2015 年的 24.33 册下降到 2020 年的 17.66 册,全国民办中职每百名学生拥有教学用计算机数从 2015 年的 20.50 台下降到 2020 年的 15.88 台(见图 10 和图 11)。

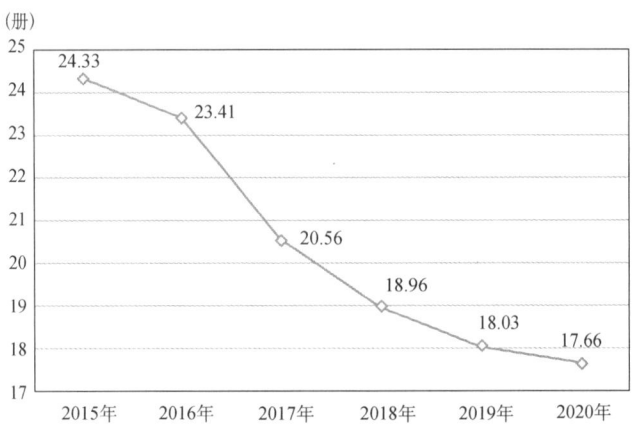

图 10　2015—2020 年全国民办中职生均图书册数

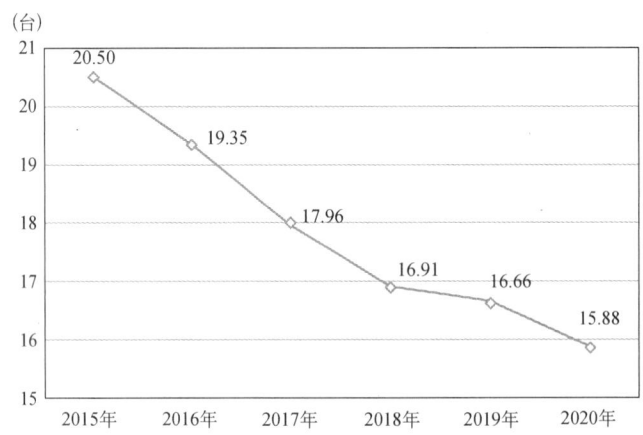

图 11　2015—2020 年全国民办中职每百名学生拥有教学用计算机数

从全国民办中职每百名学生拥有电子图书数来看,这一数据在 2015—2019 年快上升,从 2015 年和 2016 年的 0 册上升到 2019 年的 58.71 册,而 2020 年则又回落到 31.22 册(见图 12)。

(二) 2015—2020 年民办高等职业教育办学规模

民办高等职业教育的类型包括高等职业技术学院、高等专科学校和应用型本科大学。其中,高等职业技术学院和高等专科学校统称为"大专职业院校"。从 2019 年开始,教育部开始试点新型本科层次职业院校,即本科层次的职业技术大学,民办职业技术大学成为新的民办高等职业教育类型。而从办学规模看,2015—2020 年,民办大专职业院校依然是民办高等职业教育的主体。

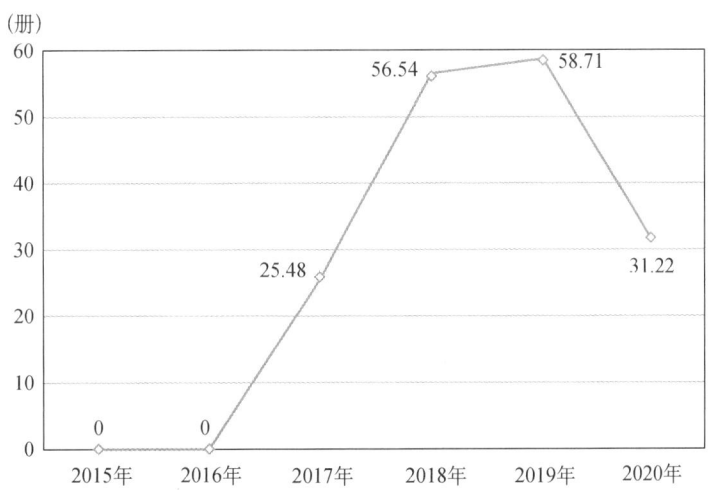

图 12　2015—2020 年全国民办中职每百名学生拥有电子图书数

1. 民办大专职业院校学校规模

1）全国民办大专职业院校学校数

截至 2020 年，全国共有民办大专职业院校 340 所。民办高职院校所占的比例在一定程度上可以反映一个地区的经济社会发展活力，一般而言，该比例越高，地区经济社会发展活力越强。在全国各区域中，华东地区的民办大专职业院校数量最多，达到 106 所，而西北地区的民办大专职业院校最少，仅 15 所。2020 年各区域民办大专职业院校数量详见表 1。

表 1　2020 年各区域民办大专职业院校数量　　　　　　　　　单位：所

序号	区域	数量
1	东北地区	23
2	华北地区	35
3	华东地区	106
4	华南地区	44
5	西南地区	72
6	西北地区	15
7	华中地区	45
	合计	340

2）2020 年新设立的民办大专职业院校学校数

2020 年，我国新设立民办大专职业院校 22 所，撤销 1 所，1 所民办大专同层次更名，2 所民办变公办，1 所公办变民办。总的来看，2020 年民办大专院校共 340 所（含 3 所中外合作办学大专）（见表 2），相比于 2019 年，民办大专职业院校增加了 20 所。

表 2　全国民办职业大专院校数量及 2020 年新设数量　　　　单位：所

序号	省（自治区、直辖市）	数量	2020年新设数量	备注
1	北京	9		
2	天津	1		
3	河北	13	1	
4	山西	4		
5	内蒙古	8		
6	辽宁	9		
7	吉林	8	2	
8	黑龙江	6		
9	上海	11		
10	江苏	21		含中外合作办学专科1所
11	浙江	9	1	
12	安徽	16	1	
13	福建	21		含中外合作办学专科1所
14	江西	12	1	
15	山东	16	2	
16	河南	25	4	含中外合作办学专科1所
17	湖北	10		
18	湖南	10		
19	广东	25		
20	广西	13	1	
21	海南	6		
22	重庆	20	3	
23	四川	33	4	
24	贵州	7	1	
25	云南	12		
26	西藏	0		
27	陕西	9	1	
28	甘肃	2		
29	青海	0		
30	宁夏	0		
31	新疆	4		
	合计	340	22	

2. 民办大专职业院校学生规模

从全国来看,2015—2020年民办大专职业院校的在校生人数呈现持续扩张并加速增长的态势。尤其是2018—2020年,在校生人数从256.37万人快速增长到369.58万人,增长幅度高达44.16%(见图13)。

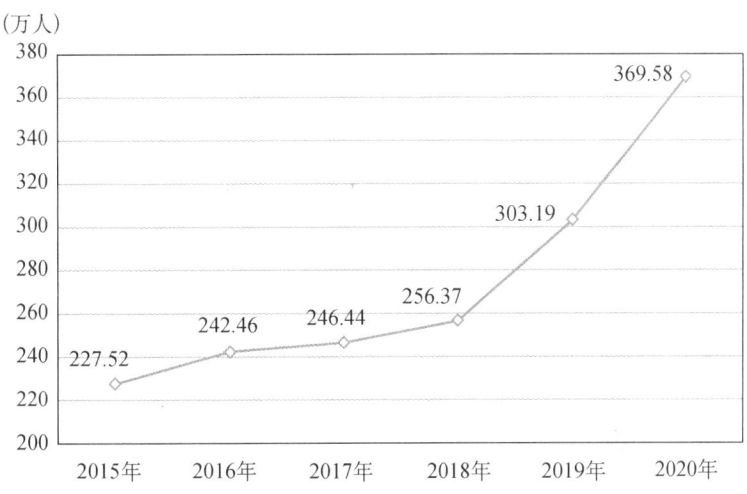

图13　2015—2020年全国民办大专职业院校在校生人数

3. 民办大专职业院校办学硬件规模

从全国来看,2015—2020年民办大专职业院校办学硬件规模(生均校舍建筑面积、生均教学行政用房面积、生均图书册数、生均教学仪器设备资产值)呈现先增后降的态势。具体来看,2015—2016年,办学硬件规模四项指标均小幅下跌,2016—2018年则总体保持稳定增长;2018—2020年,随着全国民办大专职业院校在校生人数的大幅增长,办学硬件规模的各项指标被相应"稀释",呈现快速下降的总体态势,下降幅度与在校生人数的增长幅度呈高度负相关(见图14～图17)。

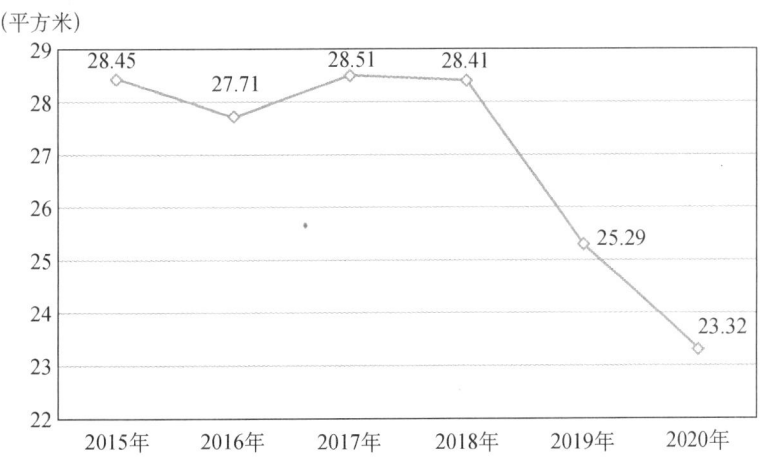

图14　2015—2020年全国民办专科生均校舍建筑面积

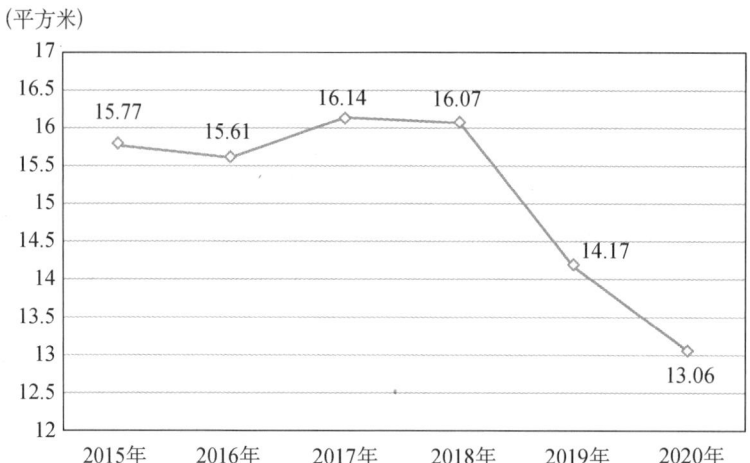

图 15 2015—2020 年全国民办专科生均教学行政用房面积

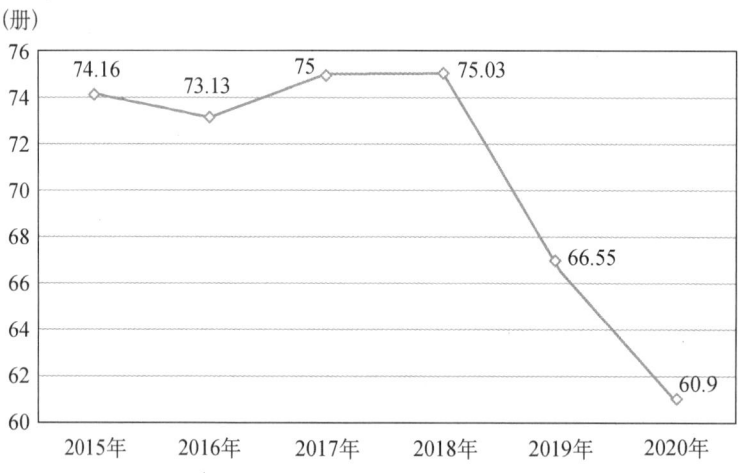

图 16 2015—2020 年全国民办专科生均图书册数

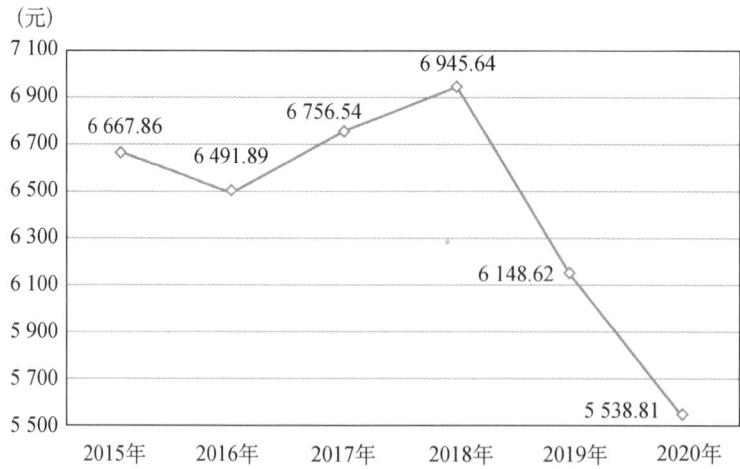

图 17 2015—2020 年全国民办专科生均教学仪器设备资产值

(三) 2015—2020 年民办非学历职业教育市场规模

2015—2020 年,民办非学历职业教育总体市场规模和各细分市场规模都稳步增长。

1. 民办非学历职业教育总体市场规模

2015—2020 年,我国民办非学历职业教育市场规模增长较快,从 2015 年的 4 561 亿元增长到 2020 年的 9 177 亿元。但由于非学历职业教育细分领域很多,各细分品类的市场空间及其开发程度也有明显差异。

2015—2020 年,我国职业技能教育市场增长强劲,即使在 2020 年新冠肺炎疫情的影响下,市场规模仍保持正增长。2020 年中国职业技能教育市场规模达到 1 415 亿元,较 2019 年增加 7.4%。随着国内疫情形势的逐渐明朗及国家对职业教育的支持,其市场规模有望进一步扩大。

2. 民办非学历职业教育细分市场规模

民办非学历职业教育的产业链以中游端的培训服务提供商为核心,而职业培训又分为职业考试培训、职业技能培训和企业管理培训,其中的细分赛道业态各有不同。

1) 公考市场

公考市场主要由国家公务员考试、各省市公务员招录、事业单位招录等类目组成。2020 年公考市场的市场规模大约为 331 亿元。

2) 教师培训市场

教师培训市场分为教师资格证考试市场、教师招录市场、后教师培训市场。2020 年教师培训市场的市场规模为 290 亿~300 亿元。

3) 金融财会类市场

金融财会类考试涵盖了超 10 类重要的资格认证,如会计专业技术资格考试(职称考试)、注册会计师考试(CPA)、特许金融分析师(CFA)、特许公认会计师考试(ACCA)、会计从业考试等。总体来说,2019—2020 年金融财会市场的市场规模为 120 亿~140 亿元。

4) 司法考试市场

司法考试培训分为司法考试培训、法硕培训、执法培训、新法培训、普法培训、职前教育等。2020 年法硕和法考的市场规模为 11.66 亿元,其中法考市场规模为 10.7 亿元,法硕考研市场规模为 0.96 亿元。

5) 职前培训市场

职前培训的主要目标人群是大学在校生、毕业生等求职人员。2020 年其市场规模为 88 亿元左右。

(四) 2015—2020 年民办职业教育发展特点

2015—2020 年,民办学历职业教育和非学历职业教育呈现出不同的发展特点。总的来看,民办中等职业教育学校规模进一步萎缩,民办高等职业教育呈现出地区、专业和生源的差异,在校企合作和办学层次上则深入推进;而民办非学历职业教育依然保持蓬勃发展的态势。

1. 民办中等职业学校数量下降但在校生数量逐年增加

随着市场对学历要求的提升,民办中职学校数量呈逐年下降趋势。浙江、河南等地2018年人才需求学历层次分布显示,专科、本科和研究生学历的人才需求量都同比上升,但是中专、高中及以下学历和无学历的人才需求占比都有不同程度的下降。民办中职学校数量逐年下降的主要原因是民办职业高中的减少,而民办职业高中数量下降的主要原因是民办职业高中在部分地区的招生困难、师资缺乏,以及各个省份严格排查中等职业教育的办学资质条件,重新规划区域内的中等职业教育学校和专业布局,甚至湖南省要求根据人口比例设置中等职业学校,原则上职业学校不再增加。但是中职院校的在校学生数量却逐年增加,这有利于留存下来的民办中职院校,生源会越来越集中到有优质教育资源和专业布局的院校中,单校在校生数有望上升。

2. 民办高等职业教育的发展特点

1) 民办高职院校多分布在经济发达地区

华东地区经济发展势头好,人才需求量大,是民办职业院校最为集中的区域,几乎每个省份民办职业院校都发展较好,如江苏省和福建省的民办职业院校都在20所以上,剩余省份的民办高职数量也都在10所左右。西北地区是公认的民办教育薄弱区域,像宁夏和青海地区都没有民办职业学校,而其他三省份民办职业学校也几乎都集中在省会地区。西南地区5省市中只有西藏没有民办职业院校,其他省份的民办职业院校氛围却相当不错。四川省有29所民办职业院校,稳居各省市榜首的位置,院校也几乎遍布了四川各个地级市。

2) 财经大类民办高职专业数量最多

根据全国民办高职高专统计数据,我国民办高职高专财经商贸大类学生数占各类民办高职高专学生总数的22.18%,开设财经商贸大类专科专业的民办高职高专共计241所。财经商贸大类包括财政税务类、金融类、财务会计类、统计类、经济贸易类、工商管理类、市场营销类、电子商务类、物流类等9个专业类、49个专科目录。由于民办高职院校办学经费相对匮乏,其专业设置容易受到学校财政状况限制,因而成本较低且相对热门的财经类、文化传媒类与旅游类专业更容易被开设,这或许是民办高职院校中财经类、文化传媒类等专业开设比例相对较高的原因之一。

3) 多数省份民办高职院校招生以省内生源为主

2014年,国务院颁布《关于加快发展现代职业教育的决定》,提出要"健全'文化素质+职业技能'、单独招生、综合评价招生和技能拔尖人才免试等考试招生办法"。这一系列的招生方法都主要面向省内进行,使得各省招生工作存在对省内生源的倾斜。同时,为了增强地方院校服务本地生源的能力,部分省份提出要加强地方院校在招生中对本地生源的倾斜。

4) 企业深度介入民办职业院校协同育人

企业处于感知职业变化的最前沿,拥有最新的行业信息和技术,在技术技能人才培养和人力资源开发中最有发言权。为了促进职业教育改革,企业等社会力量需要在实训基地、学科专业、教学课程建设和技术研发等方面参与共建,与学校一起开展校企合作、产教融合。

目前,民办高等职业院校的产教融合有两种形式:第一种是企业本身办学,例如吉利集团创办的北京吉利学院、三亚学院,三一集团创办的湖南三一工业技术学院等;第二种是校企合作协同育人。目前的产教融合形式多以第二种为主,其中衍生出了不少具体模式。

5) 民办高等职业教育的办学层次更加丰富

2014年,国务院首次提出"探索发展本科层次职业教育"。2019年6月,教育部正式批准首批15所高职院校升格为本科层次职业学院,由于"十三五"期间"公办高职院校原则上不得升格为本科院校"的政策环境,15所学校均为民办院校。2020年起,"公办高职院校原则上不得升格为本科院校"的政策有所松动,陆续有公办的高职院校或独立学院升格为本科层次职业院校。从2019年开始,教育部开始试点新型本科层次职业院校,本科层次的职业技术大学成为民办高等职业教育的重要新生力量。2019—2020年全国共设立职业技术大学21所,其中民办职业技术大学20所,公办职业技术大学仅1所。具体名单信息详见表3。

表3 2019—2020年设立的职业技术大学

序号	原校名	现校名	性质	获批时间
1	泉州理工职业技术学院	泉州职业技术大学	民办	2019年
2	南昌职业学院	南昌职业大学	民办	
3	江西软件职业学院	江西软件职业技术大学	民办	
4	山东凯文科技职业学院	山东工程职业技术大学	民办	
5	山东外国语职业学院	山东外国语职业技术大学	民办	
6	山东外事翻译职业学院	山东外事职业大学	民办	
7	周口科技职业学院	周口职业技术大学	民办	
8	广州科技职业学院	广州科技职业技术大学	民办	
9	广东工商职业学院	广东工商职业技术大学	民办	
10	广西城市职业学院	广西城市职业大学	民办	
11	海南科技职业学院	海南科技职业大学	民办	
12	重庆机电职业学院	重庆机电职业技术大学	民办	
13	成都艺术职业学院	成都艺术职业大学	民办	
14	西安汽车科技职业学院	西安汽车职业大学	民办	
15	陕西电子科技职业学院	西安信息职业大学	民办	
16	运城职业技术学院	运城职业技术大学	民办	2020年
17	辽宁理工职业学院	辽宁理工职业大学	民办	
18	上海中侨职业技术学院	上海中侨职业技术大学	民办	
19	南京工业职业技术学院	南京工业职业技术大学	公办	
20	新疆天山职业技术学院	新疆天山职业技术大学	民办	
21	浙江广厦建筑职业技术学院	浙江广厦建筑职业技术大学	民办	

3. 民办非学历职业教育的发展特点

1) 不同区域各细分领域的发展态势

不同地区对非学历职业教育的需求度有别,对其细分业务更是各有侧重。在职场人力竞争强度高的地区,如广东、江苏、山东等地对非学历职业教育的需求度最高,其中广东和江苏地区在"专业技能提升"方面的需求较强,而山东、黑龙江等地区则更看重"招录考试"。

此外,近年来下沉市场对职业教育的关注程度上升明显。二线城市对非学历职业教育的需求增量绝对值上升了11%,三四五线城市更是净增了20%以上。从细分行业来看,下沉地区增长最大的类目是"招录考试"和"专业技能提升",这和下沉地区开放更多基层公务员岗位(如村干部)以及部分中高端产业在下沉地区布局(如互联网助农、社区团购)有关。

2) 民办非学历职业教育行业竞争格局

2020年,职业培训市场投融资事件共37起,但投融资规模达到了78.6亿元。艾媒咨询分析师认为,新冠肺炎疫情进一步加速了行业洗牌,职业教育市场融资正在向少数头部企业聚集,市场集中度进一步提高。

如前所述,民办非学历职业教育的产业链以中游端的培训服务提供商为核心,其中细分的赛道业态各有不同,这些赛道按时间划分,分别为初期赛道、成熟期赛道和洗牌期赛道。初期赛道的特点是竞争激烈且产品同质化程度高,主要包括驾驶培训、企业管理等赛道。在该赛道内,具备清晰创新商业模式和较强资源禀赋的优质企业竞争优势明显。企业大学日益成为行业热点,面向企业各类在职人员的培训增长较快。成熟期赛道的特点为赛道内部竞争格局稳定,集中度高,主要包括公考、建工、医学、考研等赛道。在该赛道内,具备跨赛道发展、产业链前后延伸能力较强的龙头企业较有竞争力。洗牌期赛道的主要特点是市场空间大,竞争格局较为清晰但尚未稳定,主要包括IT、财会、教师、语言等赛道。其中,能够持续提升市场份额,确定性和成长性较好的头部企业具有竞争优势。

二、民办职业教育发展面临的挑战与问题

目前,我国技能劳动者已超过2亿人,高技能人才超过5 000万人。尽管如此,我国"技术蓝领"短缺的结构性就业矛盾依旧突出,全国技能劳动者占就业人口总量的比重仅为26%,高技能人才占技能人才总量的比重为28%,与发达国家相比仍然存在较大差距。因此,我国亟须加快高素质劳动者和技术技能人才的培养。当前,我国有1.13万所职业学校,在校生有3 088万人,已经建成世界上规模最大的职业教育体系,但"技工荒"、就业难、高技能人才供不应求等结构性就业矛盾依旧突出。民办职业教育发展面临的问题突出表现在以下两个方面。

(一) 民办职业教育发展缺乏持久动力

从社会力量参与职业教育的办学情况和校企合作现状来看,社会力量直接办学的意愿较低,传统的校企合作方式也呈现出"学校热、企业冷"的状况,行业企业以外的各类社会力量参与职业教育的积极性普遍不高。

1. 社会力量直接举办职业教育意愿低

民办职业院校的数量和占比是衡量社会力量直接举办职业教育意愿的重要参考指标。在优秀公办高职院校不断升本,公办中高职院校总体数量逐年下降的情况下,民办中高职院校的占比仍不断下降。特别是民办中职学校数量大幅萎缩,说明社会资本对投资中职教育领域的意愿明显减退。

社会力量多元参与职业教育并不仅仅是简单的与职业教育院校进行合作,还在于以职业教育利益相关者的立场积极主动地参与职业教育的共同治理,推进职业教育的发展。然而,在社会力量参与职业教育治理过程中,由于话语权的缺失,社会力量参与职业教育共同治理的空间极为有限,其分散的利益诉求表达无法形成合力,无法对职业教育治理政策的制定形成影响力,导致社会力量的各种利益诉求未能在职业院校人才培养过程中得到客观反映,从而影响了其参与职业教育治理的积极性。

2. 社会力量对中职教育的发展前景普遍存有疑虑

受教育适龄人口持续下降、高等教育扩招、新技术发展等因素的共同作用,本来规模就在不断萎缩的中职教育面临更大的挑战。在教育部发布的2020年教育事业统计公报中,中职教育是各级各类教育中唯一萎缩的教育类别。在中职教育总体规模有限的情况下,即便是办学经费充裕、享受政府各项扶持政策的公办中职学校也存在生源严重不足的问题,更遑论经费捉襟见肘的民办中职学校。因此,在"蛋糕"就这么大、公办学校都"吃不饱"的情况下,社会力量对参与中职教育疑虑重重。同时,随着人工智能等新技术在各行各业的不断应用,以培养一线操作人员为主的中职教育的发展业前景不容乐观,这在很大程度上对社会力量参与中职教育产生了障碍。

3. 民办职业院校良莠不齐,受认可度较低

一些民办职业院校淡化了职业技能人才的培养特色,校企合作也浮于表面、流于形式。此外,我国经济发展不平衡的现状也反映在职业教育的质量上。在经济发达地区,职业教育学校发展迅速,而在经济不发达地区,职业教育则难以获得有效的产业支持和资金投入。同时,长期以来因为社会对高学历的偏好,"重普通教育,轻职业教育"的风气盛行,在就业市场上,职校毕业生普遍处于学历鄙视链的底端,待遇偏低,前景黯淡。因此,职业教育难以被学生本人和家长认可。

4. 吸引社会力量参与职业教育的动力机制长期缺失

在社会力量参与职业教育的积极性本来就不高的情况下,激励社会力量参与的动力机制长期缺失,导致各类职业教育利益相关者在自身利益诉求得不到满足的情况下,又无法获得外部的利益补偿。比如,在校企合作的引导机制方面,现有法律制度对企业参与职业教育的责任和义务缺乏明确的界定和要求,未能有效调动企业的社会责任感和自觉性。此外,国家对企业的鼓励性政策措施制定也不到位,企业参与办学带来的额外成本未能以适当的方式获得补偿或回报,导致企业参与的主动性和积极性不高。

(二)管理体制及运行机制障碍影响社会力量参与职业教育

1. 职业教育管理体制还未完全理顺

目前,我国各级各类职业教育存在多头管理的局面。以2019年上海市中等职业学校

为例,其中,2所隶属中央部委,19所隶属市教委,29所隶属各区教育局,36所隶属行业企业等地方非教育部门。这样一种多头管理的局面不利于形成统一协调的职业教育治理体系。另外,目前职业院校寻求社会力量参与面临体制机制障碍。除山东省以外,大多数省份的公办职业院校中也未见成功开展混合所有制办学探索的案例,而且目前具有独立法人资格的中外合作举办的民办职业教育机构数量偏少。

2. 民办职业院校经费不足,教师待遇低

由于体制机制的问题,民办职业院校的办学经费长期不足,民办职业院校不得不倾向于开设"短、平、快"的文科类专业,且专业重复率高。对于就业前景好、行业企业希望共建的许多理工类新兴专业,民办职业院校只能望而却步。在师资建设方面,民办职业院校教师收入普遍不高,导致岗位吸引力不强,教师队伍的稳定性和积极性不足,民办职业院校普遍存在"人难进、人难留、人难用"等问题。此外,不少民办职业院校反映,教师专业技术职称晋升渠道不畅,同时技能型教师存在种种准入门槛,特别是来自业界的实训课老师难以取得教师资格证,造成"双师型"教师普遍短缺,这严重制约了民办职业教育的健康发展。

3. 社会力量参与和监督职业教育治理的内外部制度供给不足

就外部制度供给而言,社会力量参与和监督职业教育治理缺乏制度安排与保障。例如,在社会力量参与和监督职业教育治理中,多元主体协商治理是重要的实现方式,但由于缺乏相应制度安排与保障,社会力量参与和监督职业教育治理的知情权、参与权和监督权还未得到有效落实。目前,社会力量参与和监督民办职业院校治理还停留在提供实训基地、提供咨询服务等初级阶段,并没有对民办职业院校的外部监督和决策起到重要作用。就内部制度供给而言,在社会力量参与和监督职业教育治理的过程中,学术组织及智库等社会力量的作用如何发挥、行政权力与学术权力的边界如何厘清、社会力量参与和监督职业教育治理的绩效如何评估等都需要有效的制度供给予以明确。

三、民办职业教育未来发展的机遇与展望

随着职业教育顶层设计不断完善,职业教育体系改革不断深入,民办职业教育面临难得的发展机遇,未来发展态势进一步优化。

(一)民办职业教育的发展机遇

从发展机遇来看,未来民办职业教育在政策完善、体系改革和技术革新的推动下,发展空间不断打开,将成为整个民办教育的新增长极。

1. 国家政策导向利好民办职业教育

2019年1月,国务院印发《国家职业教育改革实施方案》(国发〔2019〕4号),开篇就明确了职业教育在整个教育体系中的重要性,即职业教育与普通教育"地位相当,同等重要"。2021年6月,《中华人民共和国职业教育法(修订草案)》第三条对"职业教育与普通教育具有同等重要地位"进行了重申。2021年修订的《民办教育促进法实施条例》进一步明确了我国政府积极鼓励社会力量举办民办职业教育的政策,提出了鼓励企业以独资、合

资、合作等方式举办或参与举办实施职业教育的民办学校。此外,为进一步发挥企业在职业教育中的主体作用,鼓励和引导各类市场主体参与职业教育,中共中央办公厅、国务院办公厅印发《关于推动现代职业教育高质量发展的意见》,其中首次提出"鼓励上市公司、行业龙头企业举办职业教育""职业学校要主动吸纳行业龙头企业深度参与职业教育专业规划、课程设置、教材开发、教学设计、教学实施,合作共建新专业、开发新课程、开展订单培养。鼓励行业龙头企业主导建立全国性、行业性职教集团,推进实体化运作"等举措。

随着2022年5月1日新修订的《中华人民共和国职业教育法》正式实施,职业教育在我国教育事业中的地位进一步上升,民办职业教育未来发展的政策空间被进一步打开。

2. "普职比"大体相当政策推动职业教育健康发展

依据国家层面所设定的"普职比"大体相当的政策目标,中职院校规模有望继续扩大。同时,随着职教高考升学路径的打通,中职生的升学率有望提升,高等职业教育招生规模将进一步扩大。

目前,我国职教改革已初见成效,各省中职生源供给呈上升趋势。例如,山东省于2018年颁布《山东省教育厅等11部门关于办好新时代职业教育的十条意见》,提出加快推进高校分类考试招生,使春季高考成为技术技能人才选拔的主渠道,本科招生计划安排逐步达到应用型本科高校本科招生计划的30%,为职业院校学生提供更多升入应用型本科高校机会。广东省于2019年颁布《广东省职业教育"扩容、提质、强服务"三年行动计划(2019—2021年)》,提出到2021年新增高等职业教育学位12万个以上,本科高校招收高职院校学生"升本"人数比2018年翻一番,中职学校毕业生升入高职院校的比例达到30%以上。

从2015年到2020年,全国高考报名人数从942万人增长到1 071万人,而普高毕业生人数则维持在800万人左右,增量主要是中职生源。例如,山东、广东、上海、天津等地的高考人数统计中包含了春季高考、对口单招等中职学生人数。

3. 职教本科招生政策推动高等职业发展

2021年10月12日,中共中央办公厅、国务院办公厅印发《关于推动现代职业教育高质量发展的意见》,首次提出职教本科的招生目标,要求到2025年职教本科招生规模不低于高职招生规模的10%。同时,《关于推动现代职业教育高质量发展的意见》还指出,鼓励应用型本科大学积极开展职业教育,开设本科职业教育专业,到2035年职业教育整体水平进入世界前列,技术技能人才社会地位大幅提升,职业教育供给与经济社会发展需求高度匹配,在全面建设社会主义现代化国家中的作用显著增强。由此可见,在国家政策的大力支持下,高等职业教育的发展空间将进一步打开,教育教学改革将进一步深化。

4. 技术革新推动非学历职业教育发展

2017年,OMO(即Online - Merge - Offline,指线上线下融合的模式)概念首次在新零售领域提出并成功实践。2020年,新冠肺炎疫情的暴发推动了在线教育行业持续升温,职业教育赛道的众多市场参与者加速布局OMO。结合数字经济、"互联网+"等战略部署,2020年7月,国家发展改革委、文化和旅游部等13部委联合发布《关于支持新业态新模式健康发展激活消费市场带动扩大就业的意见》,提出支持15种新业态、新模式发展,有效发挥数字化创新对实体经济提质增效作用,推动产业数字化转型。长远看来,发展线上线下融合教育能够促进5G、人工智能、云计算、VR/AR等新兴技术在教育行业中的广泛应用,也是推动优质教育资源共享、实现教育公平的重要举措。

在相关政策的鼓励下,资本加速入局教育行业,职业教育和STEAM教育成为近年来两大热门赛道,分别占2021年上半年教育行业投融资事件数量的22.92%、18.78%。据统计,2016年是近年来职业教育赛道融资事件的高峰年份,之后虽事件数减少,但资金额度不断上升,屡创历史新高。

具体来看,职业技能培训是职业教育投资领域中最热门的方向,占整体职业教育投资事件比例高达60%~80%。据统计,2020年高估值教育"独角兽"企业有10家,其中职业教育占3家,分别为高顿教育、麦奇教育科技和慧科教育,均为在线职业教育公司。由此可见,技术革新为非学历职业教育发展提供了新机遇。

(二)民办职业教育的未来发展趋势

未来,民办职业教育将在学历职业教育和非学历职业教育两大领域同步发展,整个民办职业教育将在政策、需求和技术的加持下步入新的发展阶段。

1. 学历职业教育发展趋势

1)民办学历职业院校有望得到更快发展

2020年,教育部等9部门联合发布《职业教育提质培优行动计划(2020—2023年)》(教职成〔2020〕7号),提出"职业教育和普通教育不同类别、同等重要,巩固横向融通、双轨并行的中国特色现代职业教育体系"。国家教育事业"十四五"规划进一步提出,优化财政拨款制度,建立公办学校拨款和民办学校补贴联动机制,加大对民办院校发展的支持力度。

2021年修订的《民办教育促进法实施条例》于9月1日开始执行。该条例明确了民办学校举办者的权利义务,对义务教育阶段民办学校的审批、设立等各环节提出了要求,并对其收费、管理等方面的行为作出详细规范。与义务教育阶段设置清晰"红线"不同,国家对职业教育范围内的民办学校以鼓励为主,坚持扶持和规范并重的导向,允许企业以独资、合资、合作等方式办设营利性职业学校。同时,在专业设置、课程安排、教材选用、教师评聘和收费标准方面,国家也给予民办职业院校更多自主权。

根据教育部发布的数据,2015—2020年我国民办职业教育发展迅速,尽管由于政策调整,部分教学质量低下的中职院校被关停,导致中职院校学校数量有所下降,但中等职业学校和民办普通本专科学校的招生规模均不断扩大,2020年分别达到101万人和236万人,复合增长率分别为7.4%和5.8%。"大浪淘沙"过后,民办职业院校总体质量有所上升,在政策支持力度持续加码下,预计未来民办职业教育招生规模将进一步扩大,在校生人数继续增长,该市场进入发展"快车道"。据Frost & Sullivan测算,中国民办学历职业教育行业增长势头强劲,年复合增长率将达到12%(2015—2024年),2024年市场营收将达776亿元人民币。

以中国华南职业教育集团为例,受惠于大湾区经济的高速增长和政府的利好政策,中国华南职业教育集团致力于培养支持TMT、大健康等新兴产业人才,这两个领域相关专业的学生占该集团院校学生总人数的64%左右。在2017—2018学年、2018—2019学年、

2019—2020学年,岭南职业技术学院毕业生的初次就业率分别为92.5%、92.3%、84.5%,岭南现代技师学院毕业生的初次就业率分别为99.5%、99.4%、99.2%,在大湾区同类民办职教院校中表现突出。

2) 校企合作、产教融合将得到持续深化

当前,民办职业教育多采取集团化办学的方式,在政府财政支持下,采取"1+X"证书等培养模式,有效融合教育链、人才链、产业链和创新链,推动社会优质资源向育人资源转化。据教育部发布的数据,自国务院颁发的《高等职业教育创新发展行动计划(2015—2018年)》实施以来,全国有29个省份,共计投入省级财政经费89.9亿元,推动优质企业与职业院校共建共享2 522个生产性实训基地。2020年,"产学合作协同育人"计划共有9 553个立项项目,参与企业达328家。该计划主要包括学科建设项目(新工科、新医科、新农科、新文科)、教学内容和课程体系改革项目、师资培训项目、实践条件和基地建设项目、创新创业教育改革项目、创新创业联合基金项目六大类,旨在规范和引导企业提供资金和资源支持职业院校发展。其中,师资培训项目支持资金最低限度为2万元/项,实践条件和基地建设项目支持资金最低限度为20万元/项,其余四类支持资金最低限度为5万元/项。

2. 非学历职业教育发展趋势

1) 职业培训下沉市场前景广阔,三四线城市机会增多

随着产业升级和经济转型带来的就业压力增加、技术人才需求旺盛,以及劳动者观念的变化导致个人提升需求增强,近年来非学历职业教培行业快速发展,预计到2023年,企业管理培训、职业技能培训、职业考试培训的市场规模分别可达3 004亿元、1 771亿元和1 122亿元,2015—2023年非学历职业教育整体市场规模复合年均增长率为14.41%。

当前,非学历职业教育培训的生源多来自经济发达地区,主要以一线城市、新一线城市为主,如北京、重庆、上海、天津等地,但占比并不高,总体而言呈较为分散的状态。根据百度发布的搜索流量大数据,2019—2020年,会计、烘焙、IT编程等细分领域的职业教育在一二线城市已趋成熟,在三四线城市机会增多;建筑工程、数控编程方向的职业教育在二三线城市发展态势较好。随着教育普惠导向的增强以及在线职业教育模式的推广,未来下沉市场潜力巨大。

2) 职业培训业务模式不断创新,有望重塑教育生态圈

在线职业教育的发展促进职业教育培训加速向线上线下融合模式转型。在教学创新方面,利用互联网、人工智能、5G等新兴数字化科技手段,职业教育提供者可将学生课前、课中和课后各阶段、各场景的学习数据进行整合,针对用户特点,定制"内容自适应"的个性化教学方案,增强互动参与感,提升用户学习体验。在平台运营方面,企业可借助线上运营数据管理,优化销售前台、教研中台和管理后台的运营方式,提升用户留存率。除此之外,线上线下融合模式有利于打造职业教育生态圈,推动智能自适应平台、语音识别、图像识别、数据管理等多种创新企业入局职业教育培训领域,与职业教培机构开展合作;也有利于教培企业延长自身产业链,增强竞争和可持续发展潜力。

3) "短视频+职业教育"模式应运而生

随着短视频传播方式的迅速普及,"短视频+职业教育"的融合发展模式应运而生,在

一定程度上促进了教育普惠和教育资源共享。得益于其精简获客流程、轻量内容属性和多元表现形式等特点，"短视频+职业教育"市场呈现爆发式增长，课程内容消费者通过转发、评论、点赞等交互形式产生反馈，内容生产者通过售卖课程和流量变现后的广告收入得到激励，从而使该模式成为传统职业教育形式的有益补充。

未来，在政策支持力度加大、教育消费需求增加、教育科技手段更新加快等因素的推动下，我国职业教育将迎来发展黄金期，学历职业教育与普通高等教育将实现横向融通，社会资本躬身入局，赋予持续发展动能。同时，随着各类职业机构对师资、技术、管理等优质资源要素的竞争更加激烈，职业教育也将进入整合窗口期。因此，学历职业教育和非学历职业教育都需要及时创新业务模式，开拓下沉市场，提供更多元、优质的职业课程品类，更好地满足用户的多元化需求。

（本文由华东师范大学国际与比较教育研究所黄河执笔）

区域报告

QUYU BAOGAO

中国民办教育行业发展报告（2015—2021年）

内蒙古自治区民办教育发展报告

一、内蒙古自治区民办教育发展概况

据《内蒙古自治区2020—2021学年初教育统计》,内蒙古自治区共有民办学校2 920所(不包括培训教育机构),在校生人数435 526人。其中,民办高校10所(1所本科、1所独立学院、8所高职高专),在校生人数31 531人;民办高中113所,在校生人数47 655人;民办初中和小学共86所,在校生人数82 203人;民办幼儿园2 711所(其中普惠性幼儿园1 309所),在校生人数274 137人(其中普惠性幼儿园在校生人数182 856人)。

(一)民办教育发展情况

1. 学校数量总体变化不大

2020年内蒙古自治区民办学校数量较2015年增加316所,增幅为12.44%。其中,民办高校较2015年数量没有变化;民办普通高中增加了12所,增幅为31.58%;民办普通初中增加了17所,增幅为44.74%;民办小学减少了3所,减幅为8.82%;民办幼儿园增加了290所,增幅为11.98%。

2. 招生数有所减少

2020年内蒙古自治区民办学校招生数较2015年减少12 658人,减幅为9.26%。其中,民办高校增加6 024人,增幅为143.70%;民办普通高中增加2 559人,增幅为42.65%;民办普通初中增加7 155人,增幅为67.55%;民办普通小学增加2 429人,增幅为54.88%;民办幼儿园减少30 825人,减幅为27.64%。

3. 在校生数有所减少

2020年内蒙古自治区民办学校在校生数较2015年增加29 676人,增幅为7.80%。其中,民办高校增加16 852人,增幅为114.80%;民办普通高中增加7 219人,增幅为48.25%;民办普通初中增加15 315人,增幅为26.83%;民办普通小学增加7 454人,增幅为26.83%;民办幼儿园减少17 164人,减幅为5.89%。

4. 教职工队伍发展稳定

2020年内蒙古自治区民办学校教职工人数较2015年增加3 683人,增幅为73.22%,专任教师增加2 622人,增幅为69.98%;民办小学教职工总数增加51人,增幅为4.80%,

专任教师增加 25 人,增幅为 3.45%;民办幼儿园教职工总数增加 10 906 人,增幅为 36.69%,专任教师增加 3 411 人,增幅为 18.02%。

(二) 民办教育与全区教育发展对比

根据 2020 年教育统计数据,按照学校数、招生数、在校生数三项指标对民办教育与全区教育进行对比,民办高校的占比分别为 18.52%、6.73%、6.48%,民办中职的占比分别为 27.27%、14.82%、14.52%,民办高中的占比分别为 16.39%、5.98%、5.46%,民办初中的占比分别为 7.74%、8.07%、7.10%,民办小学的占比分别为 1.88%、2.86%、2.55%,民办幼儿园的占比分别为 61.22%、39.99%、44.87%(见表1~表3)。

表 1　2020 年内蒙古自治区民办学校数量及占比情况　　单位:所

学校类型	学校总数	民办学校数	民办学校占比
高校	54	10	18.52%
中职	231	63	27.27%
高中	305	50	16.39%
初中	711	55	7.74%
小学	1 652	31	1.88%
幼儿园	4 428	2 711	61.22%

表 2　2020 年内蒙古自治区民办学校招生人数及占比情况　　单位:人

学校类型	招生总数	民办学校招生数	民办学校招生数占比
高校	151 812	10 216	6.73%
中职	67 926	10 065	14.82%
高中	143 101	8 559	5.98%
初中	219 883	17 747	8.07%
小学	239 951	6 855	2.86%
幼儿园	201 774	80 687	39.99%

表 3　2020 年内蒙古自治区民办学校在校生人数及占比情况　　单位:人

学校类型	在校生总数	民办学校在校生数	民办学校在校生数占比
高校	486 647	31 531	6.48%
中职	175 446	25 473	14.52%
高中	405 893	22 182	5.46%
初中	661 608	46 970	7.10%
小学	1 381 519	35 233	2.55%
幼儿园	610 972	274 137	44.87%

具体来看,如表 4 所示,2020 年内蒙古自治区公办高校 44 所,在校生人数 455 116 人,校均规模 10 344 人;民办高校 10 所,在校生人数 31 531 人,校均规模 3 153 人。2020 年全区公办中职 168 所,在校生人数 149 973 人,校均规模 893 人;民办中职 63 所,在校生人数 25 473 人,校均规模 404 人。2020 年全区公办高中 255 所,在校生人数 383 711 人,校均规模 1 505 人;民办高中 50 所,在校生人数 22 182 人,校均规模 444 人。2020 年全区公办初中 656 所,在校生人数 614 638 人,校均规模 937 人;民办初中 55 所,在校生人数 46 970 人,校均规模 854 人。2020 年全区公办小学 1 621 所,在校生人数 1 346 286 人,校均规模 831 人;民办小学 31 所,在校生人数 35 233 人,校均规模 1 137 人。2020 年全区公办幼儿园 1 717 所,在校生人数 336 835 人,校均规模 196 人;民办幼儿园 2 711 所,在校生人数 274 137 人,校均规模 101 人。

表 4 2020 年内蒙古自治区民办学校与公办学校对比

办学层次	学校数(所)			在校生人数(人)			校均规模(人)		
	公办	民办	差值	公办	民办	差值	公办	民办	差值
高校	44	10	34	455 116	31 531	423 585	10 344	3 153	7 191
中职	168	63	105	149 973	25 473	124 500	893	404	489
高中	255	50	205	383 711	22 182	361 529	1 505	444	1 061
初中	656	55	601	614 638	46 970	567 668	937	854	83
小学	1 621	31	1 590	1 346 286	35 233	1 311 053	831	1 137	−306
幼儿园	1 717	2 711	−994	336 835	274 137	62 698	196	101	95

二、内蒙古自治区扶持和规范民办教育发展的举措

(一)加强民办学校党组织建设

早在 2009 年 8 月,经内蒙古自治区党委组织部批准,内蒙古自治区高校工委下设成立呼和浩特地区民办高校党委,同年对呼和浩特地区民办高校派驻党建工作联络员和督导专员,实行党政联席工作制度。民办高校党委的成立,明确了党组织在民办高校中的职责与定位,建立了适应民办高校发展实际的党建工作机制和管理体制,使民办高校党组织的政治核心和战斗堡垒作用切实得以发挥,为维护学校稳定、促进学校发展、构建和谐校园作出了贡献。

2021 年 5 月,内蒙古自治区党委组织部、教育厅、民政厅、人社厅、市场监督局五部门制定印发《加强全区民办学校党建工作若干措施》,从强化政治引领、参与决策和监督、有效覆盖、党组织书记队伍建设、党组织建设质量、党建工作责任、激励约束和保障机制 7 个方面提出 21 条加强各级各类民办学校(幼儿园)、培训机构党的建设措施。同年 8 月,内蒙古自治区党委教育工委制定印发《驻呼民办高校党组织负责人选派工作办法》,从自治区教育厅、有关高校选派 9 名处级干部任驻呼和浩特市民办高校党组织负责人。此外,内

蒙古自治区党委教育工作领导小组秘书组印发《关于在各级各类学校开展党的教育方针贯彻落实专项行动工作方案》，自治区教育厅印发《关于做好民办学校贯彻落实党的教育方针有关工作的通知》，对各级各类学校及民办学校组织开展党的教育方针贯彻落实作出动员部署和统筹安排，通过调度进展情况、发工作提醒函等方式督促指导各地各校对照专项行动重点任务深入做好自查和整改工作。

其中，《加强全区民办学校党建工作若干措施》要求民办中小学、民办幼儿园党组织关系按属地管理原则隶属于旗县（市、区）党委教育工作部门或教育行政部门党组织，民办培训机构党组织关系一般隶属于旗县（市、区）主管部门党组织，从而明确了民办学校党组织的隶属关系，提高了民办学校党建工作质量，加强了党对民办学校的领导。

（二）政策法规不断完善

近年来，内蒙古自治区政府、教育厅相继出台了一系列相关政策文件，以规范、支持民办教育健康发展。

2018年，内蒙古自治区人民政府出台《内蒙古自治区人民政府关于鼓励社会力量兴办教育促进民办教育健康发展的实施意见》（内政发〔2018〕2号），文件对2017年9月1日前批准设立的民办学校自愿进行非营利性或营利性办学登记设置了过渡期限，过渡期为6年，即民办学校举办者应在2023年8月31日前自愿进行非营利性或营利性办学登记。此外，文件明确了学校办学定位，积极引导民办学校服务社会需求，加强内涵建设，提高办学质量，为民办教育高质量发展指明了方向。

同年，内蒙古自治区教育厅、人力资源社会保障厅、民政厅、机构编制委员会办公室、工商行政管理局共同印发《内蒙古自治区民办学校分类登记管理办法（试行）》（内教发〔2018〕41号）；内蒙古自治区教育厅、人力资源社会保障厅、民政厅、工商行政管理局共同印发《内蒙古自治区营利性民办学校监督管理办法（试行）》（内教发〔2018〕42号）。这两个文件的出台为做好民办学校分类登记和分类管理工作明确了责任，细化了措施，确保了民办教育分类管理改革各项政策精准落地，促进了民办教育有序、协调、可持续发展。

此外，内蒙古自治区政府及教育厅在2018—2021年相继出台多项规范民办教育发展的指导性文件，如《内蒙古自治区人民政府办公厅关于规范校外培训机构发展的实施意见》《内蒙古自治区民办教育类培训机构设置指导标准》《关于严格规范中小学入学管理工作的通知》《内蒙古自治区城镇小区配套幼儿园建设管理办法》《加强全区民办学校党建工作若干措施》《内蒙古自治区民办学校（幼儿园）规范发展专项行动工作方案》等，为民办教育工作指明了方向。

（三）为民办教育提供经费扶持

从2011年起，内蒙古自治区设立民办教育发展专项资金，开始额度为每年2 000万元，2016—2017年每年下拨5 700万元，2018—2019年每年下拨7 000万元。专项资金主要用于扶持民办学历学校（不包括民办幼儿园、民办培训机构）的发展，其中约25%的资金用于符合一定条件的民办高校在校生生均补助，剩余部分按照因素分配法下达到各盟市，用于地方支持民办中小学、中等职业学校发展。例如，2017年下达到各盟市的资金为

4 320万元,2018年下达到各盟市的资金为5 038万元。2019年,内蒙古自治区投入3.2亿元用于扶持普惠性民办幼儿园发展,投入1.964 2亿元(其中中央资金1.192 8亿元,自治区资金7 714万元)进行幼儿教育资助。

2018年10月,经内蒙古自治区人民政府同意,自治区财政厅、教育厅出台了《关于建立公办幼儿园生均公用经费基准定额和普惠性民办幼儿园补助标准的通知》(内财教〔2018〕1412号),规定从2019年春季学期开始,对全区所有公办幼儿园(含小学附设幼儿园及幼儿班)实施年生均公用经费基准定额600元(其中特殊教育幼儿园和随班就读残疾幼儿公用经费基准定额6 000元)、普惠性民办幼儿园年生均公用经费补助120元的政策,所需资金由各级财政按照分担比例纳入年度预算予以保障,自治区与各盟市财政参照常规项目比例分担,资金主要用于幼儿园日常运转所需支出。为进一步增加扶持力度,提高民办幼儿园提供普惠性服务的意愿,2020年起全区普惠性民办幼儿园年生均公用经费补助标准提高到600元,与公办幼儿园持平。

(四) 开展规范治理工作

1. 开展小区配套幼儿园治理工作

2020年9月,内蒙古自治区教育厅会同住建厅、自然资源厅成立联合调研组,对未完成治理任务的9个盟市进行实地调研。其中,列入城镇小区配套园治理台账任务的共335所幼儿园,截至2020年9月30日,已完成治理278所,改办成公办园56所,改建为普惠性民办园222所,治理完成率为83%,增加普惠性学位6.47万个。在治理的基础上,内蒙古自治区教育厅还会同自治区自然资源和住建厅等部门还对后续新开发城镇小区的幼儿园配套建设工作进行了规划和安排。

2. 开展民办学校(幼儿园)规范发展专项行动

2021年3月,内蒙古自治区教育厅印发《内蒙古自治区民办学校(幼儿园)规范发展专项行动工作方案》,对全区各级各类民办学校进行摸排调研,指导督促各盟市组织辖区内民办学校完成自查、抽查和整改工作,其中有6个盟市已完成本次行动整改工作。通过开展专项行动,各盟市、旗县教育行政部门和民办学校在办学许可、办学条件改善、师资队伍建设、招生就业管理、学生管理、收费和专项资金使用等方面得到多方位规范。

3. 开展规范公办学校举办或者参与举办民办义务教育学校整改工作

内蒙古自治区高度重视规范民办义务教育发展工作,区教育厅成立全区教育系统规范民办义务教育发展工作领导小组及工作专班,研究制定实施方案,配套制定"内蒙古自治区关于规范民办义务教育发展专项工作任务清单"和"内蒙古自治区关于规范民办义务教育发展专项工作的负面清单",积极推进民办义务教育学校"公参民"治理方案制定工作,确保落实"公参民"整改各项目标落实落地。

(五) 创建民办教育管理平台

2021年5月,内蒙古自治区教育厅完成"内蒙古自治区民办教育管理系统"试运行工作,7月下旬启动全区民办中小学和幼儿园数据采集录入工作。目前,全区所有民办学校的数据采集工作已全部完成,教育管理系统全面运行,基本实现全区民办学校信息公开和规范管理。

三、内蒙古自治区民办教育存在的问题

(一)学龄人口减少,生源不足问题显现

生源问题是民办教育发展的重点,持续稳定的生源是民办教育发展的重要保障。结合有关专家的调查研究及内蒙古自治区新生人口的数据分析,未来自治区学龄人口总体上呈现波动式下降趋势,这对民办教育的生源势必产生一定影响。从内蒙古自治区各教育阶段学龄人口数量发展趋势来看,各阶段学龄人口总体呈下降趋势,教育适龄人口在减少,小学每年的入学人数已经从2000年前后的35万人左右下降到25万人左右,其他各学段的人数也在明显下降,民办教育生源不足的问题进一步凸显。

(二)个别民办学校举办者法律意识淡薄,学校办学行为不规范

2020年,个别民办学校相继出现负面事件,对内蒙古自治区民办教育发展造成了不良影响。例如,某民办高校违反国家规定异地招生,扰乱办学秩序;个别幼儿园体罚恐吓幼儿、播放佛教音乐等,反映出部分民办学校举办者法律意识淡薄、学校办学行为不规范、学校负责人不了解国家政策与法律等问题,严重影响了民办教育的发展和社会声誉。

(三)民办学校(幼儿园)教师队伍建设有待加强

一是部分民办学校(幼儿园)教师素质良莠不齐。一些小规模的民办学校(幼儿园)录用教师基本是按照本校需求,考核把关不严,导致一些民办学校(幼儿园)教师队伍素质不高,直接影响学校教学质量。二是教师年龄结构不尽合理。民办学校的教师年龄特别是高中教师年龄结构偏大,有退休的,也有刚毕业的,年龄层次断档现象比较严重。民办学校压力大,工作强度大,年纪偏大的教师虽有"老经验",但对新的理念、新的教育设备不熟悉,体力不支、精力不足。年轻教师学历高、学识渊博,但缺少教育经验。三是人员流动现象严重。民办学校在运营过程中存在着很大的风险,比如,如果生源缩减,教师就会面临下岗风险。因此,一部分优秀教师在民办学校得到锻炼后,为寻求保障会考取公办学校或跳槽到其他学校。这是民办学校面临的一个主要问题。

四、内蒙古自治区民办教育发展展望

(一)提高民办学校办学者的政治法律意识

依法治校是民办学校规范管理的基本前提。近年来,我国陆续出台了一系列促进和规范民办教育发展的新政策、新举措,如《民办教育促进法》《民办教育促进法实施条例》以及中共中央办公厅、国务院办公厅下发的"双减政策"等一系列文件政策,民办学校的举办者及管理者应认真贯彻学习,领会政策文件精神,一切办学行为都要遵循国家法律、政策、制度,确

保办学行为的合法性。此外,民办学校在办学过程中要不断提高政治领悟力和执行力,全面贯彻党的教育方针,坚持社会主义办学方向,落实立德树人根本任务,遵循教育规律,发展素质教育,树立科学的教育发展观、人才成长观、选人用人观,努力培养担当民族复兴大任的时代新人,培养德智体美劳全面发展的社会主义建设者和接班人。

(二) 提高民办学校党建工作质量

民办学校党组织要坚持以党的政治建设为统领,把抓好思想政治与德育工作作为首要政治责任,推动学习习近平新时代中国特色社会主义思想融入日常、抓在经常,把理想信念教育、社会主义核心价值观教育、爱国主义教育贯穿学校教育全过程,要强化民族团结进步教育,铸牢中华民族共同体意识,将民办高校辅导员纳入公办高校辅导员教育培养体系,同谋划、同部署、同安排、同落实。同时,民办学校党组织要在教学科研管理工作中认真履行政治把关职责,引导民办学校依法办学、规范办学、诚信办学,严格执行党的组织生活制度,牢牢掌握党对意识形态工作的领导权、管理权、话语权,在保证政治方向、凝聚师生员工、推动学校发展、引领校园文化、维护安全稳定、抵御和防范宗教向校园渗透、参与人事管理和服务等方面充分发挥战斗堡垒作用,积极推进民办学校党组织班子与学校决策层、管理层"双向进入、交叉任职",健全完善党组织与学校董(理)事会、监事会日常沟通协商及党组织与行政管理层联席会议制度,定期组织党员、教职工代表等听取校长工作报告以及学校重大事项情况通报,保证党组织在重大事项决策、监督、执行各环节有效发挥作用。此外,民办高校、中小学校要明确党组织研究决定、参与讨论研究以及政治把关的具体事项清单。涉及学校党的建设、思想政治工作和意识形态工作等事项,由党组织会议研究决定;涉及学校发展规划、重要改革、人事安排和师生员工切身利益等重大事项,党组织要参与讨论研究,重点从坚持党的领导、把牢正确办学方向、落实意识形态责任制、严把领导人员的政治素质、维护校园和谐稳定等方面提出明确意见,经党组织会议研究同意后再提交董(理)事会作出决定;涉及教师引进、课程建设、教材选用、学术活动、对外交流等教育教学重要事项,党组织要把好政治关。

(三) 推动民办教育高质量发展

1. 地方政府应健全配套政策文件

(1) 完善民办学校治理体制:优化民办学校内部治理运行机制,完善教职工(代表)大会参与学校重要事项决策机制;构建民办学校办学水平评估指标体系和标准;建立完善民办学校年检年报制度和民办学校信息公开制度;制定民办义务教育学校资金监管办法以及财务管理、收费管理等办法,建立信息化平台,加强规范管理;制定非营利性民办学校监督管理办法,规范民办学校招生行为;探索建立民办教育信用档案制度,建立规范诚信褒扬、违规失信惩戒机制。

(2) 健全民办学校教师保障和培养体系:建立民办学校专任教师劳动、聘用合同备案制度,建立民办学校教师工资指导标准,逐步提高教师待遇;建立健全学校、个人、政府合理分担的民办学校教职工社会保障机制,提高教师退休待遇;健全民办学校教师培养体系,创新民办学校教师培训方式,培养一批在自治区内外有较大影响力的民办学校名校长、学科带头人和骨干教师;健全民办教育教学研究体系,加强盟市、旗县区两级民办教育科研和教研队伍建设,加强民办教育研究。

（3）构建公办、民办教育协同发展机制:建立教师专业发展、学校督导评估等方面的公办、民办协同机制;推进公办、民办义务教育学校统一管理,在招生、学校管理、教师发展等方面实现与公办学校同步管理、同步实施。

2. 民办学校要加强自身建设,依法办学,规范发展

各级各类民办学校要坚持党对教育事业的全面领导,大力推进教育高质量发展,依法规范办学,为全面加快教育现代化进程而努力。

中共十九届五中全会提出"以推动高质量发展为主题",强调"建设高质量教育体系"。因此,贯彻新发展理念、构建新发展格局、推动高质量发展,应该成为民办高校的发展主线。新时期民办高校要更加注重内涵建设,要把立德树人作为根本任务,以提升教育教学质量为目标,以贯彻推进教育公平为价值取向,培养德智体美劳全面发展的社会主义建设者和接班人。

2021年10月,中共中央办公厅、国务院办公厅印发《关于推动现代职业教育高质量发展的意见》,提出到2035年建成技能型社会的目标,要求切实把现代职业教育作为培养高素质技术技能人才、能工巧匠、大国工匠的基础性工程,作为加快发展现代产业体系、巩固壮大实体经济根基的基础环节,作为全面推进乡村振兴、提升城镇化发展质量、促进区域协调发展的重要支撑。民办职业学校要根据社会实际需要设立相关专业,使受教育者掌握所需的职业技能,为社会解决就业困难,为国家提供高素质人才,为生产服务一线提供生力军,为自治区的经济建设与发展提供帮助。

民办中小学要按照国家及自治区有关要求规范办学行为,提升教学质量,促进学生全面发展、健康成长;要认真落实"双减"政策,加强过程管理,提升师资队伍水平,保证教育质量。

民办幼儿园的未来发展应以普惠性办园为主,要树立科学的教育目标,遵循幼儿发展规律,杜绝小学化倾向,全面开展生活、游戏、体育和适合幼儿的各项学习活动,使幼儿养成良好习惯,促进幼儿个性的发展。

民办校外培训机构要严格执行"双减"政策,寻求转型和生存发展新路径,切实做好义务教育阶段学科类校外培训机构统一登记为非营利性机构的相关工作。

（本文由内蒙古民办教育协会郗志杰、王佳丽、白贵平执笔）

辽宁省民办教育发展报告

"十三五"时期,辽宁省民办教育发展的政策环境进一步改善,民办学校办学者和管理者的办学和管理水平显著提高,全省民办教育呈现出健康发展的态势,规模稳步增长,办学层次、办学水平和办学质量明显提高,各种层次和类型的民办教育都出现了一批规模比较大、投资比较多、特色突出、社会信誉好的教育机构,部分学校的办学条件和办学水平已经达到国内同层次同类别民办学校的一流水平。

一、辽宁省民办教育发展概况

截至2020年,辽宁省共有各级各类民办学校17 698所。其中,民办高等院校30所(含独立学院),民办高中110所,民办中等职业学校85所,民办义务教育阶段学校75所,民办幼儿园6 694所,非学历教育培训机构10 650所。全省民办学校在校生(含非学历培训和幼儿园)2 316 071人,专任教师74 941人。

(一)全省民办教育规模进一步扩大

1. 民办教育机构数量增长较快

2020年辽宁省各级各类民办教育机构总数比2015年增加4 733所,增幅为36.51%。其中,民办高等院校数量保持稳定,民办高中、民办初中、非学历教育培训机构均有所增长,民办幼儿园数量有一定减少,自考助学机构、民办中职(不含技工学校)数量有所下降(见表1)。

表1　2015—2020年辽宁省各级各类民办教育机构数量及变化情况　单位:所

机构类型	2015年	2016年	2017年	2018年	2019年	2020年
民办本科	12	13	13	13	13	13
民办专科	10	10	10	10	10	9
独立学院	12	11	10	10	10	8
自考助学	70	68	68	60	55	54
民办高中	92	95	102	100	107	110
民办中职	86	86	87	86	85	85

(续表)

机构类型	2015年	2016年	2017年	2018年	2019年	2020年
民办初中	34	34	36	39	42	45
民办小学	30	29	28	28	33	30
民办幼儿园	6 945	7 380	7 460	7 402	7 320	6 694
非学历教育培训	5 674	5 495	5 876	7 367	8 663	10 650
合计	12 965	13 221	13 690	15 115	16 338	17 698

2. 民办教育机构在校生总量继续增长

2015—2020年，辽宁省各级各类民办教育机构在校生数量有所增加，共增加439 501人，增幅为23.42%。其中，独立设置民办本科高校在校生人数增长明显，共增加44 768人，增长了35.44%。因独立学院转设的原因，独立学院在校生数量有所减少。非学历教育培训机构在校生人数明显增加，增幅达48.10%。其余各级各类学校在校生人数均有所增长。随着政府加大公办幼儿园建设，民办幼儿园在园儿童数量从2018年开始逐渐减少（见表2）。

表2 2015—2020年辽宁省各级各类民办教育机构在校生数量及变化情况

单位：人

机构类型	2015年	2016年	2017年	2018年	2019年	2020年
民办本科	126 337	137 198	138 796	139 567	142 917	171 105
民办专科	30 355	31 148	29 318	28 787	37 784	49 506
独立学院	47 794	41 937	42 644	42 518	41 986	41 406
民办高中	80 230	86 178	93 922	87 317	93 322	93 352
民办中职	29 700	30 853	34 529	36 235	39 619	41 027
民办初中	58 633	59 724	63 421	68 025	73 595	72 943
民办小学	42 096	42 281	46 910	51 586	58 146	59 754
民办幼儿园	551 516	565 331	604 776	587 234	590 026	474 863
非学历教育培训	880 209	887 961	986 847	1 237 632	1 255 717	1 303 559
合计	1 876 570	1 902 368	2 057 404	2 293 012	2 342 633	2 316 071

3. 民办教育机构校均规模总体平稳

2015—2020年，辽宁省民办学校校均规模总体平稳，略有提升。其中，独立设置的民办本科院校校均规模达到万人以上，且稳步增长。独立学院、民办高职学院和民办中职学校校均规模虽有所提升，但是总体还处于较低的水平。随着民办高中和民办初中学校数量的增加，其校均规模有所下降。由于"十三五"时期辽宁省没有增设民办小学，随着在校生数量的增加，民办小学的校均规模有所扩大。非学历培训教育机构校均规模明显下降，与2015年相比，2020年降幅近40%，主要是因为非学历教育培训机构数量增长迅速。随着民办幼儿园数量的缓慢减少和在园幼儿数量的减少，民办幼儿园校均规模也逐渐减少(见表3)。

表3 2015—2020年全省各级各类民办教育机构校均规模及变化情况　　单位:人

机构类型	2015年	2016年	2017年	2018年	2019年	2020年
民办本科	10 528	10 554	10 677	10 736	10 994	13 162
民办专科	3 036	3 115	2 932	2 879	3 778	5 501
独立学院	3 983	3 812	4 264	4 252	4 199	5 176
民办高中	872	907	921	873	872	849
民办中职	348	359	397	421	466	483
民办初中	1 725	1 757	1 762	1 745	1 752	1 621
民办小学	1 403	1 458	1 675	1 842	1 762	1 992
民办幼儿园	79	77	81	79	81	71
非学历教育培训	200	206	168	168	145	122
均值	22 174	22 245	22 877	22 995	24 049	28 977

4. 民办教育机构专任教师数量大幅增加

随着各级各类民办学校不断发展壮大,师资队伍建设越来越得到重视,专任教师数量增长明显(见表4)。2015—2020年,各级各类民办学校专任教师增加12 529人,增幅达20.10%。其中,独立设置的民办本科高校专任教师数量增长153人。由于一所民办高职院校2020年升为本科院校,2020年高职院校专任教师数量显示减少,实则并未减少。值得说明的是,独立学院因受到不确定的转设政策影响以及迁址办学因素的影响,专任教师队伍稳定性不足,专任教师数量减少了24.96%。民办小学和民办幼儿园的专任教师增长幅度均超过了50%,民办高中和民办初中的增幅分别达到40%和30%。民办中职教师数量略有增加,变化并不明显。尽管各级各类民办学校专任教师数量有所增加,但是,2019年辽宁省普通民办本科院校生师比平均为22∶1,与教育部的标准还存在一定差距。此外,民办中小学骨干教师也存在不同程度的流失现象。由此可见,民办学校教师队伍建设任重道远。

表4 2015—2020年辽宁省各级各类民办教育机构专任教师数量及变化情况 单位:人

机构类型	2015年	2016年	2017年	2018年	2019年	2020年
民办本科	6 396	6 960	6 800	6 499	6 444	6 549
民办专科	1 724	1 816	1 734	1 684	1 804	1 463
独立学院	2 668	2 207	2 069	2 080	2 055	2 002
民办高中	4 322	4 490	4 923	5 310	5 664	5 865
民办中职	1 834	1 788	1 823	1 839	1 934	1 917

(续表)

机构类型	2015年	2016年	2017年	2018年	2019年	2020年
民办初中	3 185	3 429	3 647	3 946	4 352	4 447
民办小学	2 114	2 315	2 480	2 637	3 159	3 304
民办幼儿园	40 169	44 332	47 265	50 051	52 666	49 394
合计	62 412	67 337	70 741	74 046	78 078	74 941

(二)各级各类民办学校办学条件不断改善

1. 全省各级各类民办学校占地面积总体扩大

2015—2020年,辽宁省各级各类民办学校总体产权占地面积扩大5 625 063.8平方米,增长了23.10%。其中,独立设置的民办本科院校不断扩大校园建设,"十三五"期间辽宁省多所民办本科院校扩大新校区建设,校园占地面积逐渐增加;独立学院为转设加大了投入,尚未转设的独立学院不断加大校园建设,占地面积总体增加明显;民办高中、民办初中、民办幼儿园产权占地面积逐年扩大;民办职业院校发展缓慢,办学较为艰难,部分中、高职民办学校退出办学,学校产权占地面积有所减少(见表5和图1)。

表5 2015—2020年辽宁省各级各类民办学校产权占地面积 单位:平方米

机构类型	2015年	2016年	2017年	2018年	2019年	2020年
民办本科	6 667 318.1	6 819 175.7	6 816 157.7	6 831 851.7	7 285 738.8	8 006 103.5
民办专科	2 000 352.6	2 000 352.6	2 226 069.3	2 226 069.3	1 959 429.3	1 468 933.8
独立学院	790 467.4	772 612.0	1 068 112.0	1 333 586.2	1 425 528.0	2 235 723.4
自考助学	129 150.0	129 150.0	129 150.0	125 450.0	129 350.0	129 350.0
民办高中	3 577 999.9	4 116 749.6	4 535 628.8	4 349 971.1	4 924 712.9	4 947 404.8
民办中职	790 136.0	731 750.0	728 690.0	752 683.5	638 622.6	788 143.9
民办初中	778 263.8	823 594.5	913 493.5	1 163 948.2	1 150 858.7	1 273 977.6
民办小学	536 831.0	529 321.0	472 021.5	428 722.1	489 443.5	457 135.0
民办幼儿园	6 254 083.9	7 023 904.6	7 479 679.7	7 915 444.8	8 245 627.1	7 981 536.2
非学历教育培训	2 821 964.8	2 737 693.2	2 956 224.1	2 392 874.3	2 004 987.7	2 683 323.1
合计	24 346 567.5	25 684 303.1	27 325 226.2	27 520 601.2	28 254 298.2	29 971 631.3

2. 全省各级各类民办学校建筑面积总体略有扩大

2015—2020年,辽宁省各级各类民办学校不断扩大办学投入,产权建筑面积总体增加3 540 342.9平方米,增幅为30.23%。其中,民办本科院校不断增加投入,独立设置民

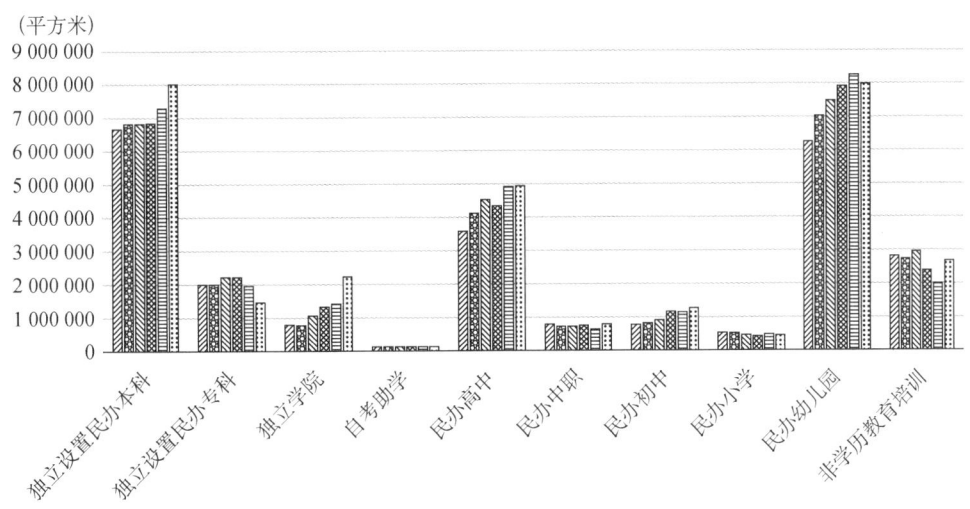

图1 2015—2020年辽宁省各级各类民办学校产权占地面积情况

办本科增长709 057.5平方米,与2015年相比,增加了30.27%;独立学院增加了223 034.6平方米,校园建筑面积增加了53.32%;民办初中和民办高中校园建筑面积也逐年增加,整体办学条件得到明显改善。相比之下,一些民办职业院校在2018年先后退出办学,导致民办职业院校总体建筑面积有所减少(见表6和图2)。

表6 2015—2020年辽宁省各级各类民办学校产权建筑面积情况

单位:平方米

机构类型	2015年	2016年	2017年	2018年	2019年	2020年
民办本科	2 342 142.2	2 465 507.5	2 435 088.5	2 538 630.0	2 854 113.1	3 051 199.7
民办专科	757 765.4	757 765.1	765 634.6	780 634.6	765 634.6	573 597.9
独立学院	418 259.7	320 201.9	320 201.9	320 201.9	390 511.8	641 294.3
自考助学	199 023.0	171 823.0	171 823.0	151 263.0	151 594.0	129 132.0
民办高中	1 826 828.9	1 943 309.0	2 223 968.2	2 390 120.5	2 474 616.7	2 579 691.2
民办中职	420 873.0	398 102.9	387 015.0	382 070.8	311 861.8	264 692.0
民办初中	389 867.7	508 372.6	541 452.2	659 455.7	654 541.2	709 844.8
民办小学	254 120.0	272 652.0	250 984.7	201 627.9	249 173.1	253 811.5
民办幼儿园	3 608 782.3	4 087 419.3	4 431 787.5	4 896 996.8	5 241 682.5	5 197 358.6
非学历教育培训	1 493 785.7	1 401 295.2	1 461 305.6	1 686 886.4	1 456 018.3	1 851 168.8
合计	11 711 447.9	12 326 448.3	12 989 261.1	14 007 887.5	14 549 747.1	15 251 790.8

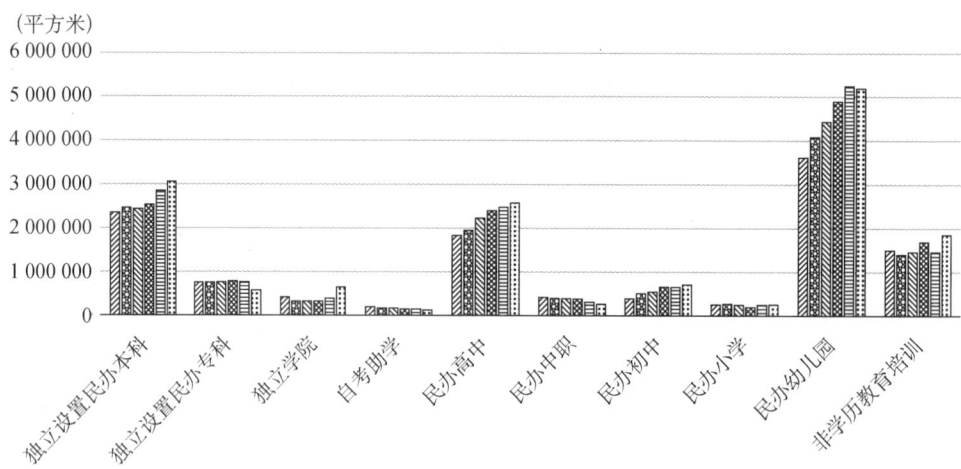

图2　2015—2020年辽宁省各级各类民办学校产权建筑面积情况

3. 全省各级各类民办学校固定资产有所增加

2015—2020年，辽宁省各级各类民办学校产权固定资产总数不断增加，2020年比2015年增加904 644.7万元，增幅为49.55%。除了职业院校外，其他各级各类民办学校固定资产数量均有所增加。其中，独立设置民办本科和独立学院在固定资产投入数量上增幅明显，分别增加76.36%和57.18%。同时，民办初中和民办高中也分别加大了固定资产投入，与2015年相比，分别为64 547.6万元和160 832.9万元，办学条件得到明显的改善（见表7和图3）。

表7　2015—2020年辽宁省各级各类民办学校产权固定资产　　　单位：万元

机构类型	2015年	2016年	2017年	2018年	2019年	2020年
民办本科	588 266.7	711 668.2	735 748.9	749 907.6	907 516.9	1 037 464.5
民办专科	322 718.8	331 548.1	335 416.6	344 020.6	348 297.5	295 125.2
独立学院	169 982.5	147 047.2	149 122.5	152 784.1	153 363.8	267 174.2
自考助学	5 254.0	5 254.0	5 154.0	4 843.0	5 156.0	5 154.0
民办高中	307 498.7	314 239.9	363 123.6	425 423.7	485 253.1	468 331.6
民办中职	65 077.2	60 129.9	61 594.3	52 728.3	54 211.5	43 341.9
民办初中	58 730.8	75 392.4	81 869.8	104 124.3	116 419.3	123 278.4
民办小学	30 389.9	35 967.7	34 040.7	33 978.4	35 047.6	35 731.5
非学历教育培训	277 678.3	256 223.8	278 153.6	275 949.8	263 823.5	454 640.3
合计	1 825 596.9	1 937 471.3	2 044 224.0	2 143 760.3	2 369 089.2	2 730 241.5

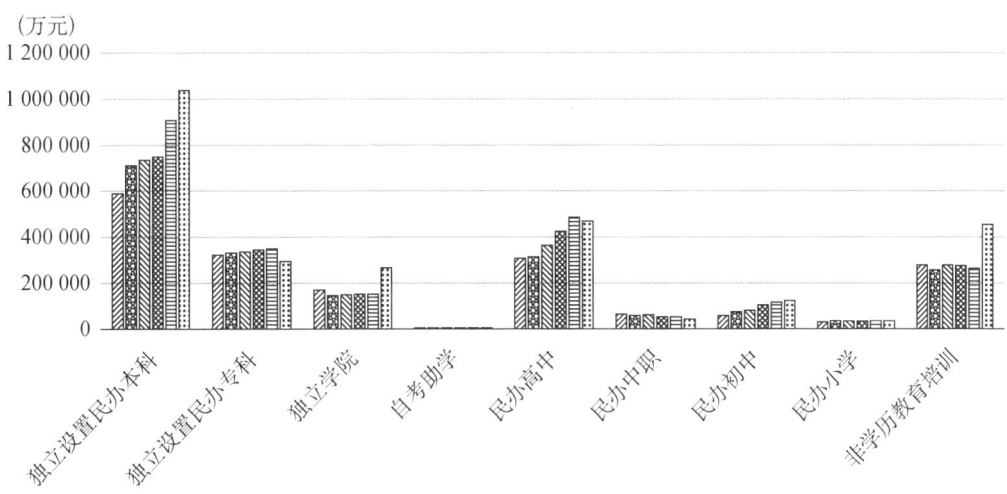

图3　2015—2020年辽宁省各级各类民办学校产权固定资产情况

(三) 辽宁省民办学校教育经费支出情况

1. 全省各级各类民办学校生均事业性经费支出情况

2015—2020年,辽宁省各级各类民办学校生均事业性经费支出合计均有所提升,这与各级各类民办学校学费收取以及办学投入增加相关。其中,辽宁省民办高等学校学费逐年上涨,同时生均事业性经费支出也同比例增加,2020年达20 526.96元,比2015年高出6 032.32元;民办中小学生均事业性经费支出与学费涨幅基本成正比;受到辽宁省学前教育政策的影响,政府加大了对民办普惠性幼儿园的成本分担,随着普惠性民办园的增加,学前教育阶段民办幼儿园生均事业性经费支出从2020年开始略有下降(见表8和图4)。

表8　2015—2020年辽宁省各级各类民办学校生均事业性经费支出统计

单位:元

机构类型	2015年	2016年	2017年	2018年	2019年	2020年
民办高校	14 494.64	15 550.20	12 581.82	15 710.35	19 518.46	20 526.96
民办高中	8 737.57	8 961.62	8 485.70	8 743.06	10 373.13	13 093.44
民办中职	5 437.25	6 815.69	5 531.52	7 699.64	6 788.68	7 306.43
民办初中	5 931.05	6 859.39	7 406.60	8 460.60	9 934.26	9 885.95
民办小学	7 341.85	6 984.54	8 261.77	8 509.66	10 609.03	11 440.00
民办幼儿园	4 934.18	5 361.92	5 645.14	6 022.79	6 023.97	5 735.09

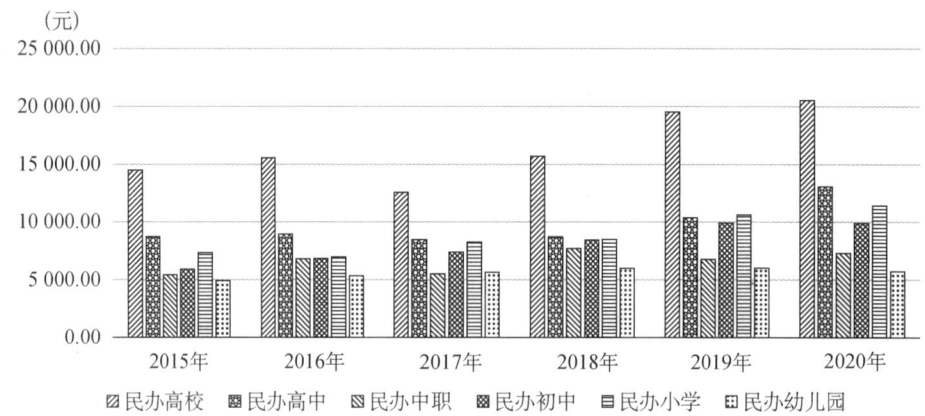

图 4　2015—2020 年辽宁省各级各类民办学校生均事业性经费支出情况

2. 全省民办高等学校办学经费投入与资产负债情况

截至 2019 年,辽宁省民办本科院校办学经费投入 15 377.67 万元,全省民办本科院校事业性经费支出总额 308 742.25 万元,其中,教育经费支出 223 382.22 万元,科研经费支出 8 711.79 万元,人员支出总额 85 257.32 万元,当年自筹资金教科研投入 3 271.02 万元。2019 年,全省 19 所民办本科院校负债率平均为 21.36%,但是个别院校资产负债率高达 58%,存在一定办学风险。全省民办高职院校事业性经费支出总额 32 548.32 万元,其中,教育经费支出 29 062.45 万元,科研经费支出 363.4 万元,人员支出总额 10 989.5 万元,当年自筹资金教科研投入 423.43 万元。全省 8 所民办高职院校的平均负债率为 27.17%,其中,2 所民办高职院校资产负债率高于 30%,个别院校资产负债率高达 70% 以上。

辽宁省民办高校办学经费来源较为单一,民办高校虽均为举办者出资举办,但原始出资额较低,大多通过向银行贷款进行基本建设,财务费用由学校承担;而学校的经费来源主要依赖学费收入,除个别学校接受过财政教学、科研等奖励类或项目类补助外,财政补助主要是用于学生的奖助学金、征兵补贴、入伍学费补助等。民办高校收入来源单一导致一些学校负债率较高,财务费用支出较大,办学投入不足。

二、辽宁省民办教育取得的成绩

多年来,辽宁省各级政府和教育行政部门坚持规范和促进民办教育发展,着力改善发展环境,完善管理体制,健全法规制度,强化政府责任,加强宏观管理,推动了民办教育持续健康发展。

(一) 加强党对民办学校的全面领导,坚持"五育并举",促进学生德智体美劳全面发展

多年来,辽宁省高度重视民办学校党建工作,认真落实中央关于加强民办学校党建工作的部署,始终将确立党组织在民办学校中的政治核心地位和以党建引领民办学校健康发展作为重中之重。辽宁省委要求各地党委政府及有关部门加大对民办学校党建工作的支持力度,各市、县(市、区)教育工委、教育局党委要对民办学校党建工作的重点任务、具

体问题主动研究、推动落实;各地各部门在召开党建会议、开展党建活动和教育培训时,要将民办学校党建工作一并研究部署,一并推动落实;各市、县委教育工委要把民办学校纳入学校党建总体布局,强化工作保障;民办高校、中小学校都要建立健全党务工作机构,制定党建工作激励机制。此外,对于抓党建工作成效显著的民办学校,在发展党员指导性计划、招生计划、评优评先等方面给予政策倾斜;民办学校党组织活动经费要列入学校年度经费预算;对不重视不支持党建工作的民办学校,要加强教育引导,督促其进行整改;对管党治党不力、办学出现严重问题的,要依法依规核减招生计划,直至吊销办学许可证。省教育厅在编制高校本专科招生计划时,要把民办高校发挥党组织政治功能情况以及党的建设情况作为调整民办高校计划的重要依据。

辽宁省积极理顺民办教育党建领导体制,完善各级教育(民办教育)党的工作领导体制,先后成立了各级党委教育工委、建立民办教育行业党委,并推动成立"两新"组织行业党委;逐步完善确保党的政治核心地位的民办学校领导体制,推进"双向进入、交叉任职",建立党组织参与决策和监督制度;引导民办学校依法依规将党建工作有关内容纳入学校章程;推进民办学校党的组织和党的工作的全覆盖,应建尽建,推进党组织覆盖和建立学校内部全覆盖党组织体系。此外,辽宁省把民办学校党建工作纳入基层党建重要任务,要求对民办学校登记与党组织建设同步建立、同步审批、同步年检、同步评估的联动机制,并依托行业组织建立民办教育行业党建工作机制。辽宁省民办教育协会于2019年成立了党建工作委员会,并由会长亲任主任。党建工作委员会组织会员单位探索并总结党建工作经验,开展民办学校党建工作调研,为省委教育工委等提供民办学校党建工作决策咨询,为省内各市民办教育行业组织党建工作提供指导。同时,各级各类民办学校大力加强党员和党务工作者队伍建设,完善青年教师党员发展机制,把优秀的青年教师发展成为党员、把更多的青年教师党员培养成为教学科研管理骨干。省委高校工委定期举办全省高校党务工作者培训示范班,2017年培训民办高校党务工作者126人,对象有组织部长、院系级党组织书记、师生党支部书记、专兼职组织员,进一步提高高校基层党务工作队伍的整体素质和履职能力。

辽宁省各级各类民办学校坚持以习近平新时代中国特色社会主义思想为指导,全面贯彻党的教育方针,落实立德树人根本任务,以全面推进素质教育为工作重点,坚持面向全体学生,坚持"五育并举",培养"德、智、体、美、劳"全面发展的社会主义建设者和接班人。全省各级各类民办学校坚持把思想政治教育放在首位,全面加强思想政治教育主渠道、主阵地建设,积极构建思想政治工作体系,加强思想政治理论课建设、思想政治理论课教师和辅导员队伍建设。全省民办学校积极构建"大思政"体系,建设长效机制,培育良好的师德师风,深入推进"思政课程"和"课程思政"改革创新,深化教育教学改革,让智育更丰满,更深刻;围绕核心素养,深化课程改革,坚持能力导向,强化实践教学,积极树立健康第一的教育理念,改革体育教学,加强和改进美育,提高学生审美和人文素养,推动劳动教育,培育劳动精神。

(二)加强制度建设,进一步依法规范各级各类民办学校办学行为

辽宁省先后制定了一系列制度,在民办学校准入和退出、民办高校校长变更、民办学校退费管理以及民办学校票据使用等方面作了较为详细的规定。早在2008年,辽宁省人民政府办公厅出台了《关于进一步加强和改进民办高校工作的通知》,对民办高校的管理工作进行详尽的指导。2011年,辽宁省出台了《辽宁省民办学校退费管理办法》和《关于民办高校校长变更(连任)核准有关规定的通知》等一系列指导性文件,为辽宁省民办教育管理提供了有力的法规依据。《辽宁省民办学校退费管理办法》明确了各类民办学校的收退费标准、期限以及方式,维护了民办学校和受教育者的基本权益。2013年,辽宁省教育厅出台《关于进一步规范民办学校审批与管理的意见》,对辽宁省各类民办学校审批管理中存在的突出问题和薄弱环节进一步规范。辽宁省积极推进政府"放、管、服"改革,简政放权,建立清单管理制度,在《辽宁省教育厅关于下放省属民办非学历高等教育机构及省属民办非学历教育培训机构管理职权有关事项的通知》中明确提出:"省属民办非学历高等教育机构、省属民办非学历教育培训机构的设立、分立、合并、变更名称、层次、类别、举办终止等事项省教育厅不再审批与管理。"原由省教育厅审批管理的民办非学历高等教育机构、民办非学历教育培训机构,按照属地化原则全部下放到市级教育行政部门管理。2021年,辽宁省教育厅等九部门印发《辽宁省校外培训机构预收费资金监管工作指引(试行)》,进一步规范校外培训机构预收费资金监管工作,严防"退费难""卷钱跑路"等损害群众利益的问题发生。各地在地方党委和政府统一领导下,把做好校外培训机构预收费资金监管工作作为一项重要政治任务,切实做到认识到位、措施到位、责任到位。同时,各地结合本地实际,制定预收费资金监管实施办法,将预收费资金监管纳入对校外培训机构的日常监管、专项检查、年审年检和教育督导范围,加强宣传引导和风险隐患排查,切实维护社会大局稳定。此外,在规范民办高等教育方面,辽宁省教育厅还出台了《关于民办高校校长变更(连任)备案核准有关规定的通知》,对民办高校校长的任职条件作了明确规定。2015年,根据省教育厅要求,民办高校不断加强章程建设,现有民办高校章程已经全部通过审核,成为学校依法办学的重要依据。2015—2020年,省教育厅对全省民办高校进行了2次全面审计,审计报告显示目前辽宁省多数民办高校都能够结合学院实际情况建立党务管理制度,工会等群团工作管理制度,干部与人事管理制度,公文、印章、档案、车辆管理等校务管理制度,财务预决算制度及收费等财务管理制度,资产管理制度,公寓、校园物业等后勤管理制度,专业技术人员管理及科研、学术管理等管理制度,教学组织及教学质量保障等教学管理制度,招生就业及学生日常事务管理等学生事务管理制度等,民办高校内部制度建设趋于完善。

此外,辽宁省还建立了协调机制和督导制度,强化对民办教育工作的领导和监督。已经建立的辽宁省民办教育工作联席会议制度,为切实履行省政府管理职责,研究解决民办教育发展中遇到的跨部门的政策、制度方面的问题,提供了机制保障,为民办高校坚持正确的办学方向、加强党的建设、走规范化办学道路提供了重要保障。

(三)民办高等教育结构和布局不断优化,教育教学水平不断提升

截至2019年年底,辽宁省共有55所普通本科高校,其中民办本科高校19所,占比为34.55%。辽宁省民办本科高校主要分布在大连市和沈阳市,其中大连市9所,沈阳市7所,锦州市2所,葫芦岛市1所。近年来,民办本科高校在专业设置和科技创新方面能够紧密围绕辽宁省经济社会发展实际需要,发挥专业和科研优势,为老工业基地振兴提供了一定的人才和科技支持,为社会输送了大量的应用型人才。2018年,辽宁省民办本科高校普通本科毕业生共有39 547人,初次就业率为89.90%,省内就业率56.76%。大连东软信息学院紧密依托东软的 IT 服务优势和大连高新区的产业优势,构建了产教融合、面向应用的办学体制。2018 年,大连东软信息学院承担各类纵向在研项目 91 向,横向在研项目 90 项。沈阳城市学院积极开展校企合作和应用研究,建有新松绿岛类人足球机器人工程中心、绿岛 BIM 工程中心、绿岛酒店产业研究院、辽河文化研究院、绿岛环境资源研究所、绿岛舆情研究所、绿岛影业等研究机构,拥有国家级培训基地 1 个、省级培训基地 2 个、院士工作站 1 个、辽宁省文化旅游产业研究基地 1 个。

2015—2020 年,辽宁省民办高校以应用型大学建设为中心,不断探索人才培养模式改革,在人才培养、校企融合和创新创业教育方面取得了丰硕的成果。大连东软信息学院和辽宁何氏医学院,依托产业、行业企业,开展政府、企业、高校深度融合的校企合作办学模式改革,探索出了应用型大学的特色发展之路。2017 年,为了实现内部供需的有效对接,共同探讨眼产业供给侧结构性改革的发展路径,切实提高辽宁省眼健康及相关行业科技成果转化成功率、眼产业科技平台使用率,提升眼产业相关领域人才培养质量的眼产业联盟,辽宁何氏医学院发起并建立了全国领先的辽宁特色眼产业医、教、产、学、研、经一体化生态系统。大连东软信息学院运用 CDIO 方法,借鉴 ABET、PDCA 等质量管理理念与方法,构建并实施了基于 TOPCARES-ABET 的全员参与、全过程监控、全方位评价的内部教学质量管理与保障体系,包括质量策划、组织保障、过程监控、信息收集与反馈、质量评估与改进五大子系统,有效地保证了人才培养质量的不断提升。2015 年,大连东软信息学院成为辽宁省首批向应用型高校转变的 10 所试点高校之一,2017 年成为辽宁省首批向应用型高校转变的 10 所示范高校之一。

此外,辽宁省积极规范独立学院办学,推动独立学院转设成为独立设置的民办高等学校。这些工作在规范全省独立学院办学、规避民办教育风险、促进民办本科高等教育发展方面发挥了重要作用。目前,辽宁省现有 13 所独立设置的民办本科高校,其中 11 所是由独立学院转设而来的。

(四) 在招生政策等方面落实平等待遇,保障民办学校公平发展环境

2019 年 6 月,中共中央、国务院印发《关于深化教育教学改革全面提高义务教育质量的意见》,对推进义务教育学校免试就近入学全覆盖和规范义务教育阶段民办学校招生工作作出明确规定。2019 年 7 月,全国基础教育工作会议召开,强调要坚持公办学校与民办学校一视同仁、公平发展、互不享有招生特权。辽宁省委省政府对此高度重视,印发了《关于新时代基础教育高质量发展的实施意见》,省教育厅下发了《关于加强中小学招生入学管理工作的实施意见》《关于进一步规范中小学办学行为减轻学生过重课业负担的意见》等文件,其中明确提出:"民办学校要严格执行招生计划,严禁突破招生人数、招生范围和招生条件。"从 2020 年秋季入学起,全省同步实施民办义务教育学校招生纳入审批地统一管理,对报名人数超过招生计划的,实行电脑随机录取。民办义务教育学校在审批地范围内招生,优先满足审批地生源的入学需求。同时,为支持民办学校发展,区(县、市)审批的民办学校在审批地招生学位有余额的,经学校审批机关核实批准,报市教育局同意,可统筹跨区域补招,但不得跨市域招生。在民办高校招生方面,辽宁省着力清理并纠正对民办学校的各类歧视政策。在招生批次上,辽宁省独立设置民办高校与公办高校一样,参与在第二批次录取,保证了辽宁省民办高校的生源质量,这在全国是极为少见的。

(五)积极推进民办普惠性幼儿园建设,普惠性民办学前教育资源迅速扩大

以学前教育三年行动计划为抓手,辽宁省各级财政通过利用中央扶持资金及设立学前教育专项经费等多种方式,扶持城市、农村及贫困地区、民族地区普惠性民办幼儿园发展。14个市全部出台普惠性幼儿园认定办法,认定普惠性幼儿园2 901所,为28.1万名幼儿提供普惠性学前教育学位。2016年年初,辽宁省教育厅将学前教育普惠性发展纳入考核目标,并将任务分解到各市,进行全面监测、调研检查和指导。同时,各市均制定了普惠性幼儿园认定、奖补办法,对普惠性幼儿园予以扶持。此外,辽宁省认真贯彻落实《幼儿园工作规程》和《3~6岁儿童学习与发展指南》,建立教研指导机制,教研员每月至少深入实验区一次对民办幼儿园进行现场培训指导,并为民办幼儿园免费配发《辽宁省3~6岁儿童学习与发展教师指导手册》,解决教师"教什么、怎么教"的问题,有效遏制了幼儿园"小学化"倾向。

(六)率先在全国出台了《关于鼓励社会力量兴办教育促进民办教育健康发展的实施意见》,鼓励地方政策创新,促进民办教育发展

为贯彻落实全国人大常委会制定的《关于修改〈中华人民共和国民办教育促进法〉的决定》和国务院印发的《关于鼓励社会力量兴办教育促进民办教育健康发展的若干意见》(国发〔2016〕81号)精神,辽宁省教育厅深入民办学校实地调研,先后征求并充分吸纳了19个省直部门、各市县教育局及全省1 134所民办学校和培训机构的意见与建议,率先在全国出台了辽宁省《关于鼓励社会力量兴办教育促进民办教育健康发展的实施意见》(以下简称《实施意见》),充分结合辽宁省民办教育事业发展的实际,从宏观层面规划并设计了辽宁省民办教育分类管理的制度框架,明确了鼓励社会力量兴办教育、促进民办教育健康发展的总体要求。《实施意见》从切实加强民办学校党的建设、推进民办学校分类管理改革、创新体制机制、完善扶持制度、加快现代学校制度建设、提高教育教学质量等6个方面提出了支持、规范民办教育发展的导向性措施和促进民办教育健康发展的保障措施,具有宏观指导意义。辽宁省各相关部门根据《实施意见》的有关精神,制定具体的认定、监管、扶持等制度,切实推动相关工作。

在贯彻落实国务院文件精神基础上,辽宁省结合实际,提出了未来辽宁省民办教育需要创新的关键点:一是探索建立多元主体合作办学机制,允许以资本、知识、技术、管理等要素参与办学并享有相应权利,以鼓励社会力量投资教育,拓展公办学校经费来源;二是探索建立绩效评价制度,探索建立差额补助、定额补助、项目补助、奖励性补助等多元化扶持体系;三是探索创新教育投融资机制;四是探索完善非营利性民办学校用地和建设政策,细化税费优惠等激励政策。此外,辽宁省还在现有的相关政策制度体系基础上,探索进一步完善民办学校财务会计制度和信息强制公开制度。

辽宁省一直积极鼓励市、县级政府通过地方政策创新促进民办教育发展。例如,阜新市委、市政府认真贯彻落实《民办教育促进法》,积极落实民办教育与公办教育平等待遇,大力推动民办教育发展;设立专项资金用于加强进行师资培训、提高师资力量,为民办学校添置设备和年底评优奖励;根据不同学校特点提出针对性的政策措施,确保民办学校教师在晋级、评优、评奖、教研竞赛等活动中与公办学校教师享受了同等权益；对于新建、扩建民办学校，市政府按照公益事业用地及建设的有关规定给予了优惠。又如，沈阳、抚顺等地通过开展工资集体协商活动维护了民办学校教职工合法权益。

三、辽宁省民办教育存在的问题

（一）民办高校办学层次尚需提高

经过多年的发展，辽宁省一些民办高校虽然在内涵建设方面取得了突出的进展，但民办高校的办学层次从整体上仍需进一步提高。例如，一些民办高校在特色专业建设上已经拥有国内一流的专家团队、专业体系和人才培养模式，但至今仍没有研究生学位培养资格，只能与其他公办院校一起联合培养研究生人才。因此，从建设与发展的角度看，支持高水平民办高校开展研究生教育对民办高校发展来说意义重大。

（二）民办学校教师权利保障有待加强

近年来，辽宁省内一些民办学校存在教职工工资水平过低，甚至拖欠教职工工资及欠缴社会保险等问题。2016年，辽宁省民办本科高校、独立学院、民办高职学院专职教师的年平均工资分别为6.60万元、6.46万元、4.30万元，有些民办院校专职教师的年平均工资甚至较大幅度低于行业平均工资，还有少数民办高校拖欠教职工工资及欠缴社会保险。在教师职称评审方面，民办院校教师和公办院校教师的同等地位尚未落实，民办高校正高级教师没有参评二、三级教授的资格。这对民办学校教师的专业发展形成一定的阻碍。

（三）部分举办者及关联方无偿占用民办学校资金情况严重

近年来，辽宁省部分院校存在举办者及关联方占用民办高校大量资金等问题。根据2016年的审计结果，辽宁省27所民办高校应收关联方款项余额512 954.69万元，其中，应收关联学院款项余额140 714.31万元，应收关联学院以外的关联单位款项余额372 240.38万元。一方面，关联方无偿占用大额资金降低了民办高校的资金使用效率；另一方面，关联方占用的资金大部分为学校贷款，学校为此要支付大额的贷款利息。

此外，根据辽宁省财政厅、教育厅等五部门印发的《辽宁省学生资助奖金管理办法》（辽财教规〔2019〕2号），民办学校应从学校收入中提取不少于5%的资金用于奖励和资助学生。但是，辽宁省民办普通高校学费收入计提学生资助经费审计情况清单显示，辽宁省民办高校未足额发放省拨入资助资金，未按要求提取不少于学费5%的资金用于奖助学金的情况普遍存在。例如，2019年，民办本科高校学费收入33.06亿元，应计提奖助学金1.65亿元，实际支出0.31亿元，仅占学费收入的0.94%。

（四）民办学校分类转设工作推进缓慢

民办教育新法新政出台后，辽宁省虽然率先出台了地方性实施意见，但是，民办学校分类转设登记具体落实和有效推进工作却进展缓慢。各地各级政府对现有民办学校分类转设的程序尚未完全理顺,在受理转设申请、教育用地由划拨改为出让、组织财务清算、分类明确资产权属以及民办学校新设法人登记及原有学校注销等方面尚未明确可操作的关键环节和要件,尚未形成明确且具有可操作性的规定;同时,也没有出台明确的民办学校奖补计算办法,细化剩余资产补偿方案。此外,在民办学校转设的土地问题上,辽宁省相关部门对民办学校土地采取划拨转出让的、划拨转租赁的以及其他方式获得土地进行办学的,尚未形成分类明确的合理处置现有校园用地的办法。

四、辽宁省民办教育发展建议

(一)全面贯彻党的教育方针,充分发挥党对民办学校的领导作用

"十四五"时期,辽宁省各级各类民办学校应进一步明确党的政治核心地位,持续建立健全"双向进入、交叉任职"领导体制,完善党组织参与决策和监督制度,依法依规将党建工作有关内容全部纳入学校章程,切实推进党的组织和党的工作全覆盖。民办教育管理者应积极完善民办教育党建工作运行机制,把民办学校党建工作纳入基层党建重要任务,对民办学校登记与党组织建设实施同步建立、同步审批、同步年检、同步评估的联动机制。此外,民办教育管理者应大力加强各级各类民办学校党员和党务工作者队伍建设工作,选优配强学校党组织书记。

(二)完善地方性政策体系,有效推动民办教育分类管理改革

在推进民办学校分类管理改革的进程中,相关部门要做好关于营利性民办学校与非营利性民办学校分类登记中一些关键问题的政策设计,进一步明确各级各类民办学校分类登记的程序以及相关扶持与监管政策,特别要注重民办学校分类管理相关政策的可操作性,使其切实成为推动辽宁省民办学校分类管理的有效依据。

(三)以内涵建设为中心,不断提升各级各类民办学校办学质量

中共十九大提出了建设教育强国的战略目标,中共十九届五中全会提出"十四五"时期我国教育事业发展的主要目标是建设高质量的教育体系。《辽宁省国民经济和社会发展第十四个五年规划和二〇三五年远景目标纲要》和《辽宁省教育现代化2035》明确提出,到2025年,辽宁省要基本形成服务全民终身学习的高质量现代教育体系,为新时代辽宁全面振兴、全方位振兴提供强大支撑。为此,"十四五"时期,辽宁省民办学前教育应积极发展普惠性民办幼儿园,努力提升办园质量,加强幼儿园师资队伍建设。辽宁省民办义务教育应做好规范义务教育阶段民办学校的相关工作,特别是要做好义务教育阶段民办学校的招生管理和办学风险防范工作。在推进民办高中的发展方面,辽宁省应积极支持民办高中优质多样化发展,将民办高中优质特色发展纳入全省普通高中特色建设项目。在推动民办高等教育发展方面,辽宁省应积极推进现有独立学院转设,积极支持民办高等院校建设升级为应用型大学,制定切实可行的举措支持民办高校学科专业建设、师资队伍建设,鼓励民办高校开展产教融合办学,多渠道为民办高校的发展提供支持。

(本文由辽宁省民办教育协会王慧英、黄元维执笔)

河南省民办教育发展报告

一、河南省民办教育发展概况

"十三五"时期,河南省民办教育在规模扩大的同时,不断提升人才培养质量,并从深层次上实现自身品质的提升。

(一)党建和思想政治工作不断加强

2016年4月18日,中央全面深化改革领导小组第二十三次会议审议通过了《关于加强民办学校党的建设工作的意见(试行)》,强调要支持和规范民办教育发展,坚持和加强党对民办学校的领导,设立民办学校要做到党的建设同步谋划、党的组织同步设置、党的工作同步开展,确保民办学校始终坚持社会主义办学方向。

加强党的建设,坚持正确的办学方向,是河南省民办教育的发展保障。不少民办学校在实践中创新党建工作方法,结合自身特点,取得了良好的效果。例如,黄河科技学院党委紧扣"四个过硬"(把方向过硬、管大局过硬、做决策过硬、保落实过硬)、二级党组织"五个到位"(党组织领导和运行机制到位、政治把关作用到位、思想政治工作到位、基层组织制度执行到位、推动改革发展到位)、基层党支部"七个有力"(教育党员有力、管理党员有力、监督党员有力、组织师生有力、宣传师生有力、凝聚师生有力、服务师生有力)目标任务,不断强化各级党组织整体功能,保持基层党组织规范运行,为学校各项事业科学发展提供坚强政治组织保证。学校先后获得"河南省高等学校先进党委""河南省创先争优先进基层党组织""河南省高等学校党建工作先进单位""河南省先进基层党组织"等荣誉。郑州科技学院党委成立十九大精神宣讲领导小组,集合马克思学院骨干教师,成立了"十九大精神宣讲团",开展巡回宣讲。郑州工业应用技术学院党委注重引导师生做社会主义核心价值观的积极传播者、模范践行者,坚持以大学生素质教育为抓手,将其纳入本科专业人才培养方案。安阳市深蓝高中围绕中心抓党建,带出了一支素质过硬的党员队伍、一支专业过硬的教师队伍、一支甘于陪伴的导师队伍、一支充满活力的团员队伍、一支素质全面的校长助理队伍。巩义市第二幼儿园开展"一个党员一面旗"活动,使党员在平凡的岗位上发挥先锋模范作用。

党建工作不仅是民办学校规范管理的重要环节,而且是贯穿始终的主线。不少民办学校高度重视这项工作,在推进党建工作的过程中净化了发展风气,厘清了发展思路,匡正了发展方向,实现了发展成果。党组织的普遍建立,党建工作的不断加强,使得河南民办教育坚持社会主义办学方向的思路更加清晰,"为谁培养人"的办学目标进一步明确。

(二) 社会责任意识发生质的飞跃

随着国家政策的逐步放开和市场经济体系的逐步建立,一些具有较强商业意识的社会人士进入了民办教育行列,使得民办教育的规模不断壮大。但同时,由于少数人的过度逐利行为,民办教育的声誉受到很大影响。面对出现的问题,河南省政府采取主动措施,引导民办教育健康发展。2016年9月,河南省教育厅下发通知,对优秀民办学校进行表彰奖励,评选民办教育管理先进单位,对违法违规办学的学校一律实行"一票否决制",对违规办学问题突出的市县扣减评优表先名额,并进行通报批评,努力引导民办学校走规范办学、健康发展之路。2018年2月2日,河南省人民政府发布《关于鼓励社会力量兴办教育进一步促进民办教育健康发展的实施意见》,就贯彻落实新的《民办教育促进法》提出了"河南方案"。其主要内容是进一步规范和支持民办学校发展,对民办学校进行营利性和非营利性分类管理。

在一系列国家和地方政策的规范和引导下,河南省民办教育机构主动作为,根据党和国家的要求做好自身建设。2021年3月12日,河南省民办教育协会培训教育工作委员会联合《大河报》发出《河南省民办培训教育行业自律公约》,就依法、诚信、合规办学,完善办学资质,为学生营造安全、舒适的教学环境,不断提升教学质量和服务水平,加强行业自律等方面公开接受社会监督。2019年年初,全省各民办高校党组织都根据自身情况制定了自我监督、自我完善的制度,监督党员和教职工履行职责、遵纪守规。2019年3月,郑州升达经贸管理学院修订了《处置不合格党员制度》并发布教师廉洁自律承诺书,向社会郑重承诺:树立教师良好形象,认真履行教书育人职责,做人民满意的教师。此外,郑州工商学院、郑州工业应用学院、郑州西亚斯学院、郑州商学院、河南科技职业大学、商丘工学院、河南开封科技传媒学院、郑州财经学院、郑州澍青医学高等专科学校、郑州电力职业学院、郑州黄河护理职业学院等民办高校也都认真制订并实施了自我监督制度。

河南省民办教育经过三十多年的发展,其办学热情逐步成熟为自觉的社会责任意识,认识到了自身在经济社会发展中的位置和作用,将国家、社会的鞭策和规范内化为自觉的行动,在自醒、自发、自立的过程中不断自律,逐步融入到中华民族伟大复兴的实践中,实现了从个人成就、学校发展到承担社会责任的理性飞跃。

(三) 教育规模持续扩大

"十三五"期间,河南省民办教育规模在全国民办教育中的位次继续上升,规模仅次于广东,位居全国第二。2016年,河南省民办教育机构共1.77万所,在校生人数达566.64万人,教职工人数达43.41万人。到2020年,全省各级各类民办学校达到2.17万所,在校生总数达到715.15万人,教职工总数为61.57万人。

2016年,河南省民办学校数为17 772所,比上年增加1 065所,在校生达到

566.64万人,比上年增加40.96万人,呈现出持续增长的强劲势头。从整体数据看,2016—2020年河南民办教育呈现持续增长的趋势,但是增长的势头有所放缓。值得注意的是民办学前教育在校生人数自2019年开始连续两年出现了下滑(见表1)。

表1 "十三五"期间河南民办教育规模发展情况

年份	全省		普通高等教育		中等教育		小学教育		学前教育	
	学校(所)	在校生(万人)	学校(所)	在校生(万人)	学校(所)	在校生(万人)	学校(所)	在校生(万人)	学校(所)	在校生(万人)
2016	17 772	566.64	37	41.72	1 190	126.80	1 748	129.00	14 743	268.75
2017	19 331	618.40	37	45.66	1 250	141.01	1 807	143.96	16 183	287.24
2018	20 539	674.19	39	51.05	1 288	159.10	1 865	162.35	17 293	300.46
2019	21 429	709.75	39	59.47	1 380	174.00	1 894	177.89	18 061	297.85
2020	21 670	715.15	43	67.12	1 451	183.92	1 894	180.22	18 228	283.00

注:1. 数据来自历年河南省教育事业发展统计公报。
2. 中等教育包括民办普通高中、民办中等职业学校、民办普通初中。
3. 全省总数中还包括少数特殊教育和民办的其他高等教育机构的数据。

从招生情况看,全省民办学校招生总数在"十三五"期间实现了连年增长,2020年首次出现回落。回落最明显的是民办学前教育,招生数由"十三五"开局之年的91.68万人降到了"十三五"收官之年的76.41万人,减少了15.27万人(见表2)。

表2 "十三五"期间全省学校招生数   单位:万人

年份	全省		普通本专科		中等教育		小学教育		学前教育	
	总数	民办	总数	民办	总数	民办	总数	民办	总数	民办
2016	666.61	171.81	60.60	13.16	261.46	46.89	173.16	20.08	157.93	91.68
2017	681.85	182.24	63.57	14.46	273.29	52.73	172.38	22.59	151.65	92.46
2018	694.13	189.41	70.87	17.97	282.55	59.06	173.56	24.85	140.57	87.53
2019	690.65	191.95	78.89	22.12	285.78	63.91	173.76	26.34	125.34	79.60
2020	696.25	190.10	82.86	23.79	285.05	65.15	165.99	24.74	126.58	76.41
合计	3 429.49	925.51	356.79	91.50	1 388.13	287.74	858.85	118.60	702.07	427.68

注:1. 数据来自历年河南省教育事业发展统计公报。
2. 全省总规模中还包括研究生教育、成人本专科教育、网络教育、在职人员教育、特殊教育、工读学校、成人技术培训学校、技工学校和成人中小学教育等数据。民办总规模中含有特殊教育和民办的其他高等教育机构的数据(表3、表4同)。
3. 中等教育包括中等职业教育和普通中学教育。

从毕业生人数来看,"十三五"期间全省毕业生总数为4 040.01万人,民办学校毕业生人数占比为22.53%,且普通本专科、中等教育、小学教育和学前教育毕业生人数在"十三五"期间均呈逐年上升趋势(见表3)。

表3 "十三五"期间全省学校毕业生人数　　　　　　单位:万人

年份	全省		普通本专科		中等教育		小学教育		学前教育	
	总数	民办	总数	民办	总数	民办	总数	民办	总数	民办
2016	855.19	154.96	48.69	10.30	235.18	35.64	144.16	21.93	155.60	87.10
2017	861.96	167.36	50.41	11.63	235.81	38.97	150.31	23.81	158.87	92.94
2018	805.69	185.25	55.99	13.55	239.64	41.64	160.70	27.29	168.20	102.77
2019	773.38	197.77	59.34	15.58	252.12	48.88	158.13	29.54	164.64	103.78
2020	743.79	204.79	63.82	15.69	258.46	51.53	154.17	31.13	162.25	104.63
合计	4 040.01	910.13	278.25	66.75	1 221.21	216.66	767.47	133.70	809.56	491.22

注:1. 数据来自历年河南省教育事业发展统计公报。
2. 中等教育包括中等职业教育和普通中学教育。

(四) 人才培养质量稳步提升

"十三五"期间,河南省民办教育始终遵循党和国家的教育方针,在进行体制机制改革的同时持续推进教育教学改革,在办学理念、培养目标、教材建设、教法革新、匡正评价方法等方面进行了持之以恒的探索,使教育教学质量逐年上升。

1. 不断进行内部体制机制改革

良好的内部管理机制是保障学校运行的前提条件。经过三十多年的发展,一些已经具备一定规模的民办学校在建立了稳固的管理体系的同时,也出现了机制僵化、官僚主义等苗头。为了保持机体活力,不少民办学校都在运行过程中果断进行管理体制改革。例如,郑州工业应用技术学院不断探索现代大学制度建设,"管办分离"的模式使得学校管理班子拥有较大的办学自主权。黄河科技学院的大部制改革将原来庞杂的中层管理系统全面"瘦身",畅通了管理和信息反馈、决策形成和执行渠道。

2. 不断优化专业设置

经济社会的发展,特别是科技进步的频率加速,使得新技术、新行业不断涌现。教育本来应该成为发展的先导,但是在一些领域却落在了发展的后面。有远见的民办学校敏锐地看到了这个问题,在发展中不断开辟新的专业领域。例如,郑州升达经贸管理学院始终坚持立德树人根本任务,不断加强专业内涵建设,以专业评估、专业认证和"四新"建设为引领,修订人才培养方案和课程教学大纲,深入推进课堂教学改革,严格教学和学习过程管理,全面提高专业建设质量。截至目前,全校共获批会计学、市场营销、国际经济与贸易、财务管理4个河南省一流本科专业建设点。黄河科技学院现有68个本科专业、35个专科专业,其中,5个学科为河南省重点学科,9个专业为河南省一流本科专业,6个专业为河南省特色专业,12个专业为河南省民办教育品牌专业,8个专业为河南省专业综合改革试点专业,1个专业为河南省本科工程教育人才培养模式改革试点专业。

3. 主动推进教育教学改革

课堂教学是学校教育重要的基本单位。传统教育将教学囿于教室之中,以教师为主导,采用传统的"五步教学法"。在互联网时代,传统的教育方法已无法适应当今的教育和学生。黄河科技学院外国语学院依据中国人学习英语的规律设计了知识基础上的能力培养的分级英语学习体系,通过数字技术和手段为学生提供泛在化的学习空间、全方位的教学资源、个性化的学习方法、更高频的教学互动、融合化的管理工具、多元化的教学评价,把学习的主动权交还给学生,突破了学生固有的学习方式,使学生在互动与合作中实现语言实际运用的目标。在宏观改革的推进中,学校从教材、课堂教学、评估评价等方面着手,将原有的培养方案、教学模式、教学方法和评价手段分解重组,再建以学生发展为中心的教育教学体系,激活了内生动力。2018年,全校本科各专业毕业生大学英语四级的通过率只有20%左右,到2019年12月,三年级学生的四级通过率达到66%。

4. 将最新科技成果融入育人过程

现代科技的发展在许多方面推动了社会进步,也在很大程度上影响着教育,传统的教育理念、方法面临颠覆和重建。郑州科技学院坚持因事而化、因时而进、因势而新,用信息化技术手段推进思想政治理论课体验教学中心建设,充分挖掘思想政治教育价值,从效度、深度、广度、热度四个维度拓宽思政教育的渠道和阵地,进一步丰富思政教育"打开方式"。学校下大力气建设思政教育平台,推动思想政治工作与信息技术高度融合,有效增强思政教育的时代感和吸引力。平台可用VR、信息瀑布流等现代信息技术,通过情景转换形式实现教学内容有机串联,让历史动起来,让理论活起来,让课堂炫起来,给青年学生带来视觉听觉的感官冲击,加深青年学生对理论学习的理解和认知,以此激发学生的学习积极性和主动性,提升思政课的亲近感、体验感、获得感。黄河科技学院在第一时间打造"翻转校园"平台,推动全校实现数字化转型。

5. 改革评价方法

评价是学校工作的指挥棒,评价的导向直接关系着学校管理和教育教学工作。长期以来学校教育单一的"终结性"评价,不但将培养目标拖进了"唯考试""唯分数"的死胡同,浪费了大量的教育资源,削弱了教育功能,也在很大程度上扭曲了考试的意义。社会的全面需要,人的全面发展,仅凭考试这一个评价手段是远远不够的。河南省基础教育阶段的民办学校无法避开中考和高考,只能在微观上做一些微调。河南省民办学前教育为了突出特色,引进了不少世界先进的幼教理论和方法,使得民办幼儿园特色纷呈。民办高等教育不必看高考的"脸色",具有发展战略眼光的学校就抓住时机进行评价改革。黄河科技学院在"翻转校园"平台强大的技术支持下,在对学生学业的评价中果断将形成性评价的权重增加到60%,把"终结性"评价占比降到40%,实事求是地反映了学生的学习情况,调动了学生主动学习的积极性。

6. 以人的发展为重心

教育的功能,说到底就是培养人。学校教育的成功与否,在很大程度上是以毕业生的社会贡献为衡量标准。黄河科技学院将学生发展放在第一位,扎实的学科建设为毕业生打下了坚实的专业素养,学校在专业设置时就充分考虑了就业前景,从专业设置开始就为学生"深谋远虑",将创新创业教育融入人才培养过程,探索构建校企、校协、校院、校政"四联互动",资源利用、培养规格、育人标准、育人内容、师资建设"五融共通"的"四联五融"育人模式,促进学生全面发展。多年来,黄河科技学院为国家培养了20多万名应用型创新性高级专门人才,并涌现出一大批以"中国大学生自强之星标兵"段志秀,"全国优秀乡村医生"魏国胜,"全国优秀大学生村官"靳利现,"河南省大学生创新创业标兵"李威、赵杰等为代表的优秀毕业生。

以黄河科技学院连续五年荣膺武书连全国民办高校排行榜第一名为标志,河南民办学校在全国的品牌效应已经凸显。同时,河南省民办教育在育人方面也取得了一定成就。嵩山少林武术职业学院2015届优秀毕业生谢伟略,在参加广东海警部队重大维权执法行动任务时临危不惧、不怕牺牲,在最危急时刻勇敢站出来、冲上去,为任务圆满完成作出重大贡献。2020年11月,武警海警部队首长签署命令,为谢伟略同志记个人一等功。2020年11月22日,郑州升达经贸管理学院6名学生参加全国大学生英语竞赛河南赛区复赛,全部获得省级一等奖,这是学校连续7年获得佳绩。郑州经开区外国语女子中学以"崇善尚美、勤学笃行"为校训,秉持"办品质女校,育优雅女生"的办学理念,旨在培养"优雅卓越、秀外慧中、家国情怀、国际视野"的新时代女性,全力打造优秀女生成长的摇篮。2020年12月,该校被评为河南省中小学德育工作先进集体。

(五)民办教育研究实现突破

河南省民办教育研究协会于2017年推出由社会科学文献出版社出版的全国第一部省级民办教育蓝皮书,到2020年已经连续出版四本。2019年5月,河南省民办教育研究院编撰出版三卷本145万字的《中国民办教育通史》,填补了国内空白。2020年12月,河南省民办教育研究协会毕两年之功,推出六卷本203.6万字的《当代河南教育发展报告》系列丛书,全方位地展示了河南省70年来各级各类教育发展的实际和在经济社会发展中的地位、作用,客观总结其中的经验、教训和成就,在此基础上对河南教育的发展进行了分析和预测。这些成果在全国引起了较大反响。

二、河南省民办教育发展优势与存在的问题

(一)发展优势

1. 政府支持

从国家层面来看,国家支持民办教育发展的战略方针一直没有变。自2017年9月1日起实施的《民办教育促进法》在总则部分明确提出,"国家对民办教育实行积极鼓励、大力支持、正确引导、依法管理的方针"。国务院总理李克强在第十三届全国人民代表大会第四次会议上所作的政府工作报告中提出,支持和规范民办教育发展,发展普惠性学前教育,帮助民办幼儿园纾困。《中共中央关于制定国民经济和社会发展第十四个五年规划和二〇三五年远景目标的建议》也鲜明提出,"支持和规范民办教育发展,规范校外培训机构"。从地方层面来看,《河南省国民经济和社会发展第十四个五年规划和二〇三五年远景目标纲要》也明确提出,"支持和规范民办教育发展,规范校外培训机构"。由此可见,国家和地方政府支持的是健康发展的民办教育。

2. 社会认可

改革开放以来,河南省民办教育由全国后进越过中游,一步步走在了全国的前列。这

一成绩的取得,除了政府的支持引导和民办教育自身的努力,一个重要的因素是社会的认可和支持。连续多年来民办教育招生占比数一年年增长就是最好的例证,说明了考生、家长和社会对民办教育的认可度一步步提高,也说明了民办教育在河南全省社会地位的提高。在中心市区和一些县城,民办学校的学位供不应求,民办学校成为家长和学生的首选。这从侧面反映了社会对民办教育的认可,良好的舆论基础为今后一个时期民办教育的健康发展铺平了道路。

3. 基础坚实

河南省民办教育的基础和现状,为其未来的发展提供了良好的条件。一方面,2020年全省民办学校在校生已经突破715万人,这样的体量为今后一个时期的发展奠定了坚实的基础。另一方面,河南民办教育在坚持教育的公益性原则、致力于发展中国特色民办教育的理念方面进行了行之有效的实践,积累了丰富的经验。新时代的新环境、新要求更加契合河南民办教育的初心,足以实现更有质量的发展。经验可以帮助我们把握未来,教训可以警示我们避免失误。有了这样的基础,加上政府的支持、社会的认同和民办教育自身的努力,河南省民办教育一定会有更加美好的未来。

(二) 存在的问题

当前和今后一个时期,就大环境而言,和全国其他地区一样,河南省民办教育改革和发展也面临许多共性的问题,如政策瓶颈、经费制约、生源不足等。具体从各级各类民办学校自身发展来看,其存在的困难和问题主要有以下几个方面。

一是发展格局与眼光局限。一部分民办学校举办者站位不高,不能从经济社会发展的全局定位,总是盯着一些眼前的小利益,在办学指导思想上以经济收入为中心,从而导致其在制定战略发展方针和执行的过程中重经济利益而忽略社会影响,重政治荣誉而忽略了自身建设。其实,民办学校在发展中遇到的许多外在问题和困难是共性的,只有团结一致,才能战胜困难,实现健康发展。

二是对政策环境认识不清。不少民办学校举办者在办学中一遇政策调整和行为规范,就沮丧和抱怨,这种心态势必会影响学校发展。更有甚者,一些举办者取得一点进步,有了一点成就,就忘了初心和使命。殊不知,如果没有国家创设的良好环境,没有社会的广泛支持,没有全体民办教育人的共同努力,所有个人的成就都是不可能持续的。遇到一点困难就失去信心,这是定力不足的表现,只有站在事业发展的高度审视目前的困难,才会增强事业发展的自信,才能少走弯路,行稳致远。

三是趋公化导致内生动力衰减。民办教育与公办教育相比,其优势除了观念新、立意高、视野开阔之外,还在于体制机制的灵活、内部机构的精简和运转的高效。但是随着规模的扩大和时间的推移,民办学校被公办学校同化的现象开始凸显。部分民办院校的抽样调查结果显示,这些学校的内部机构设置不仅近似,而且与公办学校趋同。这种现象会导致民办院校发展的内生动力衰减,不利于其可持续发展。

四是同质化发展造成特色缺失。民办教育的同质化发展表现在具有一定规模的学校在机构设置上的相近或雷同,以及在人才培养目标、人才培养方案、人才培养方法等方面的相近或雷同。据相关机构对河南省9所民办本科院校和8所民办专科学校的抽样调查发现,不少专业重复开设率较高,这些专业集中在土木工程、市场营销、物流管理、国际经济与贸易、英语、计算机、轨道交通、通信工程、物联网工程、电子信息工程、环境设计、旅游管理、机械设计及其自动化、机电一体化技术、建筑工程与技术、汽车检测与维修、工程造价、会计、日语、人力资源管理等方面。这样的重复设置不但浪费了珍贵的教育资源,使得民办教育失去了鲜明的特色,也会导致毕业生就业质量下降,社会人才分布严重不均衡。

此外,办学条件不足、协同发展意识不强、管理体制僵化老化、教学方法滞后、评价标准单一等问题,都在不同程度上制约和影响了民办教育的健康发展。

三、河南省民办教育发展建议

(一)树立高质量发展观

1. 国家的要求

国民素质、社会文明程度和国家文化软实力的提高和增强,主要依靠教育。2021年政府工作报告鲜明提出,"发展更加公平更高质量的教育"。《中共中央关于制定国民经济和社会发展第十四个五年规划和二〇三五年远景目标的建议》提出,"到2035年建成文化强国、教育强国、人才强国、体育强国、健康中国,国民素质和社会文明程度达到新高度,国家文化软实力显著增强"。

2. 面向经济社会发展的需求

对于教育的发展,我们不能把眼光仅仅局限在今天,还要看到明天、后天甚至更远。历史的车轮滚滚向前,社会的发展日新月异,我们需要把握经济社会发展的前沿,及时为社会发展培养合适的人才。一些有远见的民办学校先人一步,及时瞄准跟进发展需要,引进新技术,开设新专业。例如,黄河科技学院最早将本科教育与职业技能培养结合起来,在探索地方本科高校科学发展方面卓有成效。该校在2016年即推动全校进行数字化转型,走在了同行的前列。郑州科技学院革新思政教育手段,将现代科学技术应用于教育的具体实践之中。郑州西亚斯学院在2021年新增备案本科专业7个,分别为"康复治疗学""工程管理""表演""摄影""数据科学与大数据技术""大数据管理与应用""健康服务与管理"。这样的调整是高校专业设置和建设的重要组成部分,事关国家战略、高校发展、人才培养和市场需求,具有重要的风向标意义。

3. 自身的需要

2021年1月,河南省民办教育协会通过网络平台对全省民办教育参与者、研究者、管理者、关心者和媒体人员就民办教育的高质量发展进行了问卷调查,共收回有效问卷1059份。在参与填写答卷的1059人中,民办学校教师有530人,占比为50.05%;民办教育管理人员有430人,占比为40.60%;研究人员有20人,占比为1.89%;学生和其他人员有79人,占比为7.46%。参与问卷调查的主体是民办学校的教师和管理人员,占比达到90.65%,问卷统计结果在一定程度上能反映民办教育参与者的实际看法。

从问卷填写情况看,多数被调查者认为,在高质量发展的背景下,民办学校要加强师资力量建设,推进改革,加快完善现代学校制度,全面提升人才培养质量;要在政府的支持下,坚持社会主义办学方向,严格自律,保持控制或缩小规模,加强课堂教学改革,开展校园文化建设,实现家校共育,改革对学生学习、教师教学和管理人员工作的评价;通过师德师风建设、人文关怀和提升特色,建立科学管理的师资队伍,依靠内生动力和体制机制优势办出特色,提升人才培养质量,完成自身的社会责任,从而在"十四五"期间实现高质量发展。

(二)树立长期发展的理念

在高质量发展的环境下,传统的重规模、重速度、重收益的外延式发展道路已经行不通了。民办教育管理者要成为真正的教育家,就要站在经济社会发展的高度调整自己的办学思路,要完善以学校章程为核心的制度体系建设,依法依规办学,依章依制管理。例如,健全财务管理制度,确保资金安全;健全教师管理制度,强化师德师风建设;健全学生管理制度,保障学生合法权益;严格招生制度,遏止违规招生行为;严格收费制度,禁止乱收费;完善内部控制制度、审计监督制度,加强风险防控。总之,民办学校只有真正解决好"怎么培养人"的问题,才能实现健康发展,良性发展。此外,民办学校的健康发展,要紧紧围绕"为谁培养人""培养什么人"这个根本问题,始终坚持党和国家的教育方针,牢牢把握教育的社会主义方向。

有远见的学校,要下决心果断地把规模稳定下来,扎实进行内涵建设,一步一个脚印地提高人才培养质量。已经初具规模的学校,不仅要看到明天,还要着眼未来。尚不具备规模的学校,要认真进行战略思考,不要跟在别人后边走一味扩大规模的老路。总之,各级各类民办教育要根据时代发展的大局制定自己的发展方略。当然,这要比单纯的扩大规模困难许多,但这是唯一的出路,即要存在,要发展,必须办出特色。

(三)用毅力、智慧克服技术层面的困难

民办教育要实现转型,必须在以下几个方面下功夫。一是树立长远发展的理念,借鉴国际国内民办教育发展的成功经验,与河南省实际和自身的具体实践相结合,摒弃小农经济的思想,往远处看,朝强处干。二是科学使用经费,将有限的资金投入到提高人才培养质量上来。三是注重师资队伍建设。现在引进高学历的教师并不是一件难事,但要注意教师学历、能力和自己学生水平的匹配度,不要一味追求高学历、高职称。四是改革管理体制,有效推动人才培养工作的开展。五是尽快转型,不要再一味地扩大规模。应该看到,快速的规模扩张时期已经过去,谁先转型,谁就取得了先机。六是专注人才培养质量提升,即实现人的全面发展。七是注意凝聚特色,有特色才有生命力。八是注意将现代科学技术引进教育教学和学校管理之中,尽快借助人工智能和大数据的力量提升人才培养效益,为地方发展提供智力支持。

教育不是功德就是罪过。庸医误诊,可能会危及一个人的生命;而庸师误教,毁掉的有可能是一批人的一生。从事教育的人更应该方向明确、思路清晰、守正出新,用自己的付出与努力助推学生的健康成长,助推社会进步。

(本文由河南省民办教育协会王建庄执笔)

上海市民办教育发展报告

2010年以来,上海市民办教育进入快速发展和规范发展阶段。"十三五"期间,《民办教育促进法》的修订工作顺利完成,国家对民办教育的宏观政策进一步完善,民办教育正式进入非营利性和营利性分类管理时代。上海市根据国家对地方的授权,出台了落实国家新法新政的系列政策文件,并以教育综合改革国家试点为契机,推动民办教育扶持政策不断完善,财政支持力度不断加大,管理手段日趋规范,治理水平不断提升。

一、上海市民办教育基本情况

2020年,全市共有各级各类民办学校897所,在校生48.52万人。其中,民办幼儿园664所,在园幼儿约15.34万人,占全市在园幼儿总数的26.92%;民办普通小学78所(含政府给予办学成本补贴的以招收进城务工人员随迁子女为主的民办小学,下同),在校生约10.56万人,占全市小学在校生总数的12.26%;民办中学131所,在校生约8.87万人;民办普通高校19所,本专科在校生约13.5万人。

(一) 民办幼儿园在园规模略有下降

2016—2020年,上海市民办幼儿园发展情况如图1所示,随着全市民办幼儿园数量的增加,民办幼儿园占比也随之增加,从2016年的37.35%增至2020年39.57%。但是,

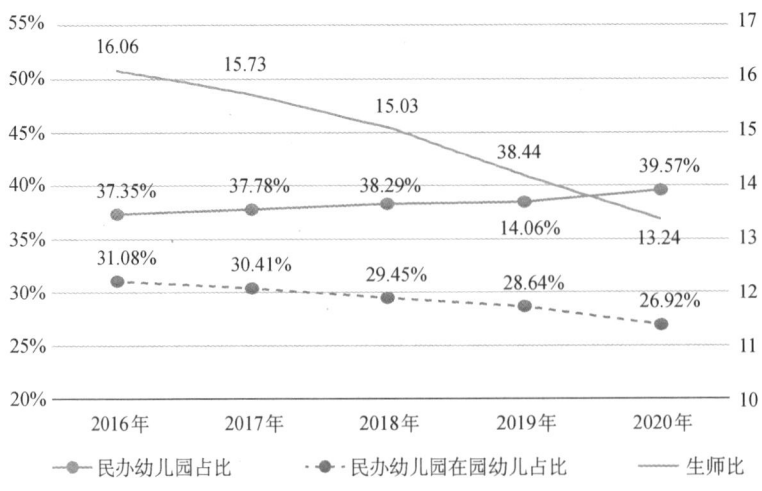

图1 2016—2020年上海市民办幼儿园发展情况

随着国家对公办幼儿园在园幼儿占比要求的明确,民办幼儿园在园幼儿数量从2016年开始逐步下降,民办幼儿园在园幼儿占比也随之呈现逐年降低的态势,从2016年的31.08%下降至2020年的26.92%。但是,同期民办幼儿园专任教师数量却稳步增加,2020年相较于2016年增长了7.92%。因此,在民办幼儿园在园幼儿数量不断减少的情况下,专任教师数的增加促使民办幼儿园生师比降至13.24,民办幼儿园的教育保育质量得到有效改善。

(二)民办普通小学在校生规模仍需调控

2016—2020年,上海市民办普通小学发展情况如图2所示,由于进城务工人员随迁子女小学整顿合并,全市民办普通小学占比逐年下降,从2016年20.72%降至2020年11.40%,下降了9.32个百分点。同期,随着民办普通小学在校生人数的持续减少,民办普通小学在校生占比也随之呈现下降态势,从2016年的15.88%下降到2020年的12.26%。此外,民办普通小学专任教师数量在"十三五"期间明显减少,导致民办普通小学生师比持续上升,从2016年的23.85上升至2020年的27.91。专任教师数的减少反映出民办普通小学专任教师流动性较大,师资队伍建设依旧任重而道远。

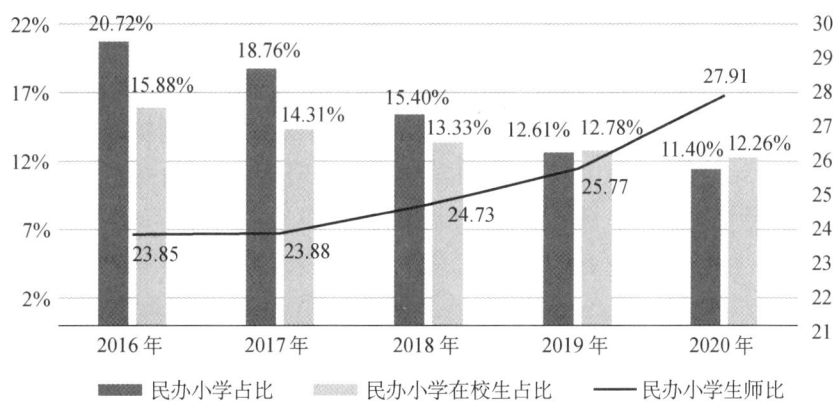

图2 2016—2020年上海市民办普通小学发展情况

(三)民办初中规模不断增加,高中阶段民办学校发展稳定

2016—2020年,上海市民办中学发展趋势如图3所示。其中,全市初中阶段民办学校占比较为稳定,基本维持在12%左右。初中阶段民办学校在校生规模在"十三五"期间整体呈现上升的趋势,其占比从2016年的14.87%增加到2020年的16.03%。2020年全市民办普通高中学校60所,较2016年增加4所。民办普通高中在全市普通高中的占比从2019年开始逐年下降,2020年为22.90%。民办普通高中在校生2020年为1.37万人,2017年达到近期高峰之后逐步下降,其占比也在2017年之后逐年下降,2020年为8.23%。

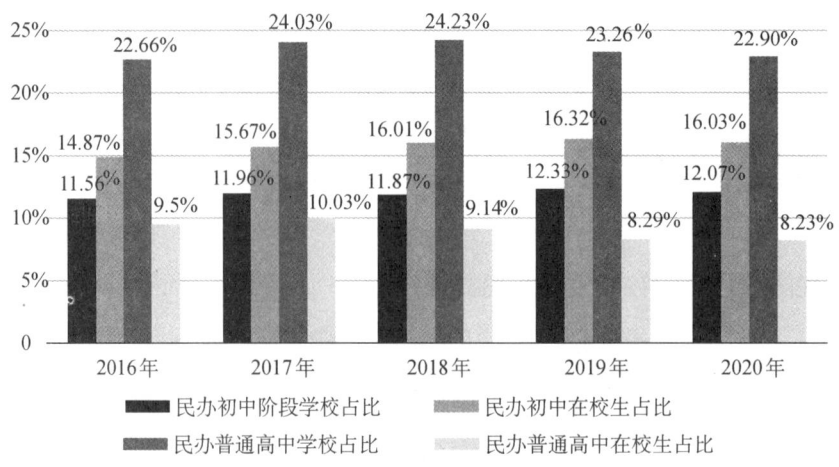

图 3　2016—2020 年上海市民办中学发展情况

(四) 民办普通高校发展稳定

"十三五"期间,上海市民办普通高校本专科在校生情况如图 4 所示。全市普通高等学校数量发展平稳,没有出现大的波动,但是在校生规模增幅较大,2020 年民办普通高校本专科在校生共 13.5 万人,较 2016 年增加了 20.00%,其中本科在校生增幅为 30.85%。

2020 年全市民办普通高校专任教师数为 5 876 人,较 2016 年增幅为 21.76%。"十三五"期间在民办普通高校生师比方面,本科院校生师比略有波动,但基本保持在 18∶1 以下;专科院校生师比略高于本科院校,除 2016 年和 2020 年略高于 18∶1,其他年份都低于 18∶1。

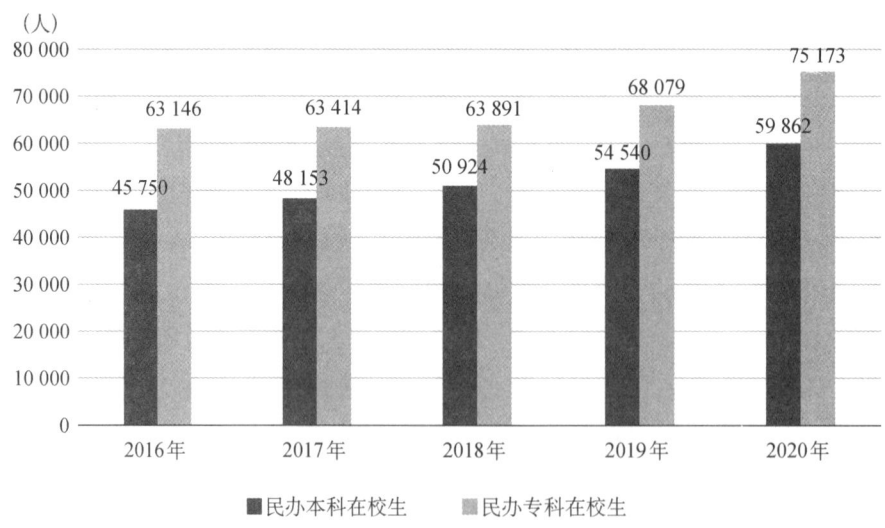

图 4　2016—2020 年上海市民办普通高校本专科在校生情况

二、"十三五"期间上海市民办教育主要政策举措

(一) 加强民办学校党的建设,把牢社会主义办学方向

截至2020年年底,上海民办高校党委建制14个,直属党总支建制3个,基层党总支建制64个,基层党支部340个,民办高校党组织建设实现全覆盖。上海市制定《关于进一步加强和改进民办高校党建工作的意见》《关于向民办高校选派党委书记的办法》《民办高校落实党委意识形态工作责任制测评体系》等制度文件,进一步推进党组织工作规范化、党建工作制度化。各民办高校党组织书记全部实现委派,党组织书记同时兼任政府督导专员。各民办高校党组织书记通过法定程序进入学校董(理)事会全部落实,从制度上保证了党组织在学校的政治核心地位。各民办高校把思想政治工作纳入党组织的重要职责,完善工作规划,落实保障措施,形成大思想政治的环境与合力,实现全员育人、全过程育人、全方位育人。

上海市在全国率先启动"民创计划"项目,推进党建和思想政治工作的创新,通过民办高校同城协同工作平台项目和民办高校自主实施项目,加强集群整合、资源共享、协同创新,凝练民办高校党建工作特长特色、优秀成果,切实提升党建和思想政治工作的质量和水平。

(二) 健全政策制度体系,稳步实施民办教育分类改革

2017年,上海市第三次民办教育工作会议召开,全面总结了上海民办教育工作,并对本市民办教育工作进行总体部署,制定并实施《上海市人民政府关于促进民办教育健康发展的实施意见》《上海市民办学校分类许可登记管理办法》《上海市民办培训机构设置标准》《上海市营利性民办培训机构管理办法》《上海市非营利性民办培训机构管理办法》《关于加强本市培训机构管理促进培训市场健康发展的意见》《上海市培训机构监督管理办法》等文件,初步形成地方促进民办教育健康发展的配套政策体系。

截至2020年年底,上海市现有民办学校分类登记和转设过渡工作全部完成,绝大部分学校转设过渡顺利进行。

上海市制订《上海市深化民办教育综合改革指导意见》,通过加大对非营利性民办学校的支持力度,建立民办教育发展基金,探索民办教育融资制度建设,加强特色民办学校建设,深化民办学校治理结构建设,探索民办教育购买服务制度和民办教育第三方评价机制等六大改革项目,着力破解民办教育发展难题。

(三) 注重提升办学质量,民办学校内涵建设初见成效

为了提高民办学校办学质量,上海市实施三轮"上海市民办中小学特色学校(项目)和民办优质幼儿园"创建活动,348所民办中小学和幼儿园进入创建计划,有力促进了民办中小学和幼儿园规范特色发展;支持民办高校开设护理学、康复治疗学、学前教育等特色专业,为城市发展提供紧缺人才。引导民办高校积极参与中高职贯通、中本贯通、高本贯

通、应用型专业试点、教学改革等内涵建设。

此外,上海市教委和财政局制订了《上海市促进民办教育发展专项资金管理办法》,规范民办教育财政扶持机制,支持民办高校改善教育教学条件、学科专业建设和师资队伍建设;持续开展民办高校"强师工程"、民办高校教师技能大赛等活动,推进民办高校师资队伍建设;启动并实施"民智计划",遴选、培育、凝聚一批"民办教育+"复合型中青年骨干人才;建立引导内涵发展的扶持政策,启动市级财政对非营利性民办高校实验实训中心建设的补助项目。

(四)创新工作管理机制,不断提升民办教育治理水平

在提升民办教育治理水平方面,上海市政府落实"一网通办"改革要求,积极推动民办教育网站整合、电子证照归集、流程优化再造、审批事项压减等工作;规范公共资源参与举办义务教育阶段民办学校,规范义务教育民办学校办学秩序;持续开展义务教育阶段民办学校规范教学、招生工作专项督导和民办幼儿园规范办园督导,落实政府事中事后监管职能;与教育部发展规划司共建"民办教育协同发展服务中心",支持上海市民办教育协会、上海市民办教育基金会等第三方机构建设,形成多方联动的协作工作机制;建立长三角民办教育协作发展会议制度,打造长三角民办教育联动平台,协同推进区域民办教育事业发展;设立市级教育类社会组织管理办公室,研制《社会组织管理办法》,推进教育类社会组织依法设立、规范活动,服务教育事业发展。

三、当前上海市民办教育存在的主要问题

(一)办学定位有待进一步明确

2018年新修订的《民办教育促进法》实施以来,国家在积极制订民办教育配套政策的基础上,各级各类教育专项政策不断出台。2019年2月,中共中央国务院印发了《中国教育现代化2035》,中共中央办公厅、国务院办公厅印发了《加快推进教育现代化实施方案(2018—2022年)》。"各级教育高水平高质量普及""基本公共教育服务均等化""提升一流人才培养与创新能力"等将成为各级各类教育发展、提高的指导思想。

在此指导思想下,学前教育着力构建以普惠性资源为主体的办园体系,引导社会力量举办更多的普惠性幼儿园;基础教育切实履行政府主导职能,实现优质均衡的义务教育、全面普及高中阶段教育;高等教育持续推动地方本科高等学校转型发展,推动职业教育与产业发展有机衔接、深度融合,集中力量建成一批中国特色高水平职业院校和专业。在这一战略目标下,上海市民办教育应逐步向更高层次的教育公平、教育均衡、全面发展靠近,在满足人民群众多样化教育需求的同时,服务服从国家对教育公平和全面发展教育的新定位。

(二)办学质量有待进一步提升

新时代,经济社会不断发展,市民消费需求升级,人民群众物质文化生活水平全面提

升,广大人民群众对优质、均衡、特色教育的需求日益增长。升学率不应成为办学质量的唯一标志,德智体美劳全面发展的育人标准将逐步取代应试教育唯分数的评判标准,促进人的全面发展是教育的终极目标。民办教育不能成为升学教育、考试教育的代名词。在各级各类公办学校全面发展、教育质量不断提升的情况下,上海市各级各类民办学校应及时调整办学重点,加强内涵建设,进一步提升办学质量。

(三) 办学行为有待进一步规范

近年来,国家积极出台政策,规范各级各类民办学校办学行为和办学秩序。相关政策明确规定,民办学前教育应着力构建以普惠性资源为主体的办园体系,民办幼儿园禁止上市,上市公司禁止投资、收购营利性民办幼儿园;在义务教育阶段,民办学校不得违规争抢生源、"掐尖"招生、跨区域招生、超计划招生和提前招生等。总之,未来一段时期,上海市各级各类民办学校应进一步规范办学行为将和办学方式,为人民提优质、多样的教育服务。

(四) 办学风险需要进一步防范

分类管理实施以来,国家和地方新的配套政策体系尚不完善,加强民办学校办学风险防范显得尤为重要,这对教育行政部门的治理提出了更高要求。目前,上海市一些民办教育集团存在通过各种VIE的形式在境外上市实现非营利性民办学校营利化现象,部分民办学校通过改变股权结构实现民办学校举办者的实质变更,规避了民办学校举办者变更的审批程序。这些现象都会造成办学风险,相关部门应予以充分重视。

(五) 民办学校竞争策略需要及时调整

2019年,国家关于义务教育阶段规范招生和提高办学质量的文件相继出台。民办学校招生由审批地统一管理、公民同招、电脑派位、免试入学、优质高中名额分配等相关政策将逐步落实。同时,不得以面试、面谈等名义选拔学生,超过招生计划的民办学校实行电脑派位的政策规定将进一步压缩民办学校生源选拔空间。结合各省市出台的2019年中小学招生政策来看,公民同招,报名人数超过招生人数的民办学校采取电脑随机派位方式招生等政策已经在各地形成共识,民办学校"掐尖"招生、提前招生等依靠政策红利的发展阶段已经过去。因此,上海市民办中小学应及时调整办学方向和竞争策略,普惠、优质、均衡发展应成为基础教育阶段民办学校发展的主要方向。

四、当前上海市民办教育面临的主要挑战

随着区域经济社会的深入发展和上海国家战略定位的进一步明确,上海教育发展模式正在发生深刻转型,上海民办教育面临着前所未有的挑战。为此,各级各类民办教育应以新时代中国特色社会主义思想为指导,牢固树立并切实贯彻创新、协调、绿色、开放、共享五大发展理念,全面贯彻党的教育方针,坚持社会主义办学方向,坚持立德树人,培育和践行社会主义核心价值观,全面推进支持和规范社会力量兴办教育。

(一) 深入推进教育公平和均衡的压力更重

中国特色社会主义进入新时代,我国社会主要矛盾已经转化为人民日益增长的美好生活需要和不平衡不充分的发展之间的矛盾。《中国教育现代化 2035》《上海教育现代化 2035》等文件提出,"各级教育高水平高质量普及""基本公共教育服务均等化"是今后各级各类教育事业发展的主要目标。在这一教育发展目标的导向下,民办教育的定位面临从单纯注重满足差异化需求向实现教育公平、教育均衡和人的全面发展转变。

(二) 人民群众对高质量教育需求更为迫切

党的十九届五中全会审议通过的《中共中央关于制定国民经济和社会发展第十四个五年规划和二〇三五年远景目标的建议》提出,不但经济发展进入高质量发展阶段,社会、生态、文化、国家治理体系都进入高质量发展阶段。据此,民办教育应服务社会发展需求,更新办学理念,深化教育教学改革,创新办学模式,加强内涵建设,提高办学质量。民办中小学、幼儿园应继续强调特色优质发展,职业院校应明确技术技能人才培养定位,服务区域经济和产业发展,深化产教融合、校企合作,提高技术技能型人才培养水平。此外,民办教育还应在完善终身教育体系、构建学习型社会中充分发挥积极作用。

(三) 民办学校办学行为规范化要求更高

新修订的《民办教育促进法》实施以来,国家和上海市相继出台了系列民办教育政策文件,坚持以支持和规范为主线,以促进民办教育规范运行和健康发展为目的,进一步厘清了民办学校办学的模糊地带,堵塞了各种制度性的漏洞,明确要求各级各类民办学校必须端正办学理念、规范办学行为,完善内部治理,强化外部约束。因此,民办教育只有坚持依法、规范、诚信办学,才能走向发展的"阳光大道"。

(四) 信息技术变革带来的影响更为迅猛

以 5G、人工智能、大数据等为代表的新一代信息技术正在加速向各领域全面渗入,极大地改变了传统生产、生活和学习方式,传统教育评价模式、教育边界、教学组织形式、知识获取方式、教师角色定位等亟须进行深刻变革。作为促进教育改革的重要力量,各级各类民办学校应当及时调整竞争策略,深度融合新技术,创新人才培养模式,精准对接产业,在优化教育质量评价、引领素质教育发展和促进内涵发展上率先作为。

(五) 国家区域发展战略释放的创新空间加大

长三角区域一体化发展是国家战略,长三角教育一体化发展是长三角经济社会一体化发展的重要组成部分,是长三角区域高质量一体化发展的重要基础。长三角教育一体化发展可以实现民办教育资源在长三角范围内的整合,打造一个与长三角世界级城市群相匹配的、开放度更高、包容性更强、与经济社会发展更加协调的具有国际影响力的教育增长极,从而为上海民办教育提供了改革发展的新机遇、释放了新的探索空间。

五、上海市各级各类民办教育发展的主要任务

自2016年《民办教育促进法》修订实施以来,国家积极出台民办教育配套政策和专项政策。2019年2月,中共中央国务院印发了《中国教育现代化2035》,随后中共中央办公厅、国务院办公厅印发了《加快推进教育现代化实施方案(2018—2022年)》,上海市也先后发布了《上海市城市总体规划(2017—2035年)》《上海市国民经济和社会发展第十四个五年规划纲要》《上海教育现代化2035》。根据国家和上海市的教育发展战略,各级各类民办学校应进一步明确定位,充分发挥在体制机制方面的优势,向规范、优质、特色和多元的方向发展。

(一) 坚持普惠性学前教育资源供给

上海市民办学前教育应大力发展普惠性民办幼儿园,积极开设普惠性托班,重点在人口导入区举办非营利性民办幼儿园,增加学前教育学位供给。

此外,上海市民办幼儿园应努力提升办园质量,加强对教师的入职培训和对骨干教师的培训,并与开设学前教育专业的高校合作,重点解决学前教育师资力量不足的问题,为广大人民群众提供优质多样、具有特色的学前教育服务。

(二) 规范义务教育阶段民办学校发展

为了促进义务教育优质均衡发展,上海市义务教育阶段民办中小学应在本区域内或跨区建立结对关系,加强优质教育的辐射作用;积极参与所在地区基础教育集团,加强与公办学校的互动,以增强学校办学特色。

为了规范义务教育阶段招生工作,上海市民办中小学应深入推进免试入学,实行公民同招,不得以任何形式提前选择生源,不得以"国际部""国际课程班""境外班"等名义招生,严禁违规争抢生源、"掐尖"招生、跨区域招生、超计划招生和提前招生。

为了防范办学风险防范,上海市民办学校应加强党的建设和思想政治建设,规范财务管理,禁止以非营利性之名行营利之实。办学资质较弱的民办中小学应加强对办学情况的实时监控,做好学校关、停的后续工作。

(三) 落实普通高中多样化育人方式改革

在高中教育阶段,上海市民办学校应深入推进适应学生全面而有个性发展的教育教学改革,切实提高教育教学质量,积极参加特色普通高中项目学校创建,做到"一校一品牌""一校一特色"。

此外,上海市民办普通高中应积极探索育人方式改革,有序实施选课走班教学运行机制,积极推进信息技术与教育教学融合,深化新高考背景下的课堂教学改革;加强与周边社区、高等学校、科研机构、现代企业等机构的合作,推进校本课程建设,增强学校办学特色,引领高中教育教学改革。

为了提高上海市民办普通高中的核心竞争力,有条件的民办学校可以采用以项目合

作的方式与有资质的国外教育机构进行合作,或兼并薄弱学校,以扩大优质高中教育资源供给。

(四) 以项目引领提升高等教育质量

在高等教育阶段,上海市民办高等院校应明确技术技能人才培养的办学定位,服务区域经济和产业发展,深化产教融合、校企合作,提高技术技能型人才培养水平,根据社会发展需要设置并及时调整专业定位,培养适应经济结构调整、产业转型升级和新产业、新业态、新商业模式需要的人才。

为了扩大民办高等教育优质资源供给,上海市民办高校应积极与公办高校合作,开展硕士生联合培养。有条件的民办高校还可开展硕士点申报工作,参与国家职业本科试点,提升办学层次。独立学院应积极转设为办学条件达标、内涵建设领先、培养质量过硬、独立设置的民办普通本科高校。

此外,上海市民办高校应采取与行业企业联合设立产业学院、大师工作室、共建先进的生产性实训基地,开展订单培养和现代学徒制试点等方式,探索可复制可推广的产教一体化的职业人才培养新模式,以校企双主体运行机制推动产教一体化人才培养。

(五) 围绕素质提升开展培训活动

在非学历教育领域,上海市民办教育应在完善终身教育体系、构建学习型社会中发挥积极作用。上海市民办教育培训机构应围绕素质教育发展开展培训活动,与公办、民办学校合作开展素质教育拓展活动,或实施促进学生全面发展的相关课程。

为了培育引领未来学习的优质教育品牌,上海市民办教育培训机构应充分发挥硬件基础研发、软件系统设计等优势,打造教育交叉细分行业,加速未来学校教育的变革,重塑教育生态,丰富教育产品。

(本文由上海市教育科学研究院教育改革发展研究部张歆执笔)

江西省民办教育发展报告

江西省地处中国东南部,其民办教育发展有着悠久而辉煌的历史,从唐代的高安桂岩书院到北宋的白鹿洞书院、周敦颐的濂溪书院等私家书院都曾产生过较大影响。作为长江经济带重要组成部分,江西省积极响应国务院号召,民办高等教育取得长足的发展,办学环境不断优化,办学规模相对稳定,试点改革初见成效,社会影响力日益扩大,形成了发展势头强劲、结构合理、规模协调、质量明显提高的可持续发展的国民教育体系。

一、江西省民办教育基本情况

截至2020年年底,江西省共有各类民办学校9 158所,其中,民办普通高等学校20所,独立院校13所,中职学校88所;普通民办学校招生人数总计31.3万人,较上年增长近7 000人,增长率约为2.5%;民办专任教师数约10.4万人,同比增长0.03%;在校生规模约184.7万人,占全省在校生数的16%。

(一) 民办幼儿园

1. 民办幼儿园数量发展情况

2011年以来,江西省将发展学前教育列入经济社会发展规划和重要民生工程,实施了两期学前教育三年行动计划,取得了显著成绩。截至2020年年底,江西省幼儿园数量为16 330所,比2015年的11 870所增加了4 460所,增幅为37.57%。其中,民办幼儿园从2015年的10 409所下降到2020年的8 620所,降幅为17.19%。目前,全省基本建成广覆盖、保基本、有质量的学前教育公共服务体系。

2. 民办幼儿园在园儿童情况

2020年,江西省幼儿园在园儿童人数共计170万人,其中民办幼儿园在园儿童人数80万人,占比为47.2%。与2015年同期数据相比,2020年民办幼儿园在园儿童人数减少了41万人,降幅为33.88%。

3. 全省幼儿园专任教师情况

2020年,江西省民办幼儿园专任教师57 421人,占比为51.66%,相较2015年减少了4 028人,降幅为6.56%。

(二) 民办中小学

1. 民办普通小学的数量发展情况

2020年全省共有普通小学7 199所,较2015年减少2 266所;同期民办小学52所(含以招收进城务工人员随迁子女为主的民办小学),较2015年减少1所。由此可见,在全省普通小学数量逐年减少的情况下,民办普通小学的减幅明显小于公办普通小学。

2. 民办普通小学在校生情况

相较于2015年,2020年全省普通小学在校生人数减少3.70%,而民办普通小学在校生人数增幅为16%。

3. 民办初中的发展数量情况

2020年全省民办初中共有183所,较2015年增长13.60%;在校生规模为222 217人,较2015年增加了33.70%。

4. 民办初中的发展数量情况

全省在校生人数整体呈现上升的趋势,2020年在校生人数较2015年增加了16 230人,增幅为15%。同期,民办普通初中的在校生人数也呈现上升的态势,增加了82 725人,增幅为38%。

5. 民办高中的发展数量情况

2020年全省民办普通高中共有175所,较2015年增长22.80%;民办普通高中在校生人数较2015年增加了82 725人,增幅为38%。

(三) 民办高等教育

20世纪90年代初,赣江大学、新亚学院、大宇学院、服装学院等八所颁发自学考试毕业文凭的江西省民办高校创办。1999年和2019年,中央两次决定扩大高校招生人数,民办高校发展迅猛,初具规模。21世纪初,江西省建立了13所独立学院,从此,随着民营资本的进入,借助公办高校的优质资源,江西省民办高校迅速提高了办学层次、水平和规模,校园面积迅速扩大,新校园建设也在不断进行。部分本科学校由规模扩张逐渐转为加强内涵建设,办学行为逐步走向规范。截至2020年年底,江西省共有民办普通高校20所(本科院校8所,专科院校12所),独立学院13所。2015年相比,民办普通本科院校增加了2所,专科院校和独立学院数据没有变化。

二、江西省民办教育取得的成绩

(一) 政策保障体系不断完善

近年来,江西省先后出台了一系列促进民办教育发展的政策文件,包括《江西省人民政府关于鼓励社会力量兴办教育促进民办教育健康发展的实施意见》,以及江西省教育厅、江西省委机构编制委员会办公室、江西省人力资源和社会保障厅、江西省民政厅、江西省市场监督管理局印发的《江西省民办学校分类登记实施办法》《江西省现有民办学校分类登记实施办法》《江西省民办教育发展专项资金管理办法》《江西省向民办高校委派督导专员的实施办法》《关于规范非营利性民办学校收费管理工作的通知》《江西省营利性民办学校监督管理实施办法（试行）》《江西省人民政府关于鼓励社会力量兴办教育促进民办教育健康发展的实施意见》《关于规范非营利性民办学校收费管理工作的通知》《关于明确民办学校收费票据使用管理有关事项的通知》《关于进一步减轻全省义务教育阶段学生作业负担和校外培训负担的若干措施》等。

从教育政策的内容上看，江西省民办教育政策侧重对社会力量办学收费行为的规范和民办学校财务管理制度的建立，一定程度上保证了民办学校办学经费合理使用，有效地防止了民办学校乱收费和虚假广告，提升了民办学校的办学声誉，减轻了学生的负担。同时，江西省教育厅对社会力量办学进行检查、通报，并对民办学校建立评估和年检制度。这些制度措施对民办学校发展进行有效监督和管理，在一定程度上加强了对民办学校招生简章、广告宣传的管理，规范了民办学校办学秩序。

同时，江西省教育政策从深化分类管理改革、创新支持扶持机制、加快现代学校制度建设、提高民办学校教育教学质量等方面明确了民办教育的办学行为，增强依法管理和服务意识，致力于为民办教育办实事、办好事，通过落实解决民办学校审批、收费、教师职称评定、评优评先、学生月票、学籍等阻碍民办学校健康持续发展的政策层面的种种问题，确立了民办教育机构在土地征用、规费减免、师生权益、业务指导及社会地位等方面享有与公办学校同等的待遇，为民办教育的发展创设了良好的环境，有效提升了社会资本投入办学的积极性。

（二）思想政治工作不断加强

近年来，江西省民办教育思想政策体系不断完善，紧扣立德树人的根本任务，引导全体师生在政治原则、政治立场、政治方向、政治道路方面与党中央保持高度一致，通过科学组织、强化管理、优化建设，实现高质量党建引领高质量教育的最终目标。

1. 在目标导向上坚持以党的政治建设为统领

江西省教育工委高度重视党建有关工作，根据中共十九大精神和全国高校思想政治工作会议精神，以践行社会主义核心价值观为工作推手，立德树人，做好民办教育思想政治工作，开展了习近平新时代中国特色社会主义思想教育、党史学习、师德师风、校风教风学风等教育教学主题活动，保证了正确的办学方向。

具体而言，一是通过推进基层党建"三化"建设推动民办高校党组织进一步提升，把"三化"建设作为民办高校基层党建工作"一号工程"，按照《全省高校基层党建标准化规范化信息化建设指导手册》，推动落实"标准化、规范化"要求，助推民办高校基层党建提质增效。二是强化党建引领，推动民办教育教学健康发展，积极发挥党组织和党员在教育教学一线中的先锋作用，推动教学改革，规范办学行为，提高人才培养质量，牢牢把握意识形态工作的领导权和主动权，确保马克思主义在高校的主导地位。三是强化监督考核。江西省委组织部和省委教育工委坚持每年围绕贯彻落实全省基层党建工作重点任务部署要求，围绕增强政治功能和组织力，提高基层党建质量，组织开展民办高校党委书记（督导专员）抓基层党建述职评议考核工作。

2. 在体系建设上日益健全完善

江西省地方党委不断强化省内机制体制建设，强化主体责任，坚持党的政治核心地位，强化思想理论武装，严守意识形态阵地，分级分类指导相关学校的思想政治工作。江西省通过督促指导民办高校修订完善学校章程健全党组织参与决策制度，积极推进学校党组织领导班子成员通过法定程序进入学校决策机构和行政管理机构，党员校长、副校长等行政机构成员按照党的有关规定进入党组织领导班子；推动各民办高校建立党委书记与校长沟通机制、党政领导联席会议机制，完善董事会决策、校长行政、教职工民主参与、党组织发挥战斗堡垒作用的法人治理结构，形成有效的决策、执行和监督保障体系，加快建立现代学校制度，推进学校治理体系和治理能力现代化。

3. 在实践操作上注重贯彻执行

1）大力推进党组织建设，实现党组织全覆盖

江西省民办高校党委书记同时又是省教育厅委派的督导专员，是省政府指定的督导专员。江西省通过打造民办高校基层党组织群，发挥基层党组织的战斗堡垒作用，打造品牌化党建工程。江西省从支部组织建设、制度建设等方面入手，选优配强支部书记，加强培训工作，提高做思想政治工作的能力；同时，严格执行"三会一课"制度，定期召开支部党员大会、支部委员会、党小组会等制度；通过建设、推选"样板支部""示范党支部""优秀党支部"等打造基层党组织品牌活动，建设了一个个强有力的党支部，逐步提升了党组织的整体战斗力。

2）搭建社会服务大平台

江西省民办教育积极创新民办学校党建工作内容和形式，将党建工作和学生的专业认知、企业实习、人才培养模式有机结合，建立校企长效沟通机制，致力于培养满足企业、社会需求的专业人才。

专栏 1

发挥民办高校体制机制优势，推动学校高质量发展——江西科技学院

"十三五"期间，江西科技学院在省委、省政府、省委教育工委、省教育厅的领导和支持下，坚持社会主义办学方向，践行社会主义核心价值观，全面实施综合改革试点，加快推进内涵发展，保持了持续发展的良好势头，顺利完成了"十三五"规划确定的各项主要目标和任务。

1. 学校治理体系日趋成熟

学校不断强化董事会领导下的校长负责制，制定并完善了《江西科技学院章程》《校务委员会议事规则》《董事会议事规则》《党委会议事规则》《校长办公会议事规则》，形成了决策权、管理权、监督权分工明确、精诚协作的运行机制。

学校制订完善了《学术委员会章程》《学术委员会工作制度》，出台了《学校二级教代会实施细则》《校院二级管理体制改革实施意见》，试点开展二级学院教代会，进一步完善了教代会对学校和二级学院事务的民主管理、民主监督功能。

2. 党建思政工作不断加强

学校全面加强党建和思政工作，扎实推进思政课程和课程思政工作，建成占地面积为

1 280平方米的大学生思想政治教育基地。学校先后荣获"全国大学生暑期'三下乡'社会实践活动先进单位""全国高校践行社会主义核心价值观'示范团支部'""全国民办学校党建特色项目建设基地"等荣誉。

3. 人才培养能力明显增强

学校牢固树立以"成果为导向,以学生为中心,持续改进"的教育理念,构建了"全过程、四途径、系统化"的创新教育体系,形成了以能力培养为导向的创新教育特色。学校先后获得各类大学生创新创业大赛奖项5 178项,其中国家级奖项3 111项,省级奖项2 067项。学校因创新教育实践成果丰硕被国家教育体制改革领导小组誉为创新型人才培养的摇篮,目前已联合培养专业硕士研究生221名,合作培养博士后研究人员4名。

4. 学科专业结构得到优化

学校积极构建以学科为龙头,以专业为主干,以课程为基础的"一体化"建设体系,重点打造"有实力、有作为、有影响"的"三有"学科集群,着力推进学校一流专业培育和建设,加大精品课程建设力度。目前,学校获批教育部产学研合作协同育人项目15项,现有国家级特色专业建设点1个、省级特色专业5个、省级一流专业1个、省级卓越工程师培养计划项目3个、省级专业综合改革试点项目3个、省级人才培养模式创新实验区2个、省级精品在线开放课程5门,新增战略性新兴产业和社会急需的本科招生专业20个、专科招生专业9个,撤销生源不优、就业不佳、无竞争优势的专业13个。

5. 科学研究质量快速提升

学校建成并获批省级2011协同创新中心,新增区域发展研究院等9个省级科研平台,共获批国家级项目8项、省部级项目404项,获批授权知识产权1 291项,专利申报数和授权数连续数年位居全省高校首位,在全国民办高校科研竞争力排行榜中从四十余名跃入前十名。

6. 师资队伍结构持续优化

学校大力实施"人才强校"战略,设立人才推荐奖,建立急需、特殊人才"绿色通道",实行"一人一议"的引进方式,柔性引进中国工程院院士2人,现有享受国务院津贴专家2人、入选教育部新世纪优秀人才支持计划1人、省政府研究室特约研究员3人、省新世纪百千万工程3人、省"四个一批人才"1人,引进外聘专任高层次人才400余人,一批忠诚度高、工作能力强、职业操守好的骨干进入领导岗位,教师队伍结构进一步优化。

7. 国际合作办学取得突破

学校与18所海外高校建立友好合作关系,建立"2+2+1""3+1+1""4+1"联合培养模式,开设了5个全英文授课本科专业,招收来自28个国家的留学生300余人。

8. 校园文化建设蓬勃开展

学校积极打造全民悦诵、悦动、悦享等校园微文化工程、高雅艺术进校园文化工程、中华传统文化传承教育工程和大学生创新文化教育工程等校园文化品牌工程,开设"江科达人秀""江科说吧"等13个校园品牌栏目,推出了"党员积分卡"试点。学校先后4次获评江西省大学生暑期"三下乡"社会实践先进单位,其中3支队伍荣获国家级、21支队伍荣获省级大学生暑期"三下乡"社会实践活动优秀团队。

9. 基础设施条件明显改善

学校建设升级一批智慧教室、创新教育实验室、创新教育工作室，建成省级大学生创业孵化基地——"红绿蓝众创空间"，完成保卫处工程项目改造，对原有学生公寓楼进行翻新改造，完成篮球场、网球场及校内马路等基本建设和维修改造工作。学校基础设施条件得到明显改善。

专栏2

走内涵发展、科技创新之路，办特色高水平品牌大学纪实——南昌理工学院

南昌理工学院始终坚持以科技强国、国家富强为己任，以"航天科教、兴我中华"为办学宗旨，秉承"科学、求实、厚德、创新"的校训，弘扬"特别能吃苦、特别能战斗、特别能攻关、特别能奉献"的航天精神，立足南昌，立志打造国内民办高等教育标杆，努力建设成为航空特色鲜明、工科优势突出、区域创新彰显、综合实力一流的高水平应用型民办大学，为国家经济社会发展培养高素质应用型、创新型、复合型人才。

学校于2021年11月顺利通过教育部本科教学合格评估，是当时江西省唯一一次性通过教育部本科教学工作合格评估的民办高校。专家一致评价，南昌理工学院是民办教育的一面旗帜。

1. 打造特色学科专业，助推区域经济发展

专业设置是民办高校特色发展的关键，是最能体现办学特色的重要因素，也是衡量学校办学水平和地位的重要标志。南昌理工学院主动服务区域和江西省经济社会发展的需求，围绕国家和省市重大战略规划，主动对接战略性新兴产业，积极调整、优化专业设置和布局。学校现有本科专业66个，形成了支持新一代信息技术产业发展，支持先进制造业和航空产业发展，支持现代服务业发展，支持文化及创意产业发展，支持节能环保、新能源、新材料产业发展的5个学科专业集群，约80%的专业为江西省十大战略性新兴产业所需，工科专业所占比例达到42.37%，专业布局更加贴近江西省新型工业化和产业结构调整对人才的需求。

学校为了更好地服务航空强省战略，成立了航天航空学院和国际飞行学院，开设了飞行技术、航空航天工程、飞行器制造工程、直升机驾驶、航空服务艺术与管理等相关航空类专业，全资成立了南昌理工通用航空有限公司，投入近8 000万元购置初级、中级、高级模拟器和模拟机舱，先后获得中国民用航空华东地区管理局颁发的通用航空《经营许可证》、CCAR-61部、CCAR-91部和CCAR-141部驾驶员培训资质，构建了完整的飞行员培训体系，是江西省第一家取得商业非运输航空运营人运行合格证的高校。

学校现有教育部特色专业1个、省级特色专业6个、省级一流特色建设专业1个，江西省高校重点学科2个，省级卓越工程师培养计划3个，省级专业综合改革试点项目3个，省级人才培养模式创新实验区2个，省级实验教学示范中心3个，省级精品（精品资源共享）课13门，省级一流课程（线上、线下及混合）11门，省级教学成果奖5项，省级以

上教学竞赛奖励 50 项,省级虚拟仿真实验教学 1 项,获批省级教研课题 55 项,教育部产学研合作协同育人项目 70 余项,在江西省同类高校中位列第一名。

2. 创新人才培养模式,彰显人才培养特色

学校的中心任务是培养人才,人才培养特色是特色发展的根本,是特色发展的出发点和落脚点,是特色表现的最直接因素。学校坚持面向地方经济社会发展需求,积极构建产教融合的新机制,探索应用型人才培养模式,促进教育链、人才链与产业链、创新链更好衔接,促进人才培养供给侧和产业需求侧结构要素全方位融合。学校结合自身特色,构建了"3 平台+接口"的培养模式,"3 平台"即通识课平台、学科基础课平台、专业主干课平台,"接口"即学生培养方向与职业岗位方向接口。通识课平台包括公共必修课及公共选修课(所有专业统一的平台),学科基础课平台包括一级学科及二级学科内必须开设的课程(同一学科内专业的统一平台),专业课平台为教育部本科目录规定的主要课程(同一专业的统一平台)。职业应用方向接口是与就业岗位对应的接口,由 N 个职业方向选修课模块组成,接口的方向和课程根据岗位人才需求分析设计,可以根据社会人才需求的变化调整,也可以按照用人单位的定向培养要求(或订单内容)专门设计。该培养模式得到了教育部的肯定,被教育部评估中心编写的《新型大学新成就——百所新建院校合格评估绩效报告》一书中作为典型案例被收录。学校还设计并实施了"四实"实践教学体系,形成了"校长总管,副校长分管,三线监控,多点支持,基层落实的质量保障体系"和"管、监、评分离的三线质量监控体系"。教育部领导和有关专家一致认为,南昌理工学院的质量保障体系既完备又完善,运行效果非常好,作用也较大,非常值得学习与借鉴。

近五年来,学校获批国家级大学生创新创业训练项目 10 项、省级 30 项,获得省部级及以上大学生学科竞赛获奖 2 197 项。在全国航空航天模型锦标赛上,学校取得 4 枚金牌、8 枚银牌、7 枚铜牌的好成绩;在世界航天模型锦标赛中,学校师生夺得"四金、一银、四铜"的好成绩,特别在火箭高度纪录项目和回收项目上,完胜俄罗斯队和美国队,赢得冠军。学校连续 5 年被评为"江西省普通高校毕业生就业工作先进单位",近年来,学校形成了"进口旺、出口畅、中间质量有保障"的喜人局面。

3. 强化科技创新,提高服务社会能力

科技兴则民族兴,科技强则国家强。科技创新是形成和提高民办高校核心竞争力最重要的推动力量,关乎着民办高校未来的发展。因此,民办高校只有高度重视和实践科技创新,才能形成本校的核心竞争力,才能在未来立于不败之地,抢占科技高地。南昌理工学院始终走"产、学、研、用"一体化办学之路,先后被中国民办教育协会和江西省民办教育协会授予"产学研用学习基地",是全国以及江西省唯一获得殊荣的民办高校。

学校实施科技强校战略,坚持走产教融合、科教融合之路,紧密围绕区域经济社会发展和产业结构转型升级重点,以应用型科研为主导,开展与中国航天科技集团、中国航天科工集团、华为、欧菲光等 360 余家单位紧密合作,推动政产学研用深度融合,通过科学研究、技术攻关、人才培养、基地建设等方面,建立学校与行业、企业深度合作,推动合作单位参与人才培养全过程。此外,根据企业生产技术的实际需要,学校与企业、行业、科研等单位联合开发新产品,推广新技术,真正意义上实现了校企双方密切合作,打造了密不可分的结合体。学校 19 个研究所紧密结合地方产业,开展应用研究,推动协同创新,形成学校

服务国家战略和区域经济社会联动发展新格局。

近五年来,学校实现了科研创新平台建设、科研项目类别和水平、科研经费总量、科研成果获奖等多项突破。学校现有国家级实训基地1个,省级重点实验室1个,省级文化艺术科学重点研究基地1个,省级科学普及教育基地2个,市级工程技术研究中心1个,市级重点实验室2个,市级人文社科基地1个,校级研究所19个;省部级以上立项680余项,国家自然科学基金项目2项,国家社科基金4项,全国重大研编出版项目1项,省级千人计划创新人才长期项目1项。学校教师共出版专著和教材580余部,发表学术论文9 480余篇,其中中文核心656篇,高水平论文412篇,专利500余项。学校获国家科技进步奖提名奖1项,教育部高校科研优秀成果奖二等奖1项,江西省科学技术进步二等奖3项,江西省优秀教学成果一等奖3项、二等奖2项,省教育科学优秀成果二等奖1项,省社科优秀成果一等奖2项,二等奖1项,三等奖1项。

学校十分重视科研成果和专利的转化,形成了拥有50余项前沿科技项目的知识产权及技术成果库,建设成了"应用基础研究—应用技术研究—成果转化"为一体的产学研用体系。学校研发的通讯通信、音视频系统荣获中国人民解放军军品定点采购,成为各军种列装的首选品牌及航空航天系统等项目的配套产品;研究的高性能锂离子电池石墨烯导电剂浆料项目获得江西省创新创业高层次人才"千人计划"创新人才长期项目,本项目完成后,将推动石墨烯在国防领域的应用价值;自主研发的工业机器人等智能平台和设备,已实现成果转化;研发的光伏电站可调控支架系统设计与开发、光伏电站电路智能检测装备、光伏电站检测漏电设备开发、可清洁防风智能型支架系统设计与开发等太阳能电站装备相关器件已实现转化。随着科研成果和专利不断转化为生产力,学校服务区域经济社会发展能力不断增强。

(三)教育教学体系不断规范

为规范民办教育办学质量,加强对民办高校的监督管理,江西省相继出台了《江西省人民政府关于鼓励社会力量兴办教育促进民办教育健康发展的实施意见》(赣府发〔2018〕20号)、《江西省教育厅、中共江西省委机构编制委员会办公室、江西省人力资源和社会保障厅、江西省民政厅、江西省市场监督管理局关于印发〈江西省民办学校分类登记实施办法〉的通知》《营利性民办学校监督管理实施细则》(教发〔2016〕20号)、《江西省营利性民办学校监督管理实施办法(试行)》,通过正确引导、定时年检保证民办学校办学行为走深走实、不走过场,使民办学校教育教学体系不断规范。

(四)人才培养专业特色鲜明

随着江西省教育改革不断深化,民办教育在发展过程中也呈现出多元化的特点。民办教育通过差异化、个性化、专业化办学呈现出百花齐放的迅猛发展的态势。江西省民办教育积极响应政策要求,着力培养应用人才,进一步适应灵活多变的市场需求。

1. 形成惠普化的格局

江西省加快推进把普惠性民办幼儿园的整体性建设纳入当地教育事业,出台"促进民办教育健康有序,合理规范发展"的16字方针,在地方教育主管单位单独设立专管幼儿园建设的办事机构,安排专职人员进行专门负责,通过明确任务、推动实施、效果评估、权责分配等形式落实国家关于推动民办教育的政策举措,形成督查有力、指导有方、评估有序的工作原则。同时,江西省积极开展民办幼儿园教育科研调查工作,加强对基层学前教育情况的摸底排查,客观了解幼儿园教育工作开展的具体情况,对民办幼儿园有针对性地进行查缺补漏和教育改革。

2. 集团化办学特色鲜明

近年来,江西省大批企业投入集团化办学,集团化办学作为满足人们对优质教育资源极大需求的实践探索,在推进教育优质均衡发展的进程中应运而生。这一新型办学模式力图扩大优质教育资源的辐射范围,最大限度地提高教育的运行质量和办学效益,以教育资源的优化配置促进教育优质均衡,努力向教育公平这一目标接近。

3. 应用型人才培养优势凸显

2018年,教育部发布了《关于加快建设高水平本科教育全面提高人才培养能力的意见》这一纲领性文件,提出要紧紧围绕全面提高人才培养能力这个核心点,加快形成高水平人才培养体系。民办教育作为我国教育教学体系中的重要组成部分,承担着大部分应用型人才的培养任务。江西省民办高校坚持依靠地方、服务地方,围绕地方特色产业群,培养了一批高质量应用型专业人才。

三、江西省民办教育面临的挑战

由于体制机制的限制,江西省民办教育存在办学水平不均衡、内部治理有待加强、资金来源单一、办学行为不规范等问题,在一定程度上影响了自身的健康发展。

(一)民办学校办学水平不均衡

江西省民办教育发展比较快,但发展很不平衡。虽然江西省民办教育整体水平较高,为江西省经济社会发展培养了一批专业能力过硬的各领域优质人才。但是江西省民办教育仍然存在两极分化的严重问题。

(二)内部治理有待加强

在内部治理方面,民办学校以董(理)事会为核心的法人治理结构仍需要进一步完善,民主与监督机制仍需要进一步强化,管理体制有待进一步健全。同时,一些民办学校缺乏高水平管理队伍,管理经验尚未成熟,个别民办学校还存在财务资产管理不规范、法人财产权落实不到位等问题。

(三)资金来源比较单一

江西省民办学校绝大部分属于投资人个人出资办学,注入的办学资金有限,加之学费收入标准较低,学校教学和建设资金不足。多数民办学校仍处于粗放经营状态,大部分学校办学条件有待改善。当地政府对民办高校投入较少,民办高校净资产中政府投入资金有限。

(四) 师资力量薄弱,与公办学校差距较大

当前,江西民办学校普遍存在师资力量薄弱的问题,同时存在专业设置不合理、科研队伍与科研工作不足、学生学习的主动性不高、毕业生就业状况不佳等问题,与国内发达地区民办学校差距较大,与省内公办学校差距较大。

四、江西省民办教育改革发展的对策建议

过去一个时期,民办教育的发展推动了江西省办学形态的多样化。目前,江西省已较好形成以政府办学为主体、公办学校与民办学校共同发展的多元化办学体制。"十四五"期间乃至面向2035年,江西省民办教育的发展应改变路径依赖和目标锁定,在继续积极争取各方面政策支的基础上,调整发展战略,端正办学理念,从追求规模增长转向内涵建设和质量提升上来,从粗放经营转向科学管理和集约经营上来。为此,江西省广大民办学校及其举办者、办学者应该在以下几大方面作出新探索、取得新进展。[①]

(一) 理念重塑——从注重自身收益转为谋求公共利益

"十年树木,百年树人"。兴办教育是一项崇高而严肃的事业,民办学校举办者必须牢固确立公益办学理念,始终把社会效益放在首位,而不能把良心事业办成逐利产业。作为教育事业的有机组成部分,毫无疑问,民办教育也必须不忘立德树人初心,牢记为党育人为国育才使命,并在办学实践中坚持"三全育人",做到"五育并举",真正践行好各类学校的"四个服务"宗旨,即为人民服务、为中国共产党治国理政服务、为巩固和发展中国特色社会主义制度服务、为改革开放和社会主义现代化建设服务。为此,民办学校举办者应进一步增强教育情怀,尊重教育规律,从根本上摒弃功利念头,克服短期行为,以"功成必定有我,功成不必在我"的胸怀和境界,切实谋划好学校长远发展,深入做好立德树人工作,为党育良人、为国育英才。

(二) 战略优化——从追求外延型扩张转为内涵式发展

当前,我国教育资源总体上已由"卖方市场"转向"买方市场"格局。在越来越激烈的市场竞争面前,民办学校过去以"重复性建设、低水平扩张、粗放型经营"为特征的外延发展模式越来越难以为继,越来越没有前景。在新的制度和新的形势下,各级各类民办学校务必要适应环境和市场变化,准确识变、科学应变、主动求变,在深入调研和充分论证基础上,以办好人民满意的教育为目标,以实现高质量发展为主题,以增强学校核心竞争力为主线,适时对自身发展定位及发展路径作出战略性安排和适应性调整。从政策导向和现实条件看,在国家推动各级各类教育实行分类定位、分类支持、分类发展的大框架下,绝大多数民办学校都应与传统型普通公办学校实行市场细分、差别定位、错位发展,不断加大教育经费投入,切实加快教学特色建设,努力优化人才培养模式,稳步提高教育教学质量。

---

① 董圣足."十四五"时期我国民办高等教育发展思考[J].浙江树人大学学报(人文社科版),2021(3):11-14.

（三）资源整合——为高质量发展全面夯实人财物基础

理论和实践都表明，办好民办学校，推动民办教育高质量发展，离不开"人""财""物"的支撑和保障。受制于先天资源禀赋不足，民办学校要在激烈的市场竞争中占领制高点、赢得主动权，首要的工作就是要建立起一支专业而精锐的教师队伍。从实际情况看，一些民办职业院校不唯学历、不唯职称，立足民办教育特点，重视从行业（企业）中寻找并引进适格的专业教师，同时推动存量教师向"双师型"或"双师质"转化，取得了良好成效，促进了学校内涵建设。现实中，不少民办学校尤其民办职业院校在积极政府财政扶持的同时，依托专业办企业（实体），利用学校设施面向社会开展有偿服务，以及凭借校友资源开展募捐活动，为学校发展争取到了宝贵的经费支持。此外，民办学校要积极通过与各类企事业单位开展共建共管共享活动，努力拓宽横向合作平台，有效引进社会资源，改善办学条件。

（四）治理创新——为赢得市场竞争提供坚强组织保障

民办学校要赢得市场竞争，必须要有有力的组织保障，即要推进自身治理体系及治理能力的现代化。为此，民办学校关键是要抓好三大环节：一要全面加强和改进党的领导，充分发挥党组织政治核心作用，进一步明确党组织的职责和任务，强化主体责任意识，抓好思想引领、参与决策、用人导向、带头执行和维护权益等方面工作，始终确保正确的办学方向；二要深入完善学校决策及执行制度，在学校董事会或理事会中引进外部独立董事，实现董事会权力的合理制衡，从根本上防止和克服学校治理单边化、集权化、市场化倾向，充分保障和全面落实民办学校校长教育教学和行政管理权，防止和克服举办者任意干涉校政现象；三要探索建立管用的学校监督机制。在重点推进监事会制度建设的基础上依法完善教职工代表大会制度，探索"教代会"民主管理和民主监督的多种实现形式，充分发挥党委纪律检查部门在党员的纪律监督和促进校风、教风及学风建设等方面的建设性作用，全方位保障民办学校有序运行和健康发展。

（本文由江西省民办教育协会熊明放、陈典港执笔）

云南省民办教育发展报告

"十三五"期间,在云南省委、省政府的坚强领导下,全省教育系统深入学习贯彻习近平新时代中国特色社会主义思想,全面贯彻党的教育方针,教育事业发展取得重大进展,教育公平和教育质量得到明显提升,人民群众教育获得感明显增强,教育辐射能力明显提升,全省教育面貌发生格局性变化,为推动教育高质量发展奠定了坚实基础,为全省经济社会发展提供了有力支撑和坚实保障。在此过程中,云南省民办教育得到长足发展,规模平稳增长,条件逐步改善,质量不断提高,为各级各类教育普及程度和发展质量实现历史性跨越作出了积极贡献,并在国家和地方政策推动下,平稳有序步入了分类发展新阶段。

一、云南省民办教育基本情况

"十三五"期间,云南省民办教育得到长足发展,各项主要办学指标大幅度增长。截至2020年年底,全省共有全日制民办学校和幼儿园6 459所,比2015年增加1 842所,增幅为39.90%;在校生176.89万人,比2015年增加58.8万人,增幅为49.79%;教职工14.19万人,比2015年增加5.33万人,增幅为60.20%;专任教师8.83万人,比2015年增加3.43万人,增幅为63.63%;固定资产值273.10亿元,比2015年增加150.36亿元,增幅为122.50%(见表1)。

表1 2015年和2020年云南省民办教育主要指标情况

项目	年度	学前教育	普通小学	普通初中	普通高中	中等职校	高职专科	普通本科	合计
学校数（所）	2015	4 284	114	83	72	44	11	9	4 617
	2020	6 002	112	98	179	47	12	9	6 459
	增幅	40.1%	−1.75%	18.07%	148.61%	6.82%	9.09%	0	39.90%
在校生（万人）	2015	68.28	7.91	6.89	5.49	12.81	6.79	9.92	118.09
	2020	90.15	10.99	13.78	15.45	17.51	15.57	13.42	176.89
	增幅	32.03%	38.94%	100%	181.42%	36.69%	129.31%	35.28%	49.79%
教职工（人）	2015	58 538	2 830	11 564		3 221	3 847	8 534	88 561
	2020	91 492	3 021	5 365	22 627	3 637	6 001	9 732	141 875
	增幅	56.30%	6.75%	142.06%		12.92%	55.99%	14.04%	60.20%

(续表)

项目	年度	学前教育	普通小学	普通初中	普通高中	中等职校	高职专科	普通本科	合计
专任教师（人）	2015	31 614	3 991	3 689	3 409	2 122	2 645	6 509	53 979
	2020	48 324	5 680	8 864	10 917	2 514	4 360	7 669	88 328
	增幅	52.86%	42.32%	140.28%	220.24%	18.47%	64.84%	17.82%	63.63%
固定资产值（亿元）	2015	—	2.96	5.35	29.49	6.25	24.31	54.38	122.74
	2020	—	9.05	13.20	108.86	10.48	42.59	88.92	273.10
	增幅	—	205.74%	146.73%	269.14%	67.68%	75.20%	63.52%	122.50%

注：民办学前教育固定资产值未列入统计范围。

（一）民办学前教育

1. 规模稳步增长

2015—2020年，云南省民办幼儿园发展情况分别如图1和图2所示。2020年，全省共有民办幼儿园6 002所，比2015年增加1 718所，占全省幼儿园总数的44.84%；在园儿童90.15万人，比2015年增加21.87万人，在全省同级教育规模占比为53.90%。

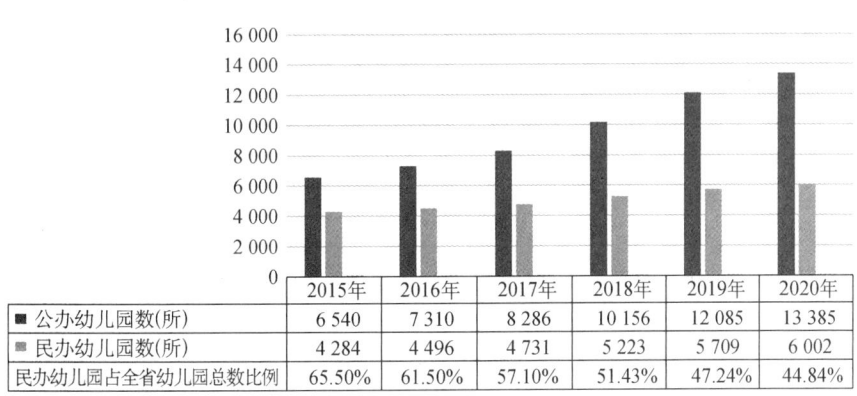

图1 2015—2020年云南省幼儿园数及民办幼儿园占比情况

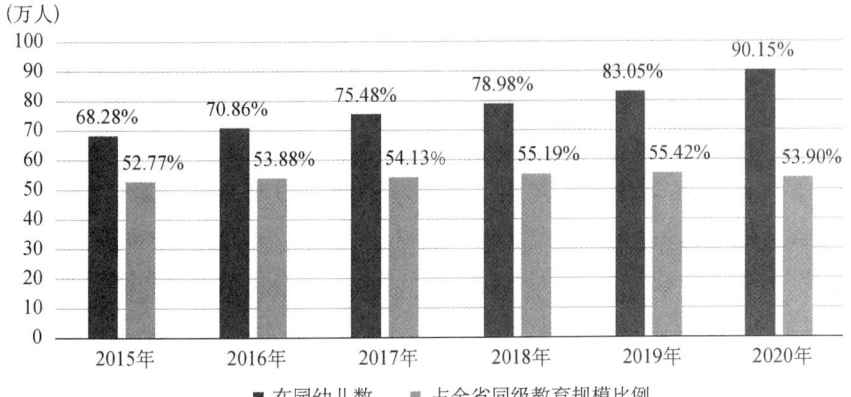

图2 2015—2020年云南省民办幼儿园在园幼儿数及其占比情况

2. 办学条件得到改善

截至2020年年底,全省共有民办幼儿园教职工9.15万人,比2015年增加3.3万人;专任教师4.83万人,比2015年增加1.67万人。2020年,全省民办幼儿园占地1.66万亩,比2015年增加0.63万亩;校舍建筑面积769.01万平方米,比2015年增加342.37万平方米;生师比由2015年的21.60∶1下降到了2020年的18.66∶1。

3. 普惠发展趋势加快

2020年,全省共有普惠性民办幼儿园4 235所(比开始有普惠性民办幼儿园专门统计数据的2018年增加1 282所),占民办幼儿园总数的70.56%。

专栏1

云南打响学前教育普及普惠攻坚战

对于集边疆、民族、山区、贫困为一体的云南省来说,起步晚、基础薄弱、发展不均衡,一直是制约学前教育改革发展的突出问题。

"十三五"期间,云南省先后启动实施了第二期、第三期学前教育行动计划,中央和省级投入资金33.3亿元,加快"一县一示范、一乡一公办、一村一幼"学前教育"三个一"工程建设,共实施新建、扩建、维修改造村幼儿园项目4 043个,全省于2017年年底实现了"一县一示范"和"一乡一公办"全覆盖。

2019年,云南省在没有任何学前教育机构、适龄幼儿在当地入园人数原则上达10人及以上的1 688个行政村各建设1所普惠性幼儿园。截至2019年,云南省已统筹中央和省级资金7.8亿元专项用于"一村一幼"项目建设。

与此同时,云南多地纷纷开展城乡幼儿园对口帮扶机制,构建了"城区公办园—乡镇中心园—村级幼儿园"三级联动帮扶模式,为新建公办园的规范起步和科学发展奠定了坚实的基础。

针对小区配套园历史遗留问题,昆明市按不同幼儿园建设土地取得方式分类处置,针对重点难点问题"一园一策",确定不同的移交方式。为鼓励各县区回购闲置场地或民办园举办为公办园,昆明市按照每平方米1 550元的标准给予补助,目前共投入4.16亿元回购7所小区配套幼儿园,并将其建设为公办幼儿园。

2019年,云南成立由省政府副秘书长任组长,省教育厅、住房城乡建设厅、自然资源厅等8家单位为成员的治理工作小组,出台《云南省城镇小区配套幼儿园治理工作方案》,建立月报和通报制度,督促各地及时完成治理任务。

从2019年起,云南省统筹专项资金对社会力量上年度全资新建、园舍达标、办园规范、实际在园幼儿规模保持在30人及以上的普惠性民办园,按照每生3 000元的标准给予奖补。此外,云南省出台民办园分类管理政策,规定了具体的分类登记办法,并明确了对出资者补偿与奖励金额的计算办法。

(二) 民办义务教育

2015—2020年,云南民办义务教育规模持续扩大。截至2020年年底,全省共有民办义务教育学校210所(不含十二年一贯制民办学校中的义务教育学校),比2015年增加13所;在校生24.77万人,比2015年增加9.98万人;在校生占同级教育规模比例由2015年的2.61%提高到4.33%,增长了1.72个百分点。

1. 民办普通小学

2015—2020年,云南省民办普通小学发展情况分别如图3和图4所示。2020年全省共有民办普通小学112所,比2015年减少2所,在校生10.99万人,比2015年增加3.2万人。民办普通小学学校数占全省普通小学总数的比例(0.96%)未发生变化,但在校生数占同级教育规模比例小幅增长,由2015年的2.09%提高到了2020年的2.82%。

此外,与2015年相比,2020年全省民办普通小学教职工增加191人,专任教师增加1 689人;生师比下降0.6个百分点;校园占地面积增加了79.22亩,校舍面积增加了5.87万平方米;固定资产值增加6.09亿元,增长205.74%。

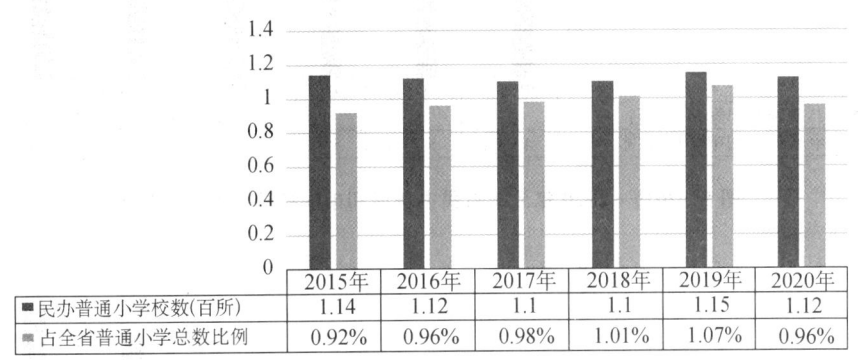

图3 2015—2020年云南省民办普通小学数及其占比情况

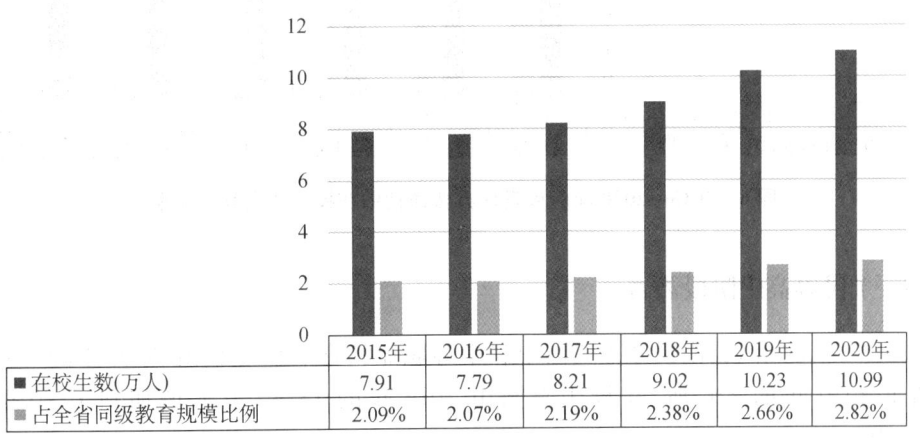

图4 2015—2020年云南省民办普通小学在校生数及其占比情况

2. 民办普通初中

2015—2020年,云南省民办普通初中发展情况分别如图5和图6所示。2020年全省有民办普通初中98所,比2015年增加15所,在校生13.78万人,比2015年增加7.49万人。民办普通初中学校数占全省普通初中总数的比例由2015年的4.93%提高到5.86%,在校生数占比由2015年的3.63%提高到了7.56%,规模增长明显。

此外,与2015年相比,2020年全省民办普通初中专任教师增加5 175人,生师比由18.68∶1下降到15.54∶1;占地面积由1 246.44亩增加到2 592.73亩,增长108.10%;校舍建筑面积由4.91万平方米增加到86.23万平方米,增长92.01%;固定资产值由5.35亿元增加到13.20亿元,增长146.73%。

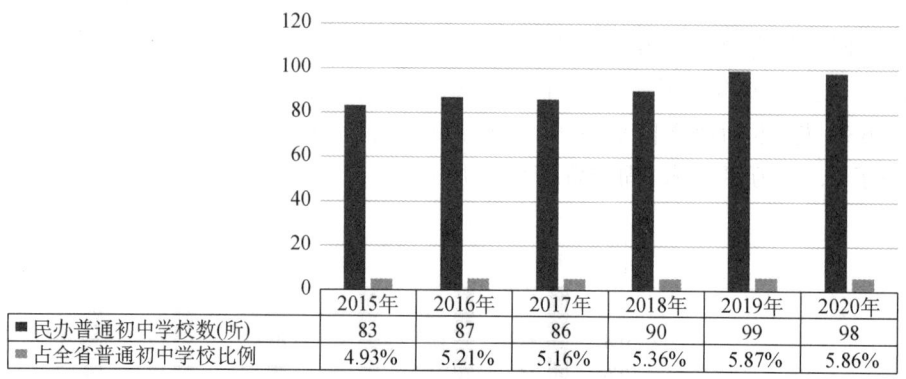

图5　2015—2020年云南省民办普通初中学校数及其占比情况

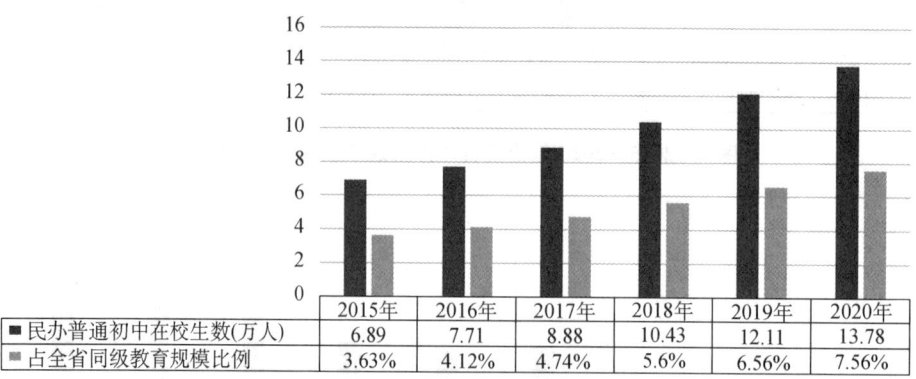

图6　2015—2020年云南省民办普通初中在校生数及其占比情况

(三) 民办高中阶段教育

2015—2020年,云南民办普通高中和中等职业教育学校总数由2015年的116所增加到了2020年的226所,在校生总数由2015年的18.30万人增加到了2020年的32.96万人。

1. 民办普通高中教育

2015—2020年,云南省民办普通高中发展情况分别如图7和图8所示。与2015年相比,2020年全省民办普通高中学校数由72所增加到179所,增加107所,增长148.61%;在校生人数由5.49万人增加到15.46万人,增加9.97万人,增长181.60%;在校生占同级教育规模比例由2015年的7.02%提高到了2020年的15.90%,提高了8.88个百分点。

云南民办普通高中在"十三五"期间爆发性增长主要有两方面原因:一是省委、省政府把普通高中教育作为全省教育事业"补短板、强弱项"的重点工程强力推进,全省"十三五"期间新建和改扩建133所普通高中,解决了高中阶段21.6万个学位缺口;二是不少县(区)级政府为完成普通高中"补短板"任务,但限于地方财力有限和编制紧张等原因,纷纷采取"国有民办""公建民营"等形式引进域外教育资源新建了一批普通高中。"十三五"期间,全省改扩建的133所普通高中学校中,民办高中多达107所,占比80.45%。

此外,2020年,云南全省民办普通高中教职工人数为2.26万人,比2015年增加1.1万人,增长94.83%;专任教师有1.09万人,比2015年增加0.75万人,增长220.59%;校园占地面积为1.79万亩,比2015年增加1.13万亩,增长171.21%;固定资产价值108.86亿元,比2015年增加79.37亿元,增长269.14%。

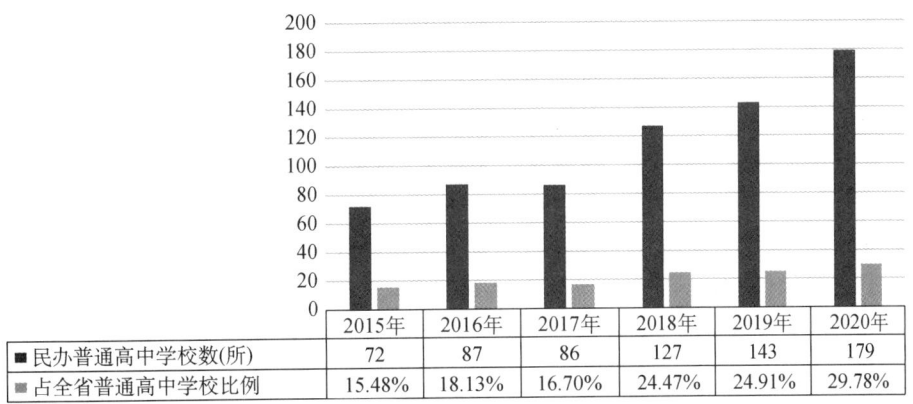

图7 2015—2020年云南省民办普通高中学校数及其占比情况

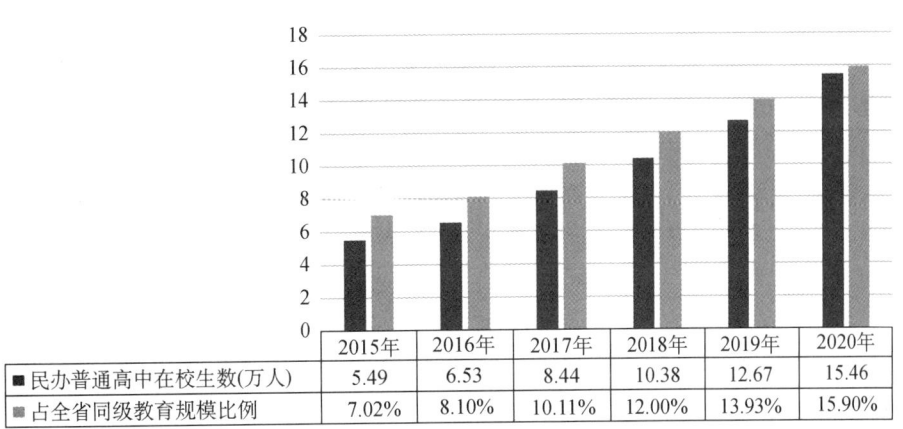

图8 2015—2020年云南省民办普通高中在校生数及其占比情况

专栏2

云南举全省之力推进普通高中普及攻坚

云南省聚焦高中阶段教育普及水平低、规模容量不足等实际问题，在自身财力有限的情况下，采取超常规举措加大投入，举全省之力推进普通高中建设项目，大幅增加学位供给，确保完成高中阶段教育普及攻坚任务，实现"十三五"圆满收官。

云南省坚决贯彻落实党中央、国务院关于加快普及高中阶段教育的重大决策部署，在充分调研、深入论证的基础上，省委省政府研究决定从2019年9月起到2020年年底，以滇西边境山区、乌蒙山区、滇桂黔石漠化区3个集中连片特困地区为重点，挖掘潜力、筹措资金，采取集约高效方式，实施并完成普通高中建设项目。为确保项目强力推进、克期建成投入使用，云南省将高中阶段毛入学率纳入2019年和2020年对州市的年度综合考核体系，将普通高中建设项目列为2020年十件惠民实事之一，要求各州市党委、政府把普通高中建设项目作为政治任务，切实抓好工作落实。

云南省以2018年各县户籍人口数据和教育事业统计报表数据为基础，结合当年实际在校初中、高中学生数（含中职、技工学校），按毛入学率不低于90%进行精细测算和全面分析，针对21.64万个学位缺口，明确通过三条路径解决：挖掘现有办学条件潜力，采取增加班级或适当扩大班额的方式，增加学位1.8万个；采取现有普通高中学校改扩建增加普通教室、学生宿舍等方式，增加学位4.19万个；新建普通高中学校，新增学位15.65万个；对照学位缺口，坚持因地制宜、因校制宜，制定化解策略，共规划建设133所普通高中学校（新建67所、改扩建66所），建筑面积360万平方米，总投资181.6亿元。

云南省通过整合中央、省级资金，加大省级财政支出结构调整。省政府召开专题会议，明确要求各级政府应承担的职责和限时完成项目落地的13条清单。省级层面统筹加快项目前期工作进展，2019年9月启动规划、可研编制、立项审批等工作，12月完成招投标，2020年1月与总承包牵头单位签订合同。各地努力克服土地征迁难、电线坟地搬迁难、基本建设手续办理难、资金筹措难等"老大难"问题，全省同步实现开工。

针对建设工期紧、任务重的实际，云南省创新项目实施方式，采取省级打捆EPC总承包建设和地方自建两种方式，集约高效推进普通高中建设项目。2020年1月全面开工以来，省教育厅成立工作专班，对调整优化开工的项目倒排工期，建立进度台账，实行"一项目、一计划、一台账"管理，常态化动态更新施工进度；严格项目推进过程管理，严把"造价关""进度关""质量关""安全关"，严格执行"任务清单制""旬报制""通报制""约谈制"，层层压实建设主体责任、施工责任和监管责任，大力推进普通高中学校建设。截至2020年10月30日，开工面积362.8万平方米，占规划面积的100.78%；完工面积175.94万平方米，占开工面积的48.49%；已完成投资158.23亿元，占规划总投资的87.11%，2020年年底全部建成投入使用。

云南省各级政府按照"建成一所、投入一所、办优一所"的要求，采取名校办分校、集团化办学等方式谋划新建普通高中学校办学事宜，支持省外办学水平高、影响力大、社会声誉好的教育集团和优质名校到云南独立举办或合作举办学校,探索多种办学模式。2020年,云南省通过专项招聘基础教育学校教师方式补充普通高中学校教师1.3万名,占招聘教师总数的41.6%,重点保障新建、改扩建普通高中的师资需求。此外,云南省每年遴选约2 000名中小学校长和骨干教师参加为期半年的集中培训,并将新建高中学校的校长和教学骨干全部纳入培训范围,不断提升师资水平,确保普通高中教育高质量普及。

2. 民办中等职业教育

2015—2020年,云南省民办中等职业教育发展情况分别如图9和图10所示。2020年,全省有民办中职学校47所,比2015年增加3所;在校生17.51万人,比2015年增加4.7万人,增长36.69%;在校生占全省同级教育规模比例29.22%,比2015年提高2.76个百分点。

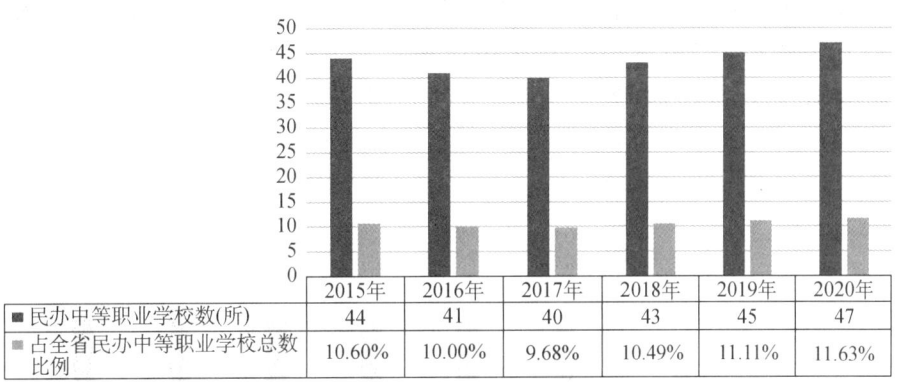

图9 2015—2020年云南省民办中职学校数及其占比情况

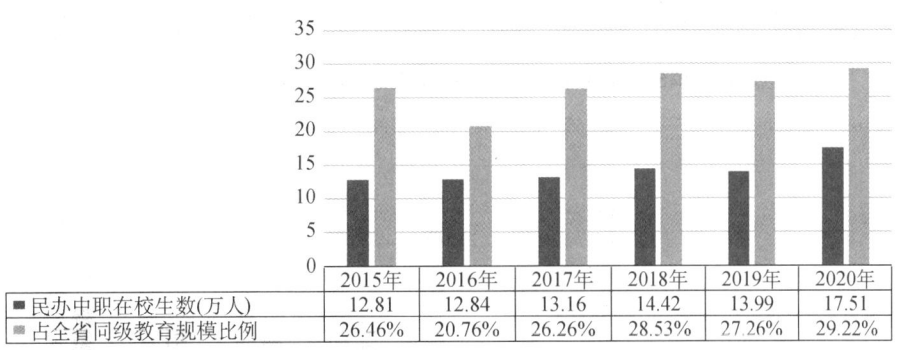

图10 2015—2020年云南民办中职学校在校生数及其占比情况

此外,2020年,民办中职学校教职工3 637人,比2015年增加416人,增长12.92%;专任教师2 514人,比2015年增加392人,增长12.17%;占地面积3 262.10亩,比2015年增加859.39亩,增长35.77%;校舍建筑面积106.36万平方米,比2015年增加33.45万平方米,增长45.88%;固定资产值10.48亿元,比2015年增加3.96亿元,增长63.87%。

(四) 民办高等教育

2015—2020年,云南民办高等学校数量变化不大,但在校生规模增长幅度较大,办学条件也得到了相应改善。2020年,全省共有民办高校21所(本科9所,高职专科12所),在校生28.99万人,比2015年增加了12.28万人,增长73.49%,占同级教育规模比例30.07%,提高了2.88个百分点;教职工1.57万人,比2015年增加了0.33万人,增长26.61%;专任教师1.2万人,比2015年增加0.28万人,增长30.43%;固定资产值131.51亿元,比2015年增加52.82亿元,增长66.95%。

1. 民办高职专科教育

2015—2020年,云南省民办高职专科院校发展情况分别如图11和图12所示。2020年,全省共有民办高职高专院校12所,比2015年增加1所,在校生15.57万人,比2015年增加8.87万人,增长129.31%;占全省同级教育规模比例由2015年的29.69%上升到33.51%,提高了3.82个百分点。教职工6 001人,比2015年增加2 127人,增长54.90%;专任教师4 360人,比2015年增加1 715人,增长64.84%;固定资产值42.59亿元,比2015年增加18.28亿元,增长75.20%。

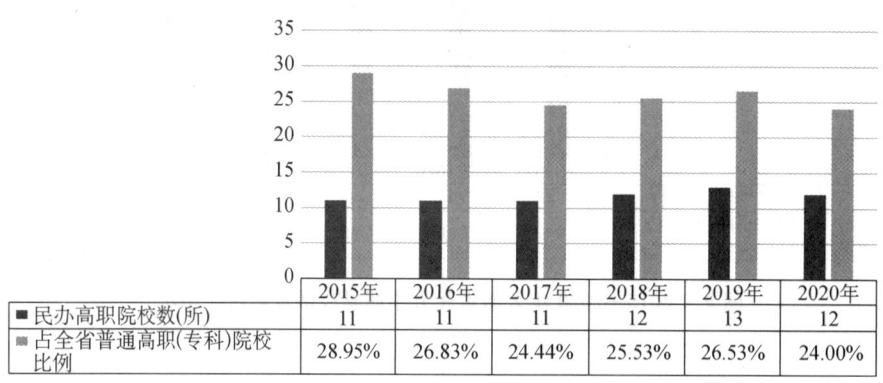

图11　2015—2020年云南省民办高职专科院校数及其占比情况

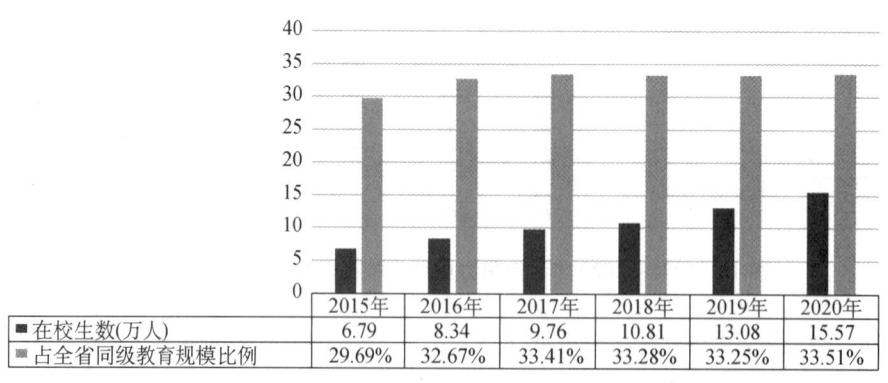

图12　2015—2020年云南省民办高职专科院校在校生数及其占比情况

此外,虽然同期云南民办高职高专院校固定资产值明显增加,但是在生均占地、生师比等方面出现了明显的下降。2020年,民办高职生均占地面积23.09平方米,比2015年下降了 23.26 平方米,下降了近 50%;生师比也由 2015 年的 25.67∶1 上升到 35.72∶1。

2. 民办普通本科教育

2015—2020 年,云南省民办普通本科院校发展情况分别如图 13 和图 14 所示。2020 年,云南民办普通本科院校 9 所(含独立学院 7 所),与 2015 年相比没有变化,但在校生达到了 13.42 万人,比 2015 年增加 3.5 万人,增长 35.28%;占全省同级教育规模比例由 2015 年的 25.70% 上升到 2020 年的 26.88%,提高了 1.18 个百分点。

此外,2020 年,云南民办普通本科院校教职工 9 732 人,比 2015 年增加 1 198 人,增长 14.04%;专任教师 7 669 人,比 2015 年增加 1 160 人,增长 17.82%;占地面积 9 603.63 亩,比 2015 年增加 1 163.05 亩,增长 13.78%;校舍建筑面积 336.79 万平方米,比 2015 年增加 73.06 万平方米,增长 27.70%;固定资产值 88.92 亿元,比 2015 年增加 34.54 亿元,增长 63.52%。

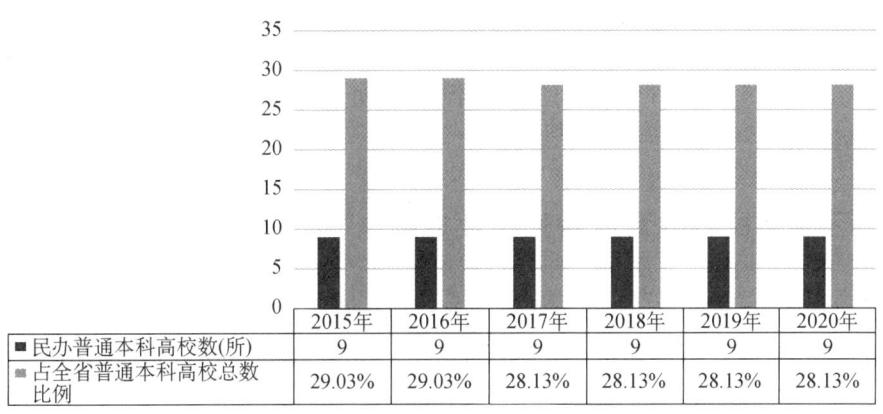

图 13　2015—2020 年云南省民办普通本科院校数及其占比情况

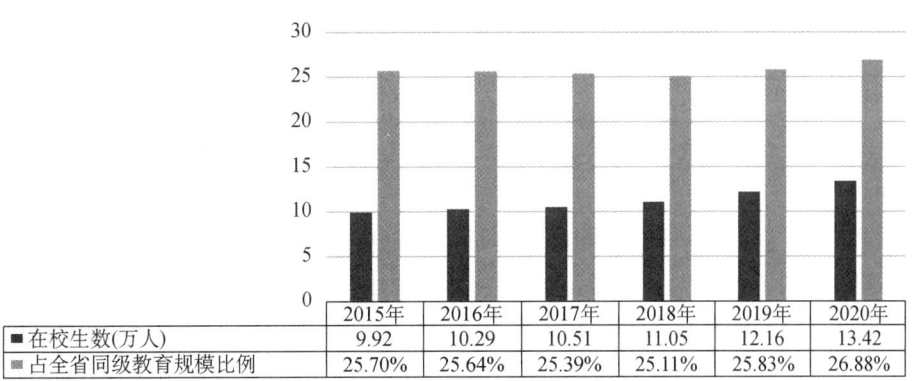

图 14　2015—2020 年云南省民办普通本科院校在校生数及其占比情况

3. 培训教育

"双减"政策出台以来,云南省积极贯彻落实党中央、国务院决策部署,把"双减"工作作为重大民生工程列入重要议事日程,省委常委会议、省政府常务会议多次听取情况汇报、审议有关工作方案,省委办公厅、省政府办公厅专门印发《关于进一步减轻义务教育阶段学生作业负担和校外培训负担的实施意见》各地各校积极行动,全力推动"双减"工作落地见效。

一是着力从严治理规范校外培训。省委、省政府迅速启动校外培训机构专项治理行动,截至2021年9月30日,全省共摸排存在不规范办学行为的校外培训机构1701所,完成整改658所,处理相关人员128人;约谈企业208次,下达整改通知书33份。

二是合力加强治理整顿。省委教育工作领导小组组建"双减"专班,督促指导成员单位、有关省直部门和各地领导小组协同合作、各司其职、扎实推进。省教育厅联合银保监、网信、公安等部门开展校外培训机构预收费监管、培训机构治理整顿等工作,预防"退费难""卷钱跑路"等损害人民群众利益问题的发生,对群众反映强烈的培训机构进行重点查办。

三是严格监管规范服务。截至2021年9月30日,全省压减学科类校外培训机构279所,清理培训时间不合规机构1 126所,推动2 170所学科类校外培训机构使用《中小学生校外培训服务合同(示范文本)》(占现有义务教育阶段学科类校外培训机构总数的98.01%)。此外,相关部门严格执行广告管控,共查处义务教育阶段学科类校外培训违规广告225起。

二、云南省民办教育取得的主要成绩

"十三五"期间,云南省民办教育在全省教育加快发展过程中形成了可观的规模,积累了不少有益经验,取得了明显成绩,为全省教育改革发展和经济社会发展作出了积极贡献。

(一)党建思政工作深入开展

广大民办学校按照省委教育工委和地方各级党委的工作部署,积极探索符合自身特点的做法和途径,强化责任和规范意识,加快推进党的组织和党建工作有效覆盖,不断提升党建工作水平。云南省委、省政府领导多次到民办学校调研党建和思想政治工作开展情况,在充分肯定民办院校工作成绩的同时,对进一步提高党建和思想政治工作水平提出了新的要求。

云南省各级各类民办学校结合自身实际,创新党建、思想政治教育和德育工作载体、手段和方法,得到了各级党委的肯定。广大民办中小学、幼儿园紧紧围绕"把方向、揽全局、抓思想、建队伍、促党建"的总体要求,讲政治、强功能、攻弱项、补短板、重创新、求实效,在充分发挥党组织政治核心作用、健全完善工作管理体制、提升党组织建设水平、抓好德育和思想政治工作等方面做了大量工作,涌现出许多好经验、好做法,受到了各级党委的表彰。

《教育法》修订以来,云南省各级各类民办学校高度重视党的教育方针学习宣传贯彻工作,按照有关文件要求结合本校工作实际及时部署,扎实推动工作落实,多形式组织深入开展学习宣传和贯彻落实活动,聚焦重点和关键环节,认真查找问题,扎实开展整改工作,积极主动按照要求,在校园醒目位置张贴党的教育方针,对校园内原教育方针的内容进行了及时更新;同时,高度注重将党的教育方针融入改革发展、日常管理等各项工作,增强贯彻落实工作的科学性有效性,努力形成有利于党的教育方针准确把握、有力执行、全面贯彻的长效机制。

专栏3

云南大学滇池学院不断创新党建思政工作

近年来,云南大学滇池学院(以下简称滇池学院)不断创新党建思政工作,亮点频现。

滇池学院以加强党建为发展立"根",以强化思政工作为发展铸"魂",把牢办学方向,筑牢育人体系,固牢家国情怀。学校以铸魂工程为重点,拓展思政育人新渠道,构建具有学院特色的"党建领航思政铸魂"工作格局;与云南省社会科学界联合会共建马克思主义学院,充分发挥思政课程主渠道作用,全面加强"精彩一课"建设,着重打造10门课程思政示范课,着力培育100门课程思政精品课,重点培养1 000名思政教育骨干教师,有效覆盖近25 000名师生员工。

滇池学院以品牌建设与实践活动为载体,打造思政育人新阵地。学校创新开展红色经典演绎等10项品牌活动,开展党团知识竞赛等10项竞赛活动;每年组织开展云南省"青年红色筑梦之旅"实践活动和线上培训,覆盖云南省79所高校、数万名师生;组织校内2 000余名师生参加"三下乡"等志愿服务活动,打造有温度的思政大课堂。

展望未来,滇池学院将以党建思政工作"1268"工程和创新创业教育"4321"工程为融合点,围绕"育人抓党建,抓好党建促育人",加快建设一批典型院系、样板支部,引领带动全校基层党组织建设;构建"思政课程+课程思政"协同育人大格局,建设一批省级课程思政示范课程;与云南省社科联合作建设马克思主义学院,加强思政课程和教师团队建设,努力把该校马克思主义学院建成省级重点马克思主义学院,以一流党建思政引领高水平民办大学建设。

(二) 疫情防控工作扎实有效

2020年以来,面对百年罕见的新冠肺炎疫情,在党中央、国务院和云南省委、省政府的坚强领导下,云南全省民办教育系统按照地方各级党委、政府统一部署,积极投入疫情防控工作。广大民办学校积极利用现代通信技术手段,通过网络平台开展线上教学及辅导答疑,有效保证了"停课不停教,停课不停学"和有序复学,受疫情影响较为严重的民办幼儿园和培训机构主动克服种种困难积极开展自救活动。与此同时,民办教育系统还通过捐款捐物、志愿服务、专业服务、为防疫一线医务人员子女入学和就业提供优惠照顾等多种形式为防疫贡献力量,充分体现了全省民办教育系统的责任和担当,彰显了同舟共济、守望相助的家国情怀。

(三) 办学条件明显改善

与"十二五"末的2015年相比,2020年全省民办教育主要办学条件指标明显增加,办学条件不断改善:全省民办学校教职工14.19万人,比2015年增加5.33万人,增幅为60.16%;专任教师8.83万人,比2015年增加3.43万人,增幅为63.52%;占地面积5.67万亩,比2015年增加2.17万亩,增幅为62%;校舍建筑面积2 129.55万平方米,比2015年增加896.97万平方米,增幅为72.77%;固定资产值273.1亿元,比2015年增加150.63亿元,增幅为122.72%。

(四)教育质量逐步提高

云南省各级各类民办学校主动适应经济社会发展变化,不断加大办学投入,改善办学条件,规范办学行为,强化内涵建设,保障师生权益,创新培养模式,深化教育教学和管理工作改革,强化学生实践能力培养,不断提高教育质量,涌现出了一批理念先进、管理规范、条件较好、质量较高的优质特色民办学校。民办本科院校通过开展完全学分制改革、专业综合评价等探索实践,教育教学质量有了新的提高;民办职业院校通过建立行业学院等方式,深化产教融合校企合作,积极探索普职融合、"1+X"证书、现代学徒制等人才培养模式,不断提高技术技能型人才培养质量;民办中小学不断深化课堂教学改革、积极探索实践"减负"新方法,创新德育工作模式和途径,不断满足社会多样化教育需求;民办学前教育积极响应普及普惠政策导向,努力提高保教质量,为全省如期实现学前教育毛入学率达到85%的目标作出了重要贡献;广大校外培训机构积极配合主管部门开展清理整顿工作,突出立德树人根本任务,主动向提高学生综合素质方面拓展服务,努力在完善终身教育体系、构建学习型社会过程中发挥积极作用。

专栏4

云南育才教育集团坚持实践"五会1 000分修炼"育人模式

云南育才教育集团是云南省内成立较早的基础教育集团。该集团旗下第一所学校创办于1994年,现有直属学校8所,分布在云南、四川、上海等地;现有在校生10 073人,教职工736人。办学24多年来,集团旗下各校长期坚持实践的"五会1 000分修炼"育人模式也得到了越来越高的关注和认可。

1998年,云南育才教育集团提出了"会做人、会学习、会生存、会关心、会创新"教育理念,经过20多年的发展完善,形成了"五会1 000分修炼"育人模式。整个模式包括21个A级指标、59个B级指标、159个C级指标和670个D级指标。考核指标量化到分数,如"会做人"216分、"会学习"287分、"会生存"206分、"会关心"216分、"会创新"76分,对学生成长具有较为实用的指导价值。

2019年12月,中国教育科学研究院理论所教育制度研究室主任陈金芳博士等带领由中国教育报、云南省教科院、昆明市教科院等单位专家组成的调研组,先后到育才集团中的呈贡学校和石林书院实地调研了集团各学校在开展"五会1 000分修炼"教育方面的情况。调研组在观摩了各校学生"五会1 000分修炼"课程后,给予了高度肯定。一是这个做法与新时期国家的考改、教改方向一致;二是这个做法符合国家鼓励基层创新精神,学校把培养学生综合素质落实在实际操作中,很好地把培养学生综合素质融入课堂,落实到学生学习过程中;三是这个做法培养学生"独立思考、运用所学知识分析问题、解决问题"的能力,培养了学生的批判性思维、发散性思维,提高了学生的创新素质和实践能力。

中国教育科学研究院杨一鸣博士表示,"五会1 000分修炼"课程是一个德育工作核心养成教育的典型成果,即在学校的教育教学活动中潜移默化地渗透思想品德教育,使学生从小就养成具备良好道德品质的行为习惯。这是一个立德树人背景下的良性育人机制的新探索,打通了师生共长机制、学习评价关系、学校与家庭社会生活的关系。这是学校德育教育的新探索,回答了立德树人的时代要求,即培养什么人、怎样培养人、为谁培养人。这个做法应该进一步总结好、完善好,辐射更多的学校。

育才教育集团董事长郭跨存表示,专家对集团自主研发的"五会1 000分修炼"教育教学模式给予高度评价,更加坚定了集团的"办真教育、育真人才"的办学理念。今后,育才集团将更加坚定走科学管理、精细管理、文化立校、质量强校之路,实施"百年老校"创办工程,为学生、教职工、学生家长搭建实现梦想的舞台。

专栏5

云南工程职业学院努力构建特色校园文化体系

2015年以来,云南工程职业学院坚持"文化传承创新、文化渗透校园、文化助力育人"的校园文化建设思路。学院通过志愿服务常态化、国防教育制度化、工匠精神普及化等措施,努力将"先成人,后成才"的办学理念付诸实践。一是坚持立德树人、以礼立德,把思政教育融入专业教育;二是坚持产教融合、服务社会,把职场文化融入校园文化;三是树立典型,打造榜样,把竞赛精神融入教学过程;四是优化校园人文环境,创设独特的绿化开敞空间和优美的校园环境;五是坚持全面育人教育理念,建立完备的综合素质评价体系;六是通过特色活动不断丰富校园活动内容和形式。

学院积极探索构建以社会主义核心价值观引领的校园文化体系,着力打通环境文化、精神文化、制度文化、行为文化的四条育人通道,凝练了具有时代特征、符合高职教育规律、体现工科特点、彰显办学积淀和人文底蕴的校园文化建设格局,实现了思政教育融入专业教育、职场文化融入校园文化、职业技能竞赛精神融入教学过程的校园文化环境,一种朝气蓬勃、积极向上、特色鲜明的校园文化氛围基本形成。

(五)分类管理有序推进

"十三五"期间,云南省委、省政府按照党中央、国务院统一部署,在《民办教育促进法》修订后,及时出台了《云南省关于鼓励社会力量兴办教育促进民办教育健康发展的实施意见》,就加强民办学校党的建设、创新机制体制、落实规范扶持政策、建设现代学校制度、提高教育教学质量、提升管理服务水平等做出了全面部署。云南省教育厅等五部门印发了《关于平稳有序推进民办学校分类登记管理的通知》,明确了平稳有序推进全省民办学校分类登记的指导思想、职责分工、工作程序以及对出资者补偿与奖励金额的计算办法等关键事项。

2021年9月,云南省教育厅印发《关于按期完成民办学校分类登记的通知》《关于民办学校分类登记工作流程及申请资料清单(暂行)的通知》,各州(市)县(区)按照分类登记管理文件精神,完善新设立民办学校的审批登记程序,并对原有民办学校的分类登记管理工作进行了研究和部署,基本在规定期限(2021年11月7日前)内完成了原有民办学校的分类登记工作,使民办学校分类登记管理改革工作平稳有序推进。

(六)政策环境进一步完善

"十三五"期间,云南省教育厅积极协调有关职能部门按照党中央、国务院和省委、省政府关于支持和规范民办教育发展的决策部署,一手抓规范,一手促发展,不断推进民办教育改革发展。云南省政府建立了民办教育联席会议制度,出台了治理城镇小区配套幼儿园、整顿校外培训机构、规范民办义务教育发展、加快独立学院转设等工作方案。云南省教育厅会同有关部门,出台了《关于加强和改进普惠性民办幼儿园认定扶持和管理工作的指导意见》,修订了《云南省民办教育机构审批管理办法》,开展了民办学校规范办学防范化解风险、加快独立学院转设、整治民办学校有偿中介招生、公办民办中小学同步招生、城镇小区配套幼儿园治理、普惠性民办幼儿园认定管理、校外培训机构专项治理等一系列工作。各州(市)县(区)按照省里的工作部署,不断结合实际推进落实支持和规范民办教育发展的政策措施。云南省民办教育发展的政策环境得到进一步完善。

三、云南省民办教育面临的挑战

进入新发展阶段,国内外环境深刻变化,云南省的经济社会发展环境也发生了相应变化,新形势新任务给云南省民办教育发展提出了新挑战。

(一)发展背景发生重大变化

从国际看,新一轮科技革命和产业变革深入发展,国际力量对比深刻调整,国际环境日趋复杂,不稳定性和不确定性明显增加。世界发达国家教育快速发展,产生了许多新理念、新方法,对新技术的应用更加深入广泛,但主要发达国家采取教育封闭政策直接影响到教育对外开放和国际交流与合作。从国内看,国家经济实力、科技实力、综合国力跃上新的台阶,国家教育供给和服务能力大幅提高,民办教育的功能和地位也发生了相应调整。从省情看,虽然云南省整体上依然是欠发达省份,但是,"十三五"期间全省各级各类教育普及程度和发展质量实现了历史性跨越,人民群众对公平而有质量的教育需求更加迫切,对教育服务水平和教育质量的要求进一步提高。

面对以上各种变化,民办学校必须主动适应国际国内形势变化和经济社会发展需求变化,在办学条件、办学定位、发展方式、人才培养、质量提高、教育评价等方面及时做出及时调整,从而更好地适应经济社会发展和教育事业改革发展的需要。此外,在新的时代背景下,多种办学主体、多种教育模式并存的民办教育系统内部也将面临更多的不确定性和更加激烈的竞争。

(二)发展基础仍较薄弱

受经济社会发展水平所限,云南省民办教育发展的基础仍比较薄弱。在学前教育阶段,乡镇普惠性民办幼儿园办园条件差、保教水平不高、办学经费保障不足、教师队伍整体素质不高、教职工合法权益保障不够等情况比较多见,实现高质量普及普惠发展压力巨大。在义务教育阶段,仍有相当部分以招收流动人口子女为主的民办中小学校存在办学理念落后、校舍简陋、教师流动性大、政府购买学位标准偏低、教育教学质量难以保证等情况。在普通高中阶段,民办高中虽然在"十三五"期间发展迅猛,但教师队伍建设明显滞后,优秀教师"引进难、留不住"的情况比较普遍,而且随着禁止提前招生、有条件限制跨区域招生等政策逐步落实,学校间的生源竞争将明显加剧。在中等职业教育阶段,由于全省工业欠发达,缺乏完整的工业体系支撑,校企合作、产教融合开展情况不理想,许多民办中等职业学校事实上主要是依靠采取合作办学等形式承担高职专科学校"五年制大专"前三年的教育任务,有的学校甚至已经面临生源枯竭的困境。在民办高等教育阶段,民办高校尽管总体上看办学条件得到了不同程度的改善,但在生均校园用地、建筑面积、图书、教学仪器设备值等核心指标上距离《普通高等学校设置暂行规定》的要求还有明显差距,校园占地和校舍建筑面积中非学校产权占比较高。此外,独立学院转设进展不畅,截至2021年12月底,全省7所独立学院中仅有3所顺利完成了转设工作。

(三)传统竞争优势在逐渐淡化

首先,2020年以来发生的新冠肺炎疫情对世界政治经济格局产生深远影响,不但影响了家庭对多样化选择性教育的需求,而且也影响到普通家庭的教育支付能力,这对于主要依靠收取学费维持运转的民办学校而言,则意味着其无可避免地要面临更加激烈的生源竞争和创新发展压力。其次,随着公共财政对教育投入的不断增加和公办学校办学活力的不断增强,教育公共服务的提供方式更加灵活多样,民办教育在资源集聚、人才吸引、生源选择等方面的传统竞争优势在逐渐淡化。最后,随着系列规范民办教育发展政策的不断落实,大部分民办学校长期以来形成的传统运作模式和发展路径将会面临诸多现实挑战。

(四)转变发展方式面临现实困难

在学前3年毛入学率迅速提高、公办学前教育供给能力明显提高的背景下,云南省民办学前教育面临规模调整和保教质量提升难度加大的现实压力。云南省民办中小学在规范义务教育和"公参民"义务教育学校系列政策的逐步落实下,面临生源空间受限和转换办学机制困难的双重压力,特别是"十三五"期间新创办的大批十二年一贯制学校和完全中学,面临普通高中与义务教育阶段剥离分设或生源结构调整的现实挑战。虽然国家现行政策对民办职业教育给予了很大的政策支持,提供了较为宽松的创新空间,但是,对云南这样的欠发达省份而言,工业基础薄弱,缺乏足够的产业支撑,无论是普职融合还是校企合作产教融合都面临多方实际困难。民办高等教育虽然在"十三五"期间规模扩大明显,但仍存在着校园占地和校舍建筑面积中非学校产权占比较高,多数民办高校生师比、生均教学科研仪器设备值长期不达标,学科专业设置雷同且大都比较"老旧"、面向新兴产业和前沿科技的高新专业较少,在招生、实习实训等环节不规范行为多见等问题。面对强力推进的"双减"政策和一系列规范政策,民办培训教育在转型发展方面动力不足,创新不够,生存与发展面临严峻考验。

(五)政策调整适应难度加大

随着以《民办教育促进法》及其实施条例修订为主要标志的一系列民办教育政策的调整,民办教育的历史使命和重点任务发生了明显变化。一方面,民办教育政策调整叠加市场变化的复杂性和政策措施贯彻落实的滞后性,增加了民办教育未来发展的不确定性。另一方面,民办教育政策衔接和新、老体制转换可能带来更多矛盾和风险。随着独立学院转设进程加快、普职教育融合发展加快推进、规范民办义务教育发展引发民办中小学办学体制转换、治理小区配套幼儿园、"双减"和规范校外培训机构发展政策强力推进,一系列政策调整涉及诸多复杂利益关系,政策执行难度加大,对民办教育适应性的要求也在相应地不断提高。

(六)实现高质量发展面临多重压力

首先,随着经济社会发展和教育事业改革深入推进,人民群众接受优质教育的要求和标准在不断提高。这对民办学校增加办学投入、改善办学条件、完善治理体系、提高教育质量、增强办学特色等都提出了新的更高要求。其次,随着人口出生率不断下降和公办教育系统供给能力不断增强,民办教育主要靠扩大办学规模支撑发展的原有路径将面临多方挑战。再次,面对经济社会发展日益提高的教育质量要求,民办学校要实现高质量发展还存在诸多薄弱环节,特别是在师资队伍水平提升、教育教学质量提高、育人模式创新、学科专业设置调整等方面还存在诸多现实困难。最后,随着新兴技术的不断兴起和教育评价制度改革的不断深化,传统的教育评价标准将发生显著变化,云南省民办教育如何适应这些变化从而在新的发展阶段创造新的竞争优势,将是一系列重大课题。

四、云南省民办教育发展建议

"十四五"时期,云南省将开启全面建设社会主义现代化新征程,向民族团结进步示范区、生态文明建设排头兵、面向南亚东南亚辐射中心全面迈进。《云南省"十四五"教育事业发展规划》明确提出了"聚焦思想政治引领,聚焦服务大局,聚焦高质量发展,加快推进教育治理体系和治理能力现代化,实现学前教育普及普惠、义务教育优质均衡、高中教育普及提升、职业教育提质培优、高等教育内涵发展,努力办好人民满意的教育"的发展目标。面对新时代新任务,云南省教育发展不平衡不充分的矛盾还十分突出,与经济社会发展和人民群众日益增长的优质教育需求不相适应,全省教育面临着扩大规模和提高质量的双重任务。在此背景下,云南省民办教育需要立足当下,着眼未来,系统考虑各方面因素,结合自身实际,查找问题和弱项,及时调整发展战略,细化目标任务,完善保障措施,积极主动适应建设高质量教育体系和实现教育现代化的时代要求。

(一) 贯彻教育方针,提升治理水平

1. 全面贯彻党的教育方针

云南省各级教育管理部门和民办学校要自觉深入学习领会党的教育方针的科学内涵和核心要义,准确把握民办教育工作的基本属性,肩负为党育人、为国育才初心使命,落实立德树人根本任务;将党的教育方针内化为立德树人的自觉行动,对标检视办学方向和办学理念,将党的教育方针落实到学校改革发展、办学治校、教书育人的全过程;民办学校的举办者和校长要主动带头学习党的教育方针,切实增强贯彻落实的思想自觉和行为自觉。

2. 着力提升治理能力和水平

在新时期,云南省各级各类民办教育要着力提升治理能力和水平。一是要坚持以习近平新时代中国特色社会主义思想为指导,从党和国家事业发展全局高度,服务国家重大战略部署、服务人民群众不断增长的多样化教育需要,规范办学行为,加强内涵建设,提升办学治校水平,强化师资队伍建设,提高教育教学质量。二是要全面落实民办学校党建的重点任务和要求,完善机构设置,理顺管理体制、配强工作力量,把思想政治教育与德育教育贯彻到办学治校的各个方面,坚持不懈传播马克思主义科学理论,培育和践行社会核心价值观,坚定师生跟党走的思想自律和情感自律。

(二) 明确发展定位,坚持高质量发展

结合《云南省"十四五"教育事业发展规划》和《云南教育现代化2035》确定的发展目标,云南省民办教育要坚定不移地走高质量发展道路:在普及普惠中推动民办学前教育高质量发展;在优质均衡和普及提升中促进民办中小学高质量发展;在提质培优中推动民办职业教育高质量发展,在内涵发展中促进民办高等教育高质量发展;在显著提高劳动年龄人口素质过程中充分发挥民办培训教育机构的积极作用;在发展理念上体现高质量,贯彻落实新发展理念;在发展路径上对标高质量,统筹规模、结构、质量和效率,实现发展方式从规模发展向内涵发展转变。具体而言,民办学校需精准办学定位,树立先进办学理念,优化教学要素,强化师资队伍建设,确立领先竞争优势。无论是营利性还是非营利性民办学校,都应该在以质量和特色取胜满足社会多样化教育需求的同时,都必须坚持教育公益性,服务建设教育强国的国家战略,培养高素质创新人才、服务经济社会发展,努力实现社会效益与经济效益相统一。

(三) 转变发展方式,回归教育初心

在新的发展阶段,民办教育重规模、重速度、重收益,粗放管理的传统路径已难以为继,依法办学、内涵建设、规范发展的新阶段已经到来,云南省民办教育必须尽快实现由粗放式管理、规模发展向内涵建设、特色发展转变。

一是发挥机制体制的相对优势,找准在建设高质量教育体系过程中的着力点,科学谋划、主动作为。民办教育在健全学校家庭社会协同育人机制方面应进行更多探索和实践,

从德智体美劳"五育并举"到全员全程全方位"三全育人",因地因校制宜,发展素质教育,形成有效的实践模式;在深化改革促进公平上积极作为,坚持教育公益性原则,在完善普惠性学前教育和特殊教育、推动义务教育均衡发展和城乡一体化发展、促进高中阶段多样化发展、增强职业技术教育适应性、建设高水平大学等方面积极作为;在服务全民的终身学习体系过程中发挥作用,努力构建方式更加灵活、资源更加丰富、学习更加便捷的服务体系,在建立终身学习体系和学习型社会建设方面拓展发展空间。

二是始终坚守社会主义办学方向,扎根中国大地办教育,落实立德树人的根本任务,坚持三全育人,做到五育并举,实现教育回归常识,回归本分,回归初心,回归梦想。无论营利性学校还是非营利性学校,都必须坚守教育初心,心怀大局,牢记教育为党育人、为国育才使命,正确处理经济效益与社会效益之间的关系,厚植教育情怀、遵循教育规律和人才成长规律回归教育本质,办好人民满意的民办教育。

(四)规范办学行为,防范办学风险

《民办教育促进法》修订之后,围绕新法,国家和云南省都出台了一系列民办教育新举措新政策,为深化教育改革、促进民办教育健康发展提供了法律保障和政策依据。民办学校及举办者要自觉把办学行为规范到法律要求上,自觉规范党组织建设、规范法人治理、规范教学管理、规范招生行为、规范学校收费、规范教师管理、规范财务运行,落实安全责任,确保校园安全稳定;建立风险预警机制,合理控制学校负债规模,改善学校债务结构,充分考虑学校的债务风险承受能力,有效防范各种办学风险。

此外,民办学校要完善以学校章程为核心的制度体系建设,依法依规办学,依章依制管理;要保障教师合法权益,与教师依法签订合同,保障和落实民办学校教师在业务培训、职务聘任、教龄和工龄计算、表彰奖励、科研立项等方面享有与公办学校教师同等权利;要落实学校法人财产权,严格按照《民办教育促进法》及有关政策要求,明确产权关系,将用于办学的土地、校舍和其他资产足额过户到学校名下;要严格按照国家和地方有关规定设置专业、开设课程、选用教材、开展教育教学活动;要自觉依法依规开展招生和就业工作,主动摆脱对既往种种"非常规化"运作模式的路径依赖。

展望未来,面对新形势新任务,云南省民办教育需要围绕国家重大战略部署,精准对标党和国家对民办教育的新要求,深度契合人民群众对民办教育的新期待,提高政治站位,保持战略定力,牢固树立底线思维,在自我革新、自我调整中不断开创民办教育发展的新局面。

(本文由云南省民办教育协会訾鸣执笔)

专题报告

ZHUANTI BAOGAO

中国民办教育行业发展报告（2015—2021年）

民办高校党建与思政工作创新
——以上海市民办高校为例

2016年以来,随着民办教育"新法新政"①以及《关于全面深化新时代教师队伍建设改革的意见》《深化新时代教育评价改革总体方案》等政策的实施,民办高校发展面临的政策环境有了很大的变化。新修订的《民办教育促进法实施条例》强调了民办教育领域应始终坚持和加强党的领导。健全民办高校党建工作机制,加强民办高校党建工作制度体系建设,汇聚起推动民办高校高质量发展的强大合力,是推动民办高校规范化发展、提高育人水平的关键。如何构建科学、合理、规范化的制度体系,使转型发展中的民办高校基层党组织更好、更有效地发挥其政治引导、利益协调、服务群众等功能,是当前和今后一段时间里民办高校基层党建工作要重点解决的问题。

推动民办高校规范化发展,是提高育人水平的关键。第27次全国高校党的建设工作会议强调,要深入学习贯彻习近平总书记"七一"重要讲话精神和关于加强高校党建工作的重要论述,贯彻落实教育部等八部门颁发的《关于加快构建高校思想政治工作体系的意见》和中共中央印发的《中国共产党普通高等学校基层组织工作条例》,紧扣立德树人根本任务,扎实推进高校党的建设和思想政治工作,努力培养"德、智、体、美、劳"全面发展的社会主义建设者和接班人。本次会议关于高校党的建设的重要论述深入总结了高校党的建设取得的重要成绩和宝贵经验,明确了高校党的建设的重大意义、使命任务、主要内容以及根本要求,阐明了加强和改进高校党建工作的一系列方向性、根本性问题,对于加强和改进民办高校党的建设工作具有十分重要的指导意义。

一、民办高校党建与思政工作的现状与问题

近年来,民办高校的党建工作整体情况较好,党组织政治核心地位突出,基层党建工作扎实,极大地促进了民办高等教育的发展。

---

① 根据中央对民办教育实施分类管理改革的决策部署,2016年国家层面集中颁布了相关的法律制度及政策文件,包括《民办教育促进法》《关于鼓励社会力量兴办教育促进民办教育健康发展的若干意见》《关于加强民办学校党的建设工作的意见(试行)》《民办学校分类登记实施细则》《营利性民办学校监督管理实施细则》,并授权省级政府制定地方层面的实施意见及相关配套措施。2021年,修订后的《民办教育促进法实施条例》正式实施。

(一) 民办高校党建与思政工作的现状

《民办教育促进法》实施以来,民办高校快速发展,取得了很大成绩,成为社会主义高等教育事业的重要组成部分。加强民办高校党建工作,对于全面贯彻党的教育方针、坚持社会主义办学方向、促进民办高校健康发展具有重要而深远的意义。全国757所民办高校的党组织充分认识加强民办高校党建工作的重要性,积极落实民办高校党组织主体责任,始终把牢正确政治方向和办学方向,建立健全党的组织体系,推动党的领导与民办高校法人治理有机融合,促进民办高校党建工作全面提升、全面加强。

1. 在党建工作的重要性上获得一致认同

在分类管理前,民办高校在民政部门登记为"民办非企业单位",这种模棱两可的学校属性导致民办高校始终难以摆脱社会认可度不高、品牌形象模糊、融资渠道狭窄的窘境。民办高校虽然基于市场化办学,但由于民办高校处于高等教育体系这个庞大组织的底层,为了自身发展,他们更加倾向于采纳和接受来自学校外部的规范,以获得外界认可。因此,民办高校普遍都保持着高度的政治敏感,会按照上级要求甚至自觉地去建设党组织。此外,社会大众把民办高校党组织看作是"官方"的代表,有党组织的存在,会对"私有"性质的民办高校更有信任感,党的建设是否有力与学生选择报考民办高校、教职工就职民办高校具有正向相关性。基于不同的定位,政府希望民办高校按照中央对高校党建工作的统一要求全面加强党的领导,民办高校管理者希望党建工作不要游离在学校中心工作之外,社会民众、民办高校的教职工以及学生希望民办高校党组织能够代表他们的利益。尽管各自诉求不同,但加强民办高校党的建设既可以提升学校知名度、改变办学形象、发挥凝聚人心的作用,又有助于培养"德、智、体、美、劳"全面发展的社会主义建设者和接班人。因此,党建工作的重要性得到民办高校举办者、管理者和广大师生的一致认同。

2. 在机制上注重强化党组织的地位作用

在强化党组织的地位作用方面,上海各民办高校党组织打破固有的党内活动封闭性、凝重性和一元性,贯彻民主集中制,结合本校特点,大力开拓民办高校党的建设新空间,构筑立体的、开放的党建工作机制,确保党组织的政治核心地位。上海市教育卫生工作党委、市民办高校党工委对民办高校党组织地位有明确要求,并适时组织督查。一是要求完善学校章程中党组织的设置形式、地位作用、职责权限、参与决策机制和党务工作机构、人员配备、经费保障等相关内容。二是要求党组织班子与学校决策层、管理层"双向进入、交叉任职",并加强党组织与学校董(理)事会、监事会日常沟通协商以及党组织与行政管理层联席会议等制度建设。三是要求完善学校议事决策规则,在制度文本中确定党组织参与决策、研究决定、政治把关三个方面的制度和运行机制。从实践来看,上海各民办高校都能按照市民办高校党工委的要求,完善党组织机制建设,不断在人财物等方面加强和落实党建工作的保障机制,将党的纪律、规矩、制度内化为广大党员自觉的精神追求,以良好的政治文化涵养出治理有方、管理到位、风清气正的政治生态,不断强化党对民办高校工作的全面领导。

3. 在保障办学方向上强调有所作为

新修订的《民办教育促进法实施条例》在保障民办学校依法自主办学的同时,强调民办教育领域应始终坚持和加强党的领导。在民办教育领域坚持党的领导,对于确保民办教育的发展方向具有极其重要的意义。民办高校是社会主义高等教育事业的重要组成部分,同样承担着培养社会主义建设者和接班人的重任。民办高校应该全面贯彻党的教育方针,坚持社会主义办学方向,落实全面从严治党要求,落实立德树人根本任务,促进民办高校全面健康发展。加强民办高校党建工作,必须以落实立德树人根本任务为导向,切实加强思想政治建设,把专业教育和思想政治教育有机结合,将"三全育人"工作成效作为衡量一切工作成效的根本标准,不断扩大党组织的影响力、吸引力和号召力,把立德树人根本任务落在实处。各民办高校在党建工作中始终要把落实中央关于全面从严治党要求放在首位,以组织体系建设为重点,深化"四责协同",落实党风廉政建设主体责任,切实提高民办高校"两个覆盖"(党的组织覆盖和工作覆盖)的质量和水平,不断加强民办高校党组织体系建设和规范化建设,充分发挥各级党组织的政治功能和战斗堡垒作用,充分发挥党员的先锋模范作用,从而整体提升学校党建工作水平。

4. 在提升基层党建工作质量上注重下功夫

高校党组织身处联系群众、密切党群关系的前沿阵地,党建工作的质量关系到党执政能力的有效性,党组织活动的开展、党员干部的一言一行都会对党的形象有着重要影响。为此,民办高校非常重视基层党建工作,在提升党建质量的同时,通过逐步完善二级院系党政联席会议制度,不断加强教工支部书记"双带头人"建设。例如,上海各民办高校持续深入推进党的建设质量提升工程,实施党组织"攀登"计划、党员"先锋"计划、党务工作者"红领"计划、党建工作"筑力"计划;组织开展基层党支部书记履职情况述职评议考核,建立健全党组织常态化考核、提升和整顿机制,抓好软弱涣散党组织专项整治;制订印发《上海民办高校发展党员工作实施细则》等文件,严格规范党员发展工作程序;完善青年教师党员发展机制,把优秀的青年教师发展成为党员、把更多的青年教师党员培养成为教学科研管理骨干,凸显党组织的凝聚力。

5. 在维护师生合法权益上积极凝聚力量

民办高校党组织积极搭建师生维权渠道,畅通师生意愿表达路径,实行员工接待、联系师生制度,综合运用法律、政策、行政等手段和教育、协商、疏导等办法统筹化解矛盾纠纷。一是定期讨论工建、团建工作中的重大问题,做好工、团、学的换届选举工作。二是抓好学校工会的建设,发挥工会的维权作用,督促举办者严格遵守《劳动法》《工会法》等有关劳动者权益保障方面的法律法规;组织召开教职工代表大会,从根本上保障教职工对学校重大事项的知情权和参与权;积极开展创新特色活动和兴趣小组,丰富教职工的业余生活。三是指导共青团组织根据青年大学生的特点和需要,开展生动活泼、丰富多彩的活动,组织大学生参加社会实践,积极提高团员青年的思想政治素质,促进他们全面发展。四是加强对学生会的领导,支持学生会参加有关学生社团事务的管理,对涉及学生利益的重要问题,认真听取学生会的意见。五是支持工、团、妇、学等群团组织依照法律和各自的章程独立自主地开展工作,充分发挥其在团结教育群众、参与民主管理、实行民主监督中的重要作用。

(二)民办高校党建与思政工作存在的问题

当前,我国高等教育已进入普及化发展阶段,转型发展是新发展格局下民办高校追求的新目标。坚持转型发展这一主题,以新发展理念为指引,适应新发展格局,已成为促进民办高校建设的主旋律。但是,在转型发展背景下,民办高校党建工作还存在一些问题,有些是共性问题,有些是个别现象。

1. 对加强民办高校党建工作的重要性认识不足

实践中,部分民办高校对加强党建工作的重要性缺乏足够的认识。有的民办高校领导对党组织的介入有这样那样的顾虑,加上民办高校举办者特别注重成本核算和投资回报,追求机构精简,功利性倾向较为明显,往往不能配备足够的党务工作者;有的民办高校对建立和完善党组织工作部门心存疑虑,认为学校资产属举办者所有,建立和完善党组织工作部门没有必要;有的民办高校怕党组织活动多,从而加重学校负担,影响教学;有的民办高校担心党组织干预学校行政管理工作。这些错误认识对民办高校党建工作的开展带来了一定的阻力。

2. 认识上的"轻重倒置"使党建工作"虚空化"

民办高校党建工作的开展不仅受到学校领导体制、办学形式、办学条件等客观因素的影响,一些民办高校领导主观上也存在"重专业、轻党建"的意识。例如,有的民办高校负责人认为,民办高校抓教学质量才是"硬的""实的",抓党建工作和思想政治工作是"虚的""空的"。甚至有人认为,减少党组织的活动正是民办学校区别于公办学校的"本质特征"所在。在这些错误认识的引导下,有的民办高校中的党建与思想政治工作容易被忽略,党组织在学校中的作用得不到应有的重视,在工作中缺乏地位,党组织的活动时间、经费和人员得不到保障,精力投入不足。

3. 党组织在民办高校中的地位和作用发挥不明显

民办高校实行以董(理)事会决策、党委领导、校长负责为核心,以监事会、教代会为支撑的现代治理体系。党组织是党在民办高校中的战斗堡垒,发挥着重要的政治引领和保障作用。然而,由于民办高校更加注重追求经济效益,有些学校党组织的作用经常被弱化,有些学校的党政班子一味地依托于董(理)事会的决策,有意无意地陷于懒政,甚至不作为。究其原因,主要有以下三点。一是思想上不重视。少数高校抓党建工作"调门高,行动少",基层行政部门领导没有给予基层党务干部应有的支持。二是地位不匹配。一些民办高校基层党组织党政干部没有交叉任职,或者没有实权,导致行政干部地位高,党务干部地位低。三是工作机制不健全。由于办学体制的差异,民办高校的运行机制呈现出自主性和灵活性的特点。在民办高校现有体制下,董(理)事长在一定程度上决定着整个学校的走向,其对党建和思想教育工作的理解会直接影响学校的党建工作水平。同时,有些民办高校董(理)事会对具体事务介入过深,不仅制约决策执行的效率,还会导致学校党组织作用无法有效发挥。

4. 党建力量薄弱,党务工作队伍能力参差不齐

目前,我国民办高校党组织的机构设置一般较为精简,专职人员少,特别是基层党组织专职干部较少,流动性强,教职员工中党员人数比例偏低,党组织规模较小。此外,民办

高校中的党务工作人员普遍学历、职称不高,具有博士学历以及高级职称的很少。因此,民办高校党建力量薄弱的问题较为突出,党建队伍的学历和职称结构与构建专业化、职业化党务工作队伍的目标有一定差距,民办高校党务工作者的素质亟须提升。

5. 党建工作与教育教学工作有机融合还不够紧密

当前,全国民办高校党建工作质量不断提升,但其党建工作在与教育教学工作的融合方面还存在以下不足。一是民办高校党组织发挥政治核心作用的方式方法需要继续探索。从推动高校党建工作高质量发展的角度出发,当前民办高校党建工作的相关工作机制对党建工作与教育教学工作深度融合的支撑保障作用不强,很大程度上导致党建工作的核心作用尚未得到完全发挥。二是民办高校党建工作与教育教学工作深度融合的方法需要进一步探索。长期以来,民办高校尤其是院系层面党建工作和教育教学工作已经各自形成较为固化的工作模式,两者的工作性质、工作内容和工作形式呈现"各管各"的态势,这不利于高校党建工作的整体发展。三是民办高校党建工作的作用发挥与民办高等教育事业的发展需求尚不完全适应。近年来,尽管通过目标导向、机制优化和激励保障等手段,民办高校党建工作整体质量有显著提升,但党建工作在教学、科研、人才培养和学科建设等重点领域和环节中直接发挥的作用有限,这是制约党建工作进一步发挥引领作用的最突出的问题。

6. 教师队伍的数量、结构、素质难以适应高质量发展的要求

2018年,中共中央、国务院印发的《关于全面深化新时代教师队伍建设改革的意见》提出要"造就党和人民满意的高素质专业化创新型教师队伍"。目前,我国民办高校虽然承担了近1/4的高等教育大众化任务,但由于受经费、体制、制度等条件限制,民办高校教师队伍的数量、结构、素质还难以适应高质量发展的要求。毋庸置疑,没有民办高校教师队伍的现代化,就难以实现高等教育的现代化,建设教育强国将成为无源之水、无本之木。究其原因,主要有以下四点。一是民办高校教师未纳入合同备案制度,聘任管理不规范。民办高校教师在合同签订及职务评聘中往往处于弱势地位:合同约定要么只是原则性条款,要么是责任大于权利的不平等条款;职称评聘"同行评价"流于形式,"外行评审内行"情况普遍,有的民办高校评价指标简单化,甚至"暗箱操作""因人设岗"。二是民办高校教师培训培养未纳入统一规划,培养组织体系不完善,导致教师素质参差不齐、专业发展受限。许多民办高校尚未设置教师发展专门机构,一些院校教师发展中心挂靠于人事、教务部门,形同虚设,有名无实,致使青年教师在职读博、出国进修访学等受限。有的民办高校教师外出培训、参加各类学术会议接近0次;有的民办高校未开通中国知网CNKI数据库;有的民办高校为了压缩办学成本,将教师的课时量安排在20节/周及以上,且讲授3~5门甚至更多的课程,教师完全沦为"教书机器",更遑论教学质量。三是内部治理结构失衡,教师权益受损,话语权微弱。有的民办高校举办者采取单边治理模式,教职工代表对学校决策、民主管理过程参与有限,多数教职工将自己定位为"打工者",将董(理)事长视为"老板","学术文化"被"商业文化"所替代。四是养老保障"双轨制",与公办高校教师形成待遇鸿沟。据调研,有的民办高校教师工资只有同类公办高校教师工资的1/3~1/2,而部分集团化办学的民办高校高管年薪高达3 000多万元,是普通教师年薪的1 000倍之多。此外,大部分民办高校教师按企业员工的身份标准购买企业社会保险,且

缴费基数偏低。

二、民办高校党建与思政工作的特色与成果

进入新时代,"培养什么人,怎样培养人,为谁培养人"成为中国高等教育必须回答的根本问题。民办高校作为人才培养的主阵地,只有坚定贯彻党的教育方针,坚持社会主义办学方向,遵循教育为人民服务、为改革开放和社会主义现代化建设服务的基本要求,才能承担起培养担当民族复兴大任的时代新人的历史使命和时代责任。思想政治教育课和课程思政强调将思想政治工作贯穿学科体系、专业体系、教材体系、管理机制体系,在传授课程知识的基础上引导学生将所学到的知识和技能转化为内在素养,注重将学生个人发展与社会、国家发展结合起来,是立德树人的突破口和新抓手,有助于帮助学生解答思想、价值、情感困惑,激发其为国家、为民族学习的热情和动力,从而帮助其在创造社会价值过程中明确自身价值和社会定位。

(一)在提高党建质量上下功夫,在学校转型发展中起引领作用

作为坚持党的领导的坚强阵地,学校党组织全面落实管党治党、办学治校、育人育才主体责任是关键。民办高校要不断健全责任体系,进一步强化意识形态工作的主体责任,夯实组织基础,全面推进民办高校"一流党建"创建工作。

1. 强化民办高校党组织政治核心功能内涵

学习和贯彻落实中共中央办公厅发布的《关于加强民办学校党的建设工作的意见(试行)》(以下简称《意见》)和中共中央组织部等五部门发布的《关于民办学校党建工作重点任务的通知》(以下简称《通知》)精神,发挥民办高校党组织政治核心作用,是全面贯彻党的教育方针,坚持社会主义办学方向,落实立德树人根本任务,不断增强"四个意识"、坚定"四个自信"、做到"两个维护"的重要体现。当前,民办高校党组织认真落实《意见》《通知》的要求,努力在六个方面着力强化民办高校党组织的政治功能:一是对标党和国家的方针、政策,以高校党的建设为统领,牢牢把握社会主义办学方向;二是对学校党建、德育、思政工作和党的组织实施领导;三是对董(理)事会、校长依法行使职权的进行监督;四是在"三重一大"行政管理事务的参与和党组织机构、人员的考评晋升中起决策、决定作用;五是依法对群团组织实施指导,发挥工会、学联会的积极性,凝聚师生员工,推动学校发展,引领校园文化,维护安全稳定;六是落实党管干部、党管人才,参与干部人事管理,负责干部招聘和提干、晋升人员的思想政治和行为规范的考核。

2. 推进民办高校党的组织和党的工作有效覆盖

目前,大部分民办高校把推动党的建设有关内容写入了学校章程,坚持党的领导和依法治校有机统一。一是民办高校党组织领导干部调整必须事前请示上级党组织,经过党章规定程序,并报上级党组织批准。二是推进党组织班子与学校决策层、管理层"双向进入,交叉任职",健全完善党组织与学校董(理)事会、监事会日常沟通协商及党组织与行政管理层联席会议等制度,保证党组织在重大事项决策、监督、执行各环节有效发挥作用。三是民办高校党委书记既是教育工作党委的基层党组织负责人,又是政府派驻学校的督

导专员。四是设立学校党的工作部门,配备必要的专职、兼职党务干部和工作人员。党组织的工作部门以及基层党组织的负责人的任免由党委决定,报董(理)事会备案。五是落实《意见》要求,对兼职从事党建工作的人员计算工作量,并发放相应的工作津贴。六是上级党组织和行政管理部门把民办高校党建作为教育教学质量评估、年度检查等考核的重要指标,党建工作不符合要求的学校,待整改合格后,再进入教学评估与年检程序。

3. 提升民办高校基层党组织建设质量

民办高校党组织认真落实党支部工作条例,从基础工作、基本制度、基本能力入手,推进民办高校"三会一课"标准化、规范化建设。一是推动"两学一做",开展"不忘初心、牢记使命"专题教育活动,组织党史学习教育做到常态化、制度化,通过这些学习和思想教育活动教育党员,引导基层党组织围绕学校发展,贴近师生需求开展党的组织活动,发挥党组织的先进性、党员的榜样作用,克服形式主义,鼓励岗位建功立业,增强党建工作的针对性、实效性。二是坚持把政治标准放在首位,严把党员发展质量关、干部晋升政治关,加强对师生的政治引领和政治吸纳,加大在优秀青年教师和高校学生中发展党员力度,重视培养和吸收符合条件的民办学校出资人和举办者入党。三是规范党员组织关系管理,定期排查党员组织关系,督促符合转入条件的教职工党员、符合转出条件的毕业生党员尽快转接组织关系;注重建好、用好党建工作信息化平台,加强对流动党员和党组织关系接转的管理。四是建立党组织常态化考核、提升和整顿机制,每年梳理一定数量的后进党组织,集中转化提升。民办高校党组织通过积极开展新时代高校党建示范创建和质量创优工作,加强对院(系)党组织和师生党支部工作的指导推动,实施教师党支部书记"双带头人"培育工程,发挥党员先进性,鼓励入党积极分子在岗位上建功立业。

4. 压紧压实民办高校党建工作责任

民办高校党组织坚持以党的政治建设为统领,把抓好思想政治与德育工作作为首要政治责任,全面加强民办高校党建工作,把理想信念教育、社会主义核心价值观教育、爱国主义教育贯穿全过程,在教学科研管理工作中认真履行政治把关职责,牢牢把握意识形态工作领导权,在保证政治方向、凝聚师生员工、推动学校发展、引领校园文化、维护安全稳定、参与人事管理和服务等方面充分发挥战斗堡垒作用。一是推进落实全面从严治党要求,督促民办高校各级党组织履行好管党治党主体责任、党组织书记履行好第一责任,严格落实民办高校党组织意识形态工作、基层党建、党风廉政建设和党内监督"三大主体责任",领导班子成员和各级领导干部履行好"一岗双责",促进民办高校班子运行状态、校内政治生态、事业发展姿态"三态"持续向好。二是按照《关于进一步加强民办高校党的建设工作的实施意见》要求,进一步做好民办高校党组织书记选派、内部选拔、任职审批等工作,调整、充实党组织班子成员。三是落细落实《关于进一步加强民办高校党的建设工作的实施意见》和《民办学校党建工作重点任务》文件精神,深化和完善民办高校各级党组织书记履行党建工作责任述职评议制度,推动落实民办高校党建工作重点任务清单、党组织书记抓基层党建工作责任清单。四是继续推进基层党建"书记项目"管理工作,推动党建工作从严从紧、落细落实,进一步发挥好民办高校综合考核"助推器""指挥棒"的作用。

(二) 层层贯通落实党的工作全覆盖，提升党组织办学治校能力

民办高校党组织紧扣改革发展主题，不忘初心，牢记使命，切实担负起管党治党、办学治校、育人育才的主体责任，着力培养德智体美全面发展的社会主义建设者和接班人，不断开创新时代民办高校党建工作的新局面。

1. 坚持政治铸魂，实现政治建设与思想引领合拍共鸣

一是突出政治功能，强化政治把关，建立书记、党委（总支、支部）委员与党员"一对一"谈话等制度，充分发挥党组织在育人工作中的价值引领与政治保障作用，并明确基层党组织在课程建设、教材选用、学术活动等方面的政治责任。二是积极开展教师思想政治工作和师德师风、学术道德、教风学风建设，牢牢把握思政工作的政治方向。三是实施"旗帜"领航工程，通过红色课堂、红色文化、红色连线、红色先锋、书记有约等方式，积极整合党校培训、党日活动、"三会一课"、先锋示范等基层党建育人资源，推进党建育人落地生根。

2. 坚持提质强基，实现质量提升与育人成才互促共赢

一是聚焦根本保证，确保党的基本理论、基本路线、基本方针在教育教学中不折不扣地贯彻落实。二是聚焦队伍建设，从严抓实干部管理和教育，选优配强基层党支部书记，通过开展党课评选、"双带头人"培养、师德师风建设，培养党员教学能手、党员骨干，提高育人能力和水平。三是聚焦质量提升，制定《民办高校"基层党建质量提升年"实施方案》，严肃党内组织生活，提高党员发展质量，严格党务工作管理。同时，针对基层党建育人的堵点盲区，将党员积分管理、基层党支部书记"双述双评"等工作与立德树人相结合，强化督促考核，提升党建工作的育人实效。

3. 坚持融合创新，实现党建创新与成长需求同频共振

一是立足学校师生成长发展的需求，坚持"一校一特色、一校一品牌、处处有风景"的思路，实施基层党建特色项目建设，努力培育一批有影响力的基层党建育人特色项目。二是立足师生成长发展需求，结合党建传统优势与新兴技术，探索体验式、开放式的党建育人方式和手段，积极推广"党员在线""党课开讲"教育管理平台、思想引领"E"时代、"青春铸梦"微信教育平台等新媒体阵地建设的成功经验，筑牢基层党建育人阵地。三是坚持党建统领群团组织，充分发挥各类群团组织的育人纽带功能，推动工会、共青团、学生会等群团组织创新组织动员、引领教育的载体与形式，充分发挥教研室、学术梯队、班级、宿舍在师生成长中的凝聚、引导、服务作用，开展"教工党员服务工程""名师启航"党课加油站等项目，解决学生在理想信念、职业生涯规划、学习实践等方面的困惑，取得了实实在在的育人成效。四是实施"新时代基层党建质量提升工程"、民办高校党组织"攀登"计划，遴选培育民办高校党建工作示范高校和特色高校、标杆院系、样板支部、"双带头人"标兵、党务工作示范岗、青年教工党员示范岗等一大批先进典型，通过树典推优营造立德树人的良好氛围。

(三) 构建"三位一体"育人机制，牢牢掌握师生思想政治工作的主导权

民办高校党组织把党的建设工作视为办学育人的基础工程和战略工程，强化学校领导层和师生群体的政治意识，优化党组织的政治引导功能，做实基层组织的战斗堡垒作

用,完善思想政治工作的组织机构,落实民办高校党组织主体责任机制,规范教育管理,管好宣传阵地,强化监督问责,持续正风肃纪,以问题意识为导向,构建"三位一体"育人机制。

1. 强化思想引领,落实立德树人根本任务

民办高校党组织在强化思想引领、落实立德树人根本任务方面,一是探索实现从思政理论课主渠道育人向"课程思政"立体化育人的转化;二是打造育人基地;三是坚持阵地安全。例如,上海建桥学院根据学校"培养雷锋式大学生"的育人定位,结合"卓越建桥计划"人才培养"八项核心素养"要求,推行"成果导向教学(OBE)",提升课程思政的针对性和有效性,学校"新时代雷锋精神融入立德树人全过程"项目获得上海市教学成果一等奖。学院雷锋馆建成以来接待了校内外参观者两万余人次,已成为学校思政教育、服务社会、践行社会主义核心价值观的重要基地。学校以"雷锋精神"为内涵的"奉献中国"系列课程建设取得积极成效,作为唯一的民办高校代表被列入教育部在上海召开的加强新时代高校思政理论课建设现场推进会观摩单位。此外,学校加强并规范对各类报告会、研讨会、社团、网络以及师生自媒体的引导和管理,认真分析研判意识形态领域倾向性苗头性问题,并有针对性地进行引导;成立一支由教学经验丰富、政治意识强的老同志组成的专职教学督导队伍,督促教师守好政治底线、法律底线、道德底线,严格教育教学规范、课堂纪律。

2. 健全培养平台,促进骨干教师成长

对标《深化新时代教育评价改革总体方案》,许多民办高校拓展筹资、融资渠道,设立教师科研培养基金,支持青年教师申报课题、访学深造,促进骨干教师成长,并推进职称评聘改革。同时,地方政府也将民办高校教师纳入地方高校教师培训培养总体规划,设立民办教育政府专项资金,重点用于提高教师待遇和提升教师的专业素质能力,加强监管和绩效评价;明确并落实民办高校用于教师发展和培训的经费比例,建立全国民办高校教师培训基地。2012年,上海市成立"民办高校教师发展中心",通过该中心推动教师发展平台建设,包括做好组织保障、制度保障和资金保障,将教师发展中心独立建制,配置专业化的工作队伍,为教师从事科研活动提供时间与空间。

3. 强化把思政课建设扛在肩上的责任意识

思政课建设是落实立德树人根本任务的关键课程,需要全校教职员工、全社会共同支持,共同参与。民办高校党委会、校长办公会每学期都要专题研究思政课建设工作,深入研究思政工作规律和教育规律、学生成长规律,统筹学校思政课建设,努力提升思政课建设的实效性。上海师范大学天华学院党委把整合社会力量充实思政课教师专兼职队伍作为一项重要探索,积极组织校领导和中层管理干部参与,通过担任班主任、讲授思政课等多种形式,深入思政教育一线,推进全员育人。此外,学校还积极推进政府官员、国企领导、英雄人物、劳动模范进校园、上讲台、担任学生校外导师等工作,切实提升社会参与学校育人的实效性。

4. 共建区域化党建公益志愿服务平台

在共建区域化党建公益志愿服务平台方面,上海中侨职业技术大学党委在参与上海市金山区区域化党建的过程中充分发挥基层党组织和党员的主动性,以建设基层服务型党组织为契机,在实践中强化宗旨意识,广泛开展党员、入党积极分子先锋志愿服务实践

活动,将党组织政治属性与服务功能有机结合,充分发挥党员的示范引领作用。例如,在廊下郊野公园、吕巷水果公园、金山体育中心等建立志愿者服务基地,每年组织近千名师生开展常态化志愿服务活动;与区司法局联合开展"留溪港湾·点亮心愿"特殊对象未成年子女关爱活动,累计关爱60余名特殊人群的子女,得到上海市政府官网"中国上海"的报道;与金山区红十字会联合开展造血干细胞入库登记工作,累计800余名师生志愿登记入库;与所在辖区的张堰镇每月开展阳光家园阳光行、小候鸟展翅行动、"54"关爱"99"等3项志愿者服务品牌活动,覆盖镇内的智障人士、进城务工子女、高龄老人等人群。此外,学校外国语学院发挥语言专业优势,建立外语志愿服务队,为廊下国际马拉松赛、城市沙滩铁人三项赛、外国驻沪领事看金山活动、国际青少年足球邀请赛等提供外事接待志愿服务;艺术学院发挥艺术专业优势,建立文化志愿者服务队,开展"绘金山故事·传志愿精神"主题活动,为石化街道、山阳镇、廊下镇、金山新城等地美化村居墙壁,并为老人摄影等专业化的志愿服务。以共建区域党建公益志愿服务活动为载体,上海中侨职业技术大学主动地融入社区,共同参与社会治理。

(四)提高教师育德能力和水平,激活实施学生通识素质人才培养内生动力

习近平总书记在全国高校思想政治工作会议上强调,要坚持把立德树人作为中心环节,把思想政治工作贯穿教育教学全过程,实现全员育人、全程育人、全方位育人,努力开创我国教育事业发展新局面。据此,上海民办高校党组织持续加强和改进学校思想政治工作,汇聚起为党育人、为国育才的磅礴力量,重视发挥教师作为立德树人、育人育才的主力军作用,落实教育部发布的《关于完善高校教师思想政治和师德师风建设工作体制机制的指导意见》,不断提升"主体"的自信与自觉,不断提升自身素质和能力。

1. 倡导教师做科学理论特别是习近平新时代中国特色社会主义思想的坚定信仰者

民办高校党组织坚持不懈地传播马克思主义理论和习近平新时代中国特色社会主义思想,通过科学理论的学习、传授和引导,为学生终身成长奠定科学的思想基础。上海民办高校党组织要求民办高校教师必须树立政治意识、大局意识、核心意识、看齐意识,自觉维护党中央权威和党中央集中统一领导,与党中央保持一致,引导学生坚定道路自信、理论自信、制度自信、文化自信,引导学生正确认识人类社会发展的历史必然性,认识中国特色社会主义的历史必然性,树立为共产主义远大理想和中国特色社会主义共同理想而奋斗的信念和信心。

2. 倡导教师做弘扬社会主义核心价值观的积极传播者

上海民办高校党组织要求民办高校教师必须把社会主义核心价值观体现到教育教学、教书育人的全过程,引导学生树立正确的世界观、人生观、价值观。结合各门课程的教育教学,对学生进行价值引导,树立正确的价值目标和行为规范,不断提升其道德素养。

3. 倡导教师做教育教学改革与创新的模范践行者

上海民办高校党组织高度重视师德师风建设,倡导广大教师按照"四个相统一"的要求,自觉把教书和育人、言传和身教、潜心问道和关注社会、学术自由和学术规范很好地结合起来,以德立身、以德立学、以德施教;注重以文化人、以文育人,不断用民族优秀传统文化、人类先进思想文化的精华、用革命文化和社会主义文化充实教育教学内容,

发挥课堂教学主渠道作用,以创新精神不断探索课程建设、课程教学和教学改革的有效途径与方式、方法,满足学生成长发展的需求和期待;以自己渊博的学识、实际行动和榜样力量引导和带动学生健康成长,特别是要适应互联网和新媒体的发展趋势,运用学生喜闻乐见、易于接受的新手段、新技术,运用学生喜欢的教育教学表达方式,如微信群、微信公众号、自媒体等方式对学生进行思想价值引导和专业知识传授。

4. 倡导教师做引导学生领悟伟大民族精神、健康成长的指导者

2021年,中共中央宣传部、教育部印发的《新时代学校思想政治理论课改革创新实施方案》从整体上提出了学校思政课的课程目标,并强调大学阶段思政课的目标是"重在增强学生的使命担当"。上海民办高校党组织注重通过思想政治教育引导大学生担当民族复兴的时代责任,要求思政课教师既要培养大学生的爱党爱国之情,又要激发大学生的强国之志和引领大学生的报国之行。广大教师应将党史学习教育融入思政课,帮助大学生重温党领导人民进行革命、建设和改革的光荣历史,感受蕴含在历史中的伟大民族精神,从而增强大学生的责任感和使命感,使其坚定不移地听党话、跟党走。

三、民办高校党建工作创新机制的路径探索

(一) 决策层面

1. 完善党组织制度保障机制

民办高校要坚持党的领导与依法治校相统一,必须把党的组织建设有关内容写入学校章程,明确党组织的设置形式、地位作用、职责权限和党务工作机构、人员配备、经费保障等内容要求。人才培养质量是民办高校可持续发展的核心,而高质量的管理体系则是人才培养的保障。民办高校要把党的建设融入学校质量管理体系,渗透教学管理的每一个层面,进一步夯实民办高校的社会主义办学方向。上海建桥学院于2018年通过ISO9001质量管理体系认证,把质量建设作为实现内涵发展建设的重要支撑、制度建设的重要基础和学校高水平管理的重要依据。上海建桥学院在选择营利性办学之后,将党组织相关文件、要求嵌入到整个ISO9001质量管理体系中,体现了党组织在学校内部治理整个环节中的作用。上海师范大学天华学院制订《上海师范大学天华学院党建工作质量保障体系》,确定了20个保障党建工作质量的控制点,并围绕这些控制点制定了质量控制标准,落实责任人和实际操作措施。

2. 健全党组织与董(理)事会沟通机制

教育部在2014年发布的《普通高等学校理事会规程(试行)》中规定,学校董(理事会)"系指国家举办的普通高等学校根据面向社会依法自主办学的需要,设立的由办学相关方面代表参加,支持学校发展的咨询、协商、审议与监督机构,是高等学校实现科学决策、民主监督、社会参与的重要组织形式和制度平台。"董(理)事会是民办高校学校内部的最高决策机构,是民办高校内部架构的核心,是民办高校建立现代大学的基础,对民办高校的可持续发展起着制度保障的关键作用。董(理)事会成员结构的合理化是提高民办高校决策质量的基础,也是民办高校实现基业长青的根本保证。为全面贯彻党的教育方针,坚持

社会主义办学方向,落实立德树人的根本任务,党组织负责人应进入学校董(理)事会,并适当提高董(理)事会中的党员比例,将党组织关注的相关议题作为董(理)事会的常规议题。民办高校应健全完善党组织与学校董(理)事会日常沟通协商机制,建立董(理)事会与校党委的联席会议,进一步强化党组织的政治功能。

3. 明确党组织议事机制

明晰和遵循议事规则,是民办高校党组织真正发挥决策作用的重要保障。具体而言,民办高校应明确党组织研究决定、参与研究以及政治把关的具体事项。例如,涉及学校党的建设、思想政治工作和德育工作的事项,由党组织会议研究决定;涉及学校发展规划、重要改革、人事安排和师生员工切身利益的重大事项,党组织要有效参与讨论研究,重点从坚持党的领导、把牢正确办学方向、严格领导干部规矩、维护校园和谐稳定等方面提出明确意见,同意后再交董(理)事会作决定;涉及教师引进、课程建设、教材选用、学术活动的重大问题,党组织要主动作为,把好政治关;干部的选拔任用必须经过党委的审查,再由董(理)事会决定,党组织要负责对干部进行监督评价和考核。

(二) 执行层面

1. 促进党员干部队伍的专业成长

党员是发挥党组织政治功能的核心力量,民办学校要把他们组织好,有效发挥他们的先锋模范作用。在学校党组织班子和行政班子的构成方面,民办学校要坚持上级选派与内部选任相结合,按照政治素质过硬、熟悉党建工作、懂教育管理、有奉献精神的要求,选优配强党组织书记;坚持把政治标准放在首位,加强对教师的政治引领和政治吸纳,加大在优秀青年教师中发展党员的工作力度,重视培养和吸收符合条件的民办高校出资人和举办者入党。民办高校要按照相关的规定,配齐党务工作人员、思政教师、辅导员等工作力量,建立和完善思政教师、辅导员职务职级"双线"晋升机制,积极推进辅导员队伍职业化、专业化建设,开展党建带头人和学术带头人的"双带头人"选拔培养工作,在内部遴选一批政治立场坚定、理论水平高、科研业务能力强的教师担任党建工作带头人和学术、技术带头人,以高质量党建推动学校可持续发展。

2. 夯实党的组织工作基础

民办高校要抓实党委书记作为第一责任人的职责,落实其管党治党主体责任,把党建优势转化为学校发展优势。党组织负责督办学校发展的重大项目执行,要把支持项目建设、服务学校发展作为重要职责。校党委书记要组织好班子成员,尤其在党组织的干部配备中要选好用好干部,力争选出政治意识强,责任意识好,讲规矩、守纪律、有担当的好干部。同时,民办高校要在领导班子层面加强党风廉政教育,把党风廉政建设内容纳入中心组理论学习范围,开展理想信念和职务犯罪警示教育,增强干部遵纪守法、崇尚廉洁意识;建立党组织主体责任清单,进一步厘清内部"权力清单"和"责任清单",切实落实有权必有责、责权对等、用权受监督、违法必追究的制度。

3. 发挥党组织的激励和保障机制

对于在党建工作中表现突出的个人或集体,民办高校要给予一定的激励,在评奖评优、年度考核中给予倾斜。董(理)事会和学校行政要为学校党建和学生思想政治工作创造工作条件和提供必要的经费保障,严格执行将党组织活动经费列入学校年度经费预算制度,加大对党建工作的支持力度。民办高校要建立党组织常态化考核、提升和整顿机制,每年确定一定数量的薄弱党组织,集中转化提升;健全党的组织、宣传、统战、教师工作、学生工作、后勤保卫等工作部门,明确工作职能和工作机制。

(三)监督层面

1. 建立健全教职工代表大会和工会代表大会制度

随着民办高校教职工队伍的不断壮大,民办学校应充分重视发挥教职工在教育改革与发展中的积极性、主动性和创造性,积极构建教职工参与民主管理的渠道,进一步建立健全教职工代表和工会代表制度;充分尊重教职工在民主权利的制度安排,尤其要推进营利性民办高校的民主监督管理,维护教职工的合法权益,增强学校的凝聚力,促进学校的稳步发展。

2. 健全完善监事会制度

监事会是独立于董(理)事会并对董(理)事会成员的决策进行监督的机构,其职责是防止董(理)事会成员行为失范。[①] 监事会主要负责检查学校财务、基建、招生等情况,对违反法律法规或学校章程的人员提出罢免建议,对有关负责人损害学校利益的行为予以纠正,调查学校异常运行情况等。按照中组部和教育部党组有关文件的要求,民办高校应在学校章程中规定监督机构的产生方法、人员构成、任期、议事规则等,明确党组织负责人进入监督机构的程序和办法,确保学校监事会中有党组织领导班子成员,保证党组织作用的发挥。同时,学校监事会中应当包含党的基层组织代表,且教职工代表不少于1/3。营利性民办高校对"营利"的把握要合理适度,尤其要提高监事会在学校财务监督方面的地位,加强对财务使用情况的监控,规范学校收费,杜绝乱收费现象,维护营利性民办高校的良好形象。

3. 建立完善信息公开制度

信息公开制度作为深化民办高校依法治理和综合改革的重要抓手,有利于进一步推进民办高校管理制度化、规范化建设,有利于维护教职工、学生的合法权益,有利于构建和谐劳动关系,加强基层民主政治建设。民办高校党组织要建立健全信息公开工作考核制度、社会评议制度和责任追究制度,定期对学校信息公开工作进行考核、评议;加强对学校各类公开信息的审核和已公开信息的监督检查,确保公开信息的真实、准确和不涉密;及时发布信息,重点公开学校章程、招生信息、财务与资产管理信息。营利性民办高校的信息公开要确保与"营利"相关的信息全面详尽、准确无误地公开。此外,在信息公开的基础上,民办高校要推进党务公开工作,全面展示党组织在民办高校的工作情况,促进民办高校党务工作的制度化、规范化和程序化。

四、提升民办高校党建质量的对策与建议

2016年以来,新修订的《民办教育促进法》以及《关于加强民办学校党的建设工作的

---

① 胡卫.民办教育需要制度创新[J].教育与职业,2009(4):20.

意见(试行)》《国务院关于鼓励社会力量兴办教育促进民办教育健康发展的若干意见》等文件对加强民办学校党的建设提出了明确要求,这是党和国家从法律政策层面就民办学校党组织的地位作用作出的最为全面的规定。推动民办高校高质量发展,党的全面领导是根本保证。保证党组织在民办高校中发挥政治核心作用,关键是要把党对民办高校的领导具体化、可操作化。

(一)进一步确立民办高校党组织的政治地位

民办高校党建工作的重中之重是要把党建责任制落到实处。为此,民办高校要形成党建工作责任体系,强化组织领导。党组织负责人必须履行好第一责任人的职责,全面贯彻《中国共产党普通高等学校基层组织工作条例》,驰而不息加强党风廉政建设,以"永远在路上"的坚韧和执着推动作风建设向纵深发展,把民办高校建成坚持党的领导的坚强阵地。民办高校要实现党政领导班子交叉任职,落实"一岗双责"。上级教育主管部门在对民办高校年检时,要重点督查该项工作落实情况,将民办高校党组织地位落实问题与省(市)、自治区财政支持、招生指标等相挂钩。为避免民办高校出现"给位不给权"的党政交叉任职假象,上级党委要明确民办高校行政领导中的党员干部即使不兼任党务干部,也有领导和支持党建工作的义务。当所属基层党组织出现党建工作不力的情况时,学校同样要追究行政领导的责任。此外,民办高校要出台干部选拔相关政策,选聘有能力、有威望的党员干部担任基层党组织负责人,培养、选任在教学、科研方面有一定影响力的教师进入党务干部序列,大力加强"双带头人"书记队伍建设。

(二)进一步选优配强学校党组织书记

要在制度上保障党组织的政治核心地位,发挥党组织书记的领导作用是关键,这是转型期做好民办高校党建工作的重中之重。民办高校要按照政治素质过硬、熟悉党建工作,懂教育善管理、有奉献精神的要求,选拔既精通党务又精通高校教育教学管理的复合型干部来担任党组织书记。在实践中,民办高校党委书记的沟通协商能力尤为重要。因为民办高校的市场化运行容易产生各种利益分化,党组织作为教职员工、学生利益的代表,有义务去化解这些矛盾,维护社会的公正和教育的公益性。党组织只有坚定不移地发挥作用,着力提高党组织对行政工作的紧密配合,主动与董(理)事会、行政领导班子协调好关系,多沟通、多协商、多承担任务,多分忧解难,才能维护民办高校的长远利益和可持续性发展,真正实现民办高校治理体系和治理能力的现代化。

(三)进一步多措并举提升教师福利待遇

为了建立和落实政府、民办学校、教师三方合力分担的社保机制,地方政府要发挥财政资金的杠杆作用,参照同级同类公办高校标准补贴民办高校,促使三方共同承担的社保机制落实落地,保障民办高校教师退休待遇不低于同级同类公办高校教师;试点实施非营利性的民办高校教师实行事业单位工作人员"五险一金"政策,并对为教师办理事业单位社会保险的民办高校给予一定比例的补助。地方政府可以通过专项资金、财政补贴、购买服务、以奖代补等形式,对非营利性民办高校进行补贴和奖励,引导非营利性民办高校建立职业年金等补充养老保险制度。此外,地方政府要结合本地实际出台各类优惠政策,加大营利性民办高校年金的税收优惠政策,鼓励营利性民办高校建立年金制度。

(四)进一步打通民办高校党务工作者职业发展瓶颈

针对民办高校党务工作人员"职务晋升无望,职级晋升无期"问题,民办高校应发挥自身办学体制的灵活性,出台校内党务干部职级、职称晋升制度,引导党务工作人员走技术岗位晋升道路,保障党务工作人员的薪资待遇与行政工作人员待遇相对等,让党务工作人员能够专心干好党建工作。为保证政策的合理性,民办高校党务干部职务晋升要注意四个明确。一是明确晋升政策,参照目前试点"双线晋升"政策的高校标准,突出民办高校党务工作的特点,引导党务干部朝着这个方向努力。二是明确晋升标准。党务干部晋升的标准必须与党建工作相关;不仅工作经历要与党建工作相关,而且工作业绩、研究课题、发表文章等都要和党建工作相关联。三是明确晋升条件,根据民办高校党务工作干部队伍特点,在专业技术职务聘任中更加突出工作实绩,同时注重(非突出)科研业绩。四是明确晋升路径。党务工作者职称晋升有困难的,要在职级晋升上给予灵活政策,激励那些认真干事、师生口碑好、成绩显著的人。公办高校在职称晋升方面有单列政策,民办高校除了职称方面单列外,也要在职级上动脑筋、想办法,发挥体制机制灵活的特点,试点建立职员职级制,在职级上"小步勤挪"。

(五)进一步推进民办高校"三全育人"综合改革

教育部印发的《高等学校课程思政建设指导纲要》(教高〔2020〕3号)明确提出,要紧紧抓住教师队伍"主力军"、课程建设"主战场"、课堂教学"主渠道",深入挖掘各类课程和教学方式中蕴含的思想政治教育资源,让所有高校、所有教师、所有课程都承担好育人责任,把思想政治教育贯穿人才培养体系,将价值塑造、知识传授和能力培养紧密融合,将显性教育和隐性教育相统一,推动构建全员全程全方位育人大格局。民办高校要落实教育部等八部门发布的《关于加快构建高校思想政治工作体系的意见》(教思政〔2020〕1号),推动建立学校书记、校长抓思政课机制,建立书记、校长听课讲课、联系思政课教师制度;推进学校参与"三全育人"综合改革,思政课、课程思政教育教学创新建设,思政名师工作室培育,辅导员职业发展培训创新示范,思政工作实践创新示范;以"展馆育人""校园文化客厅""视觉影视""工匠精神""经典传承"等形式丰富校园文化载体;以培养应用技能型人才为目标,搭建校园融媒体平台;通过校园标识系统体现大学校园的精神与理念;强化家校育人合力,建立健全心理危机预防和快速反应机制;构建新时代青年志愿服务体系,开展少数民族学生思政教育,探索大学生资助工作的新形态;实施师德师风引领培养计划,探索师德师风量化考核工作,开展"立德树人铸师魂,严管厚爱正师风"活动;围绕以劳育德,深化劳动教育,推进"课程思政"改革创新;围绕"建党百年",组织开展党史宣讲、红色文化普及、先锋模范寻访等系列思政教育;围绕"情感认同",开展弘扬中华优秀传统文化的系列活动,强化校园文化建设;围绕"内涵提升",加强"学习强国"平台的运用,组织形式多样的线上线下互动,提升学习成效。

(六)进一步增强民办高校党建工作实效

党的工作是一切工作的基础,中心工作是检验党建工作效果的重要抓手,也是党的工作的最终目的。民办高校应研制《党建与思想政治工作融入高校事业发展评价标准》,把党组织的领导力、组织力转化为推动和促进教育教学中心工作的强大动力,把党建优势、资源、成果转化成推动教育教学中心工作的强大优势,促进党建工作与教育教学中心工作紧密融合、同频共振,增强党建对教育教学中心工作的贡献力、推动力和保障力,形成既符合民办高校党建工作规律又具有科学化、规范化、制度化特色的党建工作体系。一是以党的建设引领学校教育教学中心工作,推动党建工作与教育教学工作相互结合、有机融合,实现民办高校基层党建工作与教育教学工作双促进、双提高。二是教育引导党员干部忠实履行职责,教育党员干部摒弃"打工雇佣"思想,推动党员干部履职尽责、担当作为,加强党员干部治理能力和专业能力培训,强化实践锻炼,提高党员干部打硬仗、解难题、防风险的能力。三是大兴调查研究之风,把调查研究贯穿于工作谋划、决策和执行的全过程,贯穿于发现和解决实际问题、密切党群干群关系全过程。四是加强与公办高校的共建联建,积极吸纳公办高校党建和思政工作成果,共享优质资源,促进民办高校专业发展、人才培养、师资队伍素质的提升。五是充分发挥党的组织优势,把党员组织起来,把董(理)事会、校行政、监事会成员团结起来,把各类人才凝聚起来,把师生群众动员起来,向教育教学重点工作聚焦,为学校改革发展稳定大局聚力,夯实党组织体系的基本单元,织密联系服务师生员工的重要纽带,畅通贯彻落实党中央决策部署的"最后一公里"。六是牢固树立人民情怀,坚持教育的公益性,为师生员工办实事、做好事、解难事,增强师生的获得感、幸福感,推进学校规范发展、健康发展、可持续发展,以更高的水平服务国家经济建设和社会发展。

(本文由上海市民办高校党工委尹福会执笔)

营利性民办教育的发展现状、政策演进及走向

2010年颁布实施的《国家中长期教育改革和发展规划纲要（2010—2020年）》（以下简称《规划纲要》）提出进行民办学校分类管理改革试点，拉开了我国营利性民办教育发展的序幕，2016年《民办教育促进法》修正，确立了营利性民办学校在我国教育事业发展中的法律地位。随后，国家宏观层面分别就学前教育、义务教育以及校外培训等阶段的民办教育发展出台了新政。尽管新政中有一些规定涉及营利性民办教育，但主要内容还是加强对非营利性民办学校的规范和引导，从此可看出，我国对营利性民办学校发展的政策规定仍然不够明确。在落实国家民办教育分类管理改革的关键时期，特别是在事关我国营利性学校如何发展、往哪方向发展的关键阶段，对营利性民办教育发展现状及政策走向的研究迫切需要加强，以便为我国政府决策提供有益咨询，为营利性民办学校发展提供合理建议。

一、营利性民办教育政策的缘起与发展

我国营利性民办教育政策发轫于2002年颁布的《民办教育促进法》，成型于《国家中长期教育改革和发展规划纲要（2010—2020年）》，实践探索于区域民办教育分类管理和地方经营性培训机构试点改革，这些探索和实践为我国之后修订《民办教育促进法》并规定分类管理制度提供了最直接的现实依据。2016年后，国家新法新政的陆续颁布实施，使营利性民办教育政策得到进一步的发展与完善。

（一）营利性民办教育政策的兴起

顾名思义，营利性民办教育政策就是规范和促进以营利为目的的民办学校或其他教育机构发展的相关政策总和。在"不以营利为目的"的教育法律体系下，营利性民办教育政策缺乏产生、发展的土壤。然而，随着2002年《民办教育促进法》的颁布实施，我国教育事业改革不断向"深水区"推进，营利性民办教育政策不断完善。

1. *法律依据：经营性培训机构法定化*

2002年颁布的《民办教育促进法》将"合理回报"制度法定化，成为我国民办教育界营利与非营利之争以及营利性民办教育政策产生的源头。因为举办者从办学节余中提取合理回报的过程就是对办学收益的分配过程，这种分配实质上就是营利，只是由于教育的公

益性，《民办教育促进法》实施后，人们一般还是认为合理回报与营利性不能相等同。

如果说社会各界对学历教育阶段民办学校的"合理回报"性质仍存在争议的话，那么，对于非学历培训机构，2002年颁布的《民办教育促进法》第66条则直接用了"经营性"这一概念。所谓"经营性"，其实就是"营利性"。因为按照传统观念，公司才经营，而学校是办学。因此，《民办教育促进法》的这一规定，是法律对在工商行政管理部门登记的具有公司性质的民办培训机构地位的认可，这一认可不仅成为2016年修法确立营利性民办学校法律地位的法源，而且为我国营利性民办教育政策的生发提供了法律的依据。

2. 政策依据：鼓励民间资本参与发展教育

"经营性"教育机构合法化后，在较长一段时间内，国家层面并未制定相应的管理办法，使经营性教育培训机构的发展存在一些不确定性。然而，这一情况随着国家宏观经济领域改革的深化而逐渐得到改变。

2005年，国务院发布的《关于鼓励支持和引导个体私营等非公有制经济发展的若干意见》（国发〔2005〕3号）提出："支持、引导和规范非公有资本投资教育、科研、卫生、文化、体育等社会事业的非营利性和营利性领域。"这一规定意味着非公有资本举办的营利性教育机构被列入国家支持的范围。为了贯彻落实国发〔2005〕3号"充分发挥非公有制经济在社会主义现代化建设中的积极作用"这一政策精神，2010年5月7日，国务院进一步发布《关于鼓励和引导民间投资健康发展的若干意见》（国发〔2010〕13号），不仅提出应"鼓励民间资本参与发展教育和社会培训事业"，而且要求"清理和修改不利于民间投资发展的法规政策规定，切实保护民间投资的合法权益，培育和维护平等竞争的投资环境。"

如果说《民办教育促进法》关于经营性教育培训机构的规定为营利性民办教育政策的产生提供了法律的依据，那么国发〔2005〕3号文关于"鼓励民间资本参与发展教育"的规定则为营利性教育政策的兴起提供了政策依据。依法律和国家政策精神，为了更好地理顺民办学校的属性和破解民办教育发展过程中的制度瓶颈，2010年6月21日中共中央政治局审议并通过的《国家中长期教育改革和发展规划纲要（2010—2020年）》（简称《规划纲要》）第四十四条提出"积极探索营利性和非营利性民办学校分类管理"，为此后有关营利性民办教育政策转化为实践提供了基本依据。

（二）营利性民办教育政策的实践探索

我国民办学校分类管理改革的逻辑演进是先由国家制定政策，再从地方试点展开。例如，上海、南京、重庆三地经营性民办培训机构改革属于非学历教育层次；而学历教育阶段的民办学校分类改革试点，在《规划纲要》颁布实施后率先在浙江温州、上海、吉林等地进行。不过，从实践的进程上看，上海、吉林等地的试点主要着力于非营利性民办学校方面，而浙江省温州市的分类管理改革则是全方位、系统性的改革，不仅制定了系列的改革政策，而且有营利性办学的具体实践。

1. 地方经营性教育培训机构管理改革

《民办教育促进法》实施以后，教育培训机构既有在民政部门登记的，也有在人力资源社会保障部门登记的，还有在工商部门登记的。为了改变经营性教育培训机构管理的混乱状况，激发社会力量办学的积极性，引导社会资本进入教育领域，上海、重庆和江苏省的南京市在地方政策上率先作为,先后制定了地方性的经营性教育培训机构管理办法(见表1)。

表1 一些地方性的经营性教育培训机构管理办法

序号	文件名称	发布时间	签发部门
1	《上海市经营性民办培训机构管理暂行办法》(沪教委终〔2013〕5号)	2013年7月3日	上海市教育委员会、上海市人力资源和社会保障局、上海市工商行政管理局
2	《重庆市民办非学历教育培训机构管理暂行办法》(重庆市人民政府令第281号)	2014年7月	重庆市人民政府
3	《南京市关于促进社会培训健康发展的若干意见》(宁政发〔2014〕163号)	2014年6月	南京市人民政府

以上三地政府关于经营性教育培训机构管理政策的发布及实施意义重大,明确了其经营性教育培训机构的地位——公司制企业,明确了业务主管机关为教育部门和人力资源社会保障部门,登记机关为工商行政管理部门。

2. 温州市民办学校分类管理改革试点

浙江省温州市承担国家民办教育综合改革试点后,抓住民办学校"法人属性"的源头症结,试图通过分类管理改革来破题。为此,温州市委、市政府出台了《关于实施国家民办教育综合改革试点加快教育改革与发展的若干意见》系列文件(包括1个综合主文件和9个配套实施办法的子文件),构建了一套相对完整的营利性民办学校管理体制,开创了许可设立营利性民办学校的先河。其具体做法包括以下三个方面。

第一,依法引导营利性民办学校注册登记。根据新修订的《民办教育促进法》第十条规定,民办学校应当具备法人条件。而根据《中华人民共和国民法典》第四章有关"非法人组织"的规定①,个人独资企业、合伙企业等两类市场主体不具备法人资格。为此,营利性民办学校必须选择"有限责任公司""股份有限公司"等具有法人地位的市场主体类型进行注册登记。

第二,因事制宜地设置"证""照"许可程序。在充分评估营利性民办学校组织属性的基础上,温州市将其行政许可程序设置为须经民办学校业务主管部门审批并领取相应的办学许可证后,凭办学许可证到工商行政管理机关办理登记手续。

第三,明确了营利性民办学校运营的基本制度,即登记为企业法人的民办学校依据市场机制办学,执行《企业会计制度》,享有《中华人民共和国公司法》规定的相关产权与经济收益,按照企业机制获取利润。

在分类管理地方配套政策的引导下,至2018年年底,温州登记为企业法人的民办学校有162所,其中,以文化教育类培训机构居多。至此,我国营利性教育政策完成了由顶层制度设计到地方具体实践的演进,不仅出现了非学历教育阶段的营利性教育培训机构,而且在温州市还出现了学历教育阶段的营利性民办学校。

---

① 《民法典》第一百零二条规定:"非法人组织是不具有法人资格,但是能够依法以自己的名义从事民事活动的组织。非法人组织包括个人独资企业、合伙企业、不具有法人资格的专业服务机构等。"

(三)营利性民办教育政策的发展

为了回应实践和理论中对分类管理改革的争议,也为了解决怎么分类这一事关分类管理改革如何推进的核心问题,国家首先于2015年修订了《教育法》《高等教育法》,取消了其中"不以营利为目的"这一规定,这一修改消除了分类管理改革的法律障碍。2016年修订的《民办教育促进法》明确,除了不得设立实施义务教育的营利性民办学校,民办学校的举办者可以自主选择设立非营利性或者营利性民办学校,这为我国营利性民办学校的发展提供了直接法律依据。2016年后,国家陆续出台了系列重大民办教育政策,加强了对民办教育的规范和引导,进一步完善了我国民办教育分类管理的宏观制度设计,具体体现在以下三个方面。

1. 多维并举引导民办教育机构公益性办学

(1)引导学前教育机构普惠化办园。2018年11月7日,中共中央国务院发布《关于学前教育深化改革规范发展的若干意见》(下称《若干意见》)规定,到2020年,普惠性幼儿园(公办园和普惠性民办园在园幼儿占比)覆盖率达到80%。

(2)引导独立学院向独立设置的高等院校转型。2020年5月,教育部办公厅印发《关于加快推进独立学院转设工作的实施方案》(以下简称《实施方案》),明确了独立学院的"四独立原则"。

(3)引导义务教育阶段学科类培训机构向非营利性机构转变。2021年8月教育部办公厅等三部门联合印发了《关于将面向义务教育阶段学生的学科类校外培训机构统一登记为非营利性机构的通知》,要求2021年底前完成面向义务教育阶段学生的学科类校外培训机构统一登记为非营利性机构的行政审批及法人登记工作。

2. 严格规范民办教育机构的办学行为

(1)加强对教育机构之间兼并收购等行为的规范和管理。《若干意见》规定,社会资本不得通过兼并收购、受托经营、加盟连锁、利用可变利益实体、协议控制等方式控制国有资产或集体资产举办的幼儿园、非营利性幼儿园。《民办教育促进法实施条例》修订时,这一内容已被吸纳进第十三条。

(2)加强民办学校机构集团化办学的管理。2021年修订的《民办教育促进法实施条例》规定,实施义务教育的民办学校不得与利益关联方进行交易,公办学校举办或者参与举办非营利性民办学校不得以管理费等方式取得或者变相取得办学收益。这一规定从根源上解决了营利性民办教育机构借集团化办学模式控制非营利性办学从而获得营利收益的不良现象。

3. 多元发展现代职业教育

自2014年6月国务院发布《关于加快发展现代职业教育的决定》以来,国家就一直支持各类办学主体通过独资、合资、合作等多种形式举办民办职业教育。而对于如何创新民办职业教育办学模式、提升职业教育办学质量这一问题,2021年10月12日,中共中央办公厅、国务院办公厅专门印发《关于推动现代职业教育高质量发展的意见》,并提出了三大发展思路:一是加大现代职业教育发展的政府统筹力度,要求各级政府部门应将产教融合列入经济社会发展规划;二是健全多元办学格局,鼓励上市公司、行业龙头企业举办职业教育,鼓励职业学校与社会资本合作共建共享公共实训基地;三是优化校企合作政策环境,要求各地对产教融合型企业给予"金融＋财政＋土地＋信用"组合式激励。

二、营利性民办教育的发展现状

2016年11月7日,第十二届全国人民代表大会常务委员会第二十四次会议通过《民办教育促进法》修订决议,同年12月,国务院发布《关于鼓励社会力量兴办教育促进民办教育健康发展的若干意见》,随后各地人民政府陆续制定了落实国家新法新政的地方配套制度,明确现有民办学校办学属性选择的期限,稳妥、有序地推动选择营利性办学的现有民办学校的转设工作。截至目前,全国不仅出现了一批新设成立的营利性民办学校和营利性教育机构,而且也有一批现有民办学校完成了营利性办学的转设。目前,新设和转设的营利性民办学校运行总体平稳、办学风险基本可控、办学质量基本保持稳定。

(一)举办者选择营利性办学的诉求

对办学收益的追求是民办学校举办者选择营利性办学的根本原因和主要推动力。营利性是我国民办教育发展的主要推动力,这是由我国民办教育投资办学的特点所决定的。当然,不同举办者利益诉求的具体表现形式有所不一,概括起来,主要有以下两种情形。

1. 营利增值诉求

根据其办学的初衷,参与办学的社会力量可以分为三大类:第一类是希望回报社会的举办者;第二类是热心于教育事业的举办者,主要是一部分退休老教师,他们以少量资金参与举办学校,学校成立后依靠学费收入滚动发展;第三类是把兴办教育当作一种产业、希望取得利润回报的举办者。其中,第三类社会力量是参与举办我国民办教育机构的主流。这类举办者从本质上看,其目的就是获取利润回报,其在非营利性和营利性办学选择中自然倾向于选择营利性办学,因为只有营利性办学才能实现其资产增值的心理诉求。

2. 合作共建诉求

一部分民办高职院校举办者为了便于对外合作共建,倾向于选择营利性办学。我国民办学校虽然大多为投资办学,但在资金投入上又有特殊性,即大多为举办者投入开办资金后,学校主要依靠学费收入滚动发展。这种发展模式在民办教育兴起之初,由于生源充足,学费收入基本能满足学校运行的需要。但在现阶段,民办学校为了提升学校办学水平和质量,需要增加新的设施,同时要不断更新设备,资金需求量大,但在生源相对减少的背景下,学费收入难以实现学校办学层面进一步提升的目标。因此,举办者有引入社会资金合作办学的现实迫切性,营利性办学成为满足学校引入社会资金、拓宽合作路径的可行方式。

(二)营利性民办教育机构现状

1. 修法前民办学校举办者办学意向

2016年2月,我们对全国各级各类民办学校举办者进行了民办教育分类管理意愿选择抽样调查。调查问卷的统计结果显示,超过半数(56.5%)的举办者(办学者)倾向于选择转设为营利性民办学校,有27.9%的现有民办学校举办者选择非营利性办学,另外还有9.9%的举办者表示分类管理后将选择退出办学领域。其中,按民办学校出资主体划分,选择营利性学校比例居前二位的是民营企业出资办学(65.3%)和个人独资或自然人合资办学(54.4%)。

2. 全国营利性民办教育机构总量

据有关方面统计数据显示,截至2021年11月20日,全国共有11 351家营利性学历教育机构和幼儿园。从涉及的学段来看,除义务教育阶段以外,幼儿园、普通高中、中等职业学校、中等专业学校、高等学校均有营利性法人。从数量上看,营利性幼儿园数量最多,为10 899所,占比超过97%,其次是高中阶段营利性民办学校,有436所,最后是营利性高等教育学校,有14所。从登记时间上看,自2017年以来,营利性民办教育机构数量呈逐年增长态势。

2021年,注册登记的营利性民办教育机构培训机构有较大回落,其原因主要有两个。一是营利性民办教育发展的政策环境有待进一步明晰。2016年《民办教育促进法》修订后,国家虽然密集出台了系列重大政策,但从政策的内容上看,主要是针对民办学校的办学行为,重点强调对民办学校的引导和规范,而对营利性民办学校的税收及财政支持等方面政策则还未有明确的规定。二是受校外教育培训机构治理工作的影响。2021年5月,中央深改委审议通过了《关于进一步减轻义务教育阶段学生作业负担和校外培训负担的意见》,为了落实"双减"精神,教育部会同相关部门出台了专门文件,要求各省市到2021年年底基本完成义务教育阶段学科类校外培训机构转设登记为非营利性法人的任务。由于这项工作时间紧、任务重,受此影响,现有民办学校向营利性法人的转设进程有所延缓。

(三) 营利性民办学校设立基本情况

由于营利性民办幼儿园和营利性高中数量相对较大,为了便利分析,本部分仅以营利性高校为例予以说明。从全国14所营利性民办高校来看,参与办学的主体多元,有个人举办的、合作办学的,也有企业参与办学的。从全国14所营利性民办学校的注册资本上看,超过千万元人民币的只有3所,其中云南理工职业学院有限公司和青岛航空科技职业学院有限公司两所学校的注册资金为3 000万元人民币,其他的多数为500万元人民币。根据《中华人民共和国公司法》,有限责任公司破产后是以其注册资本为限由所有债权人来承担债务的。因此,转设成营利性法人后,学校办学的风险因素也相应增加,而注册资金低的话,意味着学校抵抗风险的能力总体偏弱。

(四) 营利性民办学校的区域分布情况

从各地注册登记的营利性民办教育机构情况来看,我国各区域之间差距较大。从统计数据来看,注册登记的营利性民办学校及教育机构区域间差距较大,但地区分布又相对集中。除西藏外,其他30个省级地区均有学历教育机构和幼儿园登记为营利性,平均每个省级地区有378所营利性学历教育机构和幼儿园。不过,西藏在2021年也出现了新登记的营利性技工学校。从区域分布上看,营利性民办教育机构主要集中在湖南、贵州、河北、山东、四川、湖北、吉林、黑龙江、云南这九个地区,共有7 532所营利性民办学校和幼儿园,占全国现有营利性民办教育机构总数的66%以上。其中,湖南省的营利性民办学校(含幼儿园)最多,共有1 255所,占全国现有营利性民办教育机构总数的11.06%。

三、营利性民办教育的发展困境

近年来,我国营利性民办教育有一定程度的发展,不过主要集中在非学历教育阶段,而营利性民办高中和高校数量很少。这既有近年来国家强化教育的公益属性、积极引导社会力量非营利性办学的原因,同时也有营利性民办学校自身的原因。尽管《民办教育促进法》确立了营利性民办学校的合法地位,但现阶段营利性民办学校发展还面临许多的困境。

(一) 现有民办学校资产剥离：制约营利性民办学校发展的重要瓶颈

保障现有民办学校顺利转设是落实和推动我国民办教育分类管理改革的关键,因为改革的出发点和归宿是解决现有民办学校发展的制度瓶颈。然而,从近年来的实际情况来看,民办学校转设还存在不少问题和障碍,其中最突出的当属现有民办学校转营资产难剥离的问题。

1. 办学积累资产难分割

新修订的《民办教育促进法》规定,民办学校法人财产由四部分组成,即举办者投入民办学校的资产、国有资产、受赠的财产以及办学积累。依据我国法律规定,分类管理改革实施之前的所有民办学校都属于非营利性组织,其办学积累财产不全部归属于举办者。但是在分类管理改革后,由于相关政策仍在完善过程中,国家及省市政府部门还来不及制定办学积累财产分割的标准,从而造成现有民办学校转设中办学积累财产分割的困难。

从现有民办学校转设的实践来看,学校财产清算的流程一般是先由民办学校聘请有资质的审计机构对现有学校法人各类财产进行审查,然后形成财务审计报告,最后报教育主管部门审核。很明显,这种清算方式存在不少的问题,它既未解决办学积累财产是否全部归举办者所有的问题,也未解决这一部分财产的具体分割问题,其结果既无法对转设中的其他现有民办学校起示范作用,也给已完成营利性转设的民办学校法人财产权的最终归属留下隐忧。

2. 一贯制民办中小学资产难剥离

2016年修订的《民办教育促进法》规定"不得举办义务教育阶段的营利性民办学校",因此,选择营利性办学的现有九年或十二年一贯制民办学校就涉及办学资产的剥离问题。

办学资产剥离表面上看很简单,就是按照法律规定的办学条件重新安排好现有校产,实际上办学资产的剥离操作非常复杂和困难。在法律修订前,除了民办高校,国家并未出台其他段民办学校法人财产权的过户,因此,目前多数民办中小学的举办者并未把财产过户到学校名下。新政虽然规定举办者选择非营利性办学的,在终止办学时可以给予举办者一定的补偿和奖励,但举办者也因此失去了办学投入财产的支配权。选择高中阶段营利性办学的九年(十二年)一贯制学校举办者自然希望能最大限度地保障其投入学校财产的所有权。但目前的情况是,现有的法律既给了举办者可转营的路径,但转营过程却存在着资产剥离的困境。

3. 上市教育机构所属中小学资产难分离

合理处理涉K12业务上市教育机构义务教育阶段学校资产的剥离问题,不仅是保障民办教育新法新政落实的需要,也是保证我国营利性民办学校合法合规发展的需要。目前,这两类教育机构资产剥离存在以下两方面的障碍。

首先是部门法之间的障碍。无论是已经上市的教育机构还是打算上市的教育机构,其上市的主体都不是民办学校本身,而是举办者设立的教育管理类公司,这类公司与其旗下的义务教育阶段学校或其他非营利性学校之间是一种管理关系,它们通过收取管理费或其他业务费的方式获得收益。从法理上说,教育类管理公司上市符合相关法律的规定,要求这类教育机构剥离其所属的义务教育阶段学校或其他非营利性学校资产,解决民办教育法律与公司法之间的协调性问题。

其次是法律条文理解上的障碍。关联交易是公司法规定的一项制度,依公司法的规定,利益关联方基于公开、公平、公允原则所进行的交易是合法的。那么,民办教育领域里所说的"关联交易"的范围怎么界定?从广义角度看,关联交易应该包含收取正常的管理费用以及把办学场地出租给义务教育阶段学校收取租金等行为;从狭义角度看,关联交易则不包含这类行为。目前,相关法律和政策对此未有明确的规定。因此,这种情况给这类教育机构资产的剥离也带来一定的困难。

(二)办学风险防范机制缺失:影响营利性民办学校稳定发展

教育与资本的深度融合以及教育产业资产加速证券化,是民办教育分类管理改革带来的必然结果。在风险防范机制不健全的情况下,资本特别是风险资本的大量涌入,不可避免地为营利性民办学校的稳定发展带来潜在的不确定性。

1. 举办者变更带来新的不确定性

营利性民办学校上市后,学校股票在二级市场上正常流通,意味着存在投资者通过二级市场大量购买学校股票达到控制学校的可能性。特别是当限售股解禁后,大股东因资金紧张,通过在二级市场抛售股份来缓解困境的时候,就存在第三方通过在二级市场购买学校股票达到实现控制学校的可能性。这种情况的出现会使得营利性民办学校举办者或其实际控制人通过变更脱离现有法律的规制,从而给营利性民办学校举办者变更增加新的不确定性因素。

2. 风险资本大量进入潜藏较大不确定办学风险

2016年新修订的《民办教育促进法》实施后,民办高校并购和资本交易频发,单体校交易金额屡创新高。但是,民办学校之间的并购会带来两方面的风险。一是集团内办学资金流向难以监控。因为教育集团公司兼并收购非营利性学校主要通过内部协议控制的方式,外部对这种内部的协议没有监管的措施,潜藏较大的非营利性学校不合理地抽取办学盈余风险。二是关联交易风险。除了义务教育阶段学校,法律允许营利性教育机构与其控制的非营利性民办学校之间的关联交易,在关联交易制度不完善的情况下,不排除一些教育机构通过关联方交易将学校的利益转移至关联方,从而影响学校正常的办学资金运转和学校的持续发展,甚至侵害师生的合法权益。

3. 营利化办学追求影响教育公益属性的实现

选择营利性办学的民办学校,为了达到学校股东会预设的盈利目标,在学校在校生规模、学费收取标准基本不变的前提下,可以采取的唯一途径就是节流。一是压减学校日常正常支出,如严格控制学校用电、用水等。现实中,有个别民办学校在假期会采取停止水、电供应措施。二是降低学校管理人员和教职员工薪酬,调研发现,有的营利性民办学校教师收入多年一直未变,甚至有的营利性民办学校教师收入低于当地同级同类学校教师平均收入水平。三是减少学校基础设施建设投入,使得学校设备得不到有效、及时更新。这些因素叠加且长期存在,势必影响营利性民办学校办学质量和育人质量。

（三）监督机制不完善,制约营利性民办学校长远发展

营利性民办学校是一种新生事物,政府对如何监管营利性民办学校没有现成经验,而且在转设成营利性办学后,民办学校对如何调整内部监管机制也没有前例可循。但是,监督制度的完善与否,又直接影响着营利性民办学校能否稳定、规范、持续发展。目前,无论是政府对营利性民办学校的外部监管,还是营利性民办学校自身的内部监管,都还存在一些制度上缺失。

在外部监管方面,由于学历教育阶段营利性民办学校数量少、出现时间短,各级政府职能部门对营利性民办学校的管理,只能参照以往的管理经验。首先,在日常监管上与非营利性民办学校同等对待,突出的表现是年检指标一视同仁;在对师生的支持上,受制于还没有相应的政策,是否给予支持仍未确定;其次,在资金监管上,各省市仍然适用过去建立起来的监管平台和监控模式,这难以适应与营利性民办学校资金运行相对灵活性的要求;最后,在教育教学评估评价上,基本参照公办学校的评价模式。

在内部监管方面,除了在学校理(董)事会之上设立股东大会,其他方面基本保持不变。但现存的问题有二:一是股东大会与学校董事会之间关系比较难界定,相互之间权职不明确,存在学校股东会全面左右学校理(董)事会的不良倾向;二是学校监事会制度建设还在起步阶段,大多民办学校监事会形同虚设。

为此,不仅政府主管部门需要面对营利性民办学校的办学特点,逐步建立一套有针对性的监管制度,形成一套有效的监管体系,而且营利性民办学校也应该增加风险防范意识,不断加强内部管理制度建设,提高自身的风险防范能力。

四、营利性民办教育政策的未来走向

自2016年修订的《民办教育促进法》颁布实施至今,国家完成了民办教育发展的宏观制度设计,中观制度建设也即将完成,营利性民办教育未来走向渐趋明朗。虽然近年来政策重在规范,但其最终目的还是更好地发展民办教育。对营利性民办学校来说,《民办教育促进法》的修订奠定了营利性民办学校的合法地位,尽管有关营利性民办教育发展的政策还存在一些不确定的因素,在一定程度上影响了营利性民办学校的发展,但有一点是可以肯定的,那就是现阶段营利性民办学校怎么办学、如何发展势必

在一定程度上影响国家今后制定的政策,而政策的具体规定又将决定营利性民办教育发展、演进的趋势。

(一) 营利性民办学校有限发展:政策发展的基本趋势

2016年修订的《民办教育促进法》颁布实施后,针对民办教育领域出现的系列问题,国家层面分别对非学历阶段的校外培训和学前幼儿园以及学历教育阶段的义务教育阶段学校、中高等职业院校以及独立学院等相继出台了重大政策,这些政策突出强调监管民办学校关联交易、规范民办学校办学行为、保障教育公益性实现,目的是营造良好的民办教育发展生态。从这些重大政策所蕴含的价值理念中可以看出:分类管理是未来一段时期内我国民办教育改革发展的趋势,其中,非营利性办学是国家政策支持的重点,营利性民办学校有发展、能发展,但不可能是各个学段全面发展。

1. 非学历教育阶段有发展但不会大发展

在非学历教育阶段,营利性幼儿园和培训机构发展的实际空间要小于之前人们的预期。具体来说,营利性幼儿园的发展空间基本上就在总量的20%之内。尽管政策不排除营利性教育机构举办普惠性幼儿园,但由于普惠性幼儿园收费受到严格的限制,其营利空间有限。因此,现实中,举办普惠性幼儿园的营利性教育机构数量不会多。在校外培训方面,营利性培训机构的发展空间主要在素质类和技能类培训领域,虽然现阶段非义务教育阶段学科类培训政策仍允许营利性机构进入,但加强非义务教育阶段学科类培训的管理是政策发展的一种趋势。因此,营利性校外培训机构在非义务教育阶段学科类培训领域所具有的发展空间也相对有限。

2. 营利性民办高中占比不会大

营利性民办高中在总量中所占的比例将相当有限。原因有两个方面,一是大中城市公办高中特别是示范性高中的办学水平较高,一般的民办高中难以达到这种水平,这不可避免地会影响营利性民办高中的发展空间;二是我国义务教育存在向高中阶段延伸的可能性,这也会在一定程度上影响社会力量举办营利性高中的积极性。受这两方面因素影响,营利性民办普通高中只能是有限发展。不过,综合高中将是国家政策鼓励社会力量进入的重要领域,高水平、有特色的营利性综合高中,将会得到政策的支持。

3. 营利性民办中高等职业院校大有作为

未来,中高等职业教育阶段的营利性民办学校发展空间较大。从近年来国家出台的相关政策演进来看,职业教育是国家大力提倡和积极鼓励社会力量参与办学的领域。未来一个阶段我国能否涌现出一批高水平、有特色的营利性民办职业院校,就看民办教育举办者能否以战略的眼光,积极把握难得的历史发展机遇。为此,营利性民办中高职院校应在国家优化职业教育供给结构变革中充分利用自身的知识优势和机制优势,主动吸纳行业龙头企业,开展双边和多边技术协作,围绕国家和区域发展重大战略,紧密对接产业升级和技术变革趋势,培养一批行业紧缺的知识型、技能型和创新型人才。此外,营利性民办中高职院校应把握国家"一带一路"倡议的发展机遇,依托知名行业龙头企业走出国门,逐步建立并提升自身在"一带一路"沿线国家和区域中的影响力。

（二）更多社会责任承担：政策发展的基本理念

提高营利的能力、获取更多的收益回报，是举办者选择营利性办学的基本诉求。然而，营利性民办教育如果要在未来我国教育发展格局中谋取一定的地位、得到社会更多的认同，必须把承担更多的社会责任作为办学的基本定位，而这也将会是未来营利性民办教育政策的一个基本理念。

1. 尊重并保障教职工合法权益

无论是公办学校还是民办学校，只有拥有一支稳定且高水平的师资队伍，才能实现学校持续、良性的发展。因此，营利性民办学校应该有中长期的教师发展计划，应该有保证和支持教师专业发展的专项资金，并在开源节流的基础上实现教师收入的稳步提高。只有如此，营利性民办学校才能吸纳一批学科领军人物，稳定现有的教师队伍。

营利性民办学校要实现持续、长远发展，最根本的还是要建立自身品牌、提高核心竞争力，只有竞争力上去了，学校才有品牌优势。而品牌优势的创建和竞争力的提升，其关键是人才，即教师。为此，营利性民办学校包括其他教育机构必须实施成本领先战略，加大教师的培养力度，以保证教师权益的实现。相反，如果有的学校采取通过压低教师的收入水平方式，去提升学校营利能力，最终只能自食恶果。

2. 培养更多社会需要的人才

从现在国家宏观政府的导向看，中高等职业学校将是未来一段时期我国营利性民办学校发展的主阵地。一方面，我国具有广阔的国内市场，每年需要大量的专业性、技能性人才；另一方面，随着各区域产业结构的升级和调整，营利性中高等职业院校能否在广阔的市场中谋取一席之地，关键在于学校能否面对复杂多变、需求多元的市场，实现学校职业教育模式与企业实际用人需求的深度融合，为企业需要培养更多实用型技术人才。

为此，营利性民办中高等职业院校必须对焦市场需求、找准发展定位、调适发展战略，根据自身现有的资源和现状，瞄准未来具有广阔市场前景的教育领域，紧跟市场变化的脉搏，通过不断完善职业教育质量保障体系明确标准、规范实施流程，把培养更多市场需要的人才作为谋求自身最优化发展、提高学校自身核心竞争力的首要目标。

3. 强化学校服务社会的意识

营利性民办学校是一种与我国传统教育观念相悖的新兴事物，营利性民办学校要树立正面的形象，只能依靠自身努力。而强化服务社会的意识、提升服务社会的能力，是营利性民办学校改变人们看法、最终获得社会认可的有效途径。

从教育的公益属性角度看，强化学校服务社会的意识、提高学校服务社会的能力，是营利性民办学校公益性实现的一项内容，这不仅应成为我国民办教育政策的一项重要内容，也应成为所有民办学校未来发展的共同追求。在这方面，目前，营利性民办学校应做好三方面工作。一是定义好办学目标，在办学章程中明确学校服务社会、服务社区的承诺，把服务社区观念，融入教职员工的价值观和学校文化。二是明确社会服务的具体内容和方式，向社会承诺学校每个学年中开展社区服务的时数，在特定的时段向社区居民开放学校公共活动场地、设施等。三是把社区满意度列入学校评价的重要指标，每年向社会发布学校年度公益报告，以保证居民评价的客观、真实。

(三) 引导营利性民办学校合法合规办学：政策发展的基本方向

营利性民办学校作为教育发展中的新生事物，政府不可能任其自由发展，保障教育公益性的实现，是政府的职责。可以预见，在未来一定发展阶段内，引导营利性民办学校合法合规办学、保障营利性民办教育公益性的实现，将是营利性民办教育政策的基本价值导向。因此，营利性民办学校应当把政策中的这种引导和要求内化于具体的办学过程。

1. 严格遵循学校章程，规范日常办学行为

首先，营利性民办学校应把《民办教育促进法》及其实施条例、国家重大政策中的规范性内容内化在学校章程中，使学校各项管理制度合法化合规化，并在此基础上明晰学校各部门之间的权责边界，制定针对各类违反章程行为的约束规则，以保障学校章程的执行力和效力。

其次，营利性民办学校应根据政府制定的年度检查指标，不断完善学校内部各项规章制度建设，建立学校运行中的常态化的过程监督机制，科学设置学校监事会，保障学校监事会权力行使常态化、实质化，避免其成为应付年度检查的虚设机构。

2. 加强学校财务内部监控机制，保障办学资金安全

举办者选择营利性办学，获取一定的投资收益回报，是其办学的主要目的之一。然而，对于以学费为主要收入来源的我国大多数民办学校来说，保证利润逐年增长的途径主要是利用学费收入对外进行投资。因此，营利性民办学校资金运行存在一定的风险性。为了保障学校办学资金的安全，营利性民办学校需要建立并不断完善学校财务的内部监控机制，建立对外投资的风险防范机制。例如，成立学校对外投资风险评估专门小组，小组成员中，学校人数所占比例不低于50%，且必须有教师代表；对于风险值超过50%的，由小组成员投票表决；风险值达80%以上的，学校成员一致反对时，应中止对外投资或合作的项目。

3. 明晰股东会与董事会权职，保障学校运行的独立性

营利性民办学校性质上属于公司，依据我国《公司法》的规定，公司的决策机构是股东会，股东会之下设董事会；而依据我国《民办教育促进法》规定，学校的决策机构是董事会。法律之间的这种不协调导致公司股东会与学校董事会之间职权关系边界的不确定性，为了保障学校教育教学的独立性，国家层面必须明晰公司股东会与学校董事会之间的权责范围。首先，营利性民办学校应当科学制定公司章程与学校章程，在章程中明确股东会和董事会的权责范围。其次，股东会应依据学校章程从宏观方面行使对学校的管理权，主要是制定中长期发展规划，审议学校预算和审核学校决算。最后，董事会决议应报股东会备案，但股东会不得干预董事会以及其他学校权力机构正常行使权力；股东会决策中涉及教育教学的内容，必须依据学校章程规定的程序转化为董事会的决策。

(本文由上海市教育科学研究院民办教育研究所谢锡美执笔)

基金会办学现状及政策建议

一、基金会与基金会办学

(一) 基金会

基金会又称慈善基金会。美国学者弗兰克·埃默森·安德鲁斯在其1956年出版的《慈善基金会》一书中,将慈善基金会定义为"一种非政府、非盈利的组织,拥有自己的资本金,由自己的受托管人或理事负责管理,其设立目的是维护或资助那些服务于公共福利的社会、教育、慈善、宗教的活动或其他类似的活动"。《世界基金会指南》也认为,基金会是一个非政府、非营利的组织,它有自己的资金,由其受托人或董事会管理,旨在资助教育、慈善、宗教等社会公益事业。全球最大的基金会管理机构,美国基金会中心认为,基金会是这样一类组织,它是非政府的、非营利的、自有资金(通常来自单一的个人、家庭或公司)的,由自设董事会进行管理的组织,其创办目的是支持或援助教育、社会、慈善、宗教等以服务于公共福利,主要途径是通过对其他非营利机构的赞助。根据我国2004年颁布的《基金会管理条例》,所谓基金会,是指"利用自然人、法人或者其他组织捐赠的财产,以从事公益事业为目的,按照本条例的规定成立的非营利性法人"。

综合上述不同界定,我们可以从以下四个方面来认识基金会。

第一,基金会组织的非政府性,或者称"民间性"。基金会作为一种组织存在,与政府机构相比,主要是由民间力量自愿组织形成的(虽然需要法人登记并得到政府认可)。与政府机构相比,基金会属于非政府组织,它并非根据宪法和法律成立的,也不具有法律赋予的管理社会的职责。基金会的非政府性体现在,基金会产生于民间、服务于社会、由民间社会力量自主经营管理。虽然我国法律并不直接强调基金会的"非政府性",但是"非政府性"仍然是众多基金会较为明显的特征之一。我国法律之所以不强调基金会的非政府性,是因为我国有极少数基金会并非纯粹来自民间,如中国儿童少年基金会(简称"中国儿基会")隶属于全国妇联,中国儿基会理事长(会长)往往是由退休后的国家领导人担任,再如中国宋庆龄基金会,其基金会机关工作人员参照《国家公务员暂行条例》管理。在我国,人民团体有的是全国政协的组成单位,有的是国务院批准的免于在民政部登记的全国性团体,具有较高的政治地位,像中国宋庆龄基金会就是兼具人民团体和公益慈善机构双重属性的组织机构。但是,在我国放开对基金会设立的严格限制后,民间基金会大量设立,而具有特殊属性的基金会数量极少,也很容易识别。

第二,基金会的公益属性。基金会的组织使命是从事某种公益事业。公益活动的范围主要包括救济、医疗、卫生、援助、救灾等涉及公共利益的慈善事业。在《中华人民共和国慈善法》中,直接将"慈善活动"视为以下多种"公益活动":扶贫、济困;扶老、救孤、恤病、助残、优抚;救助自然灾害、事故灾难和公共卫生事件等突发事件造成的损害;促进教育、科学、文化、卫生、体育等事业的发展;防治污染和其他公害,保护和改善生态环境;符合法律规定的其他公益活动。基金会往往以上述慈善活动中的某一种或某几种作为自己的业务领域。从事特定公益活动的基金会往往在其组织章程中就其组织使命做公开申明,并有开展相应公益活动的专业知识、专业团队和专项实践活动。严格来说,"慈善"与"公益"还不能完全划等号。慈善不一定是公益,公益是更大的慈善,是面向公众的慈善。现代慈善理念认为,做"慈善"与做"公益"略有差异,现代基金会更加注重公益事业。所以基金会在其活动中不能产生特定受益人,如我国《基金会管理条例》第十条规定,"基金会章程必须明确基金会的公益性质,不得规定使特定自然人、法人或者其他组织受益的内容",这是为了坚持基金会的公益属性。

第三,基金会的资金来源于捐赠。基金会从事公益事业不能没有资金支持,但是它的资金来源渠道是个人、法人或其他组织对它的捐赠。接受社会无偿捐赠是基金会的一个重要特征。基金会往往有专门的部门来负责组织募捐和接受捐款的事务,有的甚至在全国范围内组织开展大型的募捐宣传活动,就是为了获得更多的社会捐款。捐助者的财物一旦捐给基金会,就归基金会支配使用。外部捐款的多少往往决定了基金会能否长期存在,或者发展壮大。基金会在获得公众捐款方面,受到社会文化的影响,有时机和运气的成分,基金会自身的筹款能力对其也有一定的影响作用。但是,往往是富豪的大笔、稳定的捐款对基金会的资金来源具有决定性的影响,如美国在20世纪就诞生了一大批以富豪捐款者命名的基金会,这就使得基金会往往带有浓厚的个人色彩。

在我国,基金会分公募基金会与私募基金会。公募基金会是面向公众募集资金的基金会,私募基金会不得面向公众募集资金。公募基金会按照募捐的范围,分为全国性公募基金会和地方性公募基金会。基金会对所收获的捐款,除了要按照捐款人的意愿,执行有关使命外,也会对部分捐款进行投资理财,目的是使资金保值增值,发挥资金的长期效益。一个进入良性运作的基金会会因获得更多的捐款而开展更多的公益事业,因开展更多的公益事业从而获得更多的公众捐款。在我国,基金会发展还处于初级阶段,基金会获得捐款依靠一批先富起来的人,有时甚至要依赖政府资助才能平稳运行。

第四,基金会的非营利组织属性。基金会是一类独立运作、自主管理、承担特定社会义务,享有相应法律权利的社会组织。与企业等营利性组织相比,基金会属于非营利组织,它不是以提供产品和服务为手段来实现自己的营利目的。正是由于基金会的非营利组织属性,法律规定基金会享有免税的权利。也由于基金会的非营利组织属性,《中华人民共和国民法典》赋予基金会的非营利法人属性。《中华人民共和国民法典》第八十七条规定:"为公益目的或者其他非营利目的成立,不向出资人、设立人或者会员分配所取得利润的法人,为非营利法人。非营利法人包括事业单位、社会团体、基金会、社会服务机构等。"该项规定为基金会开展相应活动提供了法律框架。但是,"非营利组织"未必不能经营,基金会也可以像企业一样去经营和管理,只是不得在举办者和管理者中分配经营所得。现代基金会的成功之处在于它借鉴了现代企业管理制度。在基金会的管理架构中,设立理事会或董事会作为基金会法人的执行管理机构,设有内部监督机构——监事会,保障了基金会运作的专业性和高效性。

以上分析表明,基金会的这些属性决定了它具有民间性、社会性、相对独立性和自主性,它是一种比较特殊的社会力量。

基金会在我国属于舶来品。新中国成立后,我国最早的基金会是成立于1981年的中国儿童少年基金会。在一开始,国家就对基金会提出较高的设置门槛,并实施严格监管。经过几十年的发展,特别是2004年《基金会管理条例》出台后,国家鼓励基金会的发展,基金会获得快速发展。截至2021年1月,全国共有各类基金会8 459家,包括公募基金会1 591家和非公募基金会6 868家。其中,活动领域涉及教育的基金会约占70%;在教育类基金会中,高校基金会有500多家。无论是公募基金会还是非公募基金会,教育类基金会都占据主流。在各类基金会中,教育类资助项目也是最多的。有分析认为,在我国的家族基金会的受益群体中,涉及教育领域的占比为66.2%。从家族基金会所涉及的行业领域来看,教育领域独占鳌头,大约有37.9%的项目涉及大学生与中小学生的奖学金、教师资助、校园建设、特殊教育等具体行业领域。这些数据表明,基金会对教育领域的介入越来越深。

(二) 基金会办学

近年来,随着基金会功能的不断提升,基金会越来越以统领者与资助者的身份参与社会变革,从价值、战略和发展的高度思考社会并改造社会。在我国教育领域,基金会的介入越来越深,从最初的援建校舍、资助学生、改善伙食,直到最近出现了基金会办学这种新的社会现象。基金会办学既有基金会资金力量不断壮大,其实力在教育领域里的自然显现的原因,也是教育领域主动开展办学体制改革探索,举办民办学校满足社会不同需求所致。基金会办学与其他形式的办学在办学主体、办学动机、适用法律、运营管理等诸多方面都有差异,基金会办学本身也有多种类型。

本文所说的"基金会办学",是指基金会举办或参与举办学历教育的方式。具体来说,体现为基金会在学校举办过程中的出资、建设、管理、发展等活动类型,尤其是在法律意义上,即基金会作为办学主体向审批机关申请设立学校,经批准后获得办学许可证并开展办学的行为过程。实践总是呈现出千变万化的情况,社会现实中的基金会办学也体现出多样性。基金会办学作为我国当前的一种新生现象,在许多方面尚未定型,还是一种探索过程中的实践形态。

二、我国基金会办学的实践探索

(一) 汕头大学——私人基金会参与举办的公立大学

在中国大陆地区,中国香港长江实业集团创始人兼董事局主席李嘉诚旗下的李嘉诚基金会是较早参与举办高等教育的基金会。在汕头大学的官方网站上,关于学校简介是这样记载的:"汕头大学是 1981 年经国务院批准成立的广东省综合性大学,是教育部、广东省、李嘉诚基金会三方共建的高等院校,也是全球唯一一所由私人基金会——李嘉诚基金会持续资助的公立大学。"因此,从某种意义上来说,汕头大学是一所由基金会参与举办的大学。

2012 年,教育部、广东省、李嘉诚基金会决定三方共建汕头大学,支持汕头大学继续深化改革,建设成一所国内先进、国际知名的高水平大学。从媒体披露信息来看,截至 2018 年,李嘉诚基金会对汕头大学的支持款项达 80 亿港元,共支持汕头大学创立了 10 个学院。

在参与举办的同时,李嘉诚基金会实际上也参与了学校的内部管理。从 2001 年起,李嘉诚基金会支持学校全面启动以国际化为导向的改革工程,聘请外籍人士担任执行校长、院长等职务,在课程、教学、资源管理及人事制度等方面进行具典范意义的全方位教育改革探索。2009 年起,汕头大学以构建先进本科教育体系为核心,积极探索创新国际化、精细化的本科人才培养模式,推进自主办学综合改革试点进程。2015 年,李嘉诚基金会参与汕头大学"四院两部"的大部制改革,重组校内党政职能部门,积极探索构建以服务为核心理念、机构功能集成、机制运行高效的学校管理体制和运行机制。在李嘉诚基金会的资助下,汕头大学积极扩展学术交流和合作,国际化办学水平得到迅速提升。学校目前已与英国、美国、加拿大、爱尔兰等 16 个国家和地区的 56 所高校建立了密切的学术交流合作关系,制订并实施了本科生、研究生交流计划。2016 年 12 月,由汕头大学和以色列理工学院合作创办的广东以色列理工学院获教育部批准正式设立。多年来,李嘉诚基金会对汕头大学的发展壮大可谓贡献卓著。

李嘉诚基金会参与学校举办与管理的重要媒介是汕头大学董事会。1987 年 2 月 10 日,汕头大学就成立了校董会,这在当时的国内公立高校中实属罕见。汕头大学第十届校董会由二十三名董事、一名义务法律顾问、一名义务财务顾问及两名特别顾问组成。李嘉诚先生担任名誉主席。董事由与汕头大学实际工作有关的人员和学术、教育、医疗、科技等领域知名人士担任。顾问由对汕头大学建设有实际贡献的海内外知名人士担任。校董会下设财务委员会、学术发展委员会、校务发展委员会、资源管理及运用委员会、校园规划及建设委员会和办公室。校董会每届任期三年,每年召开一次全体会议,必要时经名誉主席、主席协商,可随时召开校董会特别会议。校董会全体会议休会期间,校董会日常事务由校董会办公室办理并向校董会主席负责。

除了资金扶持,李嘉诚本人对学校的价值观影响也是显而易见的。从 2002 年开始,李嘉诚几乎从未缺席汕头大学的毕业典礼。他亲自在毕业典礼上为大学毕业生致辞,分享他的人生心得,为学子们上"最后一课"。

(二)西湖大学——基金会独立创办的研究型民办大学

浙江省是我国工商企业资产力量雄厚、市场经济活跃的省份。在改革开放的过程中,特别是随着互联网经济的飞速发展,浙江诞生了一大批先富起来的民间力量。同时,浙江省也是我国民办学校发展富有活力的地区,其民办教育的制度创新走在全国的前列。中国首例完全由基金会举办的民办大学——西湖大学就诞生在这片土地上。

西湖大学创办于2018年10月20日,是新中国历史上第一所由社会力量举办、国家重点支持的新型研究型大学。西湖大学的最显著特征是其基金会的办学模式,它既不是个人创办,也不是企业创办,而是由西湖教育基金会举办。而且,基金会先于学校创办,承担着为学校筹集社会资源的重任。杭州市西湖教育基金会于2015年7月创办。该基金会属于非公募基金会,主要宗旨包括:资助建设民办教育事业;培养前沿科学研究和高技术领域的高层次人次;推进我国教育事业发展。基金会的主要业务范围是:接受捐赠;资助民办大学的筹建;资助培养优秀人才,资助教育科研活动;资助符合本基金会宗旨的其他教育研究事业。基金会由9～13名理事组成理事会,每届任期5年。理事会每年召开2次会议。基金会设立监事1名,任期与理事相同。基金会中领取报酬的理事不超过总数的1/3。基金会的理事长、副理事长和秘书长每届任期5年,可连任,但一般不得超过两届。西湖教育基金会作为西湖大学的举办者和捐赠资金的筹资主体。其理事会由陈十一、陈越光、甘中学、潘建伟、钱颖一、饶毅、施一公、孙幼幼、张辉、张磊、赵伟以及其他社会贤达构成。刘旻昊博士担任基金会执行秘书长。截至2018年底,西湖教育基金会已有近万名捐赠人,收到社会各界协议捐赠超过43亿元。

西湖大学实行校董会领导下的校长负责制,西湖大学的校董会成员由基金会理事会提名。因此,西湖大学是我国第一所在举办之时就采取基金会办学模式的民办大学。教育学者熊丙奇认为,基金会办学模式,和传统的由企业家、社会机构等社会力量举办民办学校不同,是一种保障学校非营利属性和实行现代学校治理的全新办学模式。实行基金会办学,学校的所有收入,包括学费收入、捐赠收入、政府拨款、学校经营所得等都将进入基金会,再由基金会举办学校,这可避免企业、机构直接举办学校,把学校作为企业、机构"提款机"的问题。西湖大学校长施一公说:"每一个老百姓,不管你是否捐赠,都是西湖大学拥有者之一。可能老百姓没有意识到,西湖大学不是属于某个人的,而是属于整个社会的,是社会资产,这是最长久的办学方式。"这些观点较好地阐释了基金会办学的体制特点,"社会举办"在基金会办学模式中得到了落实。

西湖大学接受社会捐赠,但是要成为西湖大学的创始捐赠人必须捐赠资金超过1亿元。2016年,西湖大学获得首批6位创始捐赠人的公开认捐,2017年则有21位创始捐赠人签订捐赠协议,截至2019年4月,西湖大学的创始捐赠人达到36位。

除了创始捐赠人,西湖大学也得到了"千人计划"联谊会和"千人计划"专家的慷慨捐赠,这些捐赠为西湖大学创建提供了第一笔资金。

为更好地开展募捐活动,西湖大学由施一公亲自担任筹款委员会的主席,在获得捐赠时,施一公亲自出席捐款仪式。西湖大学的受赠规模甚至超过了一些知名大学。据艾瑞深中国校友会网于2018年12月24日发布的"2018中国大学社会捐赠排名100强",西湖大学的接受捐赠总额排名第五,高过武汉大学、复旦大学、上海交通大学等中国名校。

但是,西湖大学的董事会成员并非纯粹由捐赠人组成,而是有较广泛的代表性。根据《西湖大学章程》,第一届校董会成员候选人由西湖教育基金会推荐、地方政府推荐、顾问委员会推荐、大学教职工代表大会选举、学生选举等程序产生。2018年4月16日,西湖大学第一届董事会第一次会议在浙江杭州召开。会上,西湖大学第一届董事会正式成立。董事会由韩启德等21位代表组成,荣誉主席由诺贝尔物理学奖获得者、中国科学院院士杨振宁担任,主席为时任清华大学经济管理学院院长的钱颖一。校董会选举施一公为西湖大学首任校长,聘任许田、仇旻为西湖大学副校长。在西湖大学董事会的21名成员中,具备教育学术背景的人员有10人,具备企业背景的有7人,其他为政府官员或基金会管理人员(见表1)。

表1 西湖大学第一届董事会成员名单

董事会成员	校内职务	时任校外职务
David Baltimore		美国加州理工学院生物学教授,1975年诺贝尔生理学或医学奖获得者之一,曾任加州理工学院校长
陈佳洱		中国科学院院士、北京大学原校长、北京大学教授、吉林大学珠海学院独立董事
陈十一		中国科学院院士、南方科技大学校长
陈一丹		腾讯主要创办人之一、腾讯公益慈善基金会发起人兼荣誉理事长、陈一丹基金会发起人、武汉学院创办人
陈越光		浙江敦和基金会执行理事长
程纯		南京中医药大学党委书记
董建岳		广发银行股份有限公司原董事长、万达金融集团董事长兼总裁
董清源	党委书记	杭州市西湖区住房和城乡建设局原党委书记、局长
郭禾阳		杭州市人力资源和社会保障局原巡视员
郭孔丞		嘉里集团有限公司董事长、嘉里贸易有限公司董事长
韩启德		中国科学院院士、十二届全国政协副主席、九三学社中央主席、中国科学技术协会名誉主席、欧美同学会·中国留学人员联谊会会长、中国红十字会名誉副会长
李华		理论物理学家
李伊頔		未详
潘建伟		中国科学院院士、中国科学技术大学常务副校长、九三学社第十四届中央委员会副主席
钱颖一	校董会主席	清华大学经济管理学院第四任院长
秦英林		牧原食品股份有限公司董事长兼总经理
饶毅		北京大学教授、《知识分子》主编
施一公	校长	西湖大学倡议人之一、中国科学院院士、西湖大学筹办委员会主任
徐益明		普罗(中国)管理公司董事长,一说信和(郑州)置业有限公司执行董事兼总经理
叶庆均		浙江敦和投资有限公司董事长
张磊		高瓴资本创始人兼首席执行官,美国耶鲁大学校董事会董事,中国人民大学校董事会副董事长,耶鲁大学亚洲发展委员会主席,中美交流基金会董事,香港金融发展局委员以及香港金融科技督导小组成员

第一届董事会通过决议,西湖大学创始捐赠人担任西湖大学创校荣誉校董。首批名誉校董成员为曹挺、邓锋、邓营/侯屈平夫妇、葛航、龚虹嘉、黄昌华、林刚、马化腾、倪良正、沈月华、石聚彬、王东辉、王健林、吴亚军、徐海照、薛景霞、姚忠良、张拥军、赵心竹、朱献福、朱新红等人,主要是企业界、投资界的人士。

西湖大学实行董事会领导下的校长负责制。学校设立董事会,校董会作为最高决策机构,实行董事会领导下的校长负责制。校董会由致力于国际化的现代高等教育事业、具有先进办学理念的国内外知名人士,以及政府部门代表等组成,对学校发展规划等重大事项进行科学决策。校长执行董事会决定,负责学校日常管理。同时设立监事会、顾问委员会、校务委员会、学术委员会和学位委员会等,按照章程和相关规定开展活动,形成董事会和校长依法行使职权、教师治学、民主管理、社会参与的学校治理体系。在学校党建方面,学校依法设立中共西湖大学委员会,党委书记参加董事会、校务委员会,参与学校重大事项决策。

西湖大学办学经费来源主要为社会捐赠、办学收入、竞争性科研项目经费及人才政策支持经费和政府扶持资金等渠道,特别是创办初期,浙江省、市、区政府给予了政策和资金上的大力支持,学校正常运行后,经费将主要由西湖教育基金会承担。

(三) 深圳明德实验学校——基金会治校的创举

处于改革开放前沿的深圳,不仅有深厚的工商业传统,而且在教育体制机制的改革探索方面一直走在全国前列。深圳明德实验学校是基金会治校的一次重大创新,该校利用了教育公益资本的力量,推动学校治理结构的变革。深圳明德实验学校是一所十二年一贯制的公立委托管理学校,下辖三个校区,分别是香蜜校区(设小学、初中和公立高中)、碧海校区(设小学和初中),满京华校区(设高中国际体系)。2013年9月,深圳明德实验学校创办后,学校被相关媒体誉为"全国第一所公立非公办学校"。

为推动教育综合改革,探索教育国际化、办学模式现代化,2013年,深圳市福田区政府和腾讯公益慈善基金会签订《合作办学框架协议》。根据协议,福田区人民政府出资人民币5 000万元,腾讯公益慈善基金会捐资人民币5 000万元,共同发起成立深圳市明德实验教育基金会,由明德实验教育基金会承办深圳明德实验学校,校董事会是学校的委托管理方,学校的管理实行董事会领导下的校长负责制。

校董事会依据办学理念,自主聘请学校管理团队,在国家教育方针和明德学校教育宗旨目标的指导下,审核校长带领下的学校管理团队提出的办学规划、年度计划,并有效保障、监督办学过程及教育教学任务的完成情况,在法律和政策许可的范围内决定学校预算及支出。校董事会由基金会发起方代表、资深教育专家、社会贤达、教师代表、家长代表等组成,任期每届5年。从学校管理体制来看,深圳明德实验学校与一般意义上的公办学校完全不同,倒是非常类似于民办学校。

因为深圳市福田区人民政府的介入,明德实验学校举办方——明德实验教育基金会具有政府背景,因此,明德实验学校不纯粹是民间办学。但是学校的管理架构无疑是借鉴了一般民办学校的架构。这就是使学校具有一定程度的混合性质。根据《2014年明德实验学校小学部招生简章》,深圳明德实验学校的招生对象分为两部分,一个是地段生源,一个是非地段生源。学校对符合条件的地段生源按照公办招生,对非地段生源按照民办招生,一年学费为3万元。深圳其中,明德实验学校的高中部由公立高中部和私立高中国际部组成,私立高中国际部学费一年为12.8万元。

从办学内涵来看,深圳明德实验学校的最大特色是丰富的拓展课,而且是免费的。学生从二年级开始每天下午第三节课就是拓展课。网站资料表明,该校的体育类拓展课有田径、基础武术、韵律舞蹈、足球、羽毛球、击剑、篮球,语言类拓展课有英语绘本、创意写作、文字游戏,艺术类拓展课有小提琴、爵士舞、大提琴、口风琴、小剧场、国画、彩盘纹样绘制、儿童插画等,文化类拓展课有中华历史小故事、中国古典普及、数学思维、数学游戏、传统节日等,棋艺类拓展课有中国象棋、围棋、国际象棋等。这些拓展课的开设极大地丰富了学校课程,为实现因材施教、促进学生全面发展,以及为学校实现特色办学提供了多种可能。此举势必极大地提高办学成本。但是这些都是免费的。据说,腾讯每年巨额投入1亿元给明德自主办学。这正是深圳明德实验学校依托基金会发展的意义所在。

(四)上海宋庆龄幼儿园、宋庆龄学校——政府背景下的基金会办学

1938年6月,在全国抗日战争期间,宋庆龄女士在香港成立了中国福利会,其前身是保卫中国同盟。1941年12月,保卫中国同盟迁址到重庆。1946年1月,保卫中国同盟迁到上海,并改名为中国福利基金会。由于适应当时的历史需要,中国福利基金会投身到保家卫国的历史洪流当中,其机构组织具有强烈的政治意味。1950年8月,基金会改名为中国福利会,工作重点改为在妇幼保健卫生、少年儿童文化教育福利等方面开展实验性、示范性的工作,并且加强科学研究,开展对外交往与合作。

根据福利会章程,中国福利会继承和发扬宋庆龄全心全意为妇女儿童服务的思想,在少年儿童文化教育福利方面进行实验性、示范性工作。在这个宗旨下,中国福利会举办了一些幼儿园。就其上海的学校和幼儿园而言,就有宋庆龄幼儿园、宋庆龄幼儿园国际部和宋庆龄学校等多家办学机构。如同洛克菲勒大学一样,这些学校以基金会的创始人来命名。中国福利会具有很高的政治地位和社会地位,是少数几个符合公益性捐赠税前扣除资格的公益性群众团体,每年由财政部、税务总局专门下文发布免税公告,对企事业单位、社会团体和个人等社会力量捐赠中国福利会用于公益事业的资金,准予在缴纳企业所得税和个人所得税前全额扣除。

根据宋庆龄幼儿园网站公开的收费标准,宋庆龄幼儿园国内部的收费不高,但是国际多元课程收费较高,国际部的托班及幼儿园收费在全市则是名列前茅的。由此可见,宋庆龄幼儿园既有其普通慈善办园的特征,也有高端幼儿园的特征。

但是,收费只是一个方面。宋庆龄幼儿园不同于一般的民办幼儿园。根据《宋庆龄幼儿园2019年度部门决算》报告显示,宋庆龄幼儿园2019年度收入合计13 220.58万元,其中:财政拨款收入3 856.09万元,占29.17%;事业收入9 335.36万元,占70.61%;其他收入29.13万元,占0.22%。宋庆龄幼儿园享有财政拨款,而且占比相当高,约占30%。所以,从经费来源角度看,宋庆龄幼儿园是有政府投入的基金会办学。

位于上海市青浦区赵巷的上海宋庆龄学校创办于2008年,是由中国福利会全资兴办,是一所以宋庆龄先生命名,集教学、研究、培训于一体的示范性国际基础教育机构。学校秉承宋庆龄"把最宝贵的东西给予儿童"的教育思想,以及"实验性、示范性、加强科学研究、加强国际交流与交往"的办学方针,整合利用中国福利会80多年来积累的丰富教育资源,致力于为每一个学生创造一个充满爱、富于创造、快乐学习、健康成长的幸福家园。

宋庆龄学校为十二年制学校,设有中国部、国际部,实施十二年贯通教育。学校以中国优秀传统文化为根基,吸纳西方优秀的教育思想和实践,并传承宋庆龄教育思想,遵循"以学生发展为本,开发潜能,发展个性,促进学生全面和谐发展"的目标,努力为国家培养扎根中国文化、具有国际视野和全球竞争力的未来人才。宋庆龄学校一如中国福利会,在发展国际友谊上发挥着独特作用。学校与美国加州大学洛杉矶分校、英国哈罗公学、美国普纳荷学校、美国威斯利安女子学院、上海日本人学校等国际教育机构建立合作与研究的关系,与瑞典、南非、土耳其、菲律宾等国驻上海总领事馆保持友好交往,成为中国与世界交流教育理念和经验的重要窗口。在招生方面,上海宋庆龄学校面向全市招收拥有上海市户籍、外国国籍或港澳台永久身份的一年级、六年级新生。所以,国际化是宋庆龄学校的一个显著特征。

从举办者的角度来看,宋庆龄幼儿园和上海宋庆龄学校都是由中国福利会举办的教育机构。但是,二者之间还是有差异的。宋庆龄幼儿园享有政府财政给予的支持,其园舍土地和建筑设施由政府提供,宋庆龄幼儿园的公办成分更加突出,将宋庆龄幼儿园归为民办幼儿园有些勉强。但是,上海宋庆龄学校则在资产归属上与政府没有关系,招生、管理方式都不是公办学校,民办学校的特征更加明显。从基金会的角度来看,它们都是政府背景下的基金会办学。

(五)上海市民办华二初级中学、上海市民办桃李园实验学校——区教育奖励基金会举办的民办学校

2020年,上海市开始探索由基金会举办民办学校的体制改革之路。此次体制改革也是应对国务院对"公参民"学校进行规范的政策举措。以上海市嘉定区为例,根据《嘉定区关于义务教育阶段民办学校公共资源规范管理工作方案》,原来分别由上海嘉定新城发展有限公司和上海绿洲投资控股集团有限公司举办的上海市民办华二初级中学和上海市民办桃李园实验学校,转由嘉定区教育奖励基金会举办。为了贯彻市委、市政府关于义务教育阶段民办学校公共资源规范管理工作的文件要求,2020年2月,嘉定区国资委与区教育奖励基金会签订捐赠协议,完成捐赠手续,将上述两所学校的举办权捐赠给区教育奖励基金会。到2020年8月,两所学校均已完成理事会换届改选及监事会成立。2020年9月,民办华二初中完成举办者变更。2021年6月,上海市嘉定区教育局同意民办桃李园实验学校举办者变更。

这两所学校改由基金会举办的办学行为,带有明显的政府主导色彩。首先,政府制定办学主体的变更流程。从2019年1月开始,嘉定区在区委区政府领导下,由区教育局与区编办、区民政局、区财政局、区人社局、区国资委等相关单位进行协商并制定操作办学,明确举办者变更的工作进程与时间节点。3月,嘉定区教育局根据市、区有关工作方案,成立专项领导小组,多次深入学校开展基本情况调研,形成"一校一策",制定《嘉定区关于

义务教育阶段民办学校公共资源规范管理工作方案》。其次,原举办者以捐赠方式转移举办权。2019年12月,民办华二初中和桃李园实验学校的原举办者新城公司和绿洲控股集团同意变更,由区教育奖励基金会提出举办申请。两所学校原理事会决议通过变更,成立清算小组,开展资产清算、财务审计、财产登记工作,并审议通过清算报告。2020年2月,经区委区政府批示,在区国资委和教育局的见证下,两家公司与区教育奖励基金会签订捐赠协议,完成捐赠手续,将举办权捐赠给区教育奖励基金会。最后,改选学校理事会监事会。2020年3月,根据市民政局非社会组织单位理事会、监事会人员构成的规定,区教育局、区教育奖励基金会、学校三方分别推荐有关人士进入学校新一届的理事会、监事会,形成完善的治理结构。根据学校新的章程,经区教育局、区教育奖励基金会共同商定,推选学校新的法定代表人。学校随后向区教育局提交变更举办者的申请及相关材料,经审核通过后,领取新办学许可证。此后,学校再向区民政局提交法人变更申请及相关材料,经审核通过后,领取新的民非社会组织法人登记表。变更举办者的流程至此全部完成。

嘉定区教育奖励基金会与上述两所民办学校的关系是各自相对独立的法人主体。这处形式的基金会办学具有以下三个特点。第一,非营利性办学。区教育奖励基金会与两所学校均为民非社会组织,教育奖励基金会作为学校举办者,不享有任何财产权利,不取得办学收益。在区教育局主导下,两所学校决策机构由原来的"董事会"更名为"理事会",治理结构得到完善,凸显了非营利特征。第二,专业规范性。学校理事会、监事会的人选由区教育局、区教育奖励基金会、学校共同推荐产生,按照学校章程及区民政局相关要求,举办方推荐理事进入学校理事会,作为理事长候选人,教育局推荐有利于学校发展的相关业务人员进入理事会和监事会,且推荐理事人数不少于全体理事会成员的三分之二。学校推荐管理人员进入监事会,规范治理结构,突出专业指导与决策,保障办学方向的正确性与教育质量稳步提升。此外,学校按照国家规定执行民非企业单位的会计制度。第三,社会公益性。教育奖励基金会作为社会组织和力量的代表,参与学校治理促进了学校与社会的有效互通,一定程度上保障学校的非营利性属性和理事会成员的社会属性、专业性和多元化,形成较为严谨、合理的治理结构,办学从运营动机、运维举措、财务管理等方面,从源头上杜绝举办者抽逃资金,有效保障办学公益属性,充分保证办学资金用于学校品质提升与可持续发展,服务于社会公益教育事业。

按照章程规定,教育奖励基金会享有负责制定学校章程、决定学校理事会人数及人员构成、按照学校章程推荐学校理事会成员、了解监督学校管理运行情况和财务状况等权利。同时,教育奖励基金会具有为学校建设和发展提供持续专业指导的义务。但是,因为基金会目前可用资产有限,不参与学校任何具体运营,不承担为学校自主办学、学校建设和发展提供持续的经费支持和保障义务。

两所民办学校的治理结构均是采用理事会领导下的校长负责制。其中,理事会为学校最高决策机构,负责学校重大事项决策,校长依法独立行使教育教学和行政管理权。学校设立监事会,形成理事会和校长依法行使职权、教师治学、民主管理、社会参与的学校治理体系。学校理事会的会议决议和相关材料需报区教育奖励基金会存档,增强权力行使的透明度,形成较为严谨的治理架构。

综上，从我国现有的少数案例来看，基金会办学带有一定的尝试性。基金会办学主要是解决学校发展中既有的资金不足、营利属性和体制僵化等问题。目前，我国基金会办学呈现几个特点：第一，举办学校的基金会本身有实力雄厚的企业可以依靠，像李嘉诚基金会和腾讯公益慈善基金会分别为各自举办学校提供资金保障，其背后都是大型公司或企业；第二，举办学校的基金会与政府有着良好的合作关系，有的是政府参与基金会创办，有的是政府为基金会所举办的学校提供财政资金支持，有政府背书的基金会运作更加顺畅；第三，基金会举办学校采用理事会领导下的校长负责制，学校接受基金会的指导与监督；第四，基金会办学的公益属性比较有保障。就基金会所举办的学校而言，既有公办，也有民办，都是非营利办学。

三、我国基金会办学面临的主要挑战

从发展现状可以看出，部分地区正在尝试基金会办学，以实现民办学校非营利性办学的体制创新。但是，基金会办学模式在我国还没有大规模推广，少数由基金会举办的学校尚在摸索之中，基金会办学还面临着一些政策法规与现实挑战。

（一）基金会办学的制度环境不完善

教育一直是公益慈善的重点领域，但是，基金会办学主要面临制度环境不完善的问题。目前，调整我国民办学校的法律法规主要是教育领域的法律，其中尤其是以《民办教育促进法》为重。在基金会办学出现之后，仅仅依靠现有的民办教育法律法规对民办学校的治理是不够的，于是《慈善法》《基金会管理条例》等法律法规也成为调整民办学校的重要法律依据。但是，在适用多部法律的时候，最需要注意的就是法律之间的相互兼容问题，要避免出现"公说公有理，婆说婆有理"的局面。

此外，基金会办学还面临非营利机构的资金监管问题。例如，如果民办学校在举办过程中实现了盈利，学校是否可以将盈余资金捐给基金会？如果可以的话，就会出现"以校养会"的情况，而不是"以会养校"。在现实中，已经出现民办学校将办学结余捐给基金会的案例，这不仅带来学校收费是否合理的质疑，也会产生学校是否可以捐献办学结余的疑问。现实中，基金会举办的民办学校可以将结余资金捐给自己的举办者，也可以是其他的基金会、社会团体。针对这类问题，相关部门只能根据学校财务收支情况，要求学校提供业务往来单位的具体信息，根据信息公示原则予以监管。如果学校捐献款项对学校自身发展带来不利，使学生和教师的合法权益受到侵害，则有关部门应该制止此类行为的发生。如果学校捐款对学校自身并无不利影响，有关部门上则默许这种行为的存在。

（二）基金会办学的治理规范有待成熟

从当前我国民办学校发展中存在的现实考虑，基金会办学会不会出现家长利用捐款搞关联交易，形成事实上的"捐款上学"？以实事求是的态度来说，如果没有相应的规范，基金会办学一定会出现这类私下交易。但是，如果政府对基金会举办的民办学校的招生过程实施严格监管，比如公开基金会捐款者信息和入学者信息、政府指定招生范围等，则可以极大地压缩这种可能性。因此,基金会举办的民办学校必须首先考虑学校的公益性,如果变成捐款上学,无疑会影响到基金会的社会声誉。

关于作为非营利法人的基金会能不能开展营利性经营活动这一问题,在2018年8月,民政部发布的《社会组织登记管理条例(草案征求意见稿)》规定"社会组织不得从事营利性经营活动"。由此可见,我国现行管理原则对基金会的营利性活动持严格限制立场。但是学术界对此看法不同。学界认为,只要对经营所得并不实施分配就应允许经营行为存在。并且,2004年颁布的《基金会管理条例》规定,基金会的活动应当按照合法、安全、有效的原则实现基金的保值、增值。

(三) 民间基金会的资金筹措能力不足

目前,慈善事业在我国还不算发达,基金会的力量还不够强大,而民间基金会的资金筹措能力不足直接限制了基金会举办学校的可能性。要想实现基金会办学的完善,除了政策、制度的完善,基金会本身也要有较强的资金筹措能力。但是,我国目前的基金会普遍存在资金筹措能力不足的问题。根据基金会中心网站发布的报告,近年来,由个人或民企等发起的民间基金尽管数量占比过半,但资产规模仅占整体的四分之一。首先,基金会的领导力不足。基金会领导层往往是退休下来的党政机关、国有企业干部,他们固然可以利用原来的威望和工作关系为基金会带来一定的社会捐赠,但是也容易形成路径依赖、募款动力不足、自我造血能力不足、基金会理事会的成员不够广泛、缺少包容性和社会影响力等障碍,从而限制资金募集范围。其次,基金会的运作管理队伍在募集资金和资金运作方面的专业性不够,募集策略方面创新不够。基金会的运转需要一支善于面向社会公众开展资金募集活动的组织人才和能够通过资金运作带来运营收入的金融管理人才。最后,民众对慈善的热情不够,慈善习惯尚未养成。我国民众往往只是在重大灾难发生时才会爆发捐款热情,尚未形成日常捐款的慈善习惯。在基金会的捐赠格局中,法人捐赠占据主导地位,个人捐赠很少。

四、完善基金会办学的政策建议

(一) 促进半官方和民间基金会发展壮大

当前,我国民间社会力量举办基金会的数量在不断增长,但是与我国十四亿人口相对应,基金会还有很大的发展空间。此外,如果由政府利用公共财政和社会力量联合组成基金会,则可以极大地促进基金会发展。《民办教育促进法》出台后,我国不少地方都建立了民办教育发展基金,有的地方还对实施义务教育的民办学校给予财政经费的补贴。如果将投入民办学校的财政经费组建基金会,然后以基金会的名义举办民办学校,则可以极大地提高民办学校的公益属性。因为这种基金会是由政府财政和社会力量联合创办,基金会的公益属性是得到充分保障的,不用担心基金会被私人企业操控的问题。我国基金会发展现状表明,纯粹的民间基金会缺少公信力、影响力而难以得到社会支持,而半官方的基金会可以借助政府力量、发动国有企业、发动社会向基金会捐款,使得基金会发展壮大。

（二）完善基金会内部治理制度，加大财务监管和税收优惠

首先，基金会内部治理制度完善应以彰显基金会的公益属性为重点。第一，需要完善基金会的理事会和监事会。理事会作为基金会的最高决策机构，是保证基金会公益属性的重要因素。基金会理事会要充分吸收社会各界人士积极参与民办学校建设，而吸纳教育主管部门工作人员进入理事会，既可以实现政府部门对理事会的监督了解，也可以增加理事会的公信力，基金会还可以邀请社会知名人士以独立理事身份加入理事会，发挥独立理事在促进教育方面的应有作用。基金会的监事会制度应保证基金会将资金真正用于民办学校建设，保障基金会按照章程运行。第二，需要在基金会内部加强党组织的建设。如果基金会有党员三人以上，就要成立相应的党支部。成立基金会党组织可以保证基金会沿着社会主义办学方向健康成长。党组织在基金会内部参与基金会管理，也是对基金会的"政治监督"。其次，有关部门要对基金会的资产与财务加强监管。严格的基金会资产财务监管制度是保证基金会健康运转的关键，要特别当心国际资本冒充国内资本的名义创办基金会。为此，必须设立资金审查程序，特别是资金账户的管理；要注意基金会与所举办的学校之间的资金往来，对民办学校反哺基金会的资金设置必要限制，确保民办学校反哺基金会的资金量不得超过基金会支持民办学校的资金量。最后，国家层面要对办学的基金会给予税收优惠并加强税收监管，如对企业和个人捐献实施税收优惠，同时注意区分基金会的相关业务和非相关业务，促进基金会聚焦主业。

（三）建立基金会办学的扶持政策

基金会办学尚属于新生事物，政府需要对其提供适当扶持。第一，政府可以给予基金会办学一定的财政资助。例如，政府可以以项目扶持的方式向基金会举办的学校提供专项扶持，也可以向基金会举办的民办学校购买学位，保证基金会办学的招生计划，还可以向基金会举办的民办学校提供生均经费补贴。第二，政府可以委派工作人员参与基金会的理事会，给予基金会影响力方面的支持。这对把握办学方向、保障基金会正常运转具有重要意义。第三，允许基金会办学接管"公参民"学校。这既可以实现规范民办学校的目的，也可以较好地支持基金会办学。第四，给予基金会举办民办学校公益事业用地优惠。政府可以无偿或者以较低价格划拨土地给基金会用于举办民办学校，帮助民办学校降低办学成本。第五，对基金会举办民办学校落实税收优惠，使基金会举办的民办学校可以享受与公办学校同等税收优惠政策。例如，基金会举办民办学校在取得免税资格认定后，对其符合条件的收入免征企业所得税；对取得办学许可证的基金会举办的民办学校用于教学的土地、房屋免征契税；对基金会民办学校自用的房产、土地免征房产税、城镇土地使用税；对学校收取的学费、住宿费免征增值税。

（本文由上海市教育科学研究院民办教育研究所何金辉执笔）

教育行业资本市场上市的现状、问题与走向

资本市场上市是指公司通过公开发行股票在证券交易所上市交易。教育行业资本市场上市是社会资本参与教育行业的重要路径,教育上市公司在一定程度上反映了教育行业发展的趋势和动向。

一、教育行业资本市场上市数量和规模

2016—2020 年,随着《民办教育促进法》的修订,营利性民办学校在法理上得到认可,教育行业在境内外资本市场上市迎来了一个快速发展的时期。从教育行业上市的业务类型看,学前教育、高等教育、教育培训、在线教育和专业教育陆续呈现出在资本市场集中上市的态势。

(一) 教育行业资本市场上市的数量

1. 2016—2019 年上市数量

2016—2019 年,中国共有 42 家教育企业成功上市,数量上呈现逐年上升的趋势,尤其在 2019 年,共有 15 家教育企业成功上市,达到过去 4 年的峰值(见表 1)。从细分赛道来看,近年来民办高校及 K12 培训企业上市仍为主流。同时,随着诸如职业教育、高等教育等细分赛道头部企业的形成,教育上市公司所属赛道呈现出多样化的趋势。

表 1 2016—2019 年教育行业新上市公司

序号	公司名称	细分赛道	上市地	上市时间
1	成实外教育	综合教育集团-学校	中国香港	2016 年 01 月 15 日
2	东方时尚	职业培训-驾培	中国境内	2016 年 02 月 05 日
3	无忧英语	英语培训-在线	美国	2016 年 06 月 10 日
4	佳发教育	教育信息化	中国境内	2016 年 11 月 01 日
5	睿见教育	民办学校	中国香港	2017 年 01 月 26 日
6	视源股份	教育信息化	中国境内	2017 年 01 月 19 日
7	宇华教育	综合教育集团-学校	中国香港	2017 年 02 月 28 日

(续表)

序号	公司名称	细分赛道	上市地	上市时间
8	民生教育	民办高等及职业教育集团	中国香港	2017年03月22日
9	新高教集团	高等职业学校	中国香港	2017年04月19日
10	博实乐	综合教育集团	美国	2017年05月18日
11	红黄蓝	民办幼儿园	美国	2017年09月27日
12	瑞思学科英语	英语培训	美国	2017年10月20日
13	四季教育	K12课培	美国	2017年11月08日
14	中教控股	民办高等及职业教育集团	中国香港	2017年12月15日
15	尚德机构	职业教育-在线	美国	2018年03月23日
16	精锐教育	K12课培	美国	2018年03月28日
17	新华教育	综合教育集团	中国香港	2018年03月31日
18	21世纪教育	K12-在线课培	中国香港	2018年05月29日
19	安博教育	综合教育集团	美国	2018年06月01日
20	朴新教育	综合教育集团	美国	2018年06月15日
21	天立教育	综合教育集团-学校	中国香港	2018年07月12日
22	博骏教育	综合教育集团-学校	中国香港	2018年07月31日
23	希望教育	民办高等及职业教育集团	中国香港	2018年08月03日
24	春来教育	民办高校	中国香港	2018年09月13日
25	英语流利说	英语培训-在线	美国	2018年09月27日
26	中公教育	职业教育培训	中国境内	2018年11月05日
27	卓越教育	K12课培	中国香港	2018年12月27日
28	银杏教育	综合教育集团	中国香港	2019年01月18日
29	科培教育	民办高等及职业教育集团	中国香港	2019年01月25日
30	新东方在线	综合教育集团-在线课培	中国香港	2019年03月28日
31	华富教育	职业教育-在线	美国	2019年04月30日
32	鸿合科技	教育信息化	中国境内	2019年05月23日
33	跟谁学	K12-在线课培	美国	2019年06月06日
34	中国东方教育	职业教育	中国香港	2019年06月12日
35	嘉宏教育	民办高等及职业教育集团	中国香港	2019年06月18日
36	思考乐教育	K12课培	中国香港	2019年06月21日
37	中汇集团	民办高等教育机构	中国香港	2019年07月16日
38	ACG国际艺术教育	艺术留学机构	美国	2019年10月17日
39	向中国际	职业教育-驾培	中国香港	2019年10月24日

(续表)

序号	公司名称	细分赛道	上市地	上市时间
40	网易有道	教育综合服务商	美国	2019年10月27日
41	华立大学	民办高等及职业教育集团	中国香港	2019年11月25日
42	辰林教育	民办高等及职业教育集团	中国香港	2019年12月13日

2. 2020年新增教育行业上市公司数量

截至2020年年末，2020年新增教育上市企业9家，分别为新东方（HK 09901）1 876.54亿元，一起教育科技（YQ）159.56亿元，洪恩教育（NYSE IH）69.83亿元，竞业达（SZ 003005）48.45亿元，东软教育（HK 09616）31.5亿元，建桥教育（HK 01525）22.17亿元，莲外教育（LXEH）7.32亿元，美联英语（METX）7.04亿元，王道科技（EDTK）2.47亿元（见表2）。

表2　2020年中国教育行业新上市企业

序号	教育上市公司名称	上市日期	股票类型
1	新东方	2020年11月9日	港股
2	一起教育科技	2020年12月4日	美股
3	洪恩教育	2020年10月9日	美股
4	竞业达	2020年9月22日	A股
5	东软教育	2020年9月29日	港股
6	建桥教育	2020年1月16日	港股
7	莲外教育	2020年10月1日	美股
8	美联英语	2020年3月31日	美股
9	王道科技	2020年7月24日	美股

（二）2020年教育行业上市公司市值

市值是衡量上市公司规模的重要指标，也在一定程度上反映了上市公司的市场份额。2020年教育行业市值前10位的企业名称和市值分别为：好未来（TAL）2 588.66亿元，中公教育（SZ 002607）2 084.58亿元，新东方（EDU）1 891.48亿元，科大讯飞（SZ 002230）951.08亿元，视源股份（SZ 002841）759.49亿元，跟谁学（GSX）714.75亿元，中教控股（HK 00839）283.48亿元，中国东方教育（HK 00667）279.53亿元，新东方在线（HK 01797）279.53亿元，宇华教育（HK 06169）202.63亿元（见表3）。

表3　2020年教育行业市值前10位上市公司　　　单位：亿元人民币

序号	上市公司名称	股票类型	总市值
1	好未来	美股	2 588.66
2	中公教育	A股	2 084.58
3	新东方	美股/港股	1 891.48

(续表)

序号	上市公司名称	股票类型	总市值
4	科大讯飞	A股	951.08
5	视源股份	A股	759.49
6	跟谁学	美股	714.75
7	中教控股	港股	283.48
8	中国东方教育	港股	279.53
9	新东方在线	港股	220.07
10	宇华教育	港股	202.63

(三) 港股教育行业上市情况

众所周知,我国境内资本市场对于教育公司的上市审批较为严苛及漫长,所以A股很少会有教育类标的。而相对于美股市场,港股市场由于地缘、语言以及市场合作等优势,大量教育类公司选择赴香港资本市场上市。目前,教育港股上市公司共有39家,其中2016—2020年上市的教育企业有32家(见表4)。

表4 2016—2020年港股教育行业上市公司

序号	证券代码	上市公司名称	首发上市日期
1	01565.HK	成实外教育	2016年1月15日
2	08160.HK	GLODWAY EDU	2016年12月2日
3	06068.HK	睿见教育	2017年1月26日
4	08417.HK	大地教育	2017年2月16日
5	06169.HK	宇华教育	2017年2月28日
6	01569.HK	民生教育	2017年3月22日
7	02001.HK	新高教集团	2017年4月19日
8	00839.HK	中教控股	2017年12月15日
9	02779.HK	中国新华教育	2018年3月26日
10	01752.HK	澳洲成峰高教	2018年5月11日
11	01598.HK	21世纪教育	2018年5月29日
12	01773.HK	天立教育	2018年7月12日
13	01775.HK	精英汇集团	2018年7月13日
14	01758.HK	博骏教育	2018年7月31日
15	01765.HK	希望教育	2018年8月3日
16	01969.HK	中国春来	2018年9月13日
17	03978.HK	卓越教育集团	2018年12月27日

(续表)

序号	证券代码	上市公司名称	首发上市日期
18	01851.HK	银杏教育	2019年1月18日
19	01890.HK	中国科培	2019年1月25日
20	01797.HK	新东方在线	2019年3月28日
21	00667.HK	中国东方教育	2019年6月12日
22	01935.HK	嘉宏教育	2019年6月18日
23	01769.HK	思考乐教育	2019年6月21日
24	00382.HK	中汇集团	2019年7月16日
25	01871.HK	向中国际	2019年10月24日
26	01756.HK	华立大学集团	2019年11月25日
27	01593.HK	辰林教育	2019年12月13日
28	01525.HK	建桥教育	2020年1月16日
29	09986.HK	大山教育	2020年7月15日
30	01449.HK	立德教育	2020年8月6日
31	09616.HK	东软教育	2020年9月29日
32	09901.HK	新东方-S	2020年11月9日

(四) A股教育行业上市情况

由于国内资本市场教育类公司直接IPO上市难度较大,在国内直接发行上市企业中,除东方时尚涉及职业技能培训外,都是以提供教育相关的产品和服务为主营业务。2016—2020年,以学历教育和素质教育及相关培训为内容的民办教育机构均是通过上市公司收购和借壳两种方式进入A股资本市场。此外,一些教育企业纷纷选择在国内创业板上市,原因是创业板相比于科创板门槛较低,注册制的落地对于民办教育机构而言无疑是利好消息。但这并不意味着具体合规性审核要求的降低,民办教育机构仍应遵守教育行业的强监管政策。目前,部分在A股上市的教育类公司情况见表5。

表5 2016—2020年A股教育行业上市公司

证券名称及代码	业务范围	上市方式
紫光学大(000526.SZ)	K12课外辅导	借壳上市
中公教育(002607.SZ)	职业教育培训	借壳上市
美吉姆(002621.SZ)	早教服务、低龄留学语培服务	收购
凯文教育(002659.SZ)	国际学校运营	借壳上市
开元股份(300338.SZ)	职业教育	收购
昂立教育(600661.SH)	教育培训	借壳上市

(续表)

证券名称及代码	业务范围	上市方式
中国高科（600730.SH）	职业教育	收购
豆神教育（300010.SZ）	语文培训、高考升学培训、智慧校园	收购
三盛教育（300282.SZ）	智慧教育服务、智能教育装备为核心的教育信息化领域，以国际教育为核心的教育服务领域	IPO上市
全通教育（300359.SZ）	智慧校园及继续教育培训	IPO上市
佳发教育（300559.SZ）	教育信息化产品及服务	IPO上市
东方时尚（603377.SH）	驾驶员培训	IPO上市

2020年11月19日，传智播客IPO成功过会，值得注意的是，此次是A股首家教育类IPO过会。根据《上市公司行业分类指引（2012年修订）》，传智播客所处行业为"教育"。据统计，此前A股有8家纯教育类上市公司，都是通过借壳、类借壳、业务转型或行业调整产生，尚无一家教育类企业通过直接IPO方式实现上市。其中，从事驾考培训的东方时尚IPO上市时行业类别属于"交通运输业"，后来被调整至教育行业。另外，有3家教育类企业还在IPO排队中：全美在线（北京）教育科技股份有限公司、上海行动教育科技股份有限公司及杭州老鹰教育科技股份有限公司。传智播客成为A股首家教育类IPO过会企业。

二、教育行业资本市场上市的路径

在融资方式上，我国的教育企业具有强烈的股权融资偏好，多选择上市或者增发股票等方式。由于我国境内资本市场具有相对较高的准入门槛，许多教育企业把目光转向了境外资本市场，尤其是美国资本市场和我国香港联合交易所。不过，随着我国境内层次多板块资本市场的建立，国内教育企业的股权融资方式也日趋多样和灵活。

（一）境外资本市场上市主要模式

1. 海外直接上市

按照我国现行法律法规，海外直接上市的条件和成本较高，上市企业必须以国内公司的名义向境外证券主管部门申请发行登记，通过向当地证券交易所申请挂牌上市交易发行股票。一般来说，海外直接上市分为国外重组和境外申请两个阶段。相较于间接上市，海外直接上市流程复杂、对企业要求也较高，因此上市成本较大、上市周期较长。海外直接上市的优点是可以加深海外市场对企业的了解，提高企业的国际知名度。此外，上市企业在上市准备过程中，也可以借此进行公司治理结构的完善，向国际标准看齐。同时，海外直接上市相较于海外间接上市，不会受到"壳"的影响，公司股权关系和结构较为清晰。因此，如果目标资本市场的准入门槛不是非常高，可以选择海外直接上市的方式。

2. 境外买壳上市

境外买壳上市是指国内企业收购已在境外上市公司的部分或全部股权,以现成的境外上市公司为"壳"来取得上市地位,注入资产来实现海外间接上市的目的。买壳上市是比较便利、上市周期较短的一种境外上市方式,可以规避国内有关法规的限制和繁复的上市审批程序,手续简洁、办理方便。

3. 融资型反向收购

融资型反向收购(APO)是介于 IPO 与私募之间的一种融资方式,既带有私募的特点,也具有 IPO 的特征。APO 方式在时间上就比较节省,可以看作是买壳上市方式的改进,但从中国教育集团上市后遭遇的"做空"风潮来看,这种方法风险较大。

4. 特殊目的并购公司

特殊目的并购公司(SPAC)是一种以未来并购为目的而专门设立的现金公司,SPAC 方式相对风险较小,可以作为 APO 改进版供小企业采用。SPAC 公司设立目的明确,公司经历清晰,因此在上市过程中手续复杂性低,安全性高,相对于 IPO、APO 等方式,SPAC 方式更适合中小企业,之后转板的成功率也相对较高。

5. 境外造壳上市

境外造壳上市指融资企业在海外证券交易所所在地或允许的国家或地区,独资或合资重新注册一家外资公司来控股境内资产,并在境内成立相应的外商控股公司,将相应比例的权益以及利润并入境外公司,以达到上市的目的。境外造壳上市主要为了规避国内证券市场严格的政策监管,同时也可以实现合理避税。境外造壳上市相对于买壳上市是一种风险较小的境外上市方式,可以避免壳资源自身问题产生的风险与成本。同时,造壳也更容易获得股东的支持。其主要缺点为耗费的时间和资金较多,一是资金问题,因为造壳需要在境外注册公司并注入资本;二是准备时间较长,融资周期长。从企业上市的实践来看,企业在开曼群岛注册的公司并不能立即上市,还需要产生一段时间的经营业绩才符合上市公司的经营指标要求。

6. 协议控制模式上市

协议控制模式(VIE)又称为"可变利益实体"模式,本质上是一种投融资金融衍生工具。由于 VIE 是通过签订一系列的协议,建立在非股权变动基础上的一种直接控制,并享有被控制企业全部或部分的利润。因此,VIE 模式在我国又被称为"协议控制"模式。协议控制(VIE)模式被中国企业特别是互联网等科技企业以及培训教育类企业广泛采用,用于实现在海外资本市场的间接上市。这些企业采取 VIE 模式的原因主要是出于规避国内资本市场高门槛以及市场准入监管的需要。

(二) 我国境内资本市场上市主要模式

1. 首次公开募股

首次公开募股(IPO)又称首次公开发行,指的是一家企业或公司(股份有限公司)第一次将它的股份向公众出售的融资行为,也即股份公司首次向社会公众公开招股的发行方式。全通教育为第一家通过 IPO 方式在国内资本市场挂牌交易的教育类企业。

2. 借壳上市

借壳上市是指非上市企业通过将资产注入一家市值较低的已上市公司,得到该公司一定程度的控股权,利用其上市公司地位,使控股公司的资产得以上市。一般上市后该壳公司会被改名。在国内资本市场,比较普遍的做法就是准备上市的公司通过收购、资产置换等方式取得已上市的ST公司的控股权,该控股公司就可以通过上市公司增发股票的方式进行融资,从而实现资本市场上市的目的。2014年8月,昂立教育借壳"新南洋"(600661)在上交所主板成功上市。

3. 上市公司收购

上市公司收购是指投资者依法购买股份有限公司已发行上市的股份,从而获得该上市公司控制权的行为。上市公司收购在各国证券法中的含义各不相同,一般有广义和狭义之分。狭义的上市公司收购即要约收购,是指收购方通过向目标公司股东发出收购要约的方式购买该公司的有表决权证券的行为。广义的上市公司收购,除要约收购以外,还包括协议收购,即收购方通过与目标公司的股票持有人达成收购协议的方式进行收购。我国证券法中上市公司收购取广义的含义,即我国上市公司收购可以采取要约收购或者协议收购的方式。

4. OTC市场交易

OTC市场交易是指通过"新三板"系统、上股交中心和其他地方性场外交易市场进行挂牌交易。2014年7月,华图教育在"新三板"系统挂牌。此我,天津股权交易所的教育版块也有两家教育培训机构挂牌,分别是"北海教育"和"尚学教育"。

三、教育行业境外资本市场上市的VIE模式

由于教育类企业普遍采用VIE模式在境外资本市场上市,下面我们对该模式进行详细阐述。

(一) VIE模式的结构与本质

1. VIE模式的结构

在实践中,我国企业的VIE上市模式一般表现形式为:在海外的上市部分为境外注册的实体,与境内的实际业务实体相分离,两者之间通过签订一系列的协议实现境外上市实体对境内业务实体的控制,外部投资者即境外上市实体成为境内业务实体的实际控制人和利益获得者,其中,境内的业务实体就被认为是境外上市实体的"可变利益实体",即VIEs。典型的VIE模式结构如图1所示。

2. VIE模式的本质

VIE模式本质上是一种投资和融资的金融衍生工具,作为一种满足国内企业资本市场融资的途径,VIE模式虽然在性质上有违反我国有关外商投资准入相关法规的嫌疑,但却符合上市地的法律要求,同时在客观上也满足了我国企业的融资需求。因此,对于这样一种形式合法的复杂商业结构,我们没有必要对此简单地贴上某种标签。

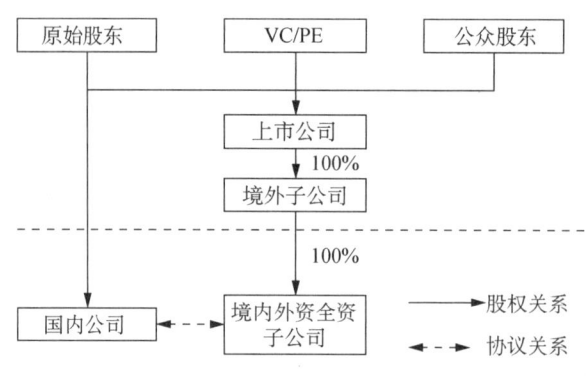

图1 VIE模式结构图

(二) 教育企业 VIE 模式上市的动因

一般来说,国内企业如果要在资本市场融资,首先从空间上有国内资本市场和境外资本市场(香港和国外市场)的区别,其次在上市方式上有直接上市和间接(买壳、借壳等等)上市之分。此外,公司性质(外资或内资)的不同也会有监管上的差异,所以仅从理论上讲,新东方的上市途径应该有多种不同的选择和组合。然而在实际操作中,俞敏洪和新东方显然在上市路径的选择上并没有太多的余地,原因如下:

1. 国内资本市场上市门槛过高

国内资本市场,尤其是主板市场,上市的门槛开始比较高,对企业的财务指标和运营年限等指标都有比较高的要求并对企业的经营管理独立性、企业运营的规范性、企业的持续盈利能力以及募集资金的投向方面都有比较严格的限定。虽然中国证券市场经过不断地发展和完善,陆续推出了创业板和中小板等多层次资本市场机构,但是主要设计为科技类、创新类等高成长企业服务的创业板和中小板市场依然设置了相对较高的入市门槛(见表6)。

表6 国内资本市场上市条件

项目	主板市场条件	创业板市场条件
净利润	最近3个财务年度净利润(以扣除非经常性损益后孰低原则确认)均为正数且累计大于人民币3 000万元	最近两个财务年度连续盈利,最近两个财务年度累计净利润不少于人民币1 000万元,且持续增长;或者最近一个财务年度盈利,且净利润(以扣除非经常性损益后孰低原则确认)不少于人民币500万元
营业收入	最近3个财务年度累计经营活动产生的现金流量净额超过人民币5 000万元;或者最近3个财务年度累计营业收入超过人民币3亿元	最近1年营业收入不少于人民币5 000万元,最近两年营业收入增长率均不低于30%

相对于国内资本市场的高门槛,境外资本市场,比如香港和美国的资本市场对企业入市的条件就没有那么复杂和严苛,特别是在企业的财务方面和盈利数据方面,要

求还是比较宽松的。以美国纽约证券交易所为例，NYSE针对在美国上市的外国公司，推出了两套衡量上市资格的测试标准，一个是盈利能力测试，另一个则为营业收入和估值测试，这两个测试标准对于上市资格的弹性表现在于，如果一个拟上市企业没有达到盈利能力测试所规定的测试，那么只要该企业符合营业收入和估值测试的标准，则这家企业依然可以赴纽约证交所上市。

以高科技和创新企业为主要对象的纳斯达克市场，对拟申请上市企业的盈利能力也没有所谓的"硬指标"，在纳斯达克推出的拟上市企业需要符合的四套标准中，只要符合其中一套标准，就可以获得在纳斯达克上市的资格。纳斯达克的四套上市标准具体要求见表7。

表7 美国纳斯达克市场上市要求一览表

条件	标准1	标准2	标准3	标准4
税前营业收入	1. 前3年合计超过1 100万美元 2. 近2年每年超过220万美元 3. 前3年中每年均有营业收入	无要求	无要求	无要求
现金流量	无要求	1. 前3年合计超过2 750万美元 2. 前3年中每年都不为零	无要求	无要求
市值	无要求	前12个月平均市值超过5.5亿美元	前12个月平均市值超过8.5亿美元	1.6亿美元
收入	无要求	上年度收入超过1.1亿美元	上年度收入超过9 000万美元	无要求
总资产	无要求	无要求	无要求	8 000万美元
股东权益	无要求	无要求	无要求	5 500万美元
做市商	3或4家	3或4家	3或4家	3或4家
公司治理要求	符合	符合	符合	符合

由此可见，以美国资本市场为代表的海外资本市场，相对于国内资本市场，在上市条件的标准设立方面，具有较高的弹性和灵活性，因此非常适合那些具有高成长前景，但短期内需要较大投入而出现亏损的创新类企业。

比如，新东方作为一家培训教育行业的企业，具有新型服务类企业普遍存在的轻资产的特征，因此，无法像传统产业中的企业那样在财务数据的"量级"和规模上做文章，这也造成了新东方在国内资本市场上市条件上的诸多"硬伤"，同时也促使新东方将上市的目光转移到门槛更低、程序更为便捷、条件更具弹性的海外市场，尤其是美国资本市场上。

2. 海外直接上市受国内监管部门上严格限制

与在国内资本市场上市一样，国内企业如果要赴海外资本市场直接上市，也需要经过中国证券监管部门的审批，也就是说，无论是在国内资本市场上市还是在境外资本市场上市，我国采取的都是审批制，必须符合证券监管部门所设置的一定标准，达到监管部门规定的若干要求，才能通过证券监管部门的审批，才具备在境外直接上市的资格。

这些不亚于国内资本市场上市条件的严格规定和限制，极大地阻碍了国内企业赴海外资本市场上市的脚步，也极大地打击了国内企业在境外直接上市的热情。从海外资本市场直接上市的实践操作来看，能通过中国证券监督委员会审批，成功赴境外资本市场成功上市的企业，在企业类型方面主要集中在一些大型国有控股企业，并几乎都为传统行业的企业，而在上市的数量上，能够成功在境外资本市场发行股票的企业，可以说是凤毛麟角。

在2000年中国著名互联网企业新浪采用VIE模式成功在美国上市之前，国内企业尤其是民营企业在海外资本市场上市主要采取的是间接上市的方式，这种间接上市的方式被称为"红筹上市"。所谓红筹方式上市就是国内企业首先在海外注册一家新公司，然后利用境外的离岸新公司对国内企业进行股权收购，最后将境外注册的离岸新公司在海外的资本市场上市。这种在海外资本市场间接"红筹"上市的形式，按照上市"壳资源"（即上市主体，也就是海外注册的离岸公司）形成的方式不同，又可以区分为"造壳上市"和"借壳上市"两种不同的操作模式。

然而，2006年6月，中国证监会出台了《中国证券监督管理委员会72号令》（以下简称"72号文"），规定国内资产通过股权收购、转让、划转等方式转移给境外非中资或非中资控股公司进行海外发行或上市的，应当由中国律师出具法律意见，并由中国证监会出具《无异议函》。虽然72号文并没有在法规上对红筹间接上市模式发出禁令，但实际上对国内企业在海外资本市场红筹间接上市设置了新的障碍，在实际操作中，由于证监会审批流程的繁琐漫长，很少有企业能及时获得证监会出具的《无异议函》，从而对企业的上市造成极大的麻烦，也在某种程度上关紧了国内企业赴海外资本市场间接上市的大门。

同年8月，商务部联合八部委共同出台了《关于外国投资者并购境内企业的规定》，也就是著名的"10号文"。10号文对国内企业赴海外间接上市的红筹模式极具杀伤力，与之前出台的证监会72号文相比，10号文赋予了证监会更大的监管和审批权限，按照文件规定，赴海外上市的企业不仅在法律层面要获得证监会出具的《无异议函》，还必须向证监会提供企业沿革和业务概况、股本机构、经营风险分析、业务发展目标、筹资用途、筹资成本分析和招股说明书等材料。不仅如此，国内企业赴境外资本市场上市，还必须获得商务部和外管局的批准。10号文的出台，可以说为国内企业赴海外资本市场上市构筑了更为全面和严格的限制条件，实际上已经将国内企业赴海外资本市场上市的红筹模式基本封杀，这从10号文发布之后的实际情况看也是如此，2006年8月至今，还没有任何一家国内企业最终获得商务部的批准，在"合法红筹"的框架内实现海外资本市场的上市。

3. 内外资不同公司性质的监管差异较大

改革开放以来，我国一方面通过政策的制定和法律法规的修改，大力引进外资，另一方面，我国依然是一个严格执行外资准入制度的国家，国内大多数行业也是限制外资进入的，虽然在中国加入世界贸易组织之后，很多行业对外资的限制大为松绑，但国家对于外商直接投资，即FDI(Foreign Direct Investment)依然有诸多准入限制，比如对投资的行业和领域制定了一系列的准入限制。

2007年商务部发布了《外商投资产业指导目录》，明确对外商投资教育领域作出限制，按照《外商投资产业指导目录》的规定，我国在政策上直接限制和禁止外商投资企业进入基础教育。2011年商务部发布《外商投资产业指导目录》，再一次重申和强调了外资企业投资教育领域的相关政策，其中"鼓励外商投资产业目录"涉及教育的只有"高等教育机构"（限于合资、合作）和"职业技能培训"；"限制外商投资产业目录"第十一大类别明确规定，严格限制外商投资企业投资普通高中教育（中外合作办学除外），而在"禁止外商投资产业目录"第九类别中就包含有义务教育机构，也即在义务教育阶段严格禁止外商投资企业的进入。因此，一家企业的性质是内资还是外资企业，将决定着该企业的业务经营范围和投资领域。比如，新东方自2001年开始股份制改革，到2004年结束。新东方除了本身是一家海外注册的离岸外商公司以外，其在三年股份制改革中引入的许多战略投资者也具有浓厚的外资背景，比如著名的国际风险投资基金老虎国际投资基金。由此可见，经过俞敏洪等人的国际化、股份制改造，新东方教育科技集团已经成为了一家名副其实外商投资企业，从而面临商务部严厉的投资目录监管。

教育行业，尤其是义务教育和高中教育领域正是商务部《外商投资产业指导目录》所严格限制和禁止的，所以教育企业一方面需要将国内的主要业务实体维持内资企业的身份，另一方面，也需要维系"外商投资企业"对国内主要业务实体的控制，两全其美的唯一方法就是通过"协议控制"的方式而不是股权并购的途径既取得对国内业务实体的实际控制，又在企业性质上让国内的业务实体保持内资企业的合法身份。由此可见，由于教育行业和外资企业的性质，即使没有证监会关于红筹间接上市的72号文和商务部的10号文，许多教育企业也无法采用股权变更的方式获得海外红筹间接上市的条件。

如果教育企业采用VIE模式进行海外资本市场的间接上市，就可以有效地规避行业监管方面的法律限制，因为无论是证监会"72号文"、商务部"10号文"，还是国家改革发展委员会、商务部联合下发的《外商投资产业指导目录》，在对外商投资行为做出说明的时候，都只提到了涉及股权结构变更的各类行为，对VIE模式所运用的"协议控制"方式则没有提及，因此这一现有法规的"疏漏"在客观上使得VIE模式成为规避外资企业行业准入限制的工具。

四、教育行业资本市场上市的未来走向

在经历了2016—2020年教育行业资本市场上市的高速发展期之后，随着政策对各级各类教育的规制进一步加强，尤其是对学前教育、义务教育以及义务教育阶段的学科类校

外培训的"去资本化""去上市化"规范治理,教育行业资本市场上市未来将面临重大挑战,尤其是境外资本市场上市前景不容乐观,相对而言,国内资本市场上市的操作空间则有所增大。

(一)境外上市空间快速封闭

总体来说,教育行业的 IPO 机会要看一级市场的项目供给数量和标的质量,企业选择上市地点,既会考虑到估值和流动性,也会考虑到过会风险的高低。

随着 2018 年中央文件对学前教育上市企业做出严格规制,对于义务教育类上市公司和校外培训上市企业的规范文件也相继出台,同时,针对 VIE 境外上市模式的监管也日趋严厉。2021 年,美国证监会(SEC)公布了《外国公司问责法》实施细则,个别企业宣布启动自美退市工作,引发市场广泛关注。而在中美审计监管合作方面,中国证监会与美国 SEC、美国公众公司会计监督委员会(PCAOB)等监管机构就解决合作中存在的问题进行沟通,对一些重点事项推进合作方面取得了积极进展。中美双方在中概股审计监管领域一直在开展合作,也通过试点检查探索有效的合作方式。

因此,境外资本市场新上市的窗口和空间正急速封闭,存量上市企业也面临较大的资产剥离和 VIE 协议穿透危机。

(二)教育类上市公司谋求转型

"双减"政策发布后,教育类上市公司积极谋求转型,减少或剥离 K12、K9 阶段教育培训业务。同时,中央出台的《关于推动现代职业教育高质量发展的意见》,鼓励上市公司、行业龙头企业举办职业教育,鼓励各类企业依法参与举办职业教育;鼓励职业学校与社会资本合作共建职业教育基础设施、实训基地,共建共享公共实训基地;对产教融合型企业给予"金融+财政+土地+信用"组合式激励,按规定落实相关税费等政策。素质教育、职业教育成为转型的重要抓手。

比如,港股公司新东方在线公告称,决定停止经营内地义务教育阶段学科类校外培训服务,预计于 2021 年 11 月末之前生效。科德教育在 2021 年三季报中指出,7~9 月公司 K12 课外培训业务实现的归母净利润较去年同期下降 138%。根据"双减"政策的导向,公司后续计划处置 K12 义务教育阶段的培训业务。

学大教育近期披露的投资者活动关系记录表中指出,在素质教育领域,全资子公司北京学大信息技术集团有限公司(简称"学大信息")与北京物灵科技有限公司共同出资设立了北京灵阅文化传播有限公司,作为双方在绘本馆领域的业务经营和综合管理平台,在"人工智能+教育"方向进行探索和布局,发挥双方各自资源、业务、技术等优势,共同开拓儿童和青少年阅读市场。

在职业教育及科技类教育领域,学大教育全资子公司学大信息与达内时代科技集团有限公司签署了《战略合作框架协议》,在双方中心可辐射区域内开展非学科教培业务的深度合作,对成人职业教育、少儿编程教育、智能机器人课程、赛事合作、科技主题国内外游学、冬夏令营营地等类型业务展开联营推广和市场开拓的合作。传智教育(003032.SZ)发布公告称,其正式获批成立一所全日制统招中等职业技术学校——宿迁传智互联网中等职业技术学校。根据有关法律法规规定,结合其自身战略规划与业务发展需要,传智教育使用自有资金1 000万元投资设立全资子公司"宿迁传智互联网中等职业技术学校有限公司",并已于2021年12月2日办理完成上述子公司的办学许可手续,并取得了宿迁市教育局核发的《民办学校办学许可证》。

(三)国内资本市场迎来机遇

1. 全面注册制改革利好教育类企业

2021年12月13日,证监会党委书记、主席易会满主持召开党委(扩大)会议,传达学习中央经济工作会议精神,研究部署证监会系统贯彻落实工作。会上提出,要以全市场注册制改革为牵引,全面深化资本市场改革开放。在充分披露的前提下,注册制相较于核准制,交易所的容忍度更高。

在核准制下,如果企业包含民非主体,一定需要在报告期内完全剔除该部分的影响,相关收入利润不能并表;而在注册制下,考虑到该部分业务对企业整体业务不构成实质性影响,如果企业能够充分披露通过该民非主体的业务情况,真实有效地剥离民非主体,并给予投资者一定的时间观察剥离后企业业务的实际发展情况,则民非主体将不会作为上市的障碍。

2. 北交所设立开辟新上市路径

2021年11月12日,北京证券交易所制定的《北京证券交易所向不特定合格投资者公开发行股票并上市业务规则适用指引第1号》正式发布,明确了30项北交所IPO审核标准。其中,北交所IPO审核标准明确禁止金融业、房地产业、产能过剩行业、淘汰类行业、学前教育、学科类培训企业等行业上市。

据证监会介绍,北京证券交易所将以现有的"新三板"精选层为基础组建,总体平移精选层各项基础制度,并同步试点证券发行注册制。北京证券交易所仍是"新三板"的一部分,与创新层、基础层一起组成"升级版新三板"。

3. 教育类企业A股IPO机会增加

受政策规范,虽然K12教育机构和校外培训教育机构在A股上市受到限制,但相比境外上市,教育类企业在A股IPO上市的机会则有所增大。其原因一方面是注册制的改革,另一方面是新三板精选层的发布。这两点会导致教育类企业在A股上市的可能性增加。从有利的角度来说,A股科创板和创业板的注册制试点放松了财务数据指标的束缚,从而极大地增加了教育公司登入A股市场的可能性,当然这其中最受益的还是受教育政策影响较小的职业教育、教育信息化以及在线教育赛道的部分品类。此外,再融资新政的发布以及新的退市制度对教育公司并购和借壳上市也是利好。

(本文由华东师范大学国际与比较教育研究所黄河执笔)

民办教育行业组织建设的探索与思考

作为全国或区域性的民办教育行业组织——民办教育协会,属我国社会组织三大分类中的"社会团体",是由各级各类民办教育机构和民办教育工作者自愿组成的按照协会章程开展活动的非营利性组织。作为社会组织,它具有组织性、非营利性、非政府性、志愿性、社会性等特征。

改革开放以后,随着党和国家的工作重点转移到经济建设和现代化建设上来,国家对教育和科技更加重视,由于大国办教育受财力所限,社会力量办学应运而兴,各类民办学校和培训机构逐步恢复设立并得到快速发展。民办教育事业的蓬勃发展,催生了各地行业性的社会组织——民办教育协会的建立,并在此基础上成立了中国民办教育协会,建立了全国性的行业社会组织。民办教育协会组织随着行业发展而建立发展,伴随着行业发展面临的新形势新任务而转型升级,并不断健全机制。

一、各级民办教育协会建设的实践探索

民办教育协会作为行业的社会团体组织,它服务国家、服务社会、服务群众、服务行业。改革开放以来建立的各级民办教育协会,为促进民办教育事业的健康持续发展发声,为会员单位排忧解难。民办教育协会在实践中积极开展各项活动,增强自身的吸引力和凝聚力;逐步建立健全组织机制,激发自身的内在活力。

(一)中国民办教育协会的建立及履职情况

2008年5月17日,经国务院同意,由教育部和民政部批准,中国民办教育协会正式成立,属国家一级社团法人单位。中国民办教育协会是由全国各级各类民办教育机构和民办教育工作者自愿结成的行业性非营利社会组织。中国民办教育协会的业务主管单位为教育部,登记管理机关为民政部。

在协会的成立大会上,时任中共中央政治局委员、国务委员刘延东,全国人大常委会副委员长陈至立分别发来贺信;全国人大常委会副委员长严隽琪、全国政协副主席张榕明出席会议,中国民办教育协会名誉会长许嘉璐在会上作报告,教育部副部长、党组副书记袁贵仁到会讲话。会议选举陶西平为会长。

专栏1

中国民办教育协会业务范围

（一）学习宣传党和国家大政方针政策等，推动行业全面贯彻落实党的教育方针。

（二）宣传民办教育的意义和作用，宣传民办教育办学经验和成果，宣传民办教育行业形象，促进社会各方面关心支持民办教育事业的发展。

（三）组织开展教育科学研究和各级各类培训工作，推动学术交流、经验交流，促进民办学校教育质量和办学水平的提高。

（四）开展教育业务、政策和法律咨询等服务。

（五）开展教育评估，参与行业资质论证，组织开展各类教育培训活动。

（六）依照有关规定，编辑有关民办教育报刊和资料，交流教育信息。

（七）组织开展民办教育的对外交流与合作活动。

（八）开展促进会员间合作发展的活动。

（九）开展民办教育的行业规范、行业自律和行业维权活动。

（十）开展政府部门委托的有关项目工作，为国家制定相关法规政策提出意见建议，反映行业诉求。

（十一）提供符合本会宗旨的其他专业服务。业务范围中属于法律法规规章规定须经批准的事项，依法经批准后开展。

协会召开成立大会正值四川汶川大地震期间，为了履行民办教育行业的社会责任与义务，支持灾区重建工作，会议号召全国民办教育界紧急行动起来，共同发起为灾区人民献爱心的"祥云行动"，积极为抗震救灾捐献善款。

2020年11月，协会召开第三届会员代表大会第一次会议，选举产生了第三届理事会、监事会，刘林当选为会长；表决通过了《中国民办教育协会章程》《中国民办教育协会会员管理办法》《中国民办教育协会会费管理办法》。协会完成了行政脱钩任务，进入新的发展轨道。

协会目前设立的分支机构为，高等教育专业委员会、高中分会、小学初中分会、学前教育专业委员会、培训教育专业委员会、专修学院教育专业委员会、职业教育专业委员会、人工智能与教育专业委员会、国际教育专业委员会、民办学校党建工作委员会、民办教育研究分会、乡村振兴工作委员会、中国民办教育协会研究院、中国民办教育协会教育评鉴中心、中国民办教育博物馆。

在中国民办教育协会召开的第三届会员代表大会第一次会议上，第二届理事会会长王佐书代表第二届理事会作的工作报告《科学定位依法切实履行协会职能，服务大局促进民办教育健康发展》，对协会的履职情况作了全面总结。他在阐述了协会的中心工作是"服务"两字后，从七个方面报告了几年间的主要工作。一是坚持党的全面领导，积极推动党建工作创新实践，不断提升党建和思想政治教育工作水平；二是深入开展调查研究，反映行业诉求,建言献策国家立法和政府决策,广泛宣传民办教育法规政策;三是开展培训交流研讨活动,推动理论实践创新,促进民办学校提高教育质量和管理水平;四是发挥分支机构作用,提升专业服务水平,突出针对性和时效性,开展行业自律和行业维权活动;五是拓宽渠道,丰富形式,提高水平,深化民办教育国际交流与合作;六是积极履行社会责任,开展公益服务活动,在全面建成小康社会的历史伟业中展现责任担当;七是加强自身建设,完善内部治理体系,加强与地方协会合作,凝聚共识汇聚力量推动行业发展进步。

随着《民办教育促进法实施条例》的颁布实施,"双减"政策的出台,民办教育新法新政强力推进,行业的规范发展被提到了更加突出的位置,行业发展正面临着转型升级的紧迫选项。协会积极开展舆论引导,组织举办《民办教育促进法实施条例》与民办教育高质量发展大型系列讲座,全国民办教育高质量发展研讨会,推动民办教育高质量发展工作会议等,引导行业转型升级。积极助力校外培训平稳转型。针对培训机构转型转轨面临的困难,提出了相关的行业指导意见,并建立了法律援助机制;联合就业服务指导方和人力资源服务方,共同搭建线上服务平台,服务教育培训行业人才求职需求;组织开展行业互助活动,鼓励有能力的机构自愿接收经营陷入困境的机构学员,提供免费的部分后续服务。进一步实行开门办会。在筹建分支机构时,公开发出邀请函,邀请参与发起成立乡村振兴工作委员会的首批单位;邀请加入高中分会,推荐、自荐分会副理事长、理事的建议人选,这充分体现了社会组织的志愿性特点,也有助于进一步激发协会的活力。

在全国民办教育领域的协会组织中,中国民办教育协会处于最高层级,其工作能力和水平都是其他地方协会难以企及的,其履职情况是业内的标杆,是地方协会学习的范式。2015年,中国民办教育协会被民政部评为"全国先进社会组织"。

(二) 省级民办教育协会的建立与发展

20世纪90年代,全国各地先后建立了一批省级民办教育协会,如山西、天津、浙江、河南、山东、湖北、湖南等。随着民办学校的快速发展,加强政府与行业社会组织之间的有效沟通与协调就显得较为急迫,行业性的社会组织——民办教育协会,在政府行政管理部门的主导下建立起来了,有的协会是从民办中小学协会发展整合而来,有的协会是从社会力量办学协会更名而来,还有的协会则是从职成教协会或教育学会的民办教育分支机构中独立出来的。目前,全国已经有26个省(市、自治区)建立了省级民办教育协会,还有个别省的民办教育协会建在工商联或教育学会下面。

省级民办教育协会的机构设置,大多按教育层次或类型设立分支机构,如学前教育、中小学教育、高等教育、职业教育、培训教育、网络教育分会;有的还根据协会工作需要或会员发展情况,建立了党建工作、扶贫工作、人工智能科技教育、研学实践、课后服务等专委会或分会。省级协会设立的分支机构,多的有十来个,少的为三五个。随着民办教育事业的发展,有的省市还发展成立了一级法人的培训教育协会等。根据自身实际情况,各地协会在秘书处选择设立了若干个相关的工作部门和服务机构,如办公室、科研部、法律事务部、社会服务部、媒介编辑部,以及教育评估院、咨询研究院等。

民办教育的发展在世纪交替前后的一个时期还属新生事物,各地政府都在探索推动发展,出台的政策扶持力度和管理措施,也因地方政府领导的教育发展理念、区域民营经济发展程度的差异而存在着差别。省级民办教育协会间互相学习借鉴，自发建立并逐渐形成了一种松散性的交流协作机制——省级民办教育协会协作会议，省级协会的负责人参加，相互间交流行业发展情况，参考借鉴各地政府出台实施的民办教育扶持政策和管理制度，共同研讨行业发展中的一些重大问题。这一协作会议原则上每年召开一次，省际之间轮流自愿承办，至今已经召开了十五次。

我国经济社会发展存在着一定的地域不平衡性，区域性的省际之间经济文化相近，更具学习借鉴意义。部分区域性的省级民办教育协会之间也经常以协作会议的形式开展协作交流活动，如东北地区民办教育工作协作会议等。

在新时代成立的长三角民办教育一体化发展联盟，其协作机制则显得更为紧密。2018年10月，由上海市民办教育协会提出设想，并联合江苏、浙江和安徽三省民办教育协会共同发起成立长三角一体化民办教育发展联盟。协作各方形成共识，通过发展联盟这一平台，实现区域民办教育信息相通、资源共享、要素重组和优势互补，既为优化区域民办教育政策环境出谋划策、提供方案，也为引导各级各类民办学校健康发展集思广益、贡献智慧，从而促进长三角民办教育一体化的更高质量发展，推动区域教育现代化进程。联盟成员商定，深入推进会商交流，建立协作机制；高端论坛每年组织举办一届，由四省市协会轮流承办，至今已经举办了三届；定期编写出版长三角民办教育发展报告，目前已经正式出版了《长三角民办教育发展报告（2010—2020年）》；组织开展民办教育质量评估等。

在联盟成立当天，四省市民办教育协会还联合举办了"纪念改革开放40周年民办教育发展高峰论坛"，来自长三角地区民办教育协会的负责同志和500多位各级各类民办学校的负责人参加了联盟成立大会和高峰论坛。

按照中共中央办公厅、国务院办公厅《关于改革社会组织管理制度促进社会组织健康有序发展的意见》有关社会组织管理的规定，"严禁社会组织之间建立垂直领导或变相垂直领导关系。"因此，许多省级民办教育协会还经常召集省与地市级民办教育协会的协作交流会议，加强相互间的工作交流沟通和协作协调。

（三）市县级民办教育协会的有益探索

在民办教育机构发展较为活跃的省份，许多地市、县也建立了民办教育协会。有的省份，已经做到地市级协会全覆盖；而有的地市，甚至实现了县级协会全覆盖。"在县级民办教育协会不断建立的基础上，有些地方的乡镇、街道一级的民办教育行业组织也相继出现。我国民办教育行业组织呈现的五级形态，充分反映了我国民办教育事业国家重视，政策扶持，社会认可，民办教育有为、有位的现实。"①

1. 温州市民办教育协会

浙江省温州市是我国民办教育综合改革试点市，民办教育领域的改革创新享誉全国。2012年，温州市教育局发文《关于进一步促进民办教育协会建设的意见》，温州市的民办教育行业协会建设也颇有建树。

温州市辖12个县（市、区），11个建立了民办教育协会，2019年从镇升格为县级市的

---

① 胡大白.中国民办教育通史·当代卷[M].北京：社会科学文献出版社，2019：501.

龙港设有工作联络小组。温州市民办教育协会成立于2003年8月,是由温州市民办高校、民办中小学、民办幼儿园及其他民办教育机构自愿组成的社会团体,现有会员单位274个,下设学前教育专业委员会、中小学教育专业委员会等工作机构;原教育培训专业委员会从2019年3月独立出去,成立了温州市一级法人社团——温州市校外培训教育协会。

温州市民办教育协会重视民办学校的党建工作,认真做好教育行政部门委托、授权开展的民办学校校长和教师培训,民办学校评优评先、年检、等级评估等工作。近年来,协会把大量精力放在学习宣传贯彻新法新政,经常性地组织开展骨干培训、理论研讨,提升举办者的办学理念和法规政策水平,引导举办者自觉地参与分类管理改革试点。2018年10月组织副会长单位负责人参加湖南大学"教育行政干部高级研修班"学习;2020年8月组织协会理事、会员单位,各县市区协会会长、秘书长等参加《智慧校园与未来教育高峰论坛》培训会;12月协助由中国教育科学研究院主办,温州市育英教育集团承办的《新环境下民办教育的发展、挑战与政策建议》研讨会;2021年6月协助温州市教育局,承办民办教育瓯江论坛,有400多家民办教育会员单位和校外培训机构单位采用线下和线上相结合的方式,听取多位专家深入解读《民办教育促进法实施条例》;9月召开协会全体副会长、各县市区协会会长、秘书长和民办中小学校长专题培训会,学习"双减"政策,并统计全市民办学校教师空缺岗位,上报教育局,推荐给培训机构下岗转岗教师。

协会积极宣传温州改革举措,充分发挥与全国各地民办教育协会和教育机构广泛联系的优势,积极协助温州市教育局开展民办教育品牌战略,通过招商引资举办建设学校或引知名品牌进驻温州等系列活动,提升温州市民办教育的水平。针对个别民办学校的不正当竞争和不规范办学行为,协会制订《温州市民办教育协会会员自律公约》,强化行业自律。

在国家部署的民办教育综合改革试点工作中,温州市能结出硕果,温州的民办教育协会组织也发挥出了积极的作用。

专栏2

温州市教育局关于进一步促进民办教育协会建设的意见
(温教职〔2012〕27号)

各县(市、区)教育局,各级各类民办学校:

为进一步促进我市民办教育行业自身建设,引导各级各类民办学校积极参加协会组织,发挥协会的行业自律、行业保护、咨询服务、研究评估等职能,探索对民办教育协会进行部分行政职能委托和授权,促进我市加快实施国家民办教育综合改革试点工作。现就进一步促进民办教育协会建设提出以下意见。

一、充分认识民办教育协会在推动民办教育综合改革中的重要作用

民办教育协会属于区域性民办教育机构和民办教育工作者自己的行业服务与自律的管理组织。实施国家民办教育综合改革试点,全面贯彻落实市委、市政府"1+9"文件,需要政府各部门加强与各级各类学校的沟通和联系,民办教育协会可以充分发挥政府参谋和助手的作用,发挥联系学校和政府的桥梁纽带作用,发挥行业服务、自律管理的职能作用,成为推动民办教育综合改革试点的重要力量,促进我市民办教育事业健康发展。

二、积极引导与支持民办教育协会加强组织建设

各县(市、区)教育局要从推进民办教育综合改革试点的大局出发,结合本地实际,引导本区域民办教育机构加强自身行业协会的组织建设。各地教育行政部门要引导各级各类合法办学的民办教育机构,积极参加协会组织。鼓励各级各类民办教育机构同时参加市、县两级民办教育协会组织,积极鼓励省三级以上民办幼儿园,全市民办中小学(含职高)及规模较大的民办教育培训机构,参加市民办教育协会。尚未建立民办教育协会的县(市、区),当地教育行政部门要积极倡导和热心指导辖区民办教育机构尽快筹建协会组织。民办教育机构数量较少、未具备单独建立民办教育协会的条件的县(市、区),建议市民办教育协会在该县(市、区)建立联络小组,由学校直接加入市级民办教育协会。力求在今年上半年,各县(市、区)民办教育协会组织网络实现全覆盖。

三、探索对民办教育协会进行部分行政职能委托和授权

各县(市、区)教育行政部门要探索建立对民办教育机构科学有效的管理模式,加强行政职能委托和授权,把一些事务性、技术性、辅助性的工作,委托给民办教育协会办理。市教育局决定把民办学校校长、教师的培训培养,民办教育优秀办学者、优秀校长、优秀教师的评选,全市民办学校年检评优,市本级民办学校年检,民办学校上等级评估等工作委托温州市民办教育协会办理,由市教育局对民办教育协会进行业务指导。温州市民办教育协会组织的各项教育教学活动颁发的证书等同于县(市、区)教育局在同类活动中颁发的证书的效用。各县(市、区)教育局可根据本地实际,将适宜于民办教育协会行使的部分行政职能委托或授权给协会,提高行政效能。对授权或委托给民办教育协会的事项和职能,要做好衔接工作,加强指导和监督,及时了解实施情况和效果,研究解决协会承担职能中可能出现的问题。

四、逐步建立政府购买行业协会服务的机制

探索通过"承担职能、合同管理、评估兑现"的办法,逐步建立政府购买行业协会服务的机制。各地要加大财政扶持力度,以项目资助为主,对委托或授权给民办教育协会开展的业务、项目和职能,由当地教育行政部门根据实际情况给予一定的经费补助。教育行政部门要为当地民办教育协会办公和业务开展提供场地、设施、人员、经费等多方面的支持。

五、指导民办教育协会加强自身建设和行业自律

各级教育行政部门要采取多种措施促进当地民办教育协会加强自身建设,要根据民办教育综合改革的需要和民办教育发展形势的需求,引导民办教育协会健全和完善各项工作规章制度,调整充实内部机构,聘请专家和有经验的人士参与协会工作,提高协会的协调、执行能力和社会公信力。要引导协会改进工作方式,深入开展调查研究,积极向政府及有关部门反映民办教育综合改革实践中出现的新情况新问题。要督促民办教育协会切实履行服务宗旨,支持民办教育协会加强行业自律,制定行业规范,在民办学校招生、收费、教学改革、教师管理等方面建立规范性的制度,强化民办学校规范化管理,为促进民办学校健康发展服务。

2. 锦州市民办教育协会

辽宁省锦州市民办教育协会重视发挥党建工作的引领作用,提高协会组织的号召力、影响力和凝聚力。锦州市早在2010年成立了民办教育协会党委,2017年改建为锦州市教育局民办教育党委,2020年组建锦州市教育局两新组织行业党委后,撤销了锦州市教育局民办教育党委,成立锦州市民办教育协会党委,隶属锦州市教育局两新组织行业党委领导。锦州市民办教育协会党委虽经历了一番变化,但加强民办教育行业的党建工作却一以贯之。特别是新冠疫情在武汉暴发以后,市教育局民办教育党委和协会积极行动。党委向全市民办教育各党支部和全体共产党员发出紧急动员,第一时间建立特殊公众号作为战疫指挥平台,一切指令通过公众号传到所属党支部和全部机构,迅速建立最有效的防控体系。市民办教育协会向全市会员单位下发了关于认真做好新型冠状病毒感染的肺炎疫情防控工作,坚决遏制疫情蔓延防控防疫的《自律公约》,要求民办教育机构暂停一切培训活动。这份《自律公约》在全国民办教育系统率先发出,中国民办教育协会网立即予以转载。当时在疫情地区所有医院均面临口罩、防护服等医疗物资紧缺的状况下,党委、协会第一时间发出为抗击疫情一线捐款《倡议书》,各个党支部及党委所属全体党员都积极捐款,共筹得捐款21.2万元。同时,经与有关部门联系,几番周折,最终在韩国购买了39 000个国标正品医用口罩,于2020年2月3日分别发往武汉湖北省红十字会、锦州抗疫情一线。2020年2月9日,发出致驰援武汉医护英雄的一封信,40多所培训机构与驰援武汉医护人员子女对接,解决锦州赴湖北医疗队每一位最美"逆行者"辅导子女学习的后顾之忧。疫情时期,有的民办教育培训机构因几个月的停课,学校房租及教师工资发放面临极大困难,难以维持。市民办教育协会、党委领导先后到多家金融机构联系求援,与锦州市农业银行签署了《疫情中民办教育无担保无抵押贷款协议》,为多所民办教育培训机构办理了低息贷款。

3. 其他市县民办教育协会

除了以上两个比较典型的地市一级协会,其他地域一些市县也相继成立了地方性民办教育协会。这些地方性民办教育协会紧贴民办学校实际,坚持把"服务"二字落到实处,尽己所能帮助会员单位解决他们个体难以解决的问题,增进了协会的凝聚力和活力。各地协会广泛开展教学教研、参观考察、培训研讨、结对牵手等活动,有力促进了所在地民办学校办学质量的提高。

譬如,2018年年底成立的江西省赣州市民办教育协会,就在服务会员方面发挥了较好的作用。近年来,该协会通过全面走访会员单位后,把民办学校反映强烈的教师与公办在编教师退休养老金存在较大差异的问题,及时向市委市政府反映,并向市政府呈送《关于参照浙江、山东省的做法,将我市民办学校教师纳入机关事业单位职工养老保险的报告》,并将报告内容写成提案提交到市政协,引起了市委、市政府和市政协领导的重视。市政府有关部门负责人多次到民办学校,与举办者共同探讨解决办法,在现有的政策框架下,提出了一套切合实际的解决方案。此外,针对民办学校聘任的公办在编教师回归公办学校后教师出现了短缺的问题,2021年4月,该协会牵头组织了17家会员单位,参加江西师范大学举办的春季线下双选会,共收到应届毕业生投递的简历500余份,签订合作意向协议近300份。

在县一级行业协会中,浙江省玉环市民办教育协会无疑是一个典型代表。该协会针对民办学校之间在招生、教师招聘等方面出现的不正当竞争现象,通过制订行业《自律公约》和倡导自律加以规范,同时联系玉环上海商会争取支持,由该商会发动企业家捐资设立民办教育"红烛奖",2019年9月以来每年捐赠20万元,经评选奖励了20名优秀教育管理者和优秀教师,鼓励他们敬业从教,受到了各方面的肯定与好评。

根据社会团体登记管理部门的范式要求和协会筹建时的相互借鉴参考,各地各级协会的章程和业务范围大同小异。总体上看,各级民办教育协会组织是顺应行业的发展而建立发展的,为行业的健康持续发展履职尽责,发挥了积极的作用。但是,各地各级民办教育协会发展也存在着不平衡性,业务开展的情况,也因各个协会的实际情况而有所不同。分析各地协会的履职情况,其局限和不足也十分明显。有的协会组织力量薄弱,安排工作仅考虑程序性和常规性工作,而从行业发展和服务会员需求方面考虑得不够,难免会影响协会组织的活力和凝聚力。有个别协会因各种原因很少开展活动,处于涣散状态。从全行业情况看,各地协会组织不同程度存在着这样一些现象,即引领行业发展,缺乏有力的措施;服务行业成员,缺乏应有的能力;反映行业诉求,缺乏制度性渠道;规范行业自律,缺乏有效的手段。

二、加强后"脱钩"时期行业协会建设的对策建议

进入新时代,党和国家从推进国家治理体系和治理能力现代化的高度,十分重视行业协会商会同行政机关脱钩的问题。党的十八届三中全会通过的《中共中央关于全面深化改革若干重大问题的决定》提出,"激发社会组织活力。正确处理政府和社会关系,加快实施政社分开,推进社会组织明确责权、依法自治、发挥作用""限期实现行业协会商会与行政机关真正脱钩"。2015年7月,中共中央办公厅、国务院办公厅联合发布《行业协会商会与行政机关脱钩总体方案》,明确了脱钩工作的基本原则、主要任务、配套政策和试点工作安排。2019年6月,发改委、民政部等10部门印发《关于全面推开行业协会商会与行政机关脱钩改革的实施意见》,限期2020年底前基本完成各级行业协会商会与行政机关脱钩。

目前,全国各级民办教育协会完成脱钩任务的比例虽然不是很高,但当下研究加强民办教育协会的组织建设必须置于协会实现行政脱钩这样一个前提和框架之下。

(一)充分认识行业协会行政"脱钩"的重要性

在我国的国情下,各地的民办教育协会大多是由教育行政部门主导组建形成,离开领导岗位或已退休的行政领导干部担任协会的主要负责人,这对协会的筹建和先期开展工作是极为有利的。但是,协会如果只是作为教育行政部门的延伸而存在和发挥作用,其弊端也是显而易见的。随着社会主义市场经济体制的建立健全和政府机构职能的改革深化,行业协会的"去行政化"就提上了工作日程。

2007年,国务院办公厅发布《关于加快推进行业协会商会改革和发展的若干意见》(国办发〔2007〕36号),提出要切实解决行业协会行政化倾向严重等问题,从职能、机构、人员、财务等与政府及其工作部门、企事业单位彻底分开。行业协会开始进入政会分开的

新阶段。2013年,国务院办公厅发布《关于实施〈国务院机构改革和职能转变方案〉任务分工的通知》,提出"逐步推进行业协会商会与行政机关脱钩,强化行业自律,使行业协会商会真正成为提供服务、反映诉求、规范行为的主体"。

专栏3

用国家治理理念谋划社会组织改革发展

中共十八届三中全会以来,中央提出行业协会商会实行行政"脱钩",加强社会组织建设,则更是置于国家治理现代化的大框架下,政府主动分权治理。十八届三中全会《中共中央关于全面深化改革若干重大问题的决定》指出,"全面深化改革的总目标是完善和发展中国特色社会主义制度,推进国家治理体系和治理能力现代化。""国家治理"一词首入党的纲领性文件,意义深远。它表明,社会组织是国家治理的重要主体,"治理不再是政府一家唱独角戏,而是将政府的'他治'、市场主体的'自治'、社会组织的'互治'结合起来,形成政府、市场与社会协同共治的'善治'模式。"

2016年8月,中共中央办公厅、国务院办公厅印发《关于改革社会组织管理制度促进社会组织健康有序发展的意见》,该意见指出以社会团体、基金会和社会服务机构为主体组成的社会组织,是我国社会主义现代化建设的重要力量,并提出"改革社会组织管理制度,正确处理政府、市场、社会三者关系,改革制约社会组织发展的体制机制,激发社会组织内在活力和发展动力。"到2020年,"政社分开、权责明确、依法自治的社会组织制度基本建立,结构合理、功能完善、竞争有序、诚信自律、充满活力的社会组织发展格局基本形成。"

党的十九届三中全会在深化党和国家机构改革的部署中提出,"推进社会组织改革。按照共建共治共享要求,完善党委领导、政府负责、社会协同、公众参与、法治保障的社会治理体制。"以实施政社脱钩为重点的激发社会组织活力,被纳入并服务于治国理政的战略布局。

从上述粗略勾画的推进社会组织管理制度改革的目标和路线图可以看出,党和国家已经把加强社会组织的建设置于完善和发展中国特色社会主义制度,推进国家治理体系和治理能力现代化的高度。然而,许多的行业协会商会自身在对待行政"脱钩"、加强组织建设激发内在活力的问题上却仍缺乏应有的理性认识和行为自觉,这也是行业协会建设滞后于社会改革实践的一大主观原因。

(二)"脱钩"的核心是构建友好型的政社关系

"政会关系始终是中国行业协会商会发展中面临的最核心、最普遍、也是最为困惑的问题。"[①]相当长时期以来,改革社会组织管理体制,从"政会分开""政社分开"到"政社脱

---

① 王名,贾西津.行业协会论纲[J].经济界,2004(1):71-77.

钩",都是着力于调整"政社关系",培育社会组织"依法自治"。脱钩不是目的,而是手段,促进政府部门和行业协会组织"去行政化"后,建立完善新的管理体制和运行机制。构建友好型"政社关系",其根本要求应该是政府部门依法行政,协会组织依法自治,政社共治,提升国家治理效能。当前,首先要重视研究解决以下两个问题。

1. 厘清政社职能边界

厘清政社职能边界的重点是落实党的十八届三中全会决定提出的要求,"适合由社会组织提供的公共服务和解决的事项,交由社会组织承担。"党中央的这一明确要求,是国家赋予社会组织在承接政府转换职能,参与社会事务管理,提供公共服务时的优势地位。这是社会组织的制度优势,也是激发社会组织活力的重要措施。厘清政社职能边界的主体是政府部门,结合"放管服"改革,应明确交由协会组织承担的提供教育公共服务和解决的具体事项,协会组织既不能越位也不能缺位,教育行政部门则负责对职能转移的事项实施行政监管,而不是撒手不管。

教育是个特殊的领域,属强监管行业,在政府部门的"放管服"改革中,明显没有经济部门迈出的步子大。客观地说,在承接政府职能转移的问题上,对协会的能力建设是一个极大的挑战,但是,能力建设只能在工作中积累经验、提升水平,而不应成为职能不转移的理由。

2. 构建经常性的工作协商交流制度

在原有的协会工作格局下,政社工作沟通,主要通过协会负责人个人同政府部门间的良好关系形成的;在后脱钩时代,这种领导者个人作用的因素淡化了,取而代之的是应该建立一种制度性的安排,政社之间能经常性地开展工作沟通,在重大政策出台前进行的民主协商,信息统计资料的交流共享,教育舆情的分析研判等。协会能及时了解政府部门的工作部署与要求,引导社会组织成员认真贯彻执行;政府部门能及时掌握民办教育机构的工作状况与利益诉求,有助决策时能统筹兼顾各方利益,决策实施中能及时得到信息反馈。有了这样的工作沟通机制,才能使协会参与工作治理规范化,实现民办教育领域的"合作共治"。

(三)着力提升协会组织的服务能力

在加强组织能力建设的问题上,协会组织要有紧迫感。它不仅制约着承接政府职能转移的能力,服务行业发展的水准,参与民办教育行业的治理绩效,也将严重地影响着协会组织自身的发展状况。1998年修订的《社会团体登记管理条例》,已经修改了1989年颁布《社会团体登记管理条例》以来实施的"一行一会"规定,明确"在同一行政区域内已有业务范围相同或者相似的社会团体,没有必要成立的",不予批准筹备(第十三条);而不再实行原《条例》中规定的"在同一行政区域内不得重复成立相同或者相似的社会团体"(第十六条)。这表明,除了"没有必要成立的"以外,在同一行政区域内可以批准筹备成立相同或相似的社会团体,即实行"一业多会"。2002年6月成立的江苏省工商联民办教育协会,2012年成立的全国工商联民办教育出资者商会,都是民办教育领域的一级社团法人组织,还有的社团组织则设立了民办教育专委会等分支机构。"一业多会"制度,旨在促进协会组织的竞争以激发其内在活力,推动协会组织的转型升级,民办教育行业的协会组织提升自身能力建设应有时不我待的危机感。

1. 完善协会组织的治理结构

完善的组织治理结构,是协会能够按照法律和章程规范管理、完成组织目标使命的根本保证。各级协会虽然都能遵照现行的《社会团体登记管理条例》要求,依法开展活动,建立健全组织机构,完善内部治理机制,实行民主选举、民主决策和民主管理,但把协会组织真正建设成为权责明确、运转协调、制衡有效的法人主体,还有很多工作要做。就目前来看,完善现代法人治理主导的管理体系,需要着重解决会员大会或会员代表大会作为权力机构、理事会作为执行机构的落实到位问题,监事会的内部监督到位问题,并自觉接受社会监督,建立和完善协会组织的自我约束机制。

建立健全内部管理制度,是治理的重要基础。在协会组织的治理结构中,完善的制度建设,能有效克服工作随意性,提高工作效能。这些制度包括议事规则、会议制度、财务管理制度、人力资源管理制度、业务活动的规范制度、内部统计制度等。

完善的治理结构和健全的管理制度,是协会发挥服务国家、服务社会、服务群众、服务行业作用的重要保障。

2. 加强协会组织专业化建设

(1) 团队工作人员职业化。选聘懂教育、会管理、有情怀的工作人员,以适应协会日常工作的需要。加强社会组织管理的法律政策和业务的学习培训,严格实行依法办会,依规开展活动。作为公益机构,既要提倡志愿奉献精神,也要建立完善内部激励和约束机制,发挥工作人员的积极性和主动性,提高工作效率和服务水准。

(2) 专业人员兼职化。聘请一些民办教育领域的专家学者、法律人士等作为兼职人员或顾问,也可以建立专家库,为协会提供咨询决策、帮助处理一些专业的工作事项,提升协会工作的专业水准。

(3) 中介服务机构市场化。逐步组建一些中介服务机构,为民办教育机构开展服务,承接政府部门的职能转移,参与民办教育领域的政府采购项目的市场竞争。这有助于激发协会组织的内在活力,提升服务会员的能力水准,增强会员的凝聚力。

(4) 认真维护协会的良好形象。协会是公益组织,公正、公益是它的生命线。协会组织要时刻维护自身的社会形象,充分运用各种现代媒介,广泛宣传协会和行业的活动;积极组织开展各种社会公益活动,展示行业的社会责任担当;及时发声,努力维护会员单位的合法权益;经常性地研判行业舆情,消解不良事态。

(本文由浙江省民办教育协会林晓鸣执笔)

"双减"政策下的校外培训治理：
成效、风险及对策

2021年7月以来，为深入贯彻中共中央办公厅、国务院办公厅下发的《进一步减轻义务教育阶段学生过重作业负担和校外培训负担的意见》（简称"双减"政策），国家教育行政部门单独或会同相关部委密集发布了近40份配套文件，形成了较为完善的"1+N"制度体系。与此同时，各地相继出台实施意见，全面落实国家层面有关"双减"工作的部署，因地制宜推出了一系列政策措施：一方面，全面压减作业总量和时长，提升学校课后服务水平，大力提升教育教学质量；另一方面，坚持从严治理，全面规范校外培训行为，大大压减了学科类校外培训机构的数量。本文拟基于相关实证调查，分析"双减"政策之下校外培训治理所取得的实际成效及其衍生风险，并就如何深化治理和防范风险提出相应对策建议。

一、大力整治学科类校外培训取得显著成效

近期，教育部校外培训教育监管司发布的"'双减'明白卡"显示，实施"双减"政策以来，培训市场大幅降温，广告基本绝迹，资本大幅撤离，野蛮生长现象得到有效遏制。同样地，2021年年底我们在全国10个省域所开展的"双减"政策实施效果暨校外培训机构合规情况抽样调查也显示，各地按照国家层面统一部署，在大力减轻学生校内作业负担的同时不断推进学科类校外培训治理工作，并取得了重要进展。

(一) 相关问卷调查概况

1. 调查内容

为了深入调查我国推进"双减"工作的实际成效，我们分别面向义务教育阶段学科类培训机构与非学科类培训机构以及义务教育阶段的学生及其家长群体设计开发了一套独立问卷，旨在通过多主体、多角度、全方位、深层次的调查，全面掌握第一手资料。其中，涉及"双减"政策之下校外培训机构合规运营情况的内容，主要包括中小学校外培训机构证照申领、法人类属、业务范围、收费管理、培训组织、师资配备、广告营销、教材使用等方面的问题。

2. 抽样方法

按照分层随机抽样原则，本次调查所抽取的样本量估算为"十、百、千、万、十万、

百万"。具体分布如下:①抽样调查全国东中西部共 10 个省域;②北、上、广、深四个一类城市所辖每区(县)抽取样本不低于 100 家;③每个样本省份学科类培训机构与非学科类培训机构抽样数分别不低于 1 000 家;④北、上、广、深及各样本省份所辖每区(县)所抽样的中小学生不低于 1 万名;⑤每个样本省份所抽取的学生及家长总数不低于 10 万人;⑥全国 10 个样本省份所抽取的学生及家长样本总数不低于 100 万人。

3. 回收情况

在相关区域教育行政部门的大力支持下,本次问卷调查由每一个样本省份安排专门协调员落实问卷链接的推送及督促工作。从问卷投放到最后平台关闭,一共历时三周,最终实际回收学科类机构和非学科类机构问卷数分别为 1.4 万份和 1.3 万份,回收义务教育阶段学生问卷及家长问卷各为 108 万份和 125 万份,均超过预期(见表1)。需要说明的是,由于北、上、广、深等四个一线城市针对学科类校外培训机构的实际压减力度大,且因问调工作发动较晚,导致本次问调采集样本有限,但因总样本足够大,故不影响面上的定量分析。

表 1 各地区回收问卷情况一览表   单位:份

类别	北京	上海	广州	深圳	浙江	湖南	江西	河南	内蒙古	四川	云南	其他	总计
学科类	42	495	290	195	1 125	1 369	2 850	2 855	827	2 048		1 619	313	14 028
非学科类	27	332	522	102	737	1 265	2 735	2 192	1 532	1 653	1 700	272	13 069
家长	973	24 299	49 576	75 801	151 811	72 496	219 209	199 808	143 911	161 204	126 023	27 202	1 252 313
学生	1 464	24 712	46 649	62 023	141 381	51 485	175 956	187 217	120 589	140 116	107 865	24 680	1 084 137

(二) 调查基本结论

问卷调查统计结果显示,自 2021 年 7 月以来,各地落实国家层面的统一部署,因地制宜推进"双减"工作,多管齐下深化校外培训治理,收到了显著成效。

1. "双减"政策得到学生及家长普遍支持

近 70% 的家长群体认同本地校外培训机构治理成效,认为"双减"大幅压减了孩子们学科类校外培训的数量和强度;高达 85.3% 的家长认为学校减轻了学生的学业负担并推出了各种课后服务,其中 77% 的家长对孩子的学业焦虑不同程度得到缓解。从问卷结果看,有 65.6% 成的学生表示没有参加任何校外培训,而 75.5% 的学生则表示没有参加学科类培训。在回答有参与培训的学生中,七成以上表示属于"自愿行为",且其动因主要为"兴趣培养"。另外,有超过八成学生表示"学校作业量变少",有九成以上学生表示"双减"政策有效减轻了自己的学业负担,并改善了自己与父母的关系。

2. 义务教育阶段学科类校外培训机构数量大幅度压减

调查显示,自 2021 年 7 月底"双减"政策实施以来,无证无照培训行为得到极大遏制,绝大多数义务教育学科类培训机构已转设为非学科类培训机构或选择退出了学科类培训行业。同时,近八成学科类培训机构营业额出现不同程度下降,超六成学科类培训机构分支机构数量明显减少。反映在培训时间上,受访的中小学学生每周参与校外培训的频次下降为 1~2 次。而 2020 年同期学生参培频率为每周 3~4 次,相比之下,学生校外培训负担已经明显减轻。相应地,家长的经济负担和精力负担,也回归到了一个比较正常的水平。

3. 学科类培训机构合规经营程度不断提升

所调查的学科类培训机构证照齐全率较高,且八成左右进行了信息公示;培训机构从教人员持有教师资格证的比例有较大提高,八成以上机构表示不聘用外教;培训材料使用更加规范,超七成学科类培训机构使用现有中小学教材目录中的教材;有85%左右的学科类培训机构表示执行了政府指导价,收费周期总体不超过3个月,预收但未消学费总体处在可控范围,且多数已纳入银行专户管理范畴;在合同签订上,现有学科类培训机构中有超六成都与消费者签订了《中小学校外培训服务合同(示范文本)》,各类合同纠纷事件明显减少。此外,没有机构表示有违反广告禁令等行为发生。

4. 非学科类培训机构在规范中平稳发展

"双减"政策实施以来,非学科类校外培训机构发展及运行状况整体上比较平稳。其中,受需求拉动和资本推动双重影响,艺术、体育等素质类培训机构数量增长较快,而且收费价格也出现了不同幅度的上扬。总的看,非学科类该培训受到"双减"政策的影响不大,且该类机构参与中小学校内课后服务总体情况良好,故其对"双减"工作多持正面肯定态度。"双减"政策的深入实施尤其是针对学科类校外培训机构的规范治理,既对非学科类校外培训机构的规范发展起到了引导和示范作用,也为整个校外培训行业的转型发展提供了有利契机。

二、校外培训治理中潜藏的衍生风险

在"双减"工作取得显著成效的同时,随着对校外培训机构治理的深入推进,特别是大幅压减学科类培训机构数量,一些机构停业和倒闭所引发的舆情风波正逐渐增多。譬如,2021年10月12日,上海市校外培训头部企业精锐教育突然宣布"暂停营业",就引发了业界极大震动,据报道该机构涉及未消课时费高达27亿元之巨。

事实上,精锐教育"停业"事件并非特例。据不完全统计,自2019年以来,已先后有学霸君、启文教育、优胜教育、AA英语、艺文教育、巨人教育、绿光少儿教育和华尔街英语等近百家全国性或区域性大型知名学科类和素质类校外培训机构相继停业、破产或倒闭。这些频繁发生的"暴雷"事件,无不牵涉到面广量大的学生家长预付费被套和教职工薪酬被欠问题,同时还伴有各种违约失信乃至违法违规行为。这不仅严重冲击了教育培训行业秩序,也一定程度影响了区域社会稳定。

各种调研及分析表明,当前在大幅压减校外培训机构数量以及从严规范校外培训行为过程中,可能不同程度面临着以下几类衍生风险。

一是财务危机加重。根据我们对全国1.3万多家学科类培训机构所作的问卷调查,九成以上(94.5%)的机构声称"双减"政策实施以来自身营业额出现了不同程度的下降,其中半数以上(51.5%)的机构表示营业额下降幅度超过了50%及以上。同时,由于实施限价政策,近7成(68.9%)学科类机构表示自身现金流明显减少而资产负债率显著上升,由此也引发并加剧了机构"欠费、欠薪、欠债、欠租、欠税"等一系列问题。更有甚者,现存相当一部分机构都不同程度出现了入不敷出、资不抵债的状况,已经或正面临着关门停业乃至破产清算的局面。

二是合同纠纷攀升。一方面,在"双减"政策下,学科类培训机构按规定不得再占用国家法定节假日、休息日及寒暑假期组织学科类培训,同时现有线下机构又不能再获线上培训准入资格,这就使得已提前收取预付费的学科类机构短期内难以完成"消课",造成学员要求退费的比率大大提高,从而导致家长"挤兑"和群访事件不时发生,各类冲突矛盾不断升级,这给社会稳定带来了消极影响。另一方面,由于业务大幅缩减、财务收支失衡,相当一部分机构不能正常发放员工薪酬,加上不少机构纷纷裁减人员,也导致各类围绕要求清欠薪酬及补偿赔付的劳动合同纠纷日益增多,这也给劳动监察部门和劳动仲裁机构的工作造成了巨大压力。

三是就业难题凸显。据相关方面测算,"双减"政策实施下校外培训机构压减可能会有 300 万～400 万人需要转岗安置[①]。以某省域为例,在"双减"前,该省域经教育行政部门审批的学科类培训机构总数为 3 093 家,如按每家机构平均 20 名员工匡算,则其所安置的就业岗位总量就有 61 860 名。截至目前,该学科类机构总数已压减 90% 以上,这意味着有近 5.6 万名员工需从现有教育培训行业转岗到其他行业再就业,而如再考虑上剩余 10% 学科类机构的业务仍有不同程度收缩等因素,那么要实现转岗就业的人员,恐怕不止这个底数。根据相关方面的内部口径,在不远的将来,试点地区义务教育学科类培训机构要实现清零目标,如此一来,该行业需要转岗的人员还会持续增加。显然,这在当前"外需遇冷、内需不振"的经济形势下,将会给"六稳"和"六保"工作带来新的难题。

四是转型发展困难。调查显示,面对"双减"新政,大部分学科类校外培训机构表示,会在发展方向上做出相应调整,且首选转向非学科类培训和职业类培训。同时,不少学科类培训机构坦言,由于路径依赖和目标锁定,转型发展十分艰难,面临着资金、技术、人才储备及市场开拓等各种困难和挑战,很多因素都不是机构自身所能掌控和自主的。值得关注的是,由于尚未被纳入常规监管渠道,且无具体准入门槛要求,近期素质类培训机构呈现过快过滥发展态势,而且背后多有各种资本助力,目前该类市场已呈现出一定乱象,如有的机构打着素质类旗号从事学科类培训,以非营利之名行营利之实等。这是需要引起各级监管部门高度警惕的。

五是变异培训增多。受逐利心态和惯性思维驱使,针对义务教育阶段学生从事学科类补习的各类无证无照机构还在一定空间内存在;部分学科类机构"化整为零"或"改头换面"违规开展补习现象时有发生,一些在职中小学教师私下进行有偿家教行为屡禁不止。不仅如此,由于所谓"刚需"的推动,部分中小学生家长以"众筹"和"攒课"等形式自发寻找课外家教上门服务,以及一些从教者利用各种平台推出学科类个别指导活动,也正在悄然兴起。各种变异培训沉渣泛起,不仅在一定程度上冲击并抵消了"双减"政策的实际成效,而且还催生了不少新的社会问题和矛盾(如人身伤害、治安隐患、税收流失等)。

---

① 姚丹."双减"后大批教育培训从业者面临转岗再就业——转岗如何转出新舞台[N].光明日报,2021-11-30(7).

三、进一步深化校外培训治理的对策建议

进一步减轻义务教育阶段学生作业负担和校外培训负担,是党中央、国务院推进新时代教育高质量发展、办好人民满意教育的一项重要决策部署。当前和今后一个时期,从维护社会稳定和人民群众切身利益的高度,各级政府相关方面在校外培训机构治理中,务必要齐抓共管、综合施策,多管齐下、多措并举,在不断完善相关监管制度的基础上,建立健全相应的风险预警及危机干预机制。

(一) 协调部门行动,全面强化义务教育学科类培训机构规范治理

调研发现,各地由教育行政部门主导的校外培训治理行动,在地方执行层面不时碰到"中梗阻"现象。现实中,由于认识不够一致,有的部门配合不是很有力,而教育部门又缺乏综合执法权,导致不少政策性规定并没有能够完全得到落实。譬如,对无证无照培训机构的清理取缔,有的基层教育行政部门反映,相关部门往往以"谁主管、谁监管,谁审批、谁监管"为由,不主动作为。又譬如,对培训机构预收费专用账户的监管工作,由于有的县域银监部门管理机制尚未理顺,也还没有全部纳入行政监管轨道。

实践表明,必须也只有协调部门行动,"双减"政策才能全面落地见效。为此,国家教育行政部门要按照"双减"政策精神,适时启动对地方专项治理工作的检查和督导,推动各地建立健全综合执法机制并成立专门工作机构,确保国家层面的工作部署真正落细、落深、落到实处。从调查情况看,近期相关部门应将"证照齐全""场所安全""收费规范""教材合规"等列为校外培训治理重点问题,持续紧盯不放;对周末上课、广告投放等问题开展拉网式排查并从重从严加以处理,同时对各种超前超难超纲培训问题开展专项整治。

尤为重要的是,针对近期各类变异培训行为暗中滋长的状况,各地要根据教育部最新发布的工作指引,尽快研制出台相关指导意见,就学科类培训与非学类培训的判别问题加以具体区分,明确治理边界,厘清治理路径,完善治理措施,建立健全监管体系及工作机制,严查学科类培训机构变异及各种违规补课行为。

(二) 健全审批制度,切实加强非学科类校外培训机构的监管工作

"双减"政策明确,对非学科类培训机构,各地要区分体育、文化艺术、科技等类别,明确相应主管部门,分类制定标准、严格审批。对此,各级行业主管部门都要在深入调查基础上,尽快针对文化艺术、体育、科技等非学科类校外培训机构的设立问题,制定具体设置标准和准入程序,将各类非学科培训机构全面纳入前置许可及行政监管范畴。同时,依法依规严肃查处不具备相应资质条件、未经审批多址开展培训的校外培训机构。目前,天津、安徽、浙江等地已先期出台文艺、体育类培训机构设置标准,其中一些共性的软硬件条件规定,可为其他地区参考和借鉴。

与此同时,各地要落实"省级统筹、属地负责"的工作机制,切实将非学科类培训机构统一纳入各地"双减"工作专班议事范围。教育行政部门要抓好统筹协调,会同文旅、体

育、科技等行业主管部门,切实加强对各类非学科校外培训机构的日常监管工作。在完善设置审批制度的基础上,当前和未来一个时期,要重点强化此类机构场所安全、人员资质、培训材料以及收费、广告、反垄断等方面的监管工作。①

(三) 采取综合措施,力促义务教育学科类校外培训机构转型发展

在一定时期内,能否推动并促进面广量大的学科类培训机构转设、转型、转行发展,不仅事关"双减"目标能否顺利实现,也事关"六保""六稳"等社会稳定工作。对此,可以采取以下四方面措施。

其一,鼓励学科类培训机构向素质类培训机构转型。综合采取各种措施,引导和鼓励部分具有资源优势的校外培训机构面向中小学生开展艺术、文化、科技、劳动、体育等课后培训以及研学旅行等社会实践活动,以弥补全日制中小学校的资源不足。

其二,允许提供课后托管或与中小学合作提供托管服务。允许现有部分培训机构延伸开展中小学生课后托管服务,以满足部分家庭的特殊需要,但不得从事违规补课活动;支持部分资源配置不足的中小学校以购买服务等方式,适当引进部分素质类培训机构进校协同开展课后服务。

其三,支持现有培训机构探索其他类型教育服务。鼓励和支持现有机构依托自身优势,开办成人教育、职业培训,诸如公考、研考和各类资格证及岗位技能等级考试等;支持有实力的培训机构剥离学科类培训业务,探索人工智能基础教育乃至学历性职业教育,并可与公办学校开展合作办学、实施委托管理。

其四,扶持培训机构举办者向其他行业转行发展。对于选择退出培训领域、自谋重新创业的现有各类培训机构举办者,各级政府相关部门要贯彻落实《国务院关于大力推进大众创业万众创新若干政策措施的意见》(国发〔2015〕32号)精神,一视同仁地给予其小微企业财政、税收、信贷、土地等各方面政策支持,以扶持和促进其转型发展。

(四) 维护群众利益,深入做好现有机构费用清欠和员工稳岗工作

当前,对学科类校外培训机构所开展的清理整顿行动,毫无疑问是国家意志和政府行为,应该也必须把维护好人民群众的切身利益放在首位。为此,相关部门要高度重视并妥善处理好退费、消课、薪资赔付以及就业安置等敏感问题。

一要全力以赴消化机构预收费问题。各省级教育行政部门会同相关部门要尽快对培训机构预收费实施"全部"和"全额"监管,并采取措施督促学科类机构有序开展退费或消课活动。在协商家长同意的前提下,允许部分学科类培训课程转化为素质类培训课程;鼓励和支持培训协会或中介组织开发并提供公益互助课,帮助经营陷入困境的培训机构化解财务危机、消除转型矛盾。

二要积极稳妥清理机构拖欠员工薪酬问题。鉴于培训机构薪酬体系明显偏离其他行业常态,在争取员工理解基础上,各级人力资源和社会保障部门及工会组织应酌情允许培训机构按所在区域上年度职工月平均工资水准对正常解聘的员工给予相应经济补偿,以

---

① 董圣足.规范非学科类校外培训发展势在必行[N].光明日报,2022-3-15(14).

平稳处置机构欠薪问题,最大程度纾解劳资纠纷和矛盾。

三要全力做好员工稳岗转岗工作。各级人社部门会同相关行业组织及用人单位要主动面向培训机构员工,积极搭建人才供需见面平台,为现有机构分流员工提供更多再就业机会。相关部门在开展紧缺岗位培训时,应将现有培训机构分流转岗人员纳入其中。针对部分再就业有困难的机构分流人员,相关部门应将其纳入临时失业救济保障范围。

(五)做好维稳工作,建立健全校外培训治理危机预警及干预机制

稳定压倒一切。"双减"政策下,进一步深化校外培训机构的规范治理,必须把更好维持社会稳定提到更重要的位序上来考虑,在不断完善各种制度建设的同时,建立健全校外培训治理风险预警及危机干预机制。

一要切实加强机构财务及资产监管。相关部门在严格规范培训机构预收费行为、全面实施培训机构预收费监管的同时,要建立健全各类培训机构财务与资产监管制度,深化综合执法,强化部门协同,完善信息共享机制,建立健全预收费安全预警、风险防范及紧急事态干预机制,特别是要加强对高风险机构及其负责人的布控工作,严防跑路、暴雷事件发生。

二要健全信息公开及信用管理制度。各省级教育行政、民政、市场监管等部门要依托国家企业信用公示系统、公共信用信息服务平台和民办培训机构信息管理平台,及时向社会公开义务教育阶段学科类培训机构相关信息,包括证照基本信息、年度审查评估及日常监督检查结果、督导情况、行政处罚信息等。同时,教育行政部门要进一步完善培训机构"黑白名单"制度,将经营出现异常以及存在违法违规培训行为的机构,分别纳入"灰名单"及"黑名单",并强化跨领域、跨部门的联合激励及惩戒工作。

四、结语

当前和今后一个时期,对于各级地方政府而言,按照国家层面有关"双减"工作的统一部署,在深入做好校内减负工作的同时,遵循"从严治理、全面规范"的原则,持续推进校外培训机构治理,无疑是一项极为重大的政治任务。对此,各部门、各方面都要提高站位、增进共识,切实把思想和行动统一到党中央、国务院的重大决策部署上来。

在校外培训治理上,各级地方政府相关部门要在所在地党委、政府的统一领导下,在全力做好校内减负工作的基础上,进一步发挥教育行政部门牵头统筹作用,进一步建立健全由市监、住建、公安、网信、通管、银监、税务等多部门协同和街镇、村居等全方位联动的校外培训机构综合监管体系。当务之急,是要采取各种强有力的措施,推动学科类培训机构转设及转型,规范非学科类培训机构健康发展,以巩固和提升"双减"工作的实际成效,并把各种可能的治理风险降到最低。

(本文由上海市教育科学研究院董圣足、公彦霏、张璐、黄河、潘奇执笔)